短线抓涨停

快速捕捉股价涨停的实战技术要诀

麻道明◎著

中国经济出版社
CHINA ECONOMIC PUBLISHING HOUSE
北 京

图书在版编目（CIP）数据

短线抓涨停：快速捕捉股价涨停的实战技术要诀/麻道明著．--北京：中国经济出版社，2020.10（2025.9 重印）

ISBN 978-7-5136-6338-0

Ⅰ.①短… Ⅱ.①麻… Ⅲ.①股票投资-基本知识 Ⅳ.①F830.91

中国版本图书馆 CIP 数据核字（2020）第 177261 号

责任编辑　叶亲忠
责任印制　李　伟
封面设计　久品轩

出版发行　中国经济出版社
印 刷 者　北京艾普海德印刷有限公司
经 销 者　各地新华书店
开　　本　710mm×1000mm　1/16
印　　张　22.25
字　　数　370 千字
版　　次　2020 年 10 月第 1 版
印　　次　2025 年 9 月第 6 次
定　　价　68.00 元
广告经营许可证　京西工商广字第 8179 号

中国经济出版社 **网址** www.economyph.com **社址** 北京市东城区安定门外大街 58 号 **邮编** 100011
本版图书如存在印装质量问题，请与本社销售中心联系调换（联系电话：010-57512564）

前言

掌握财富人生的密钥

涨停板，一颗镶嵌在中国股市的璀璨明珠。

涨停板，有着无穷的魔力吸引投资者心驰神往。

自从我国股市实行停板制度以来，追逐涨停就成为投资者孜孜以求的目标。涨停，意味着主力资金的介入；涨停，意味着股价的继续飙升；涨停，意味着投资收益被快速放大……股价涨停令人心潮澎湃，可以在短期内实现惊人的财富裂变。

股价强势涨停往往蕴藏着重大的机会，所透露出来的信息绝不仅仅是股价上涨10%这么简单，更重要的是能够体现出主力的坐庄意图、个股热点题材、市场的追捧程度等多种因素。可是很多时候，股价涨停不一定就能获利，因追逐涨停被套的经历很多人有过，因为有些涨停就是主力诱多的一个美丽陷阱。可见，股价涨停有真有假，以及涨停之后的上涨力度有大有小。所以，有人因自己擒拿到涨停获利而欣喜，有人因自己没有捕捉到涨停而沮丧，也有人因自己追涨停遭深套而后悔，还有人因自己已经抓到涨停但又不知道如何研判后市走势而烦恼，种种表现掩饰不了人们对涨停的喜悦和恐惧的复杂心理。

股市是高收益与高风险并存的场所。涨停也是一把“双刃剑”，如同带刺的玫瑰。在能够带来丰厚利润的同时，也时刻面临着巨大的风险。所以，作为成功的投资者，在风险来临时能够及时采取举措将损失降到低点，甚至有效避免风险，这是成功驾驭涨停所必须达到的境界。

在股市中出现涨停的股票很多，几乎每天都有涨停个股，但散户可以选择的余地并不是很多，能够抓住涨停的则更少。在大盘强势上涨的时候，也许很容易捕捉到涨停，但如果大盘处于弱势调整时，抓住一个涨停则实在太难了，即使逮住一个涨停往往也有巧合因素。可见，追击涨停说来简单，其实并非那么容易。特别是进入2020年以来，市场运行格局发生明显的变化，主力不会轻易地连续拉出涨停，而且，涨停之后也存在着许多变数，因此抓涨停就显得更难了。

其实，股价涨停是有一定的规律可循的，细心的投资者可以从盘面透露的蛛丝马迹成功捕捉到涨停，并能很好地把握涨停的最佳买卖点。根据多年的实盘操作和市场检验，笔者总结出这本《短线抓涨停——快速捕捉股价涨停的实战技术要诀》一书，旨在为狙击涨停感到困惑的散户指点迷津，切实解决广大散户在短线抓涨停中遇到的难题，并提供一套正确的操盘思路和方法，以帮助散户熟练掌握狙击涨停的操盘技法，构建一套适合自己的操盘体系，全面提升操盘能力和分析水平，让投资者轻松享受涨停带来的盈利乐趣。

本书共分九章内容，以实盘操作技巧为重点，全方位深入剖析了涨停的原因、涨停的性质、分时涨停技术、特殊类型涨停形态，以及涨停盘面气势、涨停量价关系等，让广大散户快速学会捕捉涨停的策略、方法和技巧，让资金快速放大，掌握奔向财富人生的“密钥”。

全书以理论为前提，注重实战分析，突出实盘技巧，力求引导和提高投资者独立的判断分析能力，构建和完善独特的交易体系，巩固和掌握捕捉涨停的操盘技法。书中讲解的内容，对实盘操作具有十分重要的指导意义，希望能给投资者在今后的实盘操作中带来切实的帮助。

麻道明

2020年10月于中国·楠溪江畔

目录

第一章 涨停原因分析

停板（涨停和跌停）制度最早见于期货市场，是指期货合约在一个交易日中的成交价格不能高于或低于以该合约上一个交易日结算价为基准的某一涨跌幅度，超过该范围的报价将视为无效，不能成交。后来被引入股票市场，目的是防止交易价格的过度波动，抑制暴涨暴跌的投机现象，对当天价格的涨跌幅度予以限制的一种交易制度。在一个交易日中，交易价格的最大波动幅度为前一个交易日收盘价上下百分之几（在A股市场中，正常股票幅度为正负10%，ST股为正负5%），到达这一幅度后立即停止交易。

第一节 消息因素涨停

在A股市场，对消息（哪怕传闻）反应非常敏感，不管盘面走势如何，一则利多或利空的消息可能引发大盘或个股的暴涨或暴跌。消息影响股市涨跌已成为人们的共识，30年的股市运行多少也能反映这一点。

长期以来，主力擅长“讲故事”，散户喜欢“听故事”。主力是“讲故事”和“编故事”的高手。业绩好的股票可以讲一个前景广阔的故事，业绩差的股票可以编一个重组的故事，实在没有什么特别的股票可以讲一个有大主力坐庄的故事……市场消息满天飞，只要是散户喜欢听的，主力都可以讲出来，甚至可以编出来。因此，对消息影响下出现的各种涨停应有所了解和掌握，并采取不同的应对措施，捕捉短线买卖时机。

一、利好涨停

利好消息可分为整体利好和个体利好两种情况。整体利好是指消息有利于整个市场，不指向特定的个股，市场整体受益，如降低印花税、降低人民币存贷款利率、降低佣金等。个体利好是指仅给涉及的个股带来好处，与市场其他个股无关，如重大资产重组、业绩大幅增长、主营业务转型等。

在市场中，有的利好消息具有实质性投资价值，而有的消息看起来是利好，却是靠“炒作”出来的，没有任何实质性投资价值。所以，对于各种各样的利好消息还要结合股价的位置进行综合分析，实盘中重点关注以下几种情况。

（1）上升初期出现利好涨停。当市场处于上升趋势初期时，利好消息会使股价快速上涨，甚至拉至涨停，这是短线追买的好时机。

操作技巧是在利好消息处于朦胧状态时抢先介入，待利好消息明朗或遇股价回调时卖出。这是因为快速上涨使短期内获利盘增多，容易出现获利回吐现象，导致股价短期内会产生回调。当股价获得支撑重新向上涨升时，短线可以再次买入。

（2）上升中期出现利好涨停。在市场处于上升趋势中期时，利好会使散户对后市更加充满信心，市场更加活跃，刺激场外观望资金入市，股价也会加速上升。短线投资者可以考虑在股价回调时逢低买入。

（3）上升末期出现利好涨停。股市经过长期的上升，主力已经有了很大的账面利润，此时往往会借助利好出货。因此在大势或个股处于上升趋势末期出现利好时，应逢高离场。

（4）下跌初期出现利好涨停。在市场处于下跌趋势初期时出现利好，会使产生失望的散户很快恢复信心，积极参与交易，股市随之会出现强势反弹现象。短线操作可以快速介入抢反弹，但要注意设好止损位，由于此时参与者多为中小散户，缺乏主力资金支持，因此反弹时间不会太长，反弹空间也有限，短线投资者此时应快进快出。

（5）下跌中期出现利好涨停。市场一旦在高位完成顶部形态，进入下跌趋势初期，空头气势就会随之而来，多头难以阻挡股价的下跌。此时即使出现一些利好，也只起到暂时的延缓作用，市场很难重回上升趋势。在这种情况下，短线投资者应逢高减仓或退出观望，待市场做空能量释放完毕后再作决策。其实，此时的利好就是给你一个出场的机会。

（6）下跌末期出现利好涨停。在市场处于下跌趋势末期时，出现利好会使股价提前结束调整，进入下一轮升势，甚至形成反转行情，短线投资者可以在股价结束调整、向上攀升时及时介入。

二、利空涨停

一般来说，利空消息出来之后往往导致股价下跌，但 A 股市场存在幕后主力操盘是不争的事实，很多时候主力常常跟市场唱反调，逆大众思维操作，在利空消息公布时股价偏偏拉涨停。近几年的实盘中，在业绩预亏、停止资产重组、涉及诉讼等利空消息公布时，当天股价出现逆势涨停的个股不在少数。如何对待这种涨停个股，也是投资者实盘中所面临的难题。在此，就不同情况下出现的利空涨停，为投资者提供一些操作思路。

1. 利空消息的类型

目前，市场中个股具有恐慌性的利空消息主要有以下几类。

（1）公司遭受突发性自然灾害、高管层涉嫌经济问题、公司面临破产、公司造假、行业衰退、业绩下降、原计划（包括项目、题材）被取消、公司涉诉或担保、股权质押或冻结等，对这些消息是真是假、是大是小，扑朔迷离，投资者无法作出正确的判断，因此更加引起市场恐慌。

（2）公司公告债务缠身的消息，给人的感觉就是这家公司的形象很差，且面临亏损甚至马上要摘牌，其实这不过是主力的计策。

（3）公司公告将出现严重亏损。并非所有公告亏损的个股都能变成黑马，但不少黑马确实是从那些让人避之唯恐不及的亏损股中诞生。大家可以关注那些公告亏损之后，股价连续跳空下行，随后在低位连续放量的个股，此类个股多是主力利用“亏损”骗筹。

（4）公司公告将被冠以 ST 或暂停上市。主力在低位骗筹码并非易事，ST 制度变相帮了主力一个大忙，主力利用人们对 ST 的恐惧将股价大幅打低，再在低位将筹码一一笑纳。

2. 利空消息分析方法

作为散户如何识别主力是否借用利空消息刻意打压股价呢？散户应如何应对利空涨停呢？总体来说，在利空消息出现时，散户普遍采取“能跑则跑、能避则避”的操作策略。重点应关注以下几个方面。

（1）看利空性质。上市公司发布的利空消息五花八门，既有确定性的利空，比如长期以来生产、经营存在严重问题，导致公司业绩持续下滑等，也有突发性的利空，比如因灾害等原因导致公司出现重大损失等；既有给公司今后的发展带来致命打击的大利空，也有对公司今后发展影响不大的小利空；既有包含实质性的真利空，也有只是看上去十分吓人的假利空。对此，投资者一定要保持清醒头脑，对利空性质分析清楚后再定夺。

（2）看股价走势。一般来说，凡是利空消息都会对上市公司的股价产生不同程度的影响，只不过这种影响有的提前，有的滞后。因此，投资者在遇到利空消息时，重点要看利空公布前股价有没有作出提前反应。如利空公布前，在大盘和其他股票走势相对平稳的情况下，“利空股”已经出现了一定程度的跌幅，提前消化了利空对股价的影响，在这种情况下公布的利空消息，投资者就没有必要过于担心；如在利空公布前，“利空股”一切“正常”，未出现下跌，甚至有上冲过程，一般来说会在利空公布后有一个滞后的反应过程，遇到这种情况时投资者就应引起警觉。

（3）看主力成本。如果利空公布前后股价处于相对底部，尚未脱离主力成本，一般来说投资者无须过于担心；如果股价处于相对高位，且主力尚无脱身迹象，有一定实力的主力也不会放任股价大幅下跌，想离场的投资者只要不是特别贪心，大多会有较好的出局机会。

投资者需要注意的是，那些利空消息出来时，股价处于相对高位，且主力已全身而退，对这样的个股投资者应尽量回避，不应存有任何侥幸心理。

（4）看活动迹象。重点观察利空消息公布后，盘口显示的信息有无主力活动迹象。如果股价处于低位、主力活动迹象明显，且时不时出现有规则的大单吸货现象，极有可能是主力在吸纳低价筹码；如果股价处于高位、主力活动频繁、成交明显放量，则多半是主力在倒仓或出货。

通过上述分析，观察“利空股”有无短线投资机会。若没有机会，就选择卖出或放弃操作；若有机会，就一路持有或适量买入。

3. 利空消息买入技巧

如何操作“利空股”呢？具体操作方法就是在以下两个时间段里择机买入。

第一个时间段：利空消息公布的当日。具体时机有以下三个。

（1）低开时买入。一般情况下，个股突发利空消息后，多数情况下都会大幅低开。此时买入虽有惯性下跌的风险，但比低开后又被迅速拉起时再买要便宜得多。

（2）下跌时买入。“利空股”低开后有的很快被买盘托起，有的则继续探底，在探底时买入是继低开时买入之后又一个较好的买点。

（3）转向时买入，即等待“利空股”完成低开和探底动作之后，出现向上转势时快速买入，相比前两个时机，转向时买入显得较为稳妥。

第二个时间段：利空消息公布后的某日。有些股票利空公布后，既不是“大势已去”，也不是立即上涨，而是先跌几天，待恐慌性抛盘全部涌出后再返身向上。对于这种“利空股”，投资者的最佳介入时机是下跌数日（一般为3~5天）后买入。具体介入方法：股价下跌时分段买入，掉头向上时完成建仓。

三、真假消息辨别

在A股市场中，一则利多或利空消息可能引发股市的大涨或大跌。加之受主力因素的影响，使消息更加扑朔迷离，真假难分，让投资者捉摸不定。作为理性散户面对各种各样的消息，首先要判断消息的真假性，然后做出相应的操作策略。判断消息真假的基本方法如下。

（1）辨别消息来源。来自正规渠道的，可信度高；道听途说的，可信度差。

（2）观察盘面变化。真消息会大涨大跌，一去不回头；假消息虚涨虚跌，很快会反转运行。

（3）判断消息性质。重大消息会引起股价的大幅波动，一般新闻不会引起股价的大幅波动。

（4）看消息的透明度。公开明朗的消息可以作为买卖依据，朦胧传言的消息可信度差，不能作为买卖依据。

（5）看涨跌幅度。假消息涨跌幅度都不会很大，一般在10%~20%；真消息涨跌幅较大，一般超过30%。

（6）从时间上看。假消息持续时间较短，股价很快复位甚至超过前期峰点，可以追涨介入做多；真消息持续时间较长，股价难以回升，可以割肉杀出做空。

第二节　技术因素涨停

一、超跌涨停

1. 超跌涨停的条件

在实盘操作中，捕捉超跌反弹涨停股非常难，因为多数散户要么已经被套在高点，要么错过低价入场机会，所以追超跌反弹涨停需要一定的技巧，也可以说是一些追涨条件。那么捕捉这样的涨停股有什么条件？

（1）最好是主力被套。主力在运作过程中，如果出现操作失误，也会被套牢其中，散户可以从前期量价分布情况进行辨别。当前价位距离主力成本区越远，反弹的动能越强烈，反弹的高度越可观。抓住主力自救的机会，可以轻易享受主力抬轿的乐趣。

（2）业绩不能太差。如果业绩太差，主力正好利用涨停减仓。有的个股在涨停价打开后，巨量成交，而后大幅走低。查看业绩，主要是巨额亏损。其实业绩亏损股从其前期走势也可以看出，K 线图逐级下滑，长期没有资金介入，主力减仓的意图是非常明显的。

（3）最好是发生在屡跌不破的底部。这种情况说明主力不想再往下砸盘，成为下跌中继的可能性较小，之后上涨的概率较大。

（4）封涨停要坚决。不论是早盘封板，还是下午封板，都需要主力态度坚决，封盘迅猛，堵死开板。这说明主力想迅速脱离成本区，或者看好后市，所以抓紧时间抢夺筹码。

（5）成交量不能太大。换手率在 5%左右较好，换手率低于 3%，一般次日仍有上冲空间。但是分析换手率大小时，要结合近一段时间以来个股放量情况以及股本大小进行分析。

（6）上方没有明显阻力区。超跌反弹时最大的阻力区并非是技术上或者心理上的，而是筹码分布所形成的阻力区。因为市场长期困扰在熊市中，投资者见涨即抛，只要是细微的成交密集区即可形成强阻力，而且在大盘并不疯狂的情况下，主力也没有必要强行突破阻力区。一般股票在触及阻力区时，大多会出现回落调整。因此在个股上行至阻力区时，只要停止上涨，即可抛出。

（7）大盘不能太坏。最好是在底部有可能发生强势反弹的地方，如果个股涨停对大盘有带动作用则是最佳的选择。

（8）捕捉的办法。以涨停价追击龙头股，或者在龙头股封涨停时抓跟风最紧密、上涨最凶的次龙头。

（9）最好有板块效应。股价涨停最好有板块联动效应，如果个股属于当前市场的热门板块，则基本可以稳定获利。

（10）前期跌幅较大。一般而言，股价前期下跌幅度越大，做空能量释放越充分，后市反弹空间也就越大。阶段性跌幅超过 50%，或者股价严重超卖的，反弹概率较高。

如果是满足上述条件的超跌反弹涨停股，那么投资者便可以放心地追买，这样可以确保短线获利机会。

2. 超跌涨停实盘分析

在没有利空的情况下，股价超跌是最大的利好。超跌反弹行情可以分为两种情况：一种是前期快速下跌后，形成V形反弹走势，这是跌出来的涨停；另一种是经过长时间的阴跌调整后，股价出现超跌反弹行情，这是磨出来的涨停。

图1-1，四环生物（000518）：该股逐波下跌后，在调整末期出现加速下跌，引发恐慌性止损盘出现，累积跌幅超过70%，股价超跌严重，此时主力逢低吸纳了大量低价筹码。2019年2月1日，收出止跌性K线，次日一波强势拉板，迎来报复性超跌反弹行情，股价连续涨停，成交量持续放大。这类个股的上涨完全是前期跌出来的，投资者可以大胆追板跟进，短线获利机会较大。

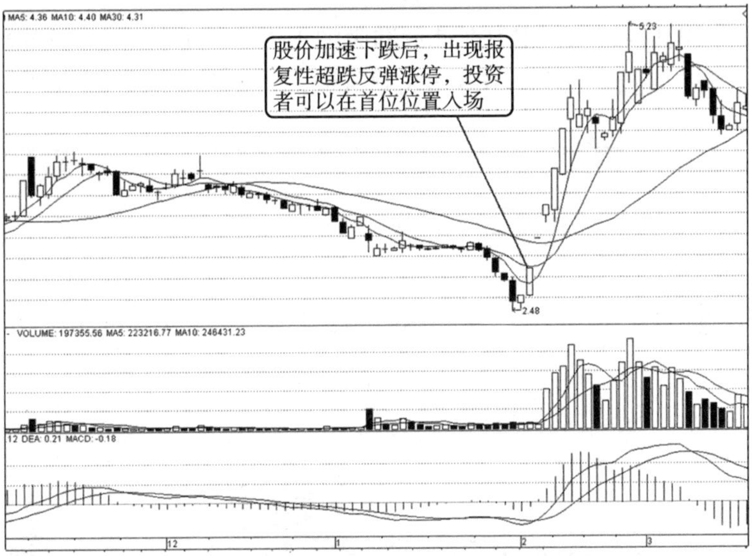

图1-1 四环生物（000518）日K线图

图1-2，众信旅游（002707）：股价经过一轮盘升行情后，随着大盘调整而出现快速回落走势，短期股价超卖。2020年2月4日，收出止跌性K线，次日股价强势拉板，形成超跌涨停，随后出现变异性V形反弹走势。

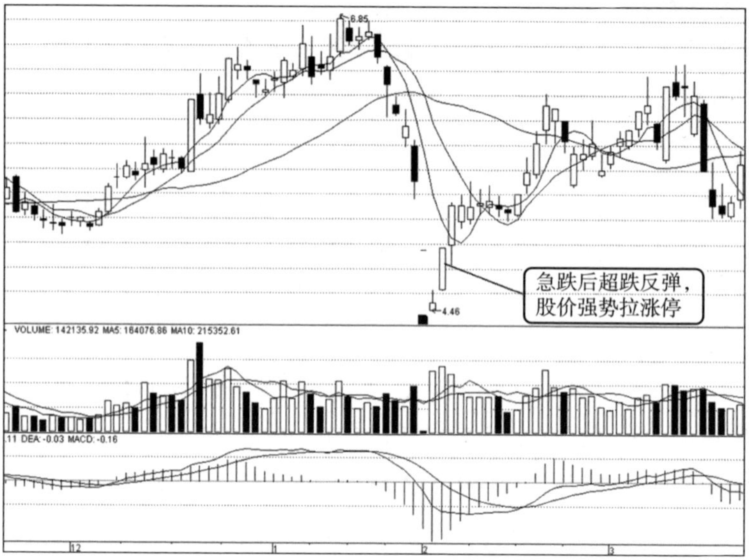

图 1-2　众信旅游（002707）日 K 线图

图 1-3，深大通（000038）：该股前期出现一波快速打压后，股价出现企稳盘整，累积跌幅较大，主力在此期间吸纳了大量的低价筹码。2019 年 8 月 19 日，出现一字板，点亮一波强势反弹行情，当股价反弹到前期盘区位置时，

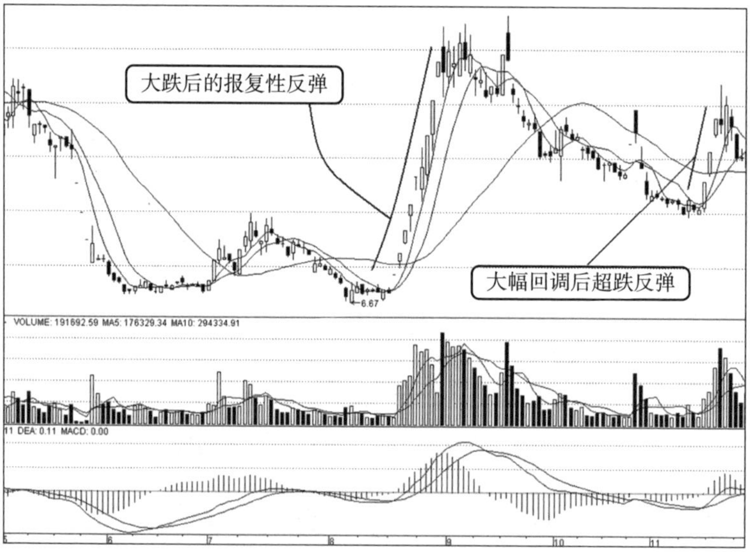

图 1-3　深大通（000038）日 K 线图

遇到前方压力而出现盘整。此后，股价不断向下盘跌，回调幅度超过50%，同样属于超跌现象。由于主力并没有成功撤退，11月15日开始又出现超跌反弹，股价连拉3个涨停。当主力成功派发筹码后，股价进入中期调整走势。可见，超跌涨停既是短线获利机会，又是短线回避风险机会。

图1-4，长城动漫（000835）：股价见顶后逐波回落，调整时间长达4年，累积跌幅超过85%，股价严重超跌，成交量大幅萎缩。2019年11月19日，出现放量反弹行情，股价封于涨停，次日突破30日均线的压力，出现一轮超跌反弹行情。

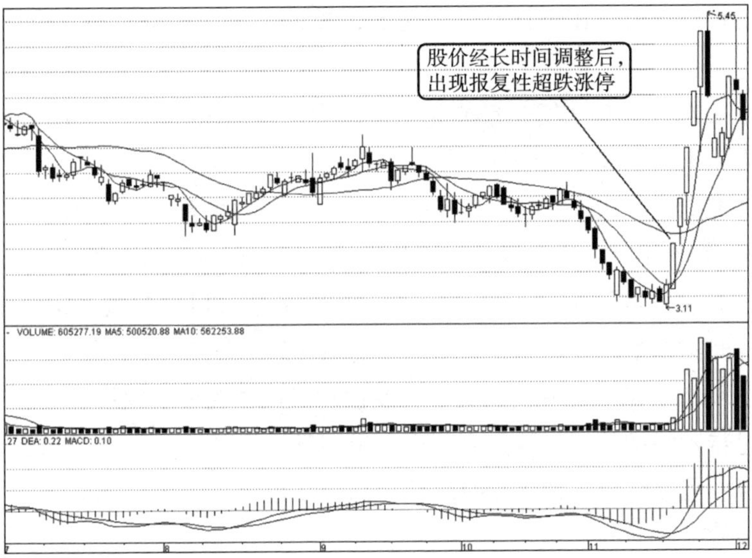

图1-4　长城动漫（000835）日K线图

在超跌阶段是股价发生剧烈波动的时候，买入时机的把握将会对实盘结果产生较大影响。根据实盘经验总结，超跌涨停的买入时机如下。

（1）从价格来看，如果次日开盘价低于收盘价2%左右，并保持平盘整理格局可以适当建仓；平开或跳空高开则应在股价二次探底后介入；开盘后继续大幅下探，则应保持观望，等待几个交易日有明显企稳迹象时，再行介入。

（2）从时间来看，在市场处于极弱状态时，其反弹多发生在收盘前一小时，而在强势市场中，其反弹多在次日开盘时出现。

（3）从成交来看，反弹启动首日的日成交量应在5日均量的2倍以上，而后的日成交量都要保持在5日均量之上。若当日成交量出现天量后迅速萎缩，则往往是短期见顶的重要信号。

二、见底涨停

1. 见底涨停的条件

投资者都想在底部买入股票，但不知道如何判断底部，以至于去猜测底部，结果抄底抄在半山腰，其实真正的市场底部是走出来的，有一定的运行规律。底部涨停的基本条件如下。

（1）前期调整时间充分，股价累计下跌幅度大，最好跌幅超过 50%。

（2）实际流通股本越少越好，股本越小，主力越容易控盘。股价处于低位，具备投资价值，比价性高。因为股价越低，主力耗资越少，市场越容易跟风。

（3）在前期跌势末期，量能无明显放大，越缩量越好，说明做空能量衰竭，而当天出现温和放量涨停。

（4）集合竞价最好高开 2% 以上，开盘后不回调或者回调不破开盘价（如果集合竞价平开，则开盘后应强势上拉，不破前一天收盘价）。

（5）该涨停属于连续下跌之后，在底部 1 个月以内出现的第一次涨停，当天涨停时间越早越好，第一个封涨停的更好。

（6）个股有基本面支持，具有突发性题材或相关板块题材。

这里特别强调的一点就是底部成交量问题，底部成交量以温和放量为佳。一般来说，成交量比前期横盘时的地量高出 2 倍以上，但也不能太大。比如，换手率突然大于 20%，或者出现 10 倍、20 倍以上的成交量，说明成交量过大，有主力对倒嫌疑。这是为什么呢？因为具有较高参与价值的个股，在底部第一个涨停时成交量并不会突然放大，因为有市场较强嗅觉能力的投资者毕竟是少数，底部涨停如果量很大说明参与的人非常多。试想一下，第一个涨停时散户敢买的有多少？所以大的成交量肯定是主力对倒做出的结果，当然能结合资金性质判断就更好。如果明显属于老庄自救，则万万不可随意入场；如果成交量放大过猛，更不是通常意义上说的底部放量。相反，极可能是主力对后市没有信心，以至于在半山腰仓皇出逃，后市仍然有较大的下跌空间。总而言之，从底部脱颖而出的第一个涨停既不能是巨量，也不能是缩量，温和放量的涨停才是最完美的量价配合。

2. 见底涨停实盘分析

大跌的股票令人畏惧，但超跌的股票却更加安全，尤其是股价在复权情况下跌幅超过50%的可靠性更大，而股价在大跌后无量横盘数月，夯实了阶段性底部之后，出现了一根拔地而起的长阳线甚至涨停，是非常容易吸引跟风资金的，说不定就能引发一波翻倍行情。那么，什么样的底部涨停具有这样的魅力？这就是底部横盘涨停战法。

技术意义就是经过充分的筑底调整后，在低位出现第一个放量涨停，意味着市场底部已经形成，是中短线介入的较好时机。

图 1-5，御家汇（300740）：该股经过长时间的阴跌调整后企稳小幅回升，然后回落形成一条横向盘整带。2020 年 4 月 22 日，股价拔地而起，放量涨停，成功脱离底部盘区，突破 30 日均线压制。此后，股价在这根涨停大阳线收盘价附近作短暂的洗盘整理，5 月 6 日再次大阳线拉起，从而展开拉升行情。从盘面可以看到，该股在爆发前出现地量，连日来平均换手率不到 2%，股价累计下跌幅度超过 70%，底部盘整时间长达一年之久。这样的个股既有中短线投资价值，也有短线投机机会，适合中短线波段操作。

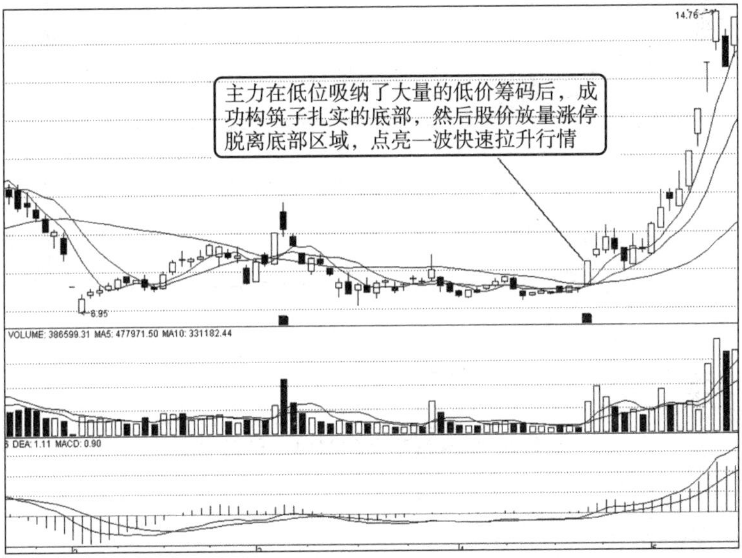

图 1-5 御家汇（300740）日 K 线图

在底部出现横盘后涨停，这是大牛股即将启动的重要标志，或者是典型的见底信号。散户就算不愿意等待漫长的横盘时间，那么在底部寻找涨停个股是件很容易的事情。真正要理解横有多长竖有多高，这是做波段必须下的功夫。

图 1-6，江淮汽车（600418）：该股经过几年的弱势调整，累计下跌幅度较大。在长时间的底部横盘中，已经洗掉短线抄底的获利盘和高位做 T+0 的自救盘，盘中浮动筹码已经很少，盘面震荡幅度渐渐收窄，说明市场成本都差不多，没有太多的短线获利盘，而高位的套牢盘也因为浮亏而没有太大的出货动作。2020 年 5 月 20 日，收出长时间横盘后的第一个涨停，股价向上脱离底部区域，从而展开快速拉升行情。

从盘中可以看到，在启动前出现了“超跌+地量+长期横盘”，蓄势整理充分，盘中堆积了大量的做多能量。这类个股可以作为重点关注对象，尤其是突然放量的涨停，更是值得期待。实盘中类似的个股走势很多，只要投资者认真总结，一定能找到涨停的奥秘。

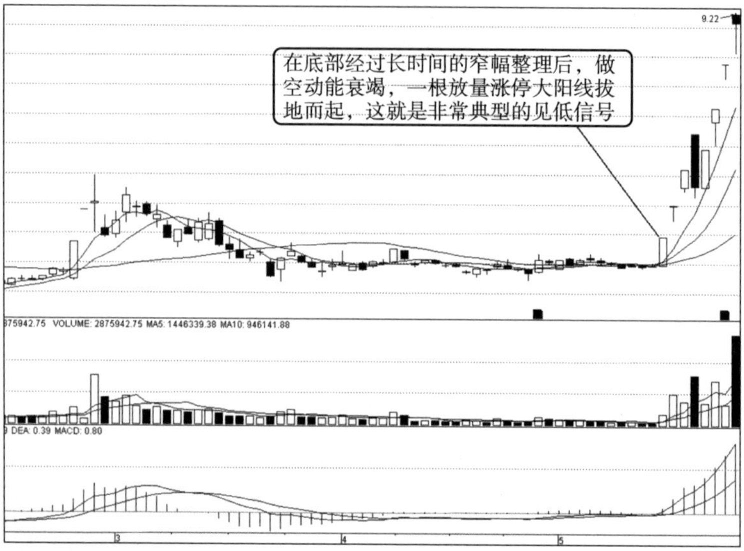

图 1-6 江淮汽车（600418）日 K 线图

三、支撑涨停

股价上涨有回调，下跌有反弹，这是正常的盘面走势，当股价回调遇到技术支撑而出现涨停时，是短线重点狙击的对象。

常见的重要技术支撑位有：多头均线、前期低点（突破后的高点）、通道下轨（突破后的上轨）、成交密集区、形态颈线位、黄金分割位等，股价回落到这些技术位置附近时，通常会出现一定幅度的反弹走势，特别是第一次遇到重要技术支撑时，十有八九会出现反弹行情。如果所处价位不是很高的话，投资者可以积极关注，短线获利的概率非常大；如果股价处于高位，则有可能演变成为假支撑，此时应谨慎操作。

图 1-7，尚荣医疗（002551）：该股经过一波快速拉高后，短线获利盘涌出，股价快速回落。由于 30 日均线处于上行状态，具有较强的“助涨”作用，当股价回落到 30 日均线附近时，有力地支撑股价下跌。2020 年 2 月 21 日，收出一根止跌性光头光脚小阳线，次日股价小幅高开后震荡走高直至涨停，既说明 30 日均线支撑力度非常强劲，也说明主力洗盘整理结束，还反映有资金积极入场，从而开启新的拉升行情。

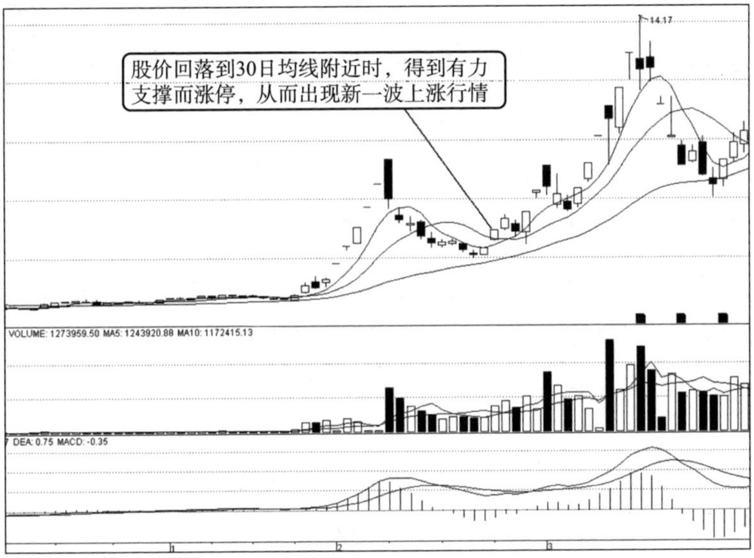

图 1-7　尚荣医疗（002551）日 K 线图

图 1-8，创元科技（000551）：该股见底企稳后出现小幅回升，当股价回升到前期盘区附近时，受套牢盘抛压而再次回落前低附近，盘面似乎要出现向下突破。可是，2020 年 5 月 20 日，盘面化险为夷，一根放量涨停大阳线拔地而起，开启一波短线拉升行情。

从盘中可以发现，首先是股价无量调整，反映短期做空能量减弱，持筹者惜售，前低附近有较强技术支撑；其次是股价强势拉起，说明支撑位附近有买盘逢低介入，技术支撑得到体现；最后是涨停大阳线的出现，在 K 线结构上形成 W 底形态，支持股价进一步上涨。可见，该股前低技术支撑位是一个较好的逢低买入机会，股价强势拉板又是一个加仓入场信号。

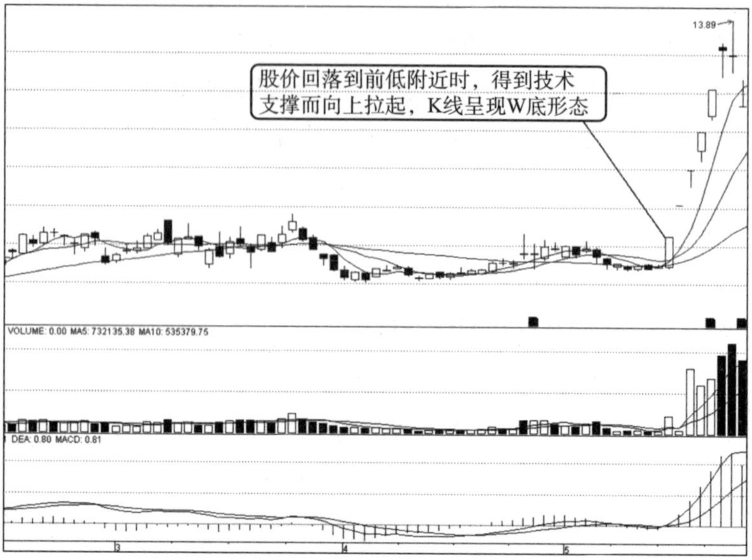

图 1-8　创元科技（000551）日 K 线图

在实盘中，很多时候在股价回调时，主力刻意向下打压股价，造成技术破位走势，表面上技术支撑失去“支撑”作用，让短线技术派炒手选择离场，随后股价快速强势回升，重新站到技术支撑位上，并形成新的上涨行情。

图 1-9，东方通信（600776）：该股经过一波上涨行情后，盘中堆积了大量的获利筹码，主力展开洗盘换手。2019 年 1 月 30 日，股价向下击穿了 30 日均线，且连续 3 个交易日收于 30 日均线之下，在技术上形成破位之势。2 月 11 日，一根涨停大阳线拔地而起，开启了新一波更为凌厉的拉升行情。

其实从盘面不难发现，在股价向下击穿 30 日均线后，并没有出现恐慌性下跌走势。一般情况下，真正突破之后，股价会快速离开这个位置。而且，30 日均线处于上行状态，首次回落到该位置往往都有一定的支撑作用，虽然一度回落到 30 日均线之下，但并没有失去支撑作用，仍然具有助涨性。所以，实盘中遇到这类个股时，可以大胆追板入场。

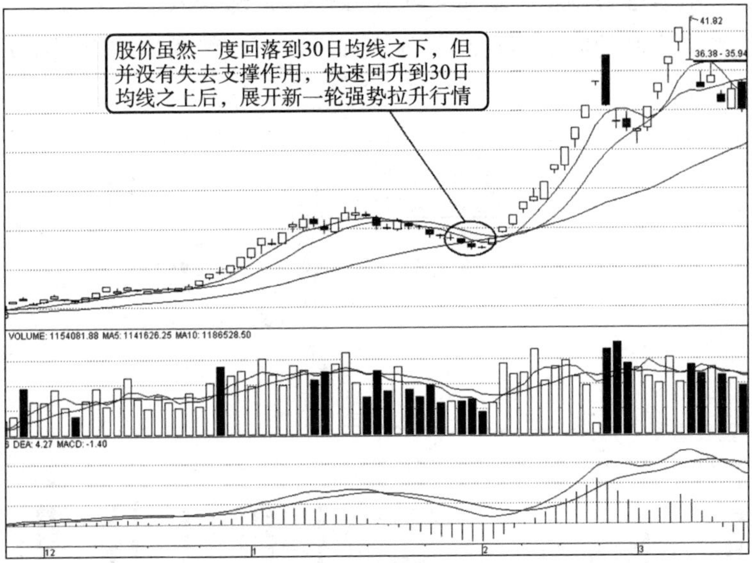

图 1-9　东方通信（600776）日 K 线图

四、加速涨停

主力完成吸筹、试盘、洗盘等一系列工作后，必然进入加速拉升阶段。拉升是股价上涨速度最快的主升阶段，也是涨停密集出现的高峰时期，抓住一波拉升行情可以达到或超过一年的投资收益。主力常用的拉升手法有：狂飙式拉升、急速式拉升、台阶式拉升、波段式拉升、洗盘式拉升、震荡式拉升、推进式拉升、随意式拉升和圆弧式拉升等。

一般而言，相对于主力建仓、整理、出货来说，拉升阶段的时间周期最短。如果不能准确把握拉升节奏，很容易错失短线暴利行情，或者入场时间太晚导致利润空间有限，甚至被套。因此，投资者必须熟悉主力常用的拉升手法，以便在主力拉升初期入场做多，静等主力拉升之后满载而归。当然，主力的拉升手法因不同操盘风格、不同市场背景，个股拉升方式也千姿百态，强庄股的走势更是千变万化。

图 1-10，星期六（002291）：该股主力吸纳了大量的低价筹码后，2019 年 12 月 13 日，向上突破，出现一轮强势拉升行情。在拉升过程中，共拉出 17 个涨停，股价节节拔高，成交量持续放大。拉升节奏清晰，收出一根小阴线或小阳线后，在盘中出现若干次加速涨停形态，盘面气势强盛。遇到这类

个股时，在股价强势调整结束后再次拉涨停时追涨介入，只要理解“会涨的股票不会跌，会跌的股票不会涨”的道理，就可以轻松地捕捉到拉升阶段的大牛股。

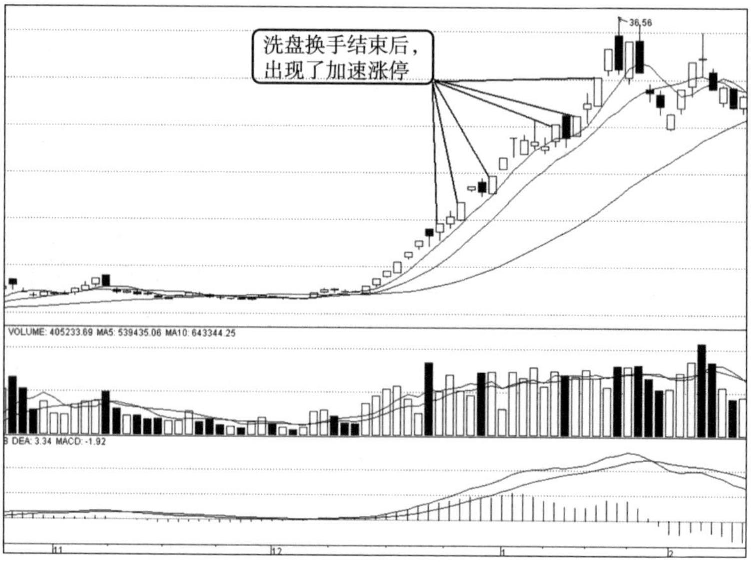

图 1-10　星期六（002291）日 K 线图

拉升阶段的操作策略如下。

（1）估算主力的拉升高度。在解释这个问题之前，必须区别不同类别主力的获利要求：①短线主力的拉升由于收集的筹码比较少，一般都不会将股价拉得太高，通常在 10%~20%，超过 30%就要有个股的重大利好消息或大势环境的极力配合。②中线主力的拉升由于控盘高、时间长、投入多、成本高，拉升幅度显然要大一些，一般在 80%~100%，强庄股或潜力股超过 200%、300%以上者不乏其例。③长线主力比中线主力要求利润更高，拉升幅度更大，持续时间更长，但往往分为几个大波段操作，每个波段的利润区都较大，一般涨幅都在 100%以上。

（2）在拉升初期，介入的价位以不超过主力成本的 30%为宜。

（3）在拉升中后期，选择高点卖出。当股价上涨幅度越来越大，上升角度越来越陡，成交量越放越大时，就意味着拉升阶段也快结束了。

五、自救涨停

主力和散户一样，被套也是经常发生的事。那么，主力被套牢后怎么办？

等待散户来救援吗？显然不可能。主力花巨大的资金，不可能坐以待毙的，只能自己拯救自己，依靠发动自救行情为自己开辟一条出逃的路子，因而经常出现主力自救式涨停。

这种操作手法极其凶悍蛮横，使人不敢想象，反映出被套主力穷凶极恶、垂死挣扎、生死一搏的特性。在当日分时走势图中呈低开高走，或高开高走，股价回调至当日均线附近时企稳向上，一波比一波高，有的强庄股干脆沿一条直线上升，不管风大浪急，我行我素。目的是通过涨停吸引散户关注，引诱场外资金进场，为主力抛盘买单。

图 1-11，欧比特（300053）：该股大幅炒高后出现倒“V”反转，股价阶段跌幅超过 60%，主力遭受套牢之苦。不久，出现一波强势反弹行情，成交量明显放大，日 K 线连续收出 7 根阳线，盘面红艳艳一片，很是吸引人，这是典型的反弹自救行情。量、价、势、形十分醒目，这是为什么？为了吸引散户，实现自己出货（如果是一轮真正的上涨行情，主力一般不用如此造出“醒目”的盘面）。主力通过自救大幅减仓后，股价再次出现新的下跌行情。

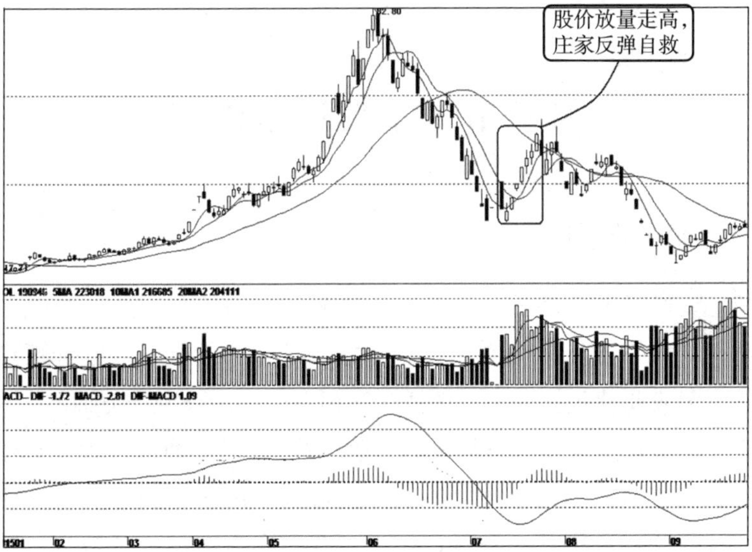

图 1-11 欧比特（300053）日 K 线图

图 1-12，北汽蓝谷（600733）：该股大幅炒高后，受大盘影响暴跌，主力被套其中，在下跌中途主力采取了止损自救手法，然后又采取反弹自救。当主力大幅减仓后，股价出现新一轮暴跌行情，主力自救非常成功。

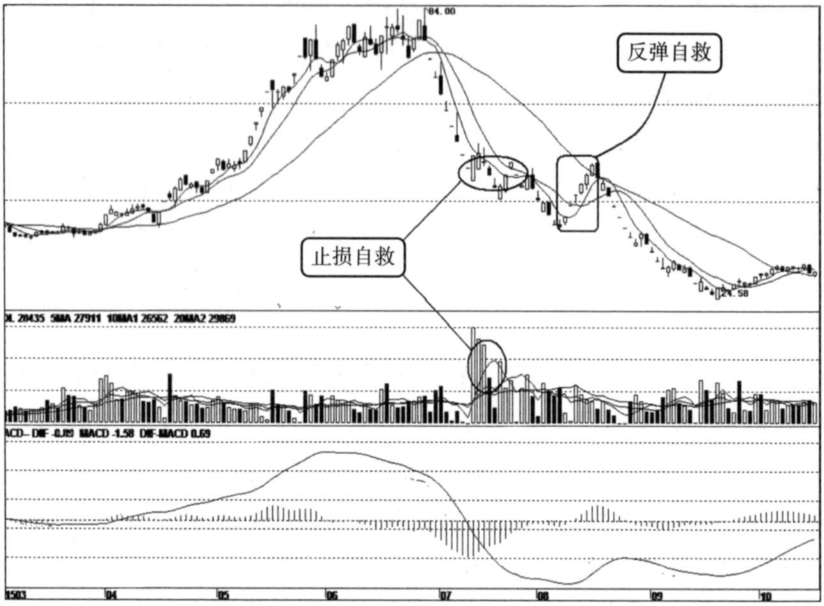

图 1-12　北汽蓝谷（600733）日 K 线图

第三节　市场因素涨停

一、业绩增长涨停

业绩是支撑股价的基石，投资大众普遍关心的就是个股业绩优劣，所以在上市公司每次公布公司业绩有大幅度提高时，二级市场中股价顺势涨停是自然的事。个股业绩包括现实业绩增长和预期业绩增长两个方面。

现实业绩增长是投资者看得见的企业“成绩单”，通过中报、年报的今昔对比就能发现业绩的变化，主要体现在损益表中的主营收入、每股收益、每股净值和每股公积金等几大数据。优点：有实实在在的直观数据。缺点：一是未来能否持续增长有不确定性；二是难以辨别报表的虚实。

预期业绩增长给投资者带来巨大的想象空间，炒作的是公司的未来。优点：对未来前景充满期望。缺点：未来能否实现增长有不确定性。

图 1-13，达安基因（002030）：2020 年 4 月 14 日晚，发布业绩预告，预计一季度净利为 1.86 亿元~2 亿元，同比增长 558%~608%。报告期内，受新

型冠状病毒肺炎疫情影响，市场对新型冠状病毒核酸检测试剂盒及核酸检测仪器、相关耗材的需求量大幅度增长，对公司业绩产生了积极影响。该消息正值国内外疫情暴发期，公司以自主开发、完整贯通的核酸检测技术全产业链平台，启动充足的产能提供新型冠状病毒核酸检测产品，给投资者带来丰富的想象空间，也给主力带来拉高的炒作潜力。消息公开后的次日，股价高开后快速拉涨停，从而产生短线拉高行情。

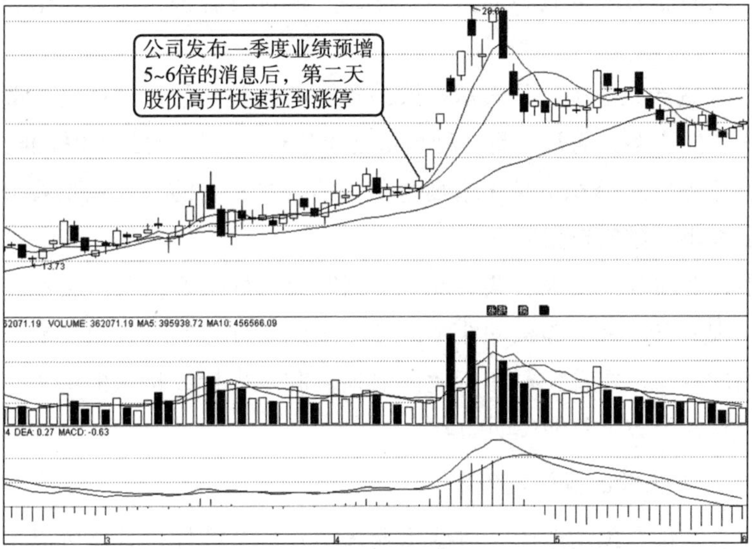

图 1-13　达安基因（002030）日 K 线图

1. 如何分析股票的业绩

业绩主要体现在市盈率上，越小说明业绩越好，但是行业有所差异（钢铁企业的市盈率普遍较低）。业绩重点看公司的净利润以及同比增幅，好的业绩主要看以下几项内容。

（1）每股收益是指投资者每股投资后的收益值，一般是最有代表性的。每年的增长都是一步步升高，而且在行业中要排名前列才算是好业绩。

（2）业绩增长率，要比同行业的百分比大，这里还要净资产增长率的增长等，同样毛利率也是要高的，一般这些指标都超过 20%的才算比较好。业绩增长率要看每年的增长幅度，且幅度不能大起大落。

（3）市盈率要低一些比较好，要适合整个股市中的市盈率倍数，一般按国内经济增长来算的话，市盈率在 20~60 倍，超过上线就有点过高了。市盈率计算公式就是股票的价格除以当年的每股收益。

（4）未分配利润是表示投资者每股尚可以分配到的利润，通常不要出现负就行，越多越好。但是公司由于种种原因，保留了对这一部分利润的分配，可能用于今后的其他用途。

（5）公司的成长性，未来发展前景和目标要明确。

（6）主营业收入增长，这一点很重要，越大越好，因为有些公司并不是由自己公司的能力产生盈利的。如果是靠其他投资赚钱，那么这个公司就不行了。

（7）净资产收益率，是表示每股净资产的收益率的，也就是每股收益与每股净资产的比率，通常也是一种衡量公司盈利能力是否强劲的标准。

（8）每股资本公积金是用来衡量公司的资本实力的，也就是看公司的资本实力的大小，数值越大越好。

当然，业绩好不代表股票会涨，要判断股票好不好，会不会涨，还要看这个公司未来有没有能够推动业绩继续增长的条件，要看公司产品的价格和原料价格的变动，要看公司在行业内的地位和未来持续扩张的潜力，很多东西都不是这几个数字就能说明的。

2. 业绩增长股的操作技巧

投资者在选择预增股时，应注重业绩增长的持续性，具体可以采用如下原则。

（1）为了保障上市公司业绩增长的可持续性，投资者要先剔除“一次性”收入（如政府补贴、减免税等），毕竟这类收入增长对公司长远发展的影响有限。

（2）业绩的增长要确实对公司经营的改善有贡献，所以投资者要剔除去年同期基数过低的公司。在已经公布业绩预告的公司中，部分个股预增其实难副其名。不少高预增源于去年基数较低。同时，部分公司净利润出现大幅预增是由于转让股权带来的“一次性”收益。因此，要看重行业趋势和成长的延续性。

（3）普通投资者应重点关注前期滞涨的绩优及高成长股。一般来说，同一行业中出现多家公司同时预告业绩增长，就有一定的代表性，说明这个行业的整体成长性相当不错，投资者可以逢低介入同板块中还没有被大肆炒作的个股。

（4）根据历史经验，年报披露时间越早且业绩超出预期的个股，其股价炒作也是先人一步。通常年报行情的高峰在 1 月下旬至 3 月上旬期间。不过，大部分散户往往由于信息披露不对称而后知后觉，容易追在已经被主力炒高的个股后面。因此对预增或高送转的年报行情，投资者必须谨慎选股，多角度挖掘尚未被大肆炒作，或者在低迷行情中被错杀的个股。

二、高送转股涨停

高送转是指送红股或转增股的比例很大，这是引发股价涨停的重要原因之一。根据实盘经验，在每年的中报、年报公布前后，一些高送转方案的含权个股往往会得到市场的追捧。如果股价处于低位，大涨或涨停的概率就非常大。在最终送股除权前，股价一般会有一个大幅的拉升过程，甚至一些强势个股除权之后还会有走出填权的强势上涨，所以成为被人们狙击的目标。

图 1-14，佳禾智能（300793）：2020 年 4 月 23 日晚间，公司披露年报，2019 年实现营业收入 22.57 亿元，同比增长 67.58%；净利润 1.21 亿元，同比增长 9.39%；每股收益 0.92 元。公司拟每 10 股派发现金红利 3 元（含税），每 10 股转增 6 股。受此利好消息影响，次日高开 4.77%后，股价快速拉涨停，然后继续强势上攻，短期股价涨幅较大。

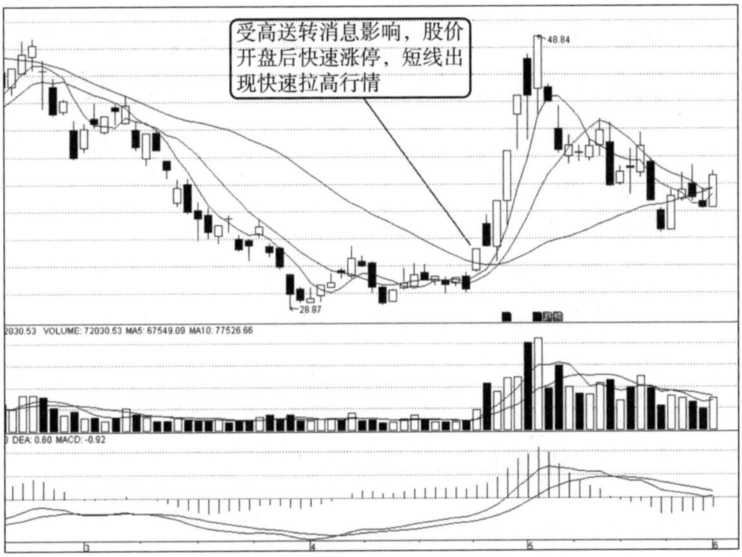

图 1-14　佳禾智能（300793）日 K 线图

高送转股的实盘操作技巧如下。

（1）如何选择具备高送转预期的个股：一是股本扩张意愿强烈，有再融资要求的上市公司；二是有过增发行为，为了兑现增发时的承诺；三是股东持股比例较高，为了方便股东减持推出高送转方案引起市场关注；四是财务上“三高”特征明显，即每股公积金、每股净资产、每股未分配利润。每股公积金高意味着转股的潜力较大，每股未分配利润高意味着送股的潜力较大，同时财务上最好当年业绩增长、盈利状况良好，这样的股票更容易得到市场的追捧；五是股本规模适中，中小板、创业板、科创板中的一些次新“袖珍股”高送转的概率更大。因为新股发行的时候，溢价发行的部分被计入资本公积金，较高的资本公积金和股本规模袖珍为后期高送转创造了有利条件。

（2）高送转股分为抢权行情和填权行情。上市公司在公布高送转方案前，市场对其有较强的预期，一般会推升股价连续上涨，出现抢权行情。一部分强势个股在送转股除权派息之后，还会走出向上的填权行情。这两个阶段是参与高送转股的最好时机。

（3）具体操作技巧：抢权行情在成交量明显放大、市场对其高送转预期较强、资金大幅流入的第一时间介入，等到送转预案公布时获利出局。一些预案公布前股价涨幅不大的个股，在预案公布后还有一波拉升过程。一般情况下，预案到除权日有 3~4 个月时间。此阶段需要重点留意上市公司公告。分配方案需要股东大会批准通过，因此可以在股东大会召开前 20 天左右布局。注意开股东大会的日期，一般股东会后 10 天左右就会除权派息。股权登记日前 1~2 天可以获利出来。而填权行情一般参与性不大，除非一些前期极为强势的个股，主力在高位无法顺利出货，一般除权后会利用股价较低的因素进行拉升出货。操作上应该快进快出，短线操作为好。

（4）尽管高送转股具有很大的炒作特质，股价一高再高，但是并不是所有的预案公布之后都会出现暴涨的模式，其中有部分公司预案发布之后非但没有出现大幅的上涨走势，反而出现了小幅的下跌走势。比如，海王生物（000078）、中关村（000931）、海能达（002583）、天桥起重（002523）、常铝股份（002160）等个股公布预增股后，股价跌幅均超过 20%。

三、摘星脱帽涨停

摘星脱帽是指实行特别处理的个股恢复为正常交易的个股，去掉 ST 或 *ST 特别处理标志。

股票“摘帽”后，出现涨停是一种常见的盘面现象，意味着上市企业消除退市风险，对股票持有者来说可谓长舒了一口气，对其主力来说更是阴霾尽去，不来几个涨停难解心头之恨，所以涨停也就顺理成章了。

图 1-15，金山股份（600396）：公司因 2017 年、2018 年连续两年亏损，2018 年报披露后，该股披星戴帽，被实施退市风险警示，如果 2019 年公司仍不能扭亏，将面临被暂停交易和退市的风险，因此 2019 年对于该股来说就变得尤为关键。在此背景下，公司着力调结构、保增收、推改革、控风险，2019 年主业存量资产盈利能力明显改善，亏损额及亏损面大幅度减少。

2020 年 4 月 2 日晚，公司发布消息，2019 年公司实现营业收入 74.01 亿元，较上年增长 3.70%，归属上市公司股东的净利润为 6742.70 万元，顺利实现扭亏。在同日披露的关于申请撤销股票风险警示的公告中称，公司净利润指标涉及退市风险警示的情形已经消除，不触及其他退市风险警示的情形，不存在其他风险警示的情形，拟向上海证券交易所提出撤销对股票实施退市风险警示的申请。

其实就在前两天，公司还曾连续发布可能被暂停上市的风险提示公告，提醒投资者关注投资风险。利好消息发布后，股价出现强势上涨，4 月 10 日停牌一天，公告股票撤销退市风险警示，摘掉“＊ST”帽子，股价连续拉出 3 个涨停。

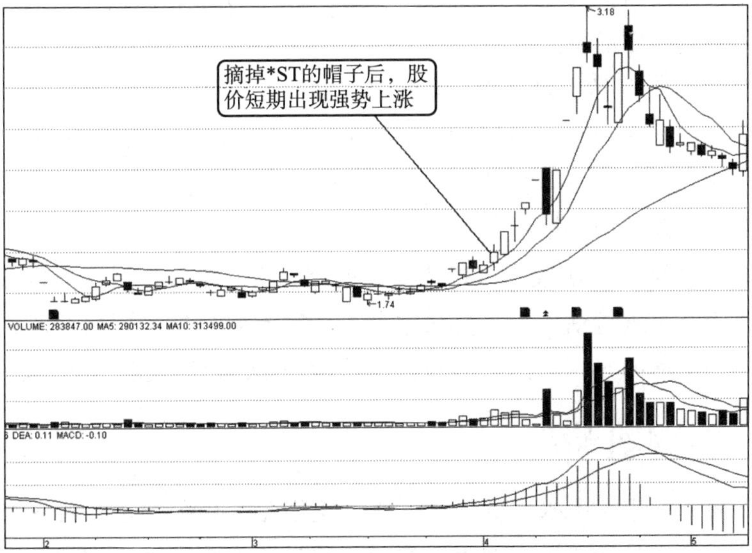

图 1-15　金山股份（600396）日 K 线图

如何把握摘星脱帽股的投资机会?

ST 股（包括*ST 股）“看上去不美、实际上不差”，真正被退市的股票少之又少，绝大部分都能通过各种途径和手段，“巧妙”摆脱连续三年亏损的限制。作为壳资源，又往往能获得重组机遇。重组成功之后，复牌暴涨也就此拉开。再往后就是业绩扭亏、申请摘星、成功脱帽，还能演绎出一系列的炒作热点。

在摘星脱帽上，“摘星”比“脱帽”容易。“摘星”只要会计年度结束后，主营业务实现正常运营，年度实现盈利就能实现。“脱帽”在财务数据上，需要最近一个会计年度的每股收益为正（扣除非经常性损益后的每股收益也要为正），且每股净资产为正值，同时未被审计机构出具否定或无法表示意见的审计报告，基本面也不存在特别重大的诉讼、银行账号冻结，以及没有重大会计差错和虚假陈述等情况的，才可以向所在证券交易所提出“摘帽”申请。

通常每年第一季度都会炒一波摘星脱帽行情。当大盘走势低迷，投资者迷失方向的时候，常常也是 ST 股表演的最佳时期。摘星脱帽行情往往波澜壮阔，但要把握行情却并不容易。

那么如何把握 ST 股的投资机会呢? 首先，看公司本身利益方的实力，比如其借款银行、大股东的实力；其次，关注公司的背景，比如有无政府的支持，以及政策支持的力度等；最后，涉及重组的 ST 股，从概率上看，重组后资产的好坏将决定股价的走向。

总体而言，ST 股的基本面要素比技术面要素重要得多，具体视个股情况而定。所以参与 ST 板块的摘星脱帽行情，必须对基本面深入掌握，毕竟 ST 股投资属于风险套利。一般股价在 4 元、5 元以下，而盘子中等的，投资机会更多一些，风险也相对较小。

在介入时间上，ST 股的运行特征是前期 1 个月上涨，后期可以根据盈利与资产重组状况进行估值，还要根据公告情况有效把握投资机会。据研究统计，摘帽前上涨的 ST 股占 70%左右，摘帽后上涨的 ST 股占 30%左右。

四、资产重组涨停

资产重组是市场中永恒的话题。资产重组是上市公司进行资源有效整合的一种方式，也是资本运作的重要途径。通过资产重组可以卸掉上市公司长期的包袱，重塑市场良好形象，让“丑小鸭”变成“白天鹅”，可以让面临退市的公司起死回生。重组后的上市公司直接接轨市场的新兴产业，大大提高其赢利能力和赢利水平，因此导致股价大幅上涨是常见的事。当前资产重组的方式多种多样，比如不良资产剥离、产业转型、大资金注入、资产抵押、债务豁免或转移等方式。

图 1-16，强生控股（600662）：公司因重大资产重组自 2020 年 4 月 27 日起停牌，在重组期间公司筹划关于以资产置换及发行股份的方式购买上海东浩实业（集团）有限公司（“东浩实业”）持有的上海外服（集团）有限公司（“上海外服”）100%股权；同时募集配套资金方面，公司拟向“东浩实业”非公开发行股票募集配套资金不超过 9.73 亿元。

重组完成后，公司将获“上海外服”借壳，主营变为综合人力资源服务，控股股东变为“东浩实业”，实际控制人为东浩兰生（集团）有限集团。此次借壳上市成功，将赢得融资扩展的机会，未来颇具想象空间。5 月 14 日，股票复牌后连续拉出 7 个一字板后继续强势上涨，股价从 3.78 元开始涨到了 9.31 元。

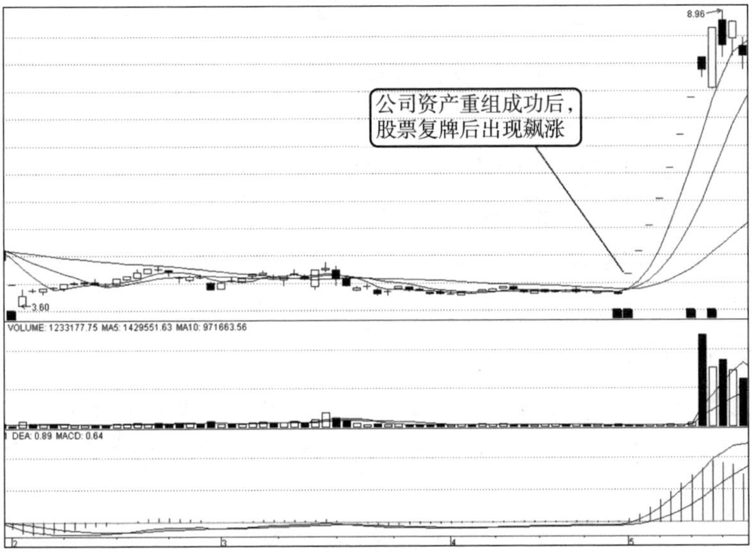

图 1-16 强生控股（600662）日 K 线图

1. 资产重组股的主要模式

（1）地方政府重组模式。该种模式的重组目的是使地方企业保持融资能力、均衡整合地方企业资产。在一般情况下，这种重组模式容易出现在第二季度。二级市场上的股价表现一般，短线波动概率较大。

（2）保配重组模式。公司大股东为了使上市公司保住配股权或者不被冠以 ST 而进行的内部资产置换。这类个股的股价波动容易出现逆势独立行情，部分个股可能因置换资产较好而出现中线黑马机会。这种情况容易出现在每年的最后一个季度，特别是 12 月。

（3）借壳上市重组模式。由一家新的实力企业购买上市公司法人股股权并成为第一大股东，或者实现资产的彻底置换。为了使借壳上市的成本较低，在一般情况下这类上市公司的股价容易出现阶段性飙升行情。这种重组容易出现在每年的年中，股价上涨幅度较大，但一般不送股，且易增发新股。

（4）炒作方式重组模式。这种重组模式的目的主要是使股价炒作具有题材性。具体有两种方式：一是合作式或者局部性重组，股价容易出现短线急涨行情；二是成为大股东模式的长线炒作重组，这种重组在时间和步骤上往往具有阶段性，以利于炒作者节省资金，股价往往会出现上升通道走势。

2. 资产重组股的操作技巧

（1）经营上陷入困境的公司最容易成为重组的对象。一般来说，公司业绩出现亏损、被特殊处理等，最易被买家相中。一旦有实力雄厚的大股东介入，未来股价需要重点关注。

（2）股权转让是重组的前奏。新股东通过受让股权坐上第一把交椅，意味着“重组”拉开了序幕。投资者应该关注新东家的背景、实力、所属的行业以及受让的股权所投入的成本。若新股东从事高新技术产业，则意味着日后会有源源不断的题材。通常受让股权的成本越高，说明新东家志在必得，升幅自然可以看高一线。

（3）第一波行情宜舍弃。第一波行情属于重组行情的前奏，此时往往是知道内幕的人哄抢筹码将股价抬高所致，随后必然会出现一次急跌洗盘的过程。

（4）第一波行情冲高之后急跌并伴随着基本面的利空消息，急跌之后才是参与的时机。实际上，这是最后的利空消息，公司往往会将各种潜亏全部计提，为日后的旧貌换新颜打好基础，股价因而出现最后一跌，成为介入的最佳时机。

（5）重大资产重组股票买入和卖出时机。重大资产重组永远是股市的热点，掌握重大资产重组个股的选股和买卖时机很重要。发现大股东地位变更后，就可以把该股作为备选目标。一旦发现股票出现暴跌，即跌幅达到 20% 以上，接下来持续 10~20 个交易日不创新低即为较佳买点。一般持有到公司重组成功后再卖出，其间可以高抛低吸做差价。

五、市场热点涨停

主流热点是指在市场运行过程中，上涨时冲锋在前，回调时又能抗跌，能够起到稳定军心作用的“旗舰”型板块，并且能够对市场整体行情发挥着举足轻重的作用。在历次行情中，从蓄势、启动，到拉升和派发，均与行情中主流热点的运行特征紧密相连。无论行情规模大小或持续时间长短，都与行情主流热点的兴衰息息相关。因此，在一轮较有力度的上升行情中，主流热点的作用功不可没。如果将一轮强势行情比喻为火箭的话，那么有凝聚力的主流热点就是这轮涨升行情的发动机。从某种意义而言，可以说有什么样的主流热点就有什么样的上涨行情。

图 1-17，星期六（002291）：该股在底部长时间的震荡中，主力吸纳了足够的低价筹码后，股价开始向上脱离底部区域，然后经过小幅回落进行洗盘换手。2019 年 12 月 13 日，股价开盘后逐波拉高至涨停，成交量明显放大，开启了一轮涨势凶猛的拉升行情，成为强势龙头股。该股涉及“区块链+网红经济+网络游戏”等主流市场热点，由于它的走强自然带动相关板块的活跃，

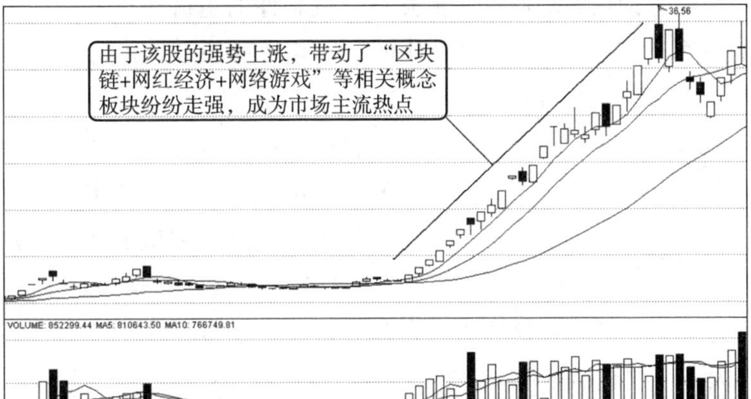

图 1-17 星期六（002291）日 K 线图

因此使相关概念在2019年、2020年的行情中演绎得非常火爆。

1. 主流热点的市场特征

凡是能够发动一轮富有力度的上攻行情的主流热点板块，往往具有以下特征。

（1）主流热点是一波上升行情里最先启动的板块个股。

（2）主流热点是一波上升行情里涨幅最大的板块个股。

（3）主流热点板块具有便于大规模主流资金进出的流通容量。

（4）主流热点板块的持续时间长，不会过早地分化和频繁地切换。

（5）主流热点行情具有向纵深发展的动能和可持续上涨的潜力。

（6）具有一定市场号召力和资金凝聚力，并且能有效激发和带动市场人气。

（7）主力资金实力非常雄厚，并且对政策面、消息面保持高度的敏感。

2. 主流热点的三大体系

（1）以行业背景为基础的主流热点。行业的主流热点上市公司无疑有着强大的持续发展能力和巨大的市场吸引力，在各种类型的主流热点中，以行业的主流热点最多，近年来涨幅巨大的龙头股大多是以行业主流热点的身份出现的。

（2）以概念背景为基础的主流热点。概念性的主流热点是二级市场中最容易上涨并对行情起落具有领导作用的有影响力的股票，也可以称为“板块主流热点”或“领涨主流热点”。

（3）以地域背景为基础的主流热点，还有包括多种背景的综合性主流热点。地域主流热点是指同一地域构成的板块中形成的主流热点。综合性主流热点不仅仅是概念性的主流热点，也是行业主流热点和地域性主流热点。这种综合性的主流热点往往更容易吸引主力资金的关注，行情的爆发力也更强。而且更具有市场号召力和领导力，在各方资金的积极关注下，更容易掀起一飞冲天、天马行空般的行情。

3. 捕捉热点龙头股的方法

主流热点龙头股是一波上升行情里板块涨幅最大的股票，是主流热点板块中的“大哥大”，所以选股就要选主流热点的龙头。

（1）根据板块个股。选龙头股的具体操作方法是密切关注板块中的大部分个股的资金动向，当某一板块中的大部分个股有资金增仓现象时，要根据个股的品质特别留意有可能成为“领头羊”的品种，一旦某只个股率先放量启动时，确认向上有效突破后，不要去买其他跟风股，而是追涨这只“领头羊”，这叫“擒贼先擒王”。这种选股方法看上去是追涨已经高涨且风险很大的个股，实际上由于龙头股具有先板块启动而起，后板块回落而落的特性。所以，龙头股的安全系数和可操作性均远高于跟风股，至于收益更是跟风股望尘莫及。

（2）追涨龙头股的第一个涨停。如果投资者错过了龙头股启动时的买入机会，或者投资者的研判能力弱，没有及时识别龙头股，则可以在其拉升阶段的第一个涨停处追涨，通常龙头股的第一个涨停比较安全，后市最起码有一个上冲过程，可以使投资者从容地全身而退。

（3）在龙头股强势整理期间介入。即使最强劲的龙头股行情，中途也会有整理过程。这时是投资者参与龙头股操作的最后阶段，要把握其休整的机遇，积极参与。但是，这种操作方式也存在一定风险，当市场整体趋势走弱时，龙头股也可能从强势整理演化为真的见顶回落。识别龙头股是见顶回落还是强势整理，主要从“量、价、势、形”四要素进行分析，这四个要素必须同时具备才能有效，缺其一就要谨慎对待。

（4）炒热点应避免两个误区：一是炒“冷饭”，总想在过去的热点中寻找机会；二是猜热点，毫无根据地猜测未来的市场热点。

六、重大事件涨停

突发重大事件是指由于突发性的政策利好或者由于突发性的事件所形成的一些行业、板块热点，或者个股的某些重大利好，比如获利政府补助、低息贷款、减免税收、签订重大合同等。这类事件应在第一时间判断出并结合大盘走势决定是否介入。因为这类热点的持续性很难把握，且行情往往受大盘短期态势影响较大。对于这种机会，介入时要确信两点：一是大盘短期风险不大；二是热点形成的因素短期不会结束。

图 1-18，奥美医疗（002950）：2020 年伊始，一场突如其来的新型冠状病毒肺炎在世界各国暴发，受此突发性重大疫情事件影响，2020 年春节假期过后，A 股首日开市时上证指数大幅低开 8.73%，市场出现恐慌，却给医药板块带来短期利好，相关医药股纷纷逆势上涨。

特别是奥美医疗有自己完整的口罩产业链，直接受益于“口罩保护”概念，给公司短期带来盈利机遇，受此影响股价连拉 8 个涨停。

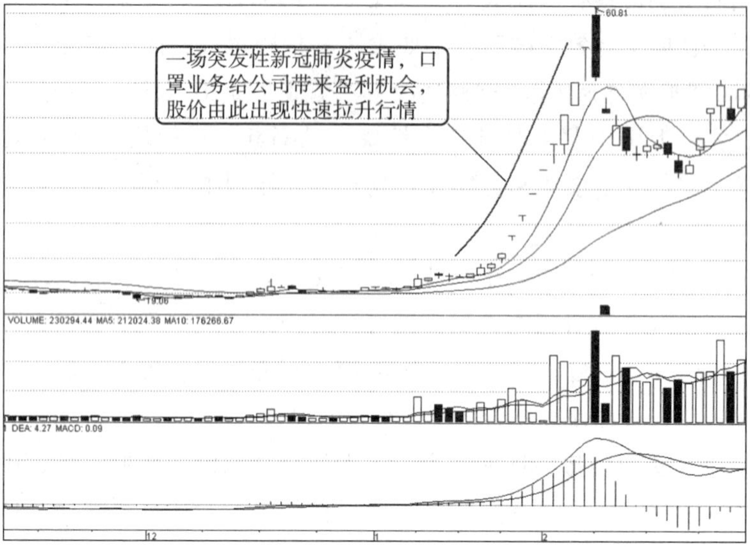

图 1-18　奥美医疗（002950）日 K 线图

遇到突发性重大利好时的实盘操作技巧如下。

（1）遇到突发性重大利好，空仓者切勿匆忙追高入场，堤防“利好出尽是利空”。一般来说，在重大利好出现之前，股价往往会有提前反应，短期有了一定的涨幅，在重大利好明朗后，股价反而走势下跌。

（2）突发政策利好无法改变股价原来趋势，一旦股价缩量上涨乏力时，应逢高离场。影响股价涨跌的主要因素是基本面，它决定股价中长期涨跌，突发性利好虽然能改变股价短期运行方向，却无法改变股价原来趋势。特别是在股价跌势中，利好无法令股价趋势发生根本性转变。因此突发性利好出现后，一旦缩量上涨乏力，持股者就要逢高离场，防止股价反弹过后加速下跌。

（3）突发性利好降临，短线操作一定要记住：快进快出，切勿贪心。突发性利好造成的上涨，就反弹时间来说，一般在 3~7 个交易日，即使是重大利好，反弹时间也难以超过 13 个交易日；就反弹幅度来说，一般在 50%左右，很少有超过 100%的，反弹过后股价大多会继续下跌，因此短线操作一定要快进快出，获利即走，千万不要太贪心。

（4）中标大单或大合同对企业来说无疑可以大幅度增加利润，但对于这个要仔细分析，订单什么时候能动工，什么时候能完工结算，该项目常规的毛利率是多少，可以增加每股多少收益等都要做初步评估。

（5）突发性事件带来的利好刺激，很多时候具有时效性，如禽流感事件给相关制约行业中的某些个股虽然带来利好，但很难持久。大多数涨停都是热钱或游资的恶搞，来得急，去得快，连续涨停过后往往是一片狼藉，股价会长时间陷入整理之中。所以，这种情况下一定要仔细分析哪些个股是真正的概念股，哪些个股是伪装的。

第二章　涨停性质分析

在实盘操作中，大家往往只关注股价涨停了，但不知道为什么会出现涨停，涨停的性质是什么？结果操作往往无从下手，错失良机，甚至造成损失。涨停是一种股价激烈波动的极限形态，它可以在任何阶段出现，但每次的涨停都透露出不同的语言信息：吸筹、拉升、洗盘？还是出货？这就是涨停的性质。投资者只有鉴别涨停的不同性质，才能进行正确的操作。在此就股价涨停性质进行重点分析，然后根据不同性质的涨停，采取对应的操作策略。

第一节　不同阶段的涨停

一、建仓型涨停

1. 建仓型涨停的技术要点

在熊市中主力很容易在低位吃到大量的低价筹码，因此熊市环境中主力不大可能利用涨停板建仓，但是在牛市中，两类股票容易受到主力的青睐：一是资质甚好具备高成长能力的企业，二是突发中长期显著利好的企业。这两类企业的股票具备基础面的强有力支撑，主力在大势环境较好的情况下，为了取得对股价走势的控制，常常采用涨停板拉升完成快速建仓计划。对于这类股票，在控制仓位分配的情况下，要敢于狙击，争取与主力同步建仓。主要技术如下。

（1）建仓型涨停通常出现在大幅杀跌后，量能极度萎缩的情况下，主力想建仓但由于市场超跌导致惜售，很难吸筹。

（2）建仓型涨停的内部结构是涨停反复打开，放出量能，这样能激发人气，让一部分散户解套交出筹码。

（3）建仓型涨停出现后，短期股价不会涨得很高，因为只是为了吸引人气，让一部分散户解套交出筹码。

2. 建仓型涨停的三种类型

（1）底部伏击型涨停。这种涨停方式多出现在上升初期阶段，主力经过洗盘后，以连续涨停形式进行吸筹，此类涨停较为安全，但涨停连续性较差，一般 1~2 板居多。

操作要领：第一，大幅下跌后形成止跌信号，即收盘价高于前一天开盘价（阴线）或收盘价（阳线），成交量放大，股价出现小幅上涨。第二，出现缩量二次探底，并在前期低点获得技术支撑，即不破起涨线。第三，放量向上突破，出现单倍量（指股价上涨，成交量大于前一天的 1 倍以上）。概括地说，涨停模型就是止跌后拉高“刹车”，然后缩量回调“换挡”，小阳加小阴，守住起涨线，经过“刹车”和“换挡”，最后一加油门就是涨停，也称为“涨停三部曲”。

图 2-1，国农科技（000004）：股价经过快速打压后，2020 年 2 月 4 日，出现止跌回升信号，小幅上涨后“刹车”缩量回调“换挡”，而股价不破起涨线。2 月 17 日股价放量涨停，形成单倍量态势，构成起涨信号，接着股价出现大幅拉高行情。

（2）快速拔高型涨停。出现在长期缩量下跌后（累计跌幅超过 30%），股价几乎趴地不动，某日以一根涨停大阳线吹响进攻号角，此类涨停往往由于突发利好催生，游资为拉升主要力量。

操作要领：第一，在大幅下跌之后，出现百日地量，价格突破下降趋势线。第二，在前期起点附近止跌，若 MACD 指标大级别背离，那么涨停更有底气。第三，通常是重大利好刺激，由游资快速拉升。

图 2-2，中潜股份（300526）：该股见顶后逐波震荡走低，大批散户被套牢，也有短线主力被套其中。之后，实力强大的主力看好该股的潜力，不断采用拉高手法建仓。分别在 2019 年 4 月 26 日、5 月 13 日、5 月 30 日和 31 日采用快速拉涨停建仓，解放了前期在底部被套牢的大批散户。那么主力此举的目的是什么？当然不是为了做善事，而是拉高建仓的一种手法。每次拉高

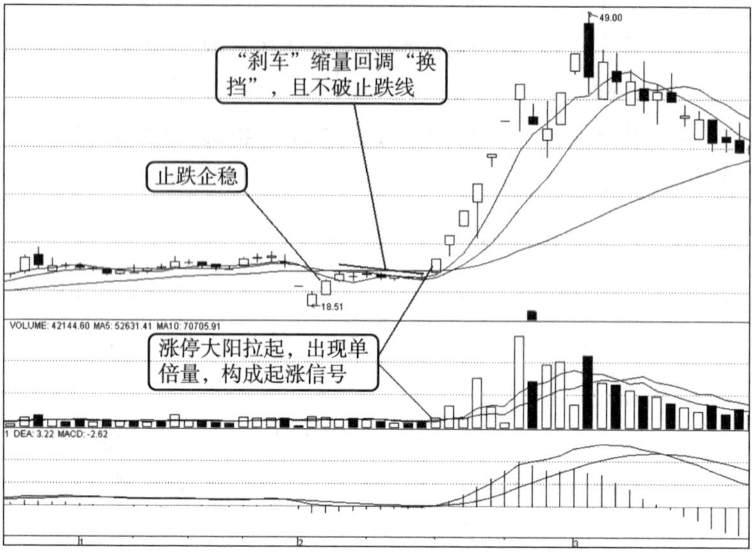

图 2-1　国农科技（000004）日 K 线图

涨停后，股价均出现小幅回落整理，给套牢散户一个解套离场的机会。主力完成建仓计划后，7 月 1 日开始进入拉升阶段，股价从此中线走牛，累积涨幅超过 1271%。

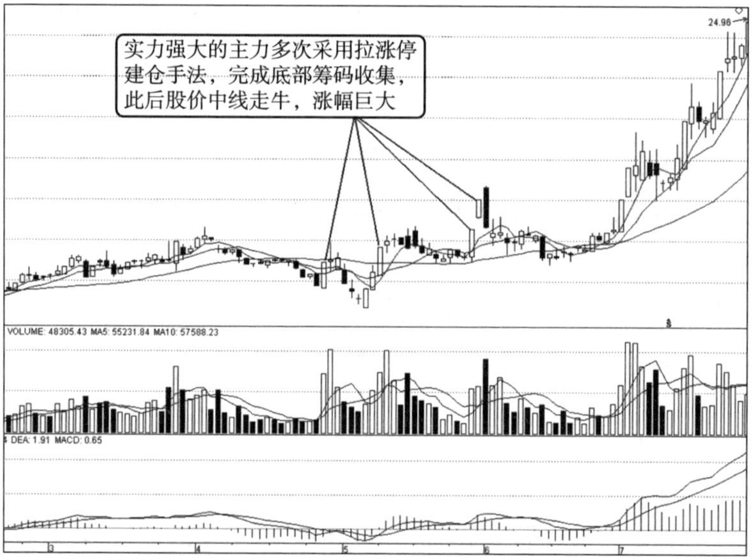

图 2-2　中潜股份（300526）日 K 线图

（3）凹底淘金型涨停。一般经过盘底之后，突然以涨停形式启动，K 线形态呈现凹底形态，此类涨停容易辨认，上涨持续性较强。

操作要领：第一，不是所有的凹底都能起涨，值得淘金的是有主力卧底的凹底。第二，缩量双阴、黄金柱是发现主力卧底的核心技巧。第三，参与时机可以结合单倍阳量，及盘口技巧把握。

图 2-3，罗博特科（300757）：股价大幅下跌后，在低位出现横盘整理，2019 年 9 月 6 日，股价放量涨停，构成凹底淘金型形态，然后股价向上盘升，主力建仓迹象明显。均线系统呈多头发散，成交量形成“单倍阳量”看涨信号，此时可以大胆追板介入。

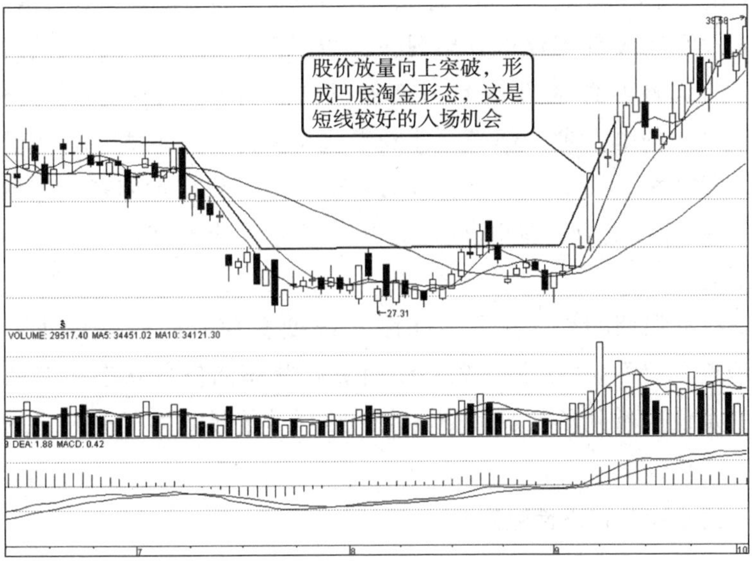

图 2-3 罗博特科（300757）日 K 线图

3. 建仓型涨停的操作技巧

通过上述几个实例分析，可以掌握如下操作技巧。

（1）建仓型涨停出现前，必然经过大幅的杀跌，这是止跌的前提。

（2）通常都会上涨到前期重要压力位（平台、高点）附近，并且会让这些压力位买入的人解套。

（3）在操作上，可以在涨停当天买入，关注是否突破这一压力位，如果能突破这一压力位，则是建仓的表现。

（4）因为有主力建仓，回调幅度不会太大，可以在回调至突破的支撑位时，补仓买回。

（5）看清股价位置是重点，这一点非常重要。

二、启动型涨停

启动型涨停在实盘中的重要性：一是能及时发现主力的操盘动机与意图；二是能及时发现股价的趋势转折点；三是能及时狙击主力拉升初期的最佳启动买点。

启动型涨停就是标志性涨停 K 线，具有强烈的向上变盘意义，是指位于均线系统“多头发散起始点”的单根或 2~3 根组合 K 线，通常以单根 K 线居多。它的出现往往意味着底部的确立或者市场进入拉升阶段，其可信度很高。

标志性涨停 K 线不仅可以出现在日线图上，也可以出现在周线图或月线图上。标志性涨停 K 线有且只有站立式、贯穿式和跳空式三种形式。无论这三种中的哪一种，都必须伴随着成交量的明显放大。标志性涨停 K 线也有一些变种，例如有时候表现为一前一后两根放量阳线，放量是为了突破均线系统的压力，有时候演变为“三连阳或五连阳切断均线系统”的经典形态。

需要特别强调的是，标志性涨停 K 线变盘信号的前提是处于“均线发散起始点”，短、中、长三条均线由黏合状态向发散状态转变的节点位置，也就是说股价到了变盘的临界点，这样才能被认为是有意义的标志性 K 线。

1.“站立式”标志性涨停 K 线

所谓“站立式”，就是指涨停 K 线站在均线系统之上，阳线的根部和均线系统平齐，如平地上站立起来的庞然大物，力气巨大无比。

图 2-4，科迪乳业（002770）：该股成功探明底部后，缓缓向上爬升到前期盘整区域，然后进入横盘震荡走势，均线系统渐渐收窄，接近黏合状态，成交量持续大幅萎缩，意味着股价到达变盘临界点。此时投资者应关注盘面变化，一旦向上变盘应立即介入。2020 年 3 月 31 日，一根放量涨停大阳线拔地而起，股价底部突破整理平台，均线系统向上多头发散。这根大阳线成为“站立式”标志性涨停 K 线，就是一个向上变盘信号，此时投资者应大胆介入，股价出现连板。

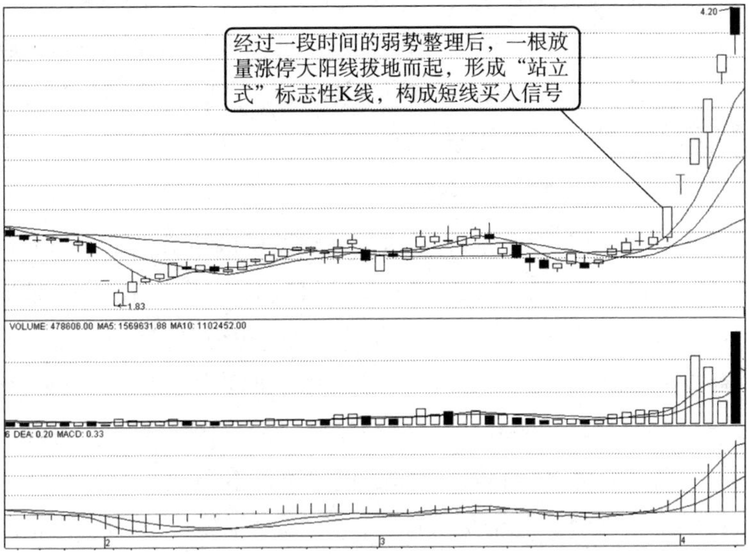

图 2-4　科迪乳业（002770）日 K 线图

图 2-5，保变电气（600550）：该股在长时间的震荡盘整中，主力成功吸纳了的低价筹码，在主力建仓末期刻意向下打压股价，制造空头技术陷阱，之后股价企稳盘整，均线系统渐渐收窄，接近黏合状态，成交量持续大幅萎

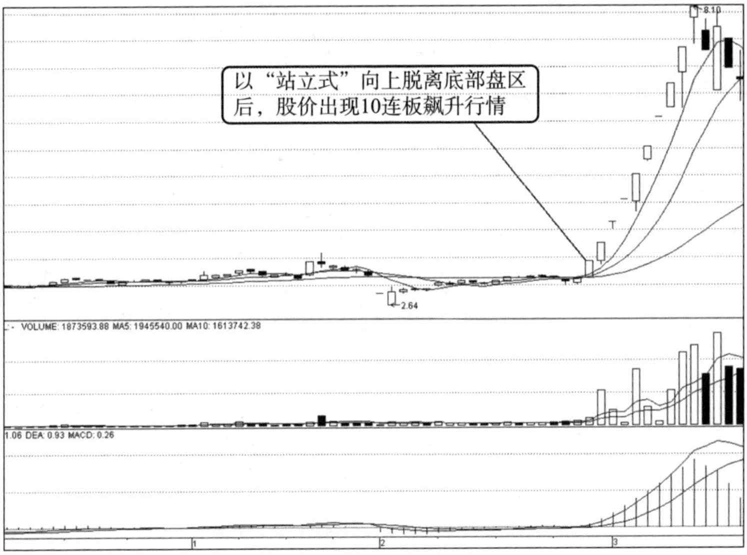

图 2-5　保变电气（600550）日 K 线图

缩，意味着股价到达变盘临界点。此时投资者应关注盘面变化，一旦向上变盘应立即介入。2020 年 2 月 27 日，一根放量涨停大阳线拔地而起，股价突破整理平台，均线系统向上发散，这根大阳线成为“站立式”标志性涨停 K 线。接着强势上涨，股价出现 10 连板。

2. “贯穿式”标志性涨停 K 线

所谓“贯穿式”，就是指涨停 K 线从均线系统的下方向上贯穿而过，突破均线系统压制。根据均线系统的运行趋势，可以分为三种情况：一是均线上行所形成的“贯穿式”形态，这种盘面最强；二是均线平行所形成的“贯穿式”形态，这种盘面一般；三是均线下行所形成的“贯穿式”形态，这种盘面最弱。

图 2-6，金健米业（600127）：该股见底后股价向上走高，然后主力进行洗盘整理，股价回落到 30 日均线之下，但股价回落幅度并不大，30 日均线继续维持缓慢的上行态势。几个交易日后，在 2020 年 2 月 23 日，一根放量涨停大阳线从均线系统下方向上贯穿而过，一针穿三线，形成“贯穿式”标志性涨停 K 线。这根大阳线如出水芙蓉，亭亭玉立，特别是股价突破上行的 30 日均线，上涨气势更为强劲，从而开启一轮亮丽的上涨行情。

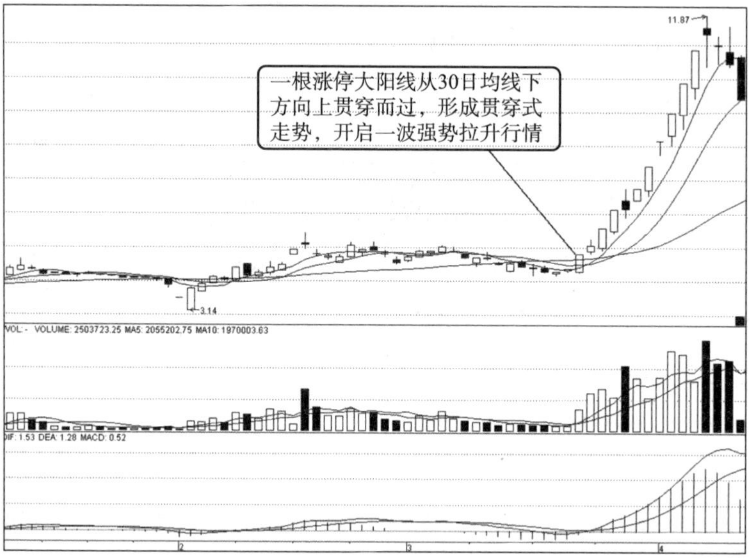

图 2-6 金健米业（600127）日 K 线图

图 2-7，创元科技（000551）：该股经过一段稳健的盘升走势后，进入小幅回落调整，30 日均线渐渐走平。2020 年 5 月 20 日，一根放量涨停大阳线向

上贯穿 5 日、10 日、30 日三条均线的压制，股价脱离底部盘区，形成“贯穿式”标志性涨停 K 线，股价出现 5 连板。虽然“贯穿式”形态出现时，30 日均线还处于水平横向运行，但由于主力前期准备工作充分，其短期上攻力量同样不可忽视。

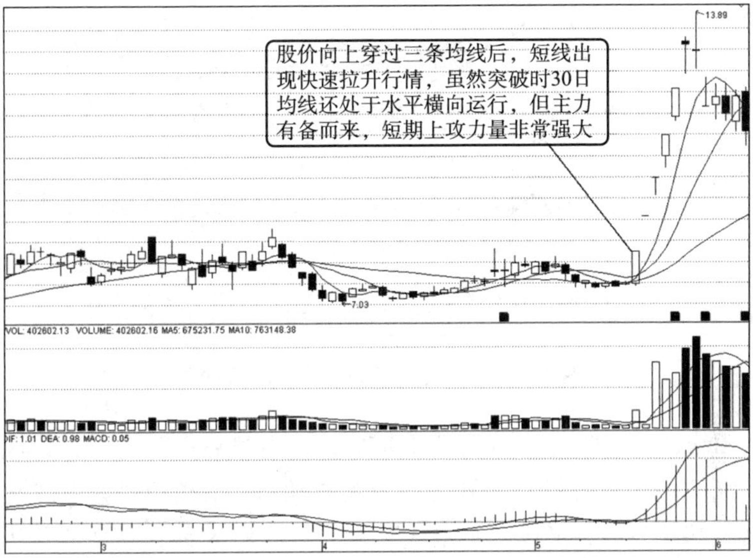

图 2-7　创元科技（000551）日 K 线图

图 2-8，梦洁股份（002397）：该股短线反弹结束后，再次进入回落调整，30 日均线趋于下行状态，盘面似乎很弱。可是，2020 年 5 月 8 日的一根放量涨停大阳线扭转了整个盘面态势，这根大阳线不仅向上突破 5 日、10 日、30 日三条均线的压制，也突破了底部盘区牵制，形成“贯穿式”标志性涨停 K 线。初看，在股价突破时 30 日均线还处于下行状态，看似突破力度并不大，但由于主力实力强大，前期吸货充分，一旦突破成功，便会一飞冲天，上攻之势不可阻挡。

3. “跳空式”标志性涨停 K 线

所谓“跳空式”，就是指涨停 K 线跳空站在均线系统上方，开盘时形成一个向上跳空缺口，这个跳空缺口是否回补并不影响后市研判。当然，若出现当日没有回补的跳空缺口，则盘面更加强劲。

图 2-9，领益智造（002600）：该股完成一波上涨行情后，进入长时间的横盘震荡整理，成交量持续低迷，均线系统呈现胶着状态，在整理末期股价时略有下沉，主力做最后的打压洗盘整理。2019 年 8 月 15 日，收出一根涨幅

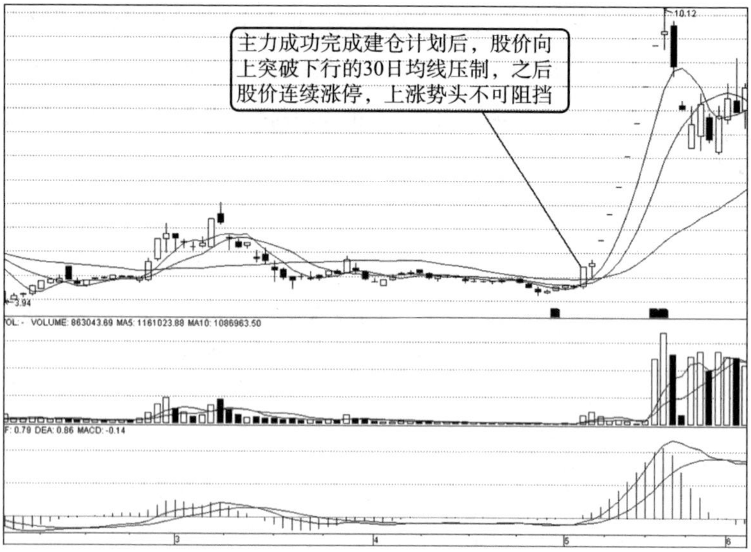

图 2-8 梦洁股份（002397）日 K 线图

3.95%的阳线，次日股价跳空高开 2.85%，盘中强势震荡走高，并成功封于涨停板，留下一个当日没有回补的向上跳空缺口，股价突破整理平台，均线系统开始向多头发散，形成“跳空式”标志性涨停 K 线，从此股价进入强势上涨行情。实盘中遇到这种形态时，投资者应大胆介入，短线获利概率较大。

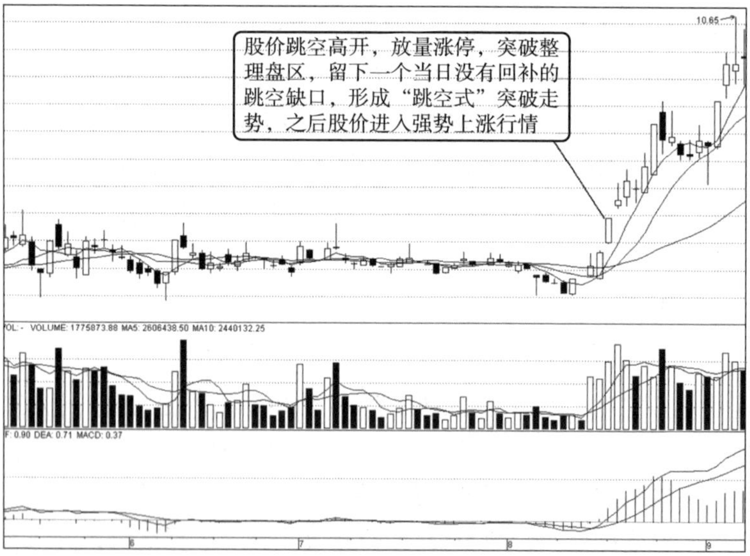

图 2-9 领益造智（002600）日 K 线图

图 2-10，江苏吴中（600200）：主力完成建仓计划后，股价小幅爬高，然后进入横盘震荡整理。2020 年 1 月 21 日，股价跳空高开 4.15%，在盘中经过 40 分钟的震荡后，从 10：10 开始放量拉升，二波推到涨停，形成“跳空式”标志性涨停 K 线，均线系统向上发散，一轮涨势行情由此展开。

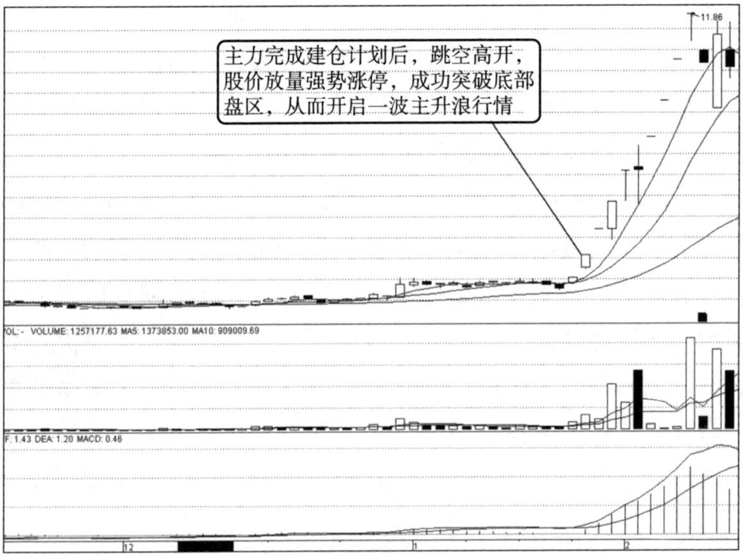

图 2-10 江苏吴中（600200）日 K 线图

三、洗盘型涨停

1. 洗盘型涨停的技术要点

散户一般胆子不是特别大，持仓时间也不会长，与那些慢腾腾的洗盘方式相比，涨停洗盘无论从力度还是效率上皆属出类拔萃，在临盘甄别时还要下一番功夫，通常只要在个股涨幅不是特别大的情况下，出现的涨停多为洗盘性质，当然这要结合当日的盘口具体分析。对于洗盘型涨停其价值自然不如建仓型涨停，但如果真的踏空了，也只好趁此机会介入。

（1）洗盘型涨停主要出现在上涨初期，在下降趋势中以及大幅上涨后，出现涨停打开的一般不是洗盘，而是出货型涨停行为。

（2）洗盘型涨停一旦打开涨停，通常会在 3 天内给在涨停位置买入的散户解套，以达到洗盘目的。

（3）在分时图中，涨停打开的成交量不能超过封涨停的成交量，即涨停量大，打开量小，这一点很重要。

（4）涨停打开后，缩量回落，但收盘仍能维持在5%以上的涨幅。

2. 洗盘型涨停的运行方式

洗盘型涨停主要有以下三种盘面运行方式。

（1）涨停后出现回调。在日K线上，股价在低位先拉出一个涨停，然后慢慢回落或横向盘整，形成上方压力较大而无法突破的假象，让原先持股者解套或止损离场。这种方式如果是在涨停价位买入的散户，解套时间可能要超过3天，这一点与以下两种洗盘涨停方式有所区别。

图2-11，美尔雅（600107）：该股在底部震荡过程中，2020年2月3日，主力向下打压股价，造成技术形态破位走势，让散户止损离场，然后渐渐企稳震荡。3月17日，股价出现放量涨停，收盘价处在前期盘区下方，从图形看，前期盘区显然对股价上涨构成明显的压力，散户对后市股价走势自然存在诸多疑虑。主力恰恰利用散户的这个心理，在之后的几个交易日里出现横盘整理，造成股价短期无法突破的假象，让散户止损离场。这种盘面属于涨停后出现的洗盘走势，应积极跟踪关注，一旦向上突破可立即跟进。

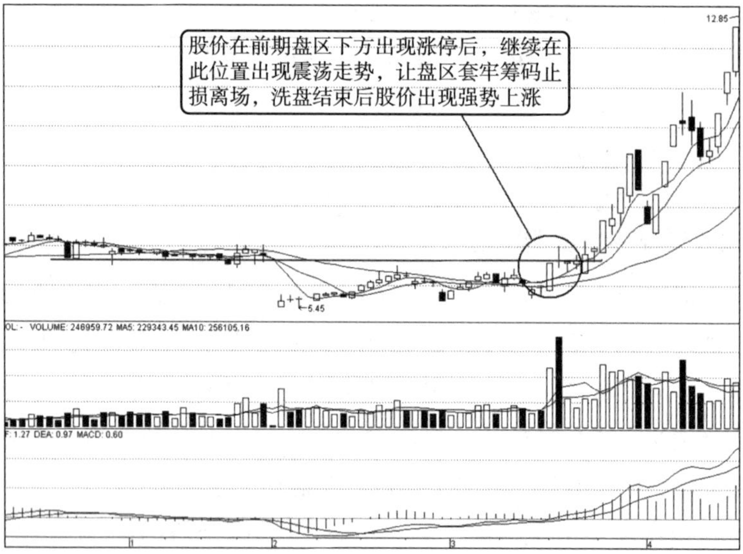

图2-11 美尔雅（600107）日K线图

（2）反复打开涨停。在分时走势股价封住涨停后再打开，然后又封涨停，再次打开。如此反复进行，不少散户以为涨停难以封住而选择离场，以此达到洗盘目的。

图 2-12，游久游戏（600652）：主力成功完成建仓计划后，突然股价跳空高开 8.02%，分时走势中上午维持横盘震荡，下午复盘后一波式放量拉涨停，封盘后两次“开闸放水”洗盘，尾盘巨单封涨停。这种盘面属于打开涨停洗盘走势，通过封盘后再打开，让胆小的散户产生涨停封不住的感觉，误导散户离场。这种情况如果出现在下降趋势中或大幅上涨后的高位，不是洗盘行为，而是出货型涨停，这一点投资者务必要分清。

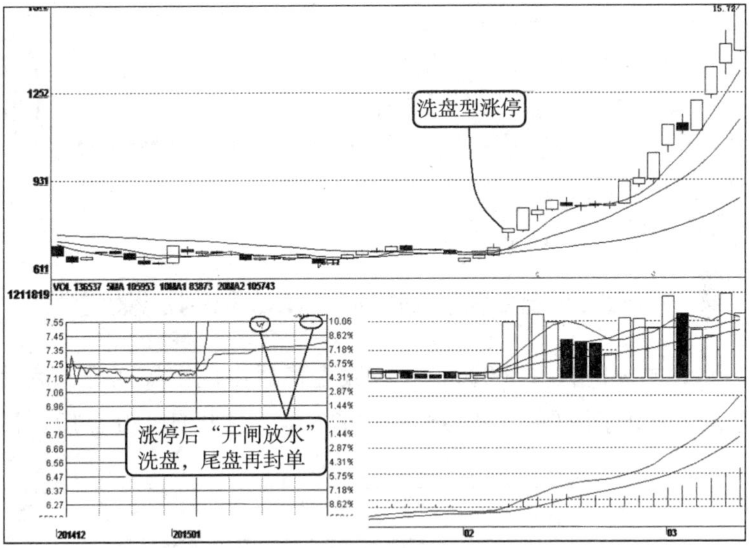

图 2-12 游久游戏（600652）日 K 线和分时走势图

（3）尾盘封不死涨停。股价在分时走势中，封盘一段时间后开板回落，直到收盘不再封盘，在形态上造成主力减仓的假象。有时在尾盘几分钟快速开板回落，一般散户在第二天上午会选择逢高离场观望。这种走势大多在 K 线上形成较长的上影线，造成上方压力较大，股价不能突破而冲高回落的假象。

图 2-13，达安基因（002030）：该股经过一波爬高行情后，小幅回落进入横盘震荡整理，股价与均线系统渐渐接近，三条均线呈黏合状态。2019 年 12 月 31 日，开盘后股价逐波走高，午后一度股价封于涨停，但很快打开涨停，然后一直在高位震荡，直到收盘股价也没有重新封板。这种走势表面上给人的感觉就是上方压力大，主力没有实力封盘或做多意志不坚决，从而让不少散户在收盘前离场，其洗盘效果非常好。2020 年 1 月 20 日，洗盘结束后

股价向上突破，出现快速拉升行情。

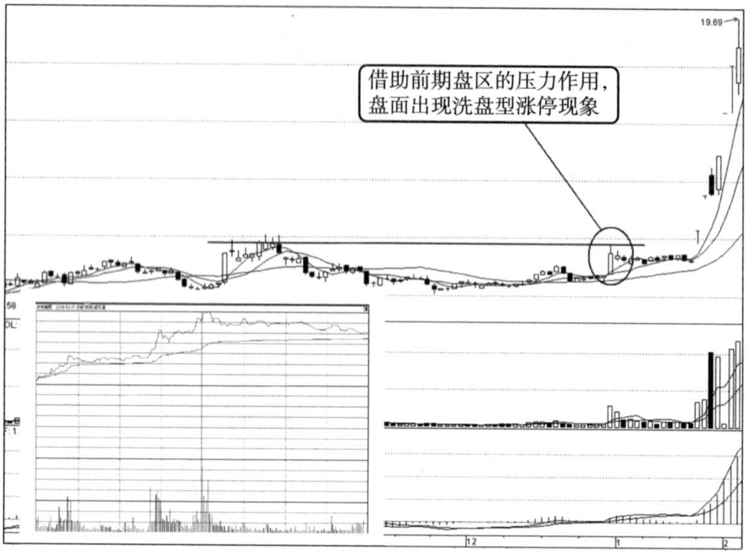

图 2-13　达安基因（002030）日 K 线和分时走势图

图 2-14，国电南自（600268）：该股企稳后出现小幅回升，然后出现横向震荡走势，消磨了散户的持股意志。2020 年 4 月 9 日，开盘后逐波震荡走

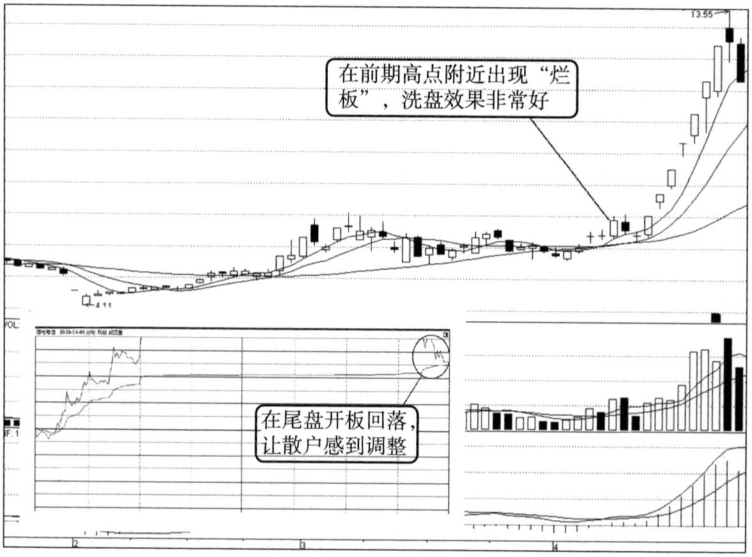

图 2-14　国电南自（600268）日 K 线和分时走势图

高，10：30 股价封于涨停。可是在尾盘 15 分钟时间里，巨量打开涨停，股价出现小幅跳水，不少散户见此情形，纷纷选择尾盘离场观望。之后两天股价回落，吞没了上涨阳线。这是一种洗盘或试盘性涨停走势，主力意图就是通过尾盘开板，让原本有了封板“定心丸”的散户产生恐慌，误导散户离场。4 月 14 日洗盘结束，股价拔地而起，放量涨停，连收 7 个涨停。

遇到这种盘面时，关键要看随后几天的走势，如果之后几天继续走强，可以判断尾盘的开板就是主力洗盘行为，应大胆介入；如果后续几天股价走弱，可以认定为只是反弹走势，后市不宜过于乐观，有可能进入横盘震荡或重新出现下跌，此时应离场观望。

3. 洗盘型涨停的操作技巧

（1）分清位置和涨停性质，在上升趋势中选择突破平台、回踩支撑最佳。

（2）洗盘型涨停通常在上涨初期出现大阳线，甚至出现涨停，所以选股难度较低。

（3）洗盘过程中量能萎缩，再次上涨时出现放量，这是判断走势强弱的重要依据。

（4）上涨初期，出现涨停打开或尾盘不封回去，都可以跟踪关注。

（5）通常 3 天内给在涨停位置买进的散户解套，不要盲目追高，可以在当天分时图中出现一个小级别的调整时介入，或在回调到分时均价线附近买入。

四、中继型涨停

上涨中继型涨停是指对原上涨趋势的继续或加速运行，它不改变股价原来的运行态势，只改变股价原有运行态势的角度和方式。这种涨停一般是在大盘出现震荡走势时，个股形成横盘整理后出现的涨停走势。主要技术要点和操作技巧如下。

（1）股价已经脱离底部区域，但涨幅并不大，且上升趋势没有改变。

（2）这种涨停在出现之前，有过强势上涨或涨停，主力稍做洗盘或整理之后，随即拉出的涨停。

（3）在这种 K 线组合形态里，个股拉出了大阳线之后，一般会出现一根或多根小阳线、小阴线或十字星。

（4）这类个股涨停的当天，一般是跳空高开的，然后强势高走，气势咄咄逼人。

（5）成交量明显放大，分时图中攻击波、攻击量峰清晰。

（6）中继型涨停是一个买进信号，后市继续看好，对投资者而言具有中线和短线的参与价值。原来持股者可以继续持股为主，持币者可以在股价突破平台时介入，短线高手可以沿着 5 日均线分批介入，不适合满仓操作。

图 2-15，深南股份（002417）：2019 年 8 月 22 日，股价放量突破底部盘区，然后出现 4 根小阴小阳整理 K 线，在震荡中股价并没有出现明显下跌，显然属于强势调整走势。8 月 29 日，股价再次放量拉至涨停，表明洗盘整理结束，开启主升浪行情，从而使前面的短期调整成为一个中继整理平台。投资者遇此情形时，可以在股价突破中继盘区时积极跟进做多。

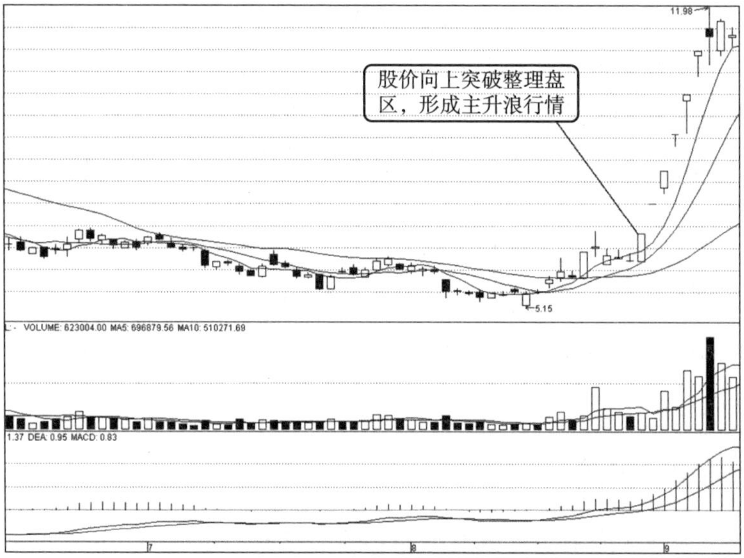

图 2-15　深南股份（002417）日 K 线图

图 2-16，领益智造（002600）：2019 年 2 月 11 日，股价放量向上突破，连拉 6 个板后出现调整，形成中继整理平台。2 月 28 日，再次放量涨停，突破整理平台，形成上涨中继形态，这是一个较好的买点。这种形态说明主力洗盘整理结束，股价将展开新的上涨行情。

该股主力运行逻辑非常清晰，一是股价突破后强势整理而不深幅回调，意味着后市股价仍将向上突破，所以“会涨的股票不会跌”；如果股价突破后出现深幅回调，就有可能造成对形态的破坏，所以“会跌的股票不会涨”，这一点投资者应多加研究。二是可以暂且将2月25日和26日两天的走势定义为主力拉升失败，但是仅仅经过一天的调整后，于2月28日再次拉出涨停，盘面性质就不一样了，这时已经充分暴露出主力做多的意愿。可以进一步说，如果主力不想做多股价，那么就不可能在2月28日继续出现涨停，所以主力做多的意愿露出马脚，此时投资者应大股介入。

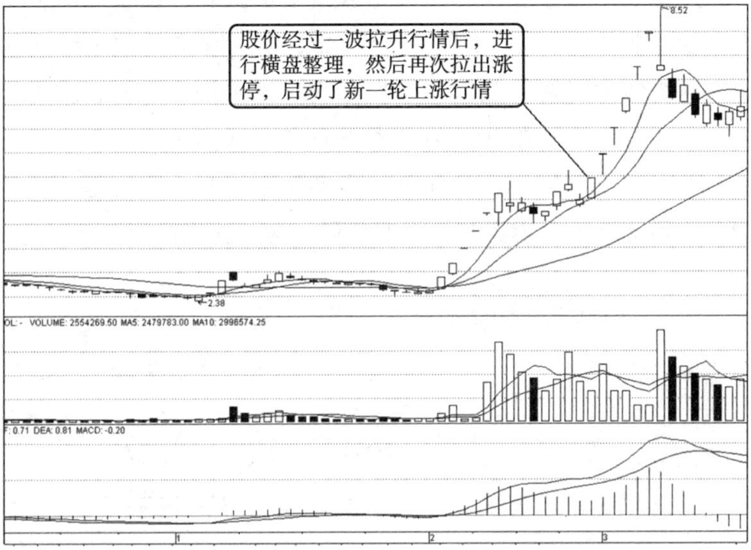

图 2-16　领益智造（002600）日 K 线图

五、出货型涨停

1. 快速拉升出货型涨停

在所有拉升出货手法中，快速拉升出货型手法是最为强悍的手法，大多出现在小盘股中的游资操作行为中。在拉升过程中K线往往以接连跳空的一字涨停或大阳线涨停为主。同时，上涨过程中量能并不是很大（个别量比较大），但到了顶部后，会出现巨量滞涨的现象，这是出货的明显特征。

出货型涨停主要有两种情形，一是股价处于高位，主力利用涨停板诱多出货；二是股价处于下跌反弹阶段，主力利用涨停板出货。所以，就此类凶悍个股的实盘操作来讲，如果出现以下特征时不应入场。

（1）股价有过快速拉升，成交量巨大，换手率超过20%，且股价明显滞涨。

（2）在日线上出现吊颈线、射击之星、大阴线等顶部 K 线特征，且出现对应的巨大成交量时，则万万不可介入。

如果投资者已经在前期的拉升过程中介入，则可以持有到出现上述 K 线特征或跌破 5 日均线时再减仓或清空观望。

图 2-17，万通智控（300643）：2019 年 12 月，该股主力借利好快速大幅拉升股价，连拉 6 个涨停后在高位大幅放量对倒减仓，由于当时大势环境不佳，主力出货并非如愿。从 12 月 16 日开始，实力强大的主力继续快速缩量拔高股价，制造强大的视觉效应，引发市场广泛关注。这样，主力可以在峰后慢慢阴跌出货，并分别在 2020 年 1 月 6 日和 17 日又采用了高位涨停诱多出货，当主力基本完成出货后，盘面陷入中期调整走势，股价基本回落到起涨点。投资者遇到这种盘面走势时，不要犹豫，应尽快逢高果断离场。

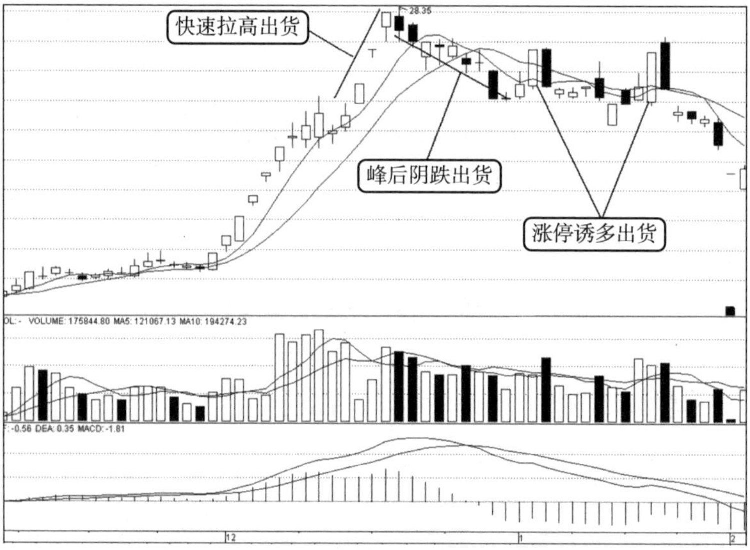

图 2-17　万通智控（300643）日 K 线图

2. 边拉升边出货型涨停

边拉升边出货型手法，在中小盘股中比较多见。在整个拉升过程中，虽然没有快速拉升出货法那么凶悍，但拉升也相当迅速，成交量也处于高换手状态。这种手法往往会给投资者介入的机会，所以具有重要的实盘操作意义。对于这类个股的操盘核心，就是跟随短期趋势进行操作。具体操盘方案如下。

第一，买入条件。

（1）技术形态必须保持完好的上升趋势。

（2）在拉升过程中，日换手率不应高于 10%。

（3）以 5 日或 10 日均线作为短期趋势线，紧贴 5 日均线分批介入。

第二，卖出条件。

（1）单日巨量换手率超过 20%，且股价明显滞涨。

（2）在日线上出现吊颈线、射击之星、大阴线等顶部 K 线特征，且出现对应的巨大成交量时，则万万不可介入。

（3）股价有效跌破短期趋势线，即 5 日或 10 日均线。

图 2-18，麦克奥迪（300341）：该股主力成功吸纳了大量的低价筹码后，股价慢慢向上爬高，然后进行短期的横向震荡整理。2019 年 11 月 15 日，以一字板的方式向上突破，股价出现飞涨，短期涨幅翻倍，主力获利丰厚。在高位股价出现震荡，上涨步伐明显有些迟缓，说明主力已无心继续做多，从 K 线组合排列中可以看出端倪，但主力为了出货方便，还不时拉出几个涨停来诱多散户。这显然属于主力边拉升边出货型涨停的操作手法，其间出现的 4 个涨停就是主力为了更好地派发筹码而故意拉高的行为。投资者遇此情形时，不但不能盲目入场打板，还要做好逢高离场准备，12 月 19 日当股价跌破 10 日均线时，应果断清仓离场。

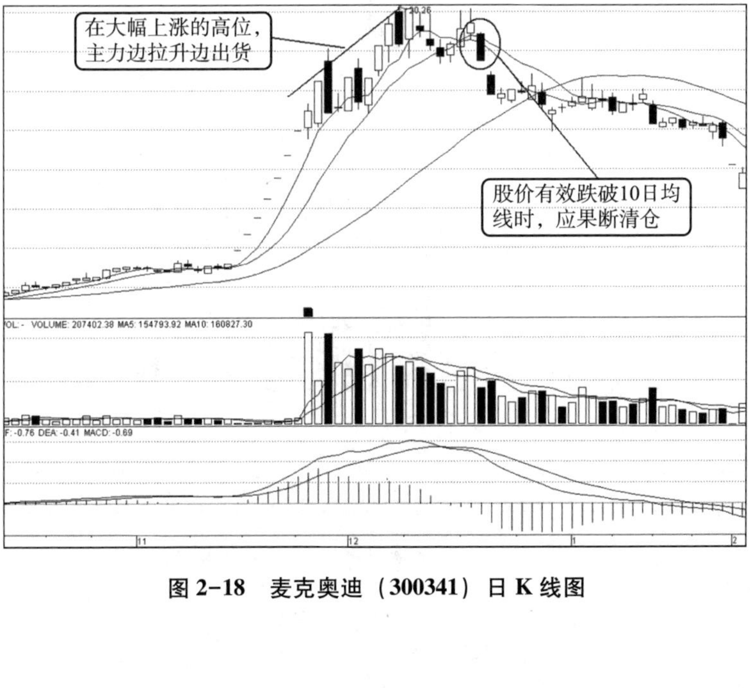

图 2-18　麦克奥迪（300341）日 K 线图

3. 高位震荡出货型涨停

高位震荡出货法经常出现在中长线主力控盘个股之中，由于长时间的吸筹、拉升，个股上涨的空间往往较大，但同时主力之前吃货也比较多，难以在较短时间内把筹码派发完，所以经常会采用高位宽幅震荡的手法引诱投资者高位介入。一般来讲，震荡的幅度在 20%~30%。它的每次拉升，都是为了更好地出货，所以就具体实盘来讲，对于稳健的投资者不建议选择此类个股操作，而对于激进的短线投资者来讲，建议在操作此类个股时，要遵循“轻仓快出快进”的原则，不可以重仓参与。

具体操盘核心就是利用整个高位震荡过程中，形成的上下轨震荡区间进行操作，在下轨介入，在上轨卖出，利用上下之间做差价。

图 2-19，金力永磁（300748）：该股从 2019 年 5 月 16 日开始出现一波暴力拉升行情，在 12 个交易日里拉出 10 个涨停，短期股价涨幅巨大，此时主力需要兑现获利筹码。由于主力持仓量大，股价被大幅炒高后，很难在高位一次性完成出货，因此主力就采用反复震荡的方式出货，在高位拉出多个亮丽的涨停，以诱导散户入场接单。可见，在高位收出多个涨停，就是为了吸引投资者跟风而故意设下的美丽陷阱，投资者应谨慎操作，这样的涨停不可以追。

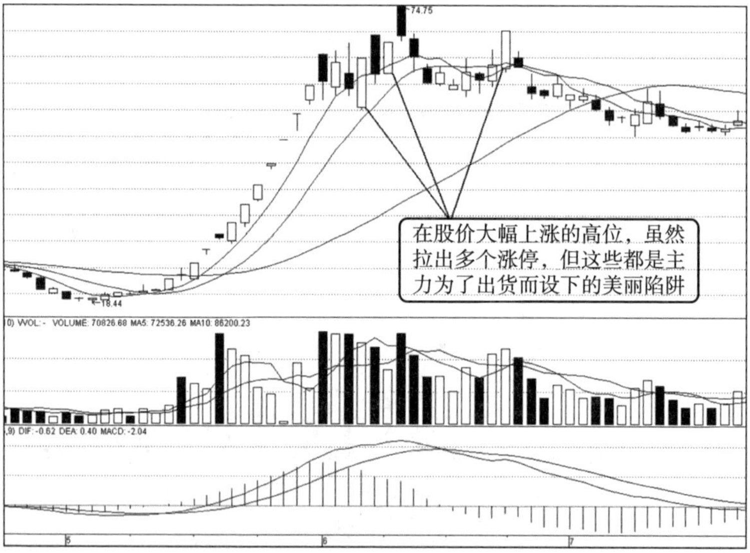

图 2-19 金力永磁（300748）日 K 线图

4. 出货型涨停分时图形

主力出货是正常的市场行为，买卖筹码是股市生存的形式和条件，没有理由抱怨和置疑。有时候出货不代表个股后市股价就下跌，很多时候也只是市场某一时期的阶段性行为或短期波动，所以不能一概而论。

这里介绍几种典型的分时出货型涨停形态，投资者可以结合日 K 线进行分析总结。

（1）高开低杀。在高位股价大幅跳空到涨停价开盘，然后几笔或一笔大卖单将股价“秒杀”到前一日的收盘价附近，个别凶狠的主力可能从涨停打到跌停位置。然后，股价又放量快速拉起，涨幅达到 8、9 个点左右，或再次触及涨停位置。此后，全天呈现逐波震荡走低态势，成交量渐渐萎缩。这种“途穷日暮式”的分时形态，对于盘感不佳或者动作迟钝的散户有一定杀伤力，稍微迟缓账户缩水明显。

图 2-20，梅雁吉祥（600868）：该股主力手法极为阴险，股价拉出 9 个涨停后，再次跳空到涨停价位开盘，然后连续几笔大卖单抛出，股价从涨停价“秒杀”到跌停价。之后，股价又放量直线拉升到 9 个多点，接近涨停价，随后股价在大起大落中逐波走低，主力在巨幅震荡中分批出货，最终以跌停收盘，当日收出一根幅度达到 20%的大阴线。

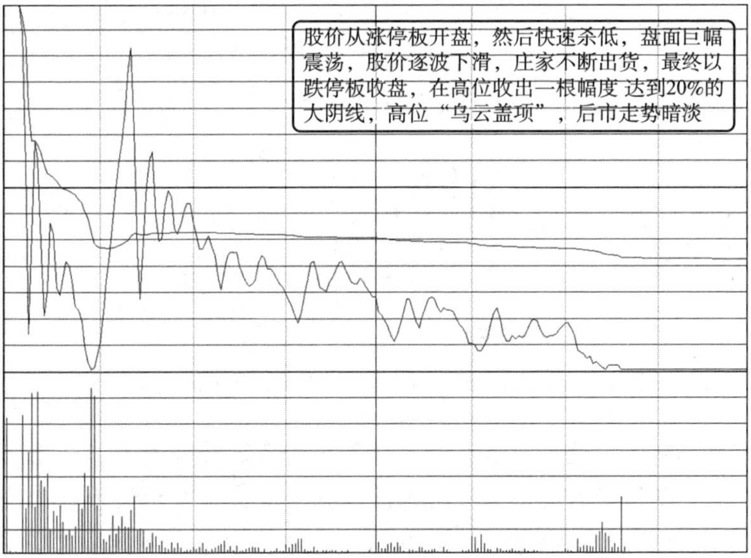

图 2-20 梅雁吉祥（600868）分时走势图

（2）低开涨停。这种形式与“高开低杀”相反，在高位股价大幅跳空低开，甚至从跌停价位开盘，然后放量向上拉起，个别凶狠的主力可能从跌停拉到涨停，而主力在拉升过程中不断派发筹码。在分时走势中，大多以直线向上拉升，每拉一波行情后，主力就抓住时机赶紧出货，股价向下震荡回落，回落时盘面并不凶猛，如同一把不见血的温柔之剑，所以在分时图中杀伤力不明显。这是股价大涨之后离大跌就不远了，所以已经涨高了的个股追涨需要谨慎。

图 2-21，铜峰电子（600237）：该股主力连拉 6 个涨停后，2020 年 2 月 27 日，股价大幅跳空从跌停价位开盘，开盘后瞬间被大单撬开，然后股价逐波震荡上涨，主力边拉边出，股价强势上涨，10：18 封板直到收盘，当天收出一根幅度达到 20%的大阳线，盘面吸引了不少排单跟风介入。可是，第二天股价直接从跌停价开盘，前一天追板买入的筹码全线套牢，从此股价阴跌走势，主力出货意图极其坚决。

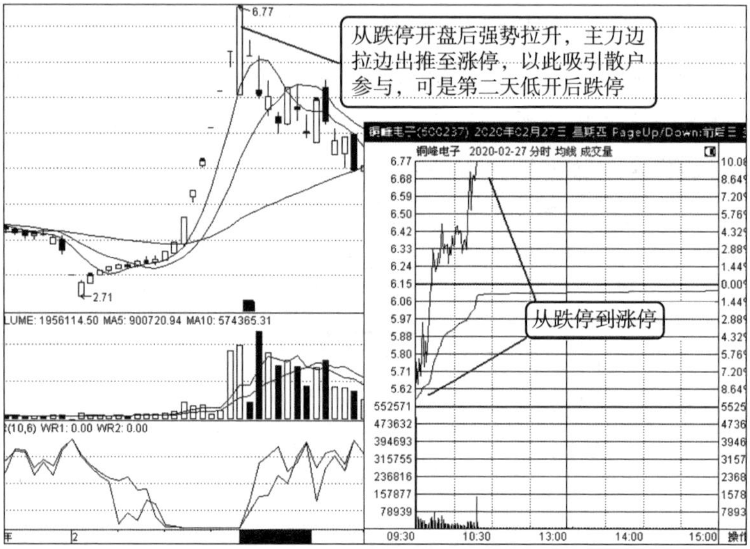

图 2-21 铜锋电子（600237）日 K 线和分时走势图

（3）顽强攻击。这种形态在开盘后不久，多头咄咄逼人，摆出一副大涨的架势，向上发起猛烈攻击，股价逐波强劲上涨或直线单波上行。当涨幅达到 8、9 个点后，主力停止拉升，股价开始震荡，主力暗中大量出货，大多在尾盘还会出现跳水动作。有的个股更加凶猛，股价顽强上攻，一步步向涨停价逼近，似乎在告诉大家股价封涨停已经没有悬念，于是大批“涨停板敢死队”纷纷扑进。可是，当眼看股价就要强势封涨停时，多方息鼓偃旗，拉升戛然而止。随后股价缓缓走低，以最低点或次低点收盘，K 线上形成长长的上影线。也有的个股一度摸板或短暂的封板后，主力无心或无力封板，股价逐波向下走低。出现上述现象时，次日大概率下跌调整，将当天跟风追板者套牢。

这种走势总地一句话，就是“上午拉高，下午出货”，在目前市场中主力采用这种手法的比较多，几乎每次坐庄都在使用，投资者实盘中应多加研究总结。

图 2-22，二六三（002467）：2020 年 2 月 10 日，开盘后多头顽强攻击，二波强势拉升，股价一度摸板，此时“涨停板敢死队”纷纷介入，以为股价能封住涨停。可是，股价如同蜻蜓点水，只是碰触一下涨停价，便反身向下震荡回落，盘中最大跌幅超过 7%。这种走势表明主力故意拉高出货，利用早盘人气旺盛时诱多，当跟风达到鼎盛时停止拉高，所以后市股价下跌应当在预料之中。

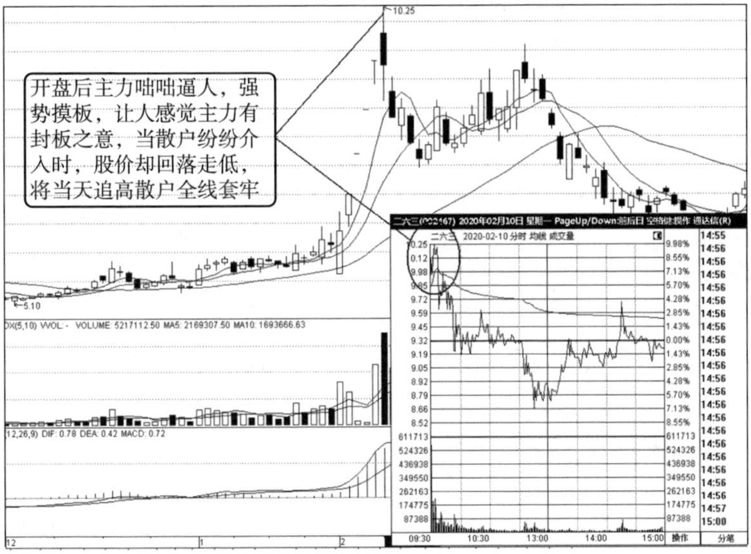

图 2-22　二六三（002467）日 K 线和分时走势图

（4）停而不封。这种形态就是股价拉涨停但不彻底封死盘面，在涨停价附近反复开板。通常在早盘 10：30 前后快速拉到涨停后，出现短暂（几分钟）的封盘，然后打开再封盘，反复进行，形成“停而不封”的走势形态，但在收盘时往往能封在涨停位置，不过封单一般都不大，次日大多会低开震荡。这就是主力让喜欢追涨停的散户有足够的买入时间，这也是主力常用的出货手法之一。

图 2-23，新农开发（600359）：该股前期出现拉高行情，2020 年 5 月 20 日，开盘后逐波上行，股价被拉到涨停价位置。封板一段时间后，主力故意打开封盘，在涨停价附近反复开板震荡。这不得不让人产生怀疑，如果主力真的想拉升股价的话，就会果断封死盘面不动，不给散户任何介入机会。在涨停价附近如此敞开大门让散户进入，背后一定怀有不良目的。第二天，股价低开后大幅收跌 9.03%，几乎抹去了涨停大阳线的全部涨幅，从此该股陷入短期调整走势。

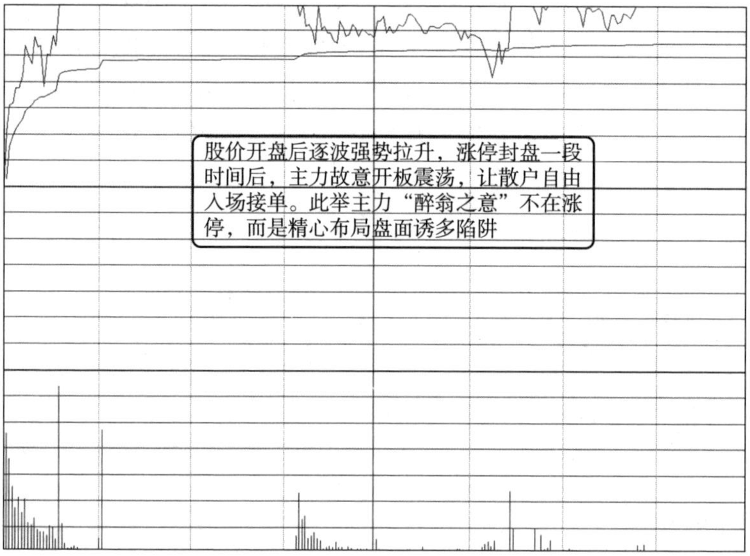

图 2-23 新农开发（600359）分时走势图

六、自救型涨停

反弹自救型涨停一般出现在下降通道之中，主力用不惜代价的巨量拉涨停出货，俗称“逃命长阳”。由于股价见顶回落后，一是主力显得出货比较困难，二是大量压缩获利空间。所以，当大盘和个股尚有一丝人气的时候，在下降通道中不时出现涨停现象。其市场特征如下。

（1）股价已经明显见顶，或处于下降通道之中。

（2）平时的日成交量很小，即换手度严重不足，市场底气不足。

（3）拉大阳线之日放量很大，而且很突然，事先一点征兆都没有，这是明显的短庄行为。拉大阳线放巨量之后，这类个股不但没有继续上涨，反而缩量下跌，这是后继无力的表现。

（4）拉大阳线放巨量之日的换手率很高，接近或超过 10%，这说明主力急于拉高离场。

图 2-24，联环药业（600513）：该股大幅拉高后快速见顶回落，呈现倒“V”形顶部形态。一般情况下，主力在倒“V”形顶部很难一次性完成出货计划，往往还需要后续反弹配合出货。该股在调整过程中，分别在 2020 年 2 月 25 日、3 月 9 日、4 月 7 日出现三次明显的反弹走势，从日 K 线和分时走势观察，主力在这三次反弹中均有明显的出货动作。

从日 K 线分析，2 月 25 日股价涨停，封板至收盘，次日股价高开后快速回落，没有给散户减仓的机会，尾盘股价跌停，包容了前一天的涨停阳线，表明主力出货非常坚决。从 3 月 9 日的分时走势中可以看出，盘中二度摸板，尾盘小幅跳水，说明主力利用涨停诱多出货。4 月 7 日涨停之后，股价强势上涨，经过短期横向震荡走弱，反映出主力在反弹高点不断减仓。散户遇到这些盘面现象，不要被涨停诱多入场，应尽快离场观望。

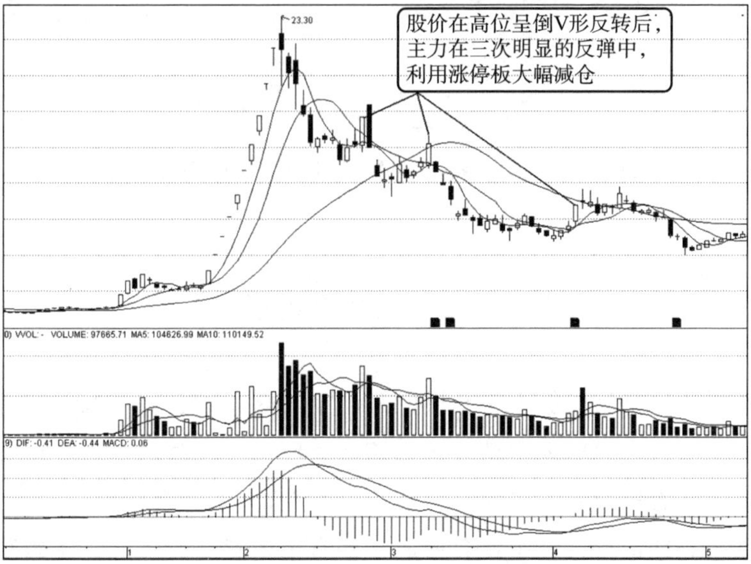

图 2-24 联环药业（600513）日 K 线图

图 2-25，航天长峰（600855）：该股见顶回落后，在 2020 年 4 月 23 日 10：00 股价触及涨停价，但主力不直接封板，而是回落横盘整理，形成回调

蓄势假象。主力在横盘中不断出货，上午收盘前几分钟强势封板，保持强势封板状态，让当天介入的散户深感安心，盘算涨停次日会带来溢价盈利。可是，第二天股价不但没有强势冲高，反而低开后震荡走低，当天以跌停价收盘，吞没了前一天的全部涨幅，从此开启一轮暴跌行情。这是主力利用强势反弹行情，制造虚假的盘面吸引散户打板，看起来主力大单护盘，实则小单减仓，对这种弱势中的涨停应多分谨慎。

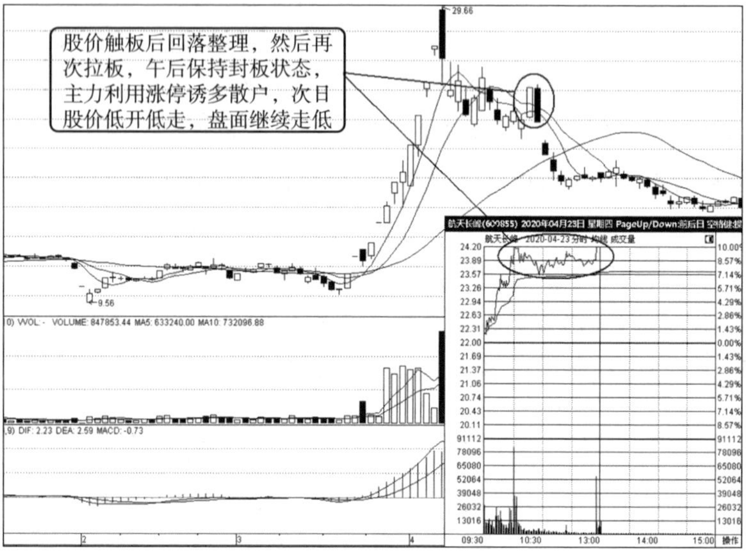

图 2-25　航天长峰（600855）日 K 线和分时走势图

第二节　突破性涨停

突破性涨停是指股价改变了原有的运行方式，质变为一种新的运行趋势。就其位置来看，一般出现在跌势的末期或者底部，有时也常出现在股价运行的前期高点，否极泰来，或者实质性利好骤然而至的客观反映。

在股价长期运行过程中，会形成某些有重要意义的位置，比如移动平均线、趋势线（通道）、技术整理形态、成交密集区域以及黄金分割线、整数点位和时间之窗等，当股价以涨停的方式向上跨越或脱离这些重要位置时，说明市场出现向上突破走势，股价蓄势整理结束，后市将有可能出现一段升势行情，此时投资者可以积极做多。

一、均线突破涨停

均线是反映股价运行趋势的一种技术指标，当股价由下向上突破均线时，股价由均线下方转为均线上方，预示股价下跌或调整结束，后市将出现上涨行情，因此是一个看涨信号。

根据均线周期长短，均线突破包括短期均线、中期均线和长期均线三种类型。这里仅就股价突破30日均线为例，结合实盘进行分析，其他类型的均线突破，投资者可以自行研判总结。在盘面表现上，主要有以下三种现象。

1. 出现在下跌趋势的后期

股价向上突破下行或平走的30日均线，说明市场将见底上涨，可以逢低买入。主要技术特征如下。

（1）股价调整充分，累计跌幅较大（阶段性跌幅超过30%，中期跌幅超过50%）。

（2）股价下跌趋势减缓，或出现明显的企稳信号，在底部形成震荡筑底走势。

（3）30日均线由明显的下行状态转向平走状态，股价在30日均线附近震荡。

图2-26，中广天泽（603721）：这个例子出现在下跌趋势的后期，2019年12月19日，主力突然发力，股价强势涨停，向上突破了下行的30日均线的压制，说明盘整走势即告结束。此时，虽然30日均线处于下行状态，但随着股价继续强势震荡上行，30日均线也渐渐拐头向上，均线系统形成多头排列，构成一个较好的买入信号。

该股在调整结束后向上完成了突破，虽然突破的幅度并不太大，但突破K线却对它发出了买入提示，这也是为什么突破以后股价连续上涨的原因。从图中可以看出，在涨停突破之前，股价调整时间比较充分，下跌幅度比较大，股价回落到历史低点附近，在此位置具有重要的技术支撑和心理作用。而且在突破之前，股价有明显的企稳回升迹象，这时的涨停也起到加速上涨的作用。同时，在调整过程中成交量大幅萎缩，说明做空动能已经减弱，在大阳线突破的当天，成交量出现温和放大，显示有新的多头资金入场。突破后股价继续强势上涨，看涨信号得到强化。投资者遇到这种突破走势时，可以追涨或在回抽确认突破有效时逢低介入。

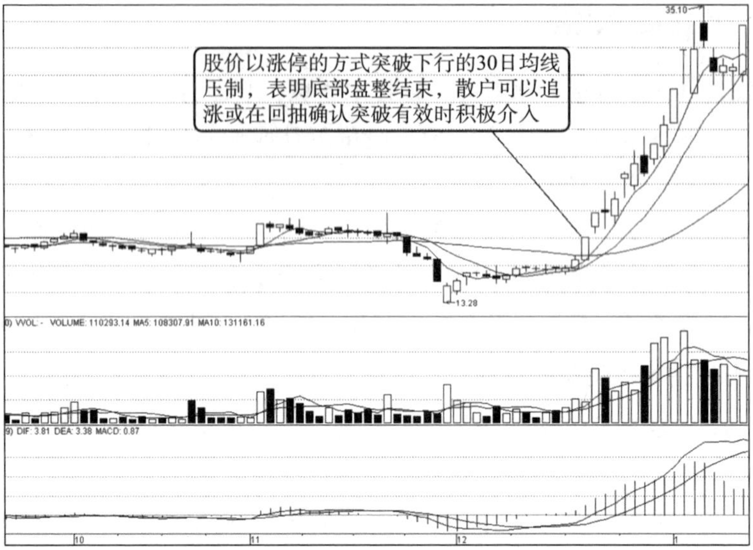

图 2-26　中广天泽（603721）日 K 线图

2. 出现在上升趋势的中途

股价洗盘调整结束后，股价向上突破上行的 30 日均线，股价将有可能加速上涨。主要技术特征如下。

（1）股价已经脱离底部，但累计涨幅不大。

（2）缩量回调，然后放量涨停，有明显的场外资金介入。

（3）30 日均线保持上行状态，股价重返 30 日均线之上。

图 2-27，四方精创（300468）：主力洗盘调整结束后，2019 年 10 月 23 日，大幅高开 6.81%，直接跳空到 30 日均线之上，股价出现秒板，向上突破上行的 30 日均线压力。从走势图中可以看出，主力在洗盘整理过程中，股价向下回落到 30 日均线之下，成交量出现明显的萎缩态势，说明主力并没有出逃，也反映出盘中浮动筹码不多。经过短暂的整理后，跳空高开到 30 日均线之上，说明洗盘调整结束，后市将展开新的上涨行情。

该股在突破之前，股价已经有了小幅上涨，主力为了日后更好地拉高出货，就展开洗盘调整走势。在洗盘整理时，30 日均线保持上行状态，说明“助涨”功能没有失效，因此这是一个买入信号。

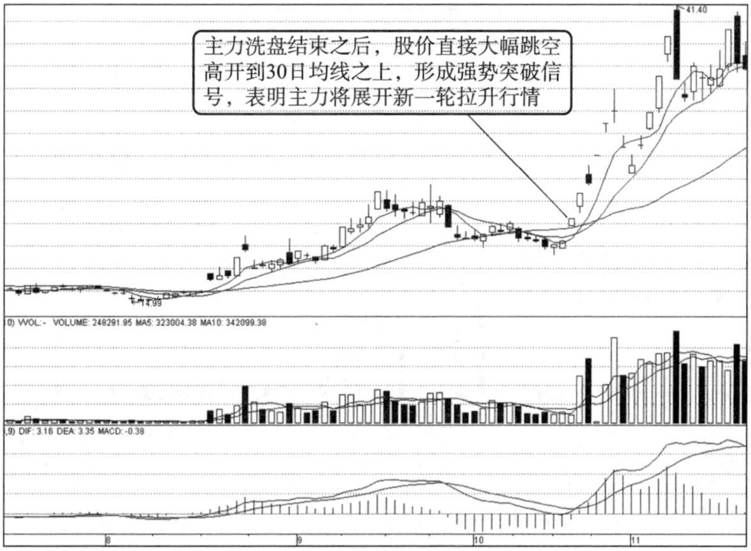

图 2-27 四方精创（300468）日 K 线图

3. 出现在横盘整理的末期

股价向上突破水平移动或上行的 30 日均线，说明蓄势整理结束，股价将进入新一轮上涨行情。主要技术特征如下。

（1）股价已经脱离底部，但累计涨幅不大。

（2）前期缩量调整，涨停当天成交量再次放大，有明显的场外资金介入。

（3）30 日均线平走或保持上行状态，股价重返 30 日均线之上。

图 2-28，华扬联众（603825）：2019 年 12 月 25 日，该股在洗盘整理末期，股价向上破 30 日均线压制，而此时 30 日均线保持上行状态，说明主力洗盘结束，股价将出现新一波上涨行情，因此这是一个买入信号。

从图中可以看出，涨停大阳线如果向上突破盘局状态，反映出主力建仓或洗盘成功结束，随后行情以上涨为主。一般而言，股价盘整时间越长，突破后的上涨幅度越大。因此投资者在实盘操作中，应当多留意这方面的盘面走势，一旦成功向上突破就应逢低积极介入。

通过对上述几个例子的分析，投资者应当掌握涨停大阳线与均线的关系。

（1）均线向上，市场强势仍将持续，股价向上运行。此时涨停突破均线时，做多信号最强，买入。

（2）均线向下，市场处于弱势之中，股价向下运行。此时涨停突破均线

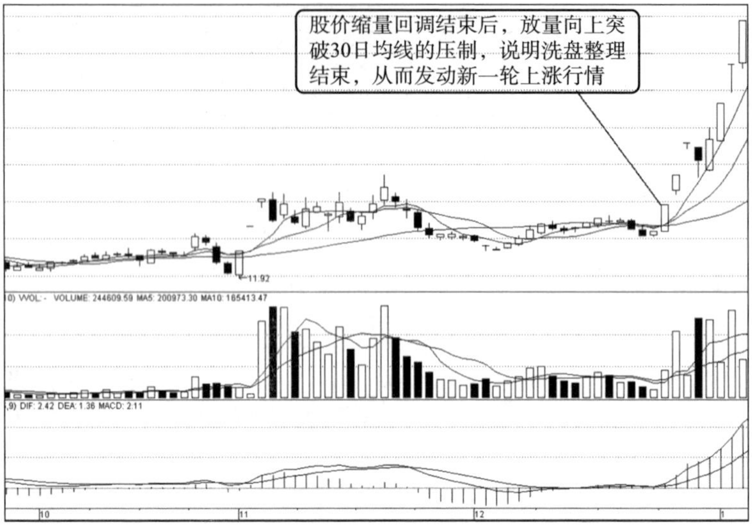

图 2-28　华扬联众（603825）日 K 线图

时，做多信号最弱，观望或在回抽确认突破有效时跟进。

（3）均线走平，市场处于横盘态势，股价方向不明。此时涨停突破均线时，做多信号一般，谨慎操作或在回抽确认突破有效时跟进。

（4）均线呈 45°运行时最为理想，角度太陡，谨防回落；角度平坦，支撑力度较弱，此时涨停突破均线时，可以积极做多。

（5）当涨停突破均线系统时，黏合后的均线系统出现同步向上发散，则加强做多信号，可以积极做多。

（6）当涨停突破均线系统时，均线系统已呈多头排列，则进一步加强做多信号。

注意，股价向上突破均线，通常是一个普遍看涨信号，但如果出现在股价大幅上涨后的末期或下跌趋势过程中的反弹高点，应防止主力利用涨停假突破进行出货。

二、形态突破涨停

在股价长期运行过程中，可能形成某些技术形态，如常见的双重底、头肩底、圆弧底、三角形、楔形或旗形等，一旦股价成功突破这些技术形态，就说明技术形态构筑完毕，股价将沿着突破方向继续运行，达到最小“量度升幅”，因此是一个较好的买入信号。

1. 双重底涨停突破

双重底是一种典型的底部反转形态，其显著特征是股价形成两个明显的底部。双重底大多数发生在股价波段跌势的末期，也有出现在上升或下跌趋势行情的中段，通常是一个较好的买入信号。

图 2-29，日丰股份（002953）：该股逐波回落后，在底部企稳盘整。在盘整过程中，形成一个双重底形态。2020 年 3 月 9 日，股价放量涨停，向上有效突破了双重底形态的颈线位，产生一波强势拉升行情。

从图中可以看出，盘面突破符合双重底形态的基本特征，预示下跌行情将告一段落，一波较大的升势行情即将展开，因而双重底的出现是一个积极的买入信号。投资者可以根据双重底形态的相关买卖法则入场做多。

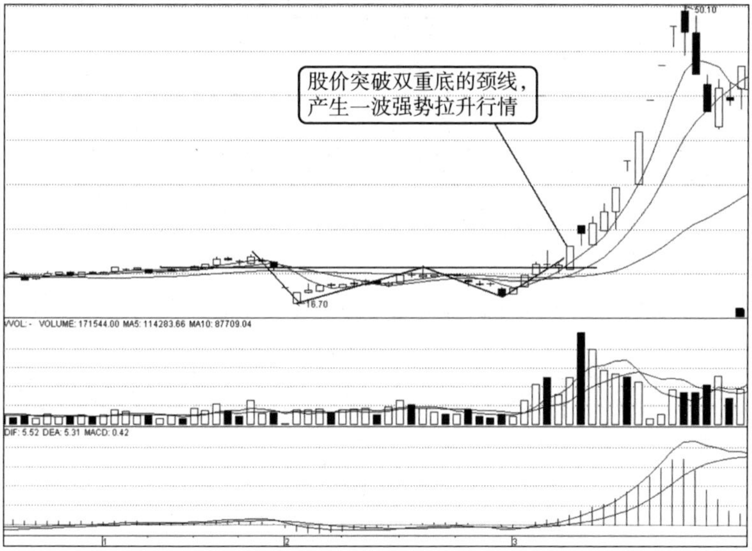

图 2-29 日丰股份（002953）日 K 线图

2. 箱体涨停突破

箱体为一种冲突型走势，多空双方实力强弱相当。一般来说，箱体是一种整理形态，在盘整势道时，升跌皆有可能，长而窄且量小的箱体在原始底部比较常见。突破上下界限后，就产生买卖信号，涨跌量度通常等于长方形本身的高度，但实际往往远超这个幅度。

图 2-30，聚飞光电（300303）：该股见底后出现小幅盘升行情，之后形成一个上有压力、下有支撑的箱体整理形态，成交量逐步萎缩，整理时间较

长，主力在此阶段进行充分的蓄势整理。2019 年 12 月 10 日，股价放量涨停，向上突破箱体的上限压力线，并产生一波快速拉升行情。通常股价突破这一位置后，将会产生一波升势行情，可以作为买入信号。

箱体的出现显示市况牛皮，出现这种情况大致有以下三个原因：第一，市场基本面平静，公司前景欠亮丽，市场进退两难。第二，可能反映主力耐心吸货，若大手笔买货会引起注意，因此故意维持盘整走势，埋伏在低位收货。第三，可能反映主力托价派货，为免股价越抛越低，于是当股价回落至某一水平时便停止抛售，反而以小量买盘将股价推升，引导投资者跟入。

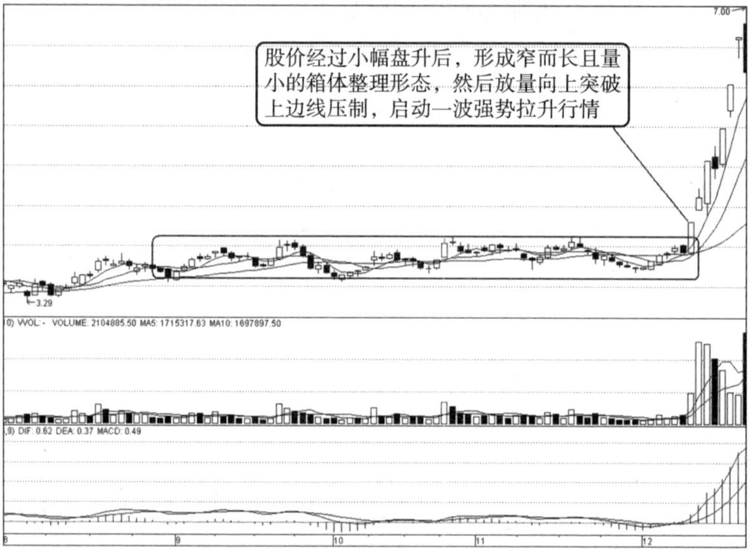

图 2-30 聚飞光电（300303）日 K 线图

3. 潜伏底涨停突破

潜伏底形态大多出现在长期下跌后，股价已跌无可跌，同时投资者暂时也找不到买入的理由，于是多空双方形成平衡，致使股价在一个极其狭窄的区间里呈现横向波动，成交量也萎缩至地量，在 K 线图上表现为小阴小阳交错的水平状，充分反映出主力耐心地收集筹码。经过一段时间的均衡整理后，利好消息的刺激或主力的积极拉升，致使股价脱离底部区域，形成价格大幅上涨，成交量也随之放大，上升行情迅速展开。

图 2-31，小商品城（600415）：该股经过较长时间的调整后，下跌动能渐渐衰竭，但也缺乏做多力量，致使股价在一个极其狭窄的区间里呈现横向

波动，其间成交量也十分稀疏，K 线图呈小阴小阳交错排列。说明主力悄无声息地在吸纳低价筹码，预示后市上涨潜力较大。2020 年 6 月 1 日，股价拔地而起，一根放量涨停大阳线向上突破底部盘整区域，形成一个标准的潜伏底形态，是一个不可多见的多头看涨信号。

潜伏底大多出现在市场清淡之时，及一些股本较小的冷门股上。由于持股者不想卖出，持币者不想买入，于是股价就在一个狭窄的区域里胶着，既没有上升趋势，也没有下跌迹象，盘面表现令人感到沉闷，可谓“黎明前的黑暗”。最后，股价慢慢脱离底部区域，市场步入上升趋势。在潜伏底形态中，战略性投资者可以悄悄买入，耐心等待股价的上涨。因此在股价向上突破时，应积极跟进做多，上升潜力大而风险小。

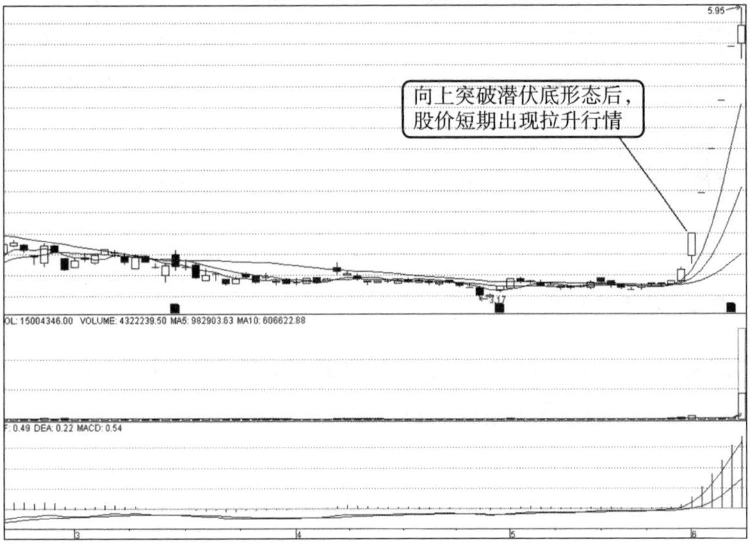

图 2-31 小商品城（600415）日 K 线图

通过对上述几个实例的分析，股价以涨停的方式向上突破技术形态时，说明股价下跌或回调洗盘结束，是一个较好的买入信号，投资者可以按照相关技术形态的法则进行操作。在实盘操作中，可以把握以下技术要点。

（1）突破的前提是股价的位置和阶段。如果处于底部吸货区域、中途整理区域、主力成本区域附近的，若向上突破其真突破的概率较大，若向下突破其假突破的概率较大。如果处于高位派发区域、远离主力成本区域的，若向上突破其假突破的概率较大，若向下突破其真突破的概率较大。

（2）在涨停突破时，盘面必须有气势、有力度，可持续性，短暂的冲破肯定无效。另外，掌握一般技术形态的构筑时间，微型的技术形态可靠性不高。

（3）在考察成交量时一定要注意价与量的配合，如果量价失衡（成交量巨大突破后回落、突破后放量不涨或突破时成交量过小）则可信度差，谨防主力以假突破的方式出货。

（4）当股价无量突破颈线时，且突破的幅度不足以确认为正式突破时，此时有出现假突破的可能。如果股价在突破后不久又再度回到颈线之下（注：并非颈线回抽），应予以卖出观望。

（5）分析突破时的一些盘面细节，有利于提高判断准确性。比如，当天的突破时间早晚，通常当天的突破时间越早越可靠，特别是在临近尾盘的突破更应值得怀疑；观察当天的突破气势，突破时一气呵成，刚强有力，气势磅礴，可靠性就高；突破后能够坚守在高位的，可靠性就高，如果仅仅是股价在当天盘中的瞬间碰触，那么突破肯定不能成立。这些盘面细节十分重要，应当细心地进行观察分析。

（6）符合百分比法则和时间法法则，即突破的幅度超过3%，持续时间3天以上。

三、趋势突破涨停

根据趋势的每个波段时间跨度与波动幅度的长短和大小不同，以及运行方向和画制方法不同，可以有多种划分方法。

（1）按趋势持续时间的长短可分为：主要趋势（长期趋势）、次要趋势（中期趋势）、微小趋势（短期趋势）。

（2）按股价运行趋势不同可分为：上升趋势、下跌趋势、平行趋势。

（3）按趋势线的画制方法不同可分为：原始趋势线、修正趋势线、中心趋势线（X线）。

（4）按趋势线产生的作用不同可分为：支撑线、阻力线、黄金分割线、百分比线、扇形线、甘氏线和速度线等几种。

（5）按趋势线变化速度快慢可分为：快速趋势线和慢速趋势线。

图2-32，上海家化（600315）：股价见顶后逐波回落，形成一条长期下降趋势线，不断压制股价上涨，导致股价大幅下跌。2020年4月22日，股价放量涨停，向上突破了这条下降趋势线，构成难得的买点，从此股价强势上涨。

将两个以上的明显高点连成直线，且这条直线是向下倾斜的，就形成了下降趋势线，它对股价短暂上涨具有一定的压力作用。如果股价向上突破这条下降趋势线的压力，预示后市股价将转跌为升，因此是一个买入信号。

图 2-32　上海家化（600315）日 K 线图

图 2-33，四方精创（300468）：该股在上升过程中出现两次突破走势，2019 年 8 月 23 日，冲高回落后进入整理，形成一条短期压力线。9 月 9 日放

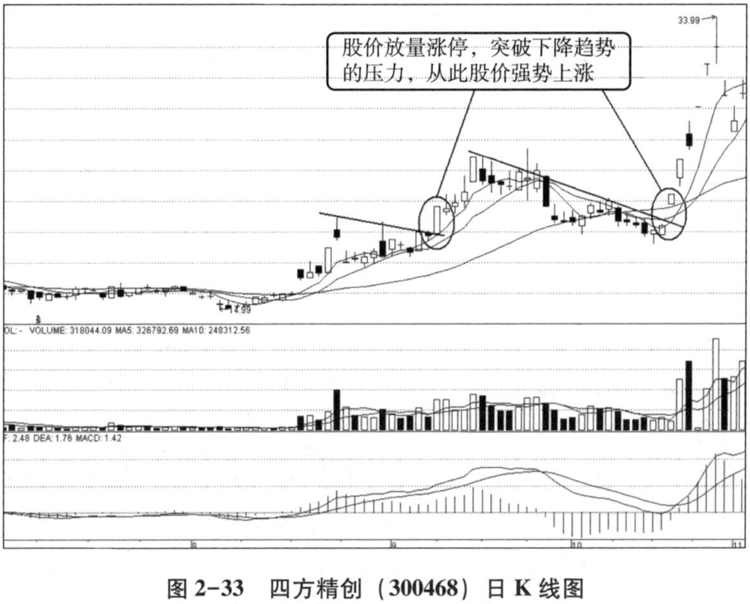

图 2-33　四方精创（300468）日 K 线图

量涨停，突破了这条压力线，从而形成短线买点，随后几日股价强势上涨。之后股价再次回落调整，也形成一条短期下降趋势线。10月23日股价跳空涨停，强势突破了这条短期下降趋势线，也是一个短线较好的买点，突破后股价连拉多个涨停。

图2-34，江苏吴中（600200）：主力完成建仓计划后，股价小幅爬高，然后进入横盘震荡整理。在整理过程中，形成一条水平趋势线，股价回升到该水平趋势线附近时遇阻回落。2020年1月21日，股价跳空高开4.15%，在盘中经过40分钟的震荡后，从10：10开始放量拉升，二波推到涨停，成功向上突破了这条水平趋势线。该水平趋势线由原先的压力线转变为现在的支撑线，因此形成较好的买点，随后股价强势拉升。

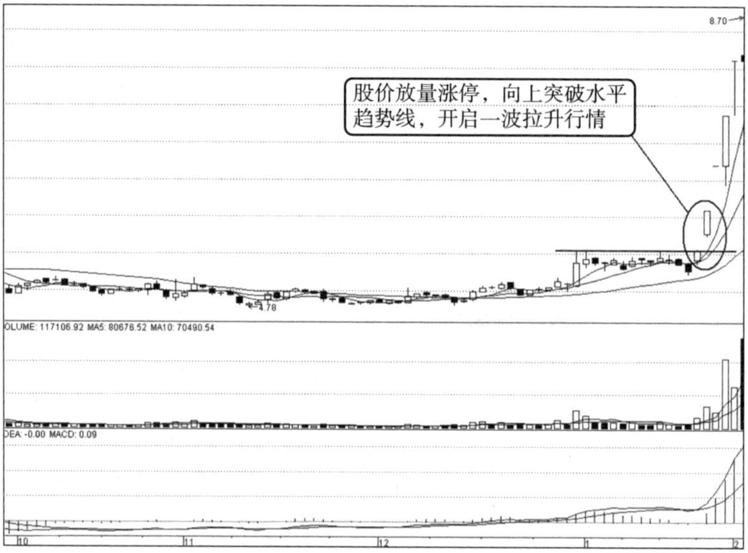

图2-34 江苏吴中（600200）日K线图

在实盘操作中，当遇到股价突破趋势线时，可以从以下几方面进行判断。

（1）在成交量方面，股价向上突破趋势线时必须持续放大。但是，如果出现以下两种不放量的情况时，则不能简单地认为是假突破：第一，股价突破当天因强势上涨封住涨停，投资者因惜售导致成交量未能放大，这时不能认为是假突破；第二，股价经过长期下跌之后，突然向上突破下降趋势线的阻力，此时可能由于市场人气经过股价的长期下跌，仍未得到恢复，观望情绪较重，或者行情太过突然，投资者来不及作出反应，这时不能简单地认为是假突破，此时只要在后面几个交易日中有补量的现象，则仍可被视为有效突破。

（2）下降趋势线的时间跨度越长，被突破的意义就越大，突破越为可靠，以后上涨的空间也就越大。

（3）股价下跌幅度越大，突破后上涨的幅度也就越大；股价下跌幅度过小，则突破很可能是假突破，或者仅仅是短期反弹行情，股价仍将继续下跌。

（4）符合百分比法则和时间法法则，即突破的幅度超过 3%，持续时间 3 天以上。

四、高点突破涨停

当股价形成一个明显的阶段性高点时，该高点具有一定的技术意义和心理作用，往往成为后市较长一段时间内的阻力位。当股价成功向上突破这个高点时，说明后市股价上涨空间被打开，具有强烈的看涨意义，是中短线较好的买入时机。但在大幅上涨后的末期或下跌趋势中的反弹高点，要小心大阳线假突破现象。

图 2-35，搜于特（002503）：该股经过一波上涨行情后，由于大势环境不佳，股价出现回落整理，从而形成一个阶段性高点。经过震荡整理后，2020 年 2 月 13 日，试图向上突破时，由于遭到获利盘的抛压，股价攻而不破。后经短期消化处理，2 月 25 日股价放量涨停，收出一根突破性大阳线，从而展开一波快速上涨行情。

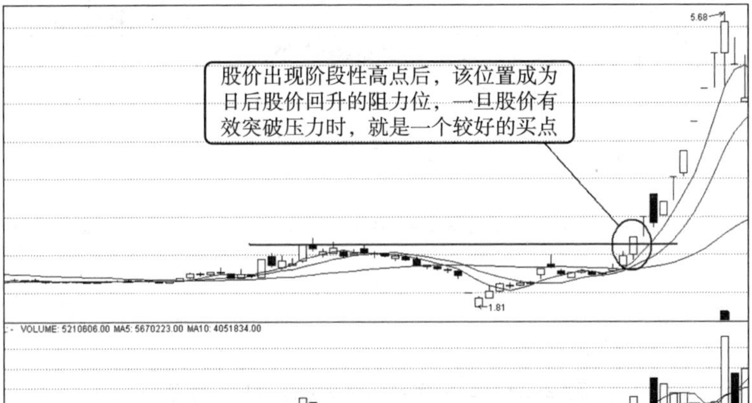

图 2-35　搜于特（002503）日 K 线图

从图中可以看出，股价阶段性高点出现后，几次冲高到该位置附近时均遇阻回落，主力巧妙地利用这个位置进行建仓或洗盘整理。在主升浪启动之前，股价选择向下调整走势，这时主力再次吸纳低价筹码。其间成交量明显萎缩，既反映了上涨力度的不足，也说明了浮动筹码的减少。在时机成熟后，主力一鼓作气成功突破前期高点，成交量出现持续的放大态势，此后股价继续强势上涨，符合股价突破的盘面基本特征，因此投资者可以积极做多。

图 2-36，国电南自（600268）：该股成功探明底部后，出现筑底走势，当股价回升到 6.7 元附近时，遇到了一定的抛盘压力，股价出现回落走势，从而形成一个阶段性高点。此后，股价多次反弹到这个位置附近时均遇阻回落，从盘面看其压力不可忽视，因而这个位置成为不少投资者一目了然的阻力位，具有一定的心理和技术作用。随后经过一段时间的蓄势调整后，多头信心得以恢复。2020 年 3 月 2 日，股价放量涨停，收出一根突破性大阳线，此后经过回抽确认突破有效。4 月 15 日股价再次形成突破，从此爆发一波快速拉升行情。

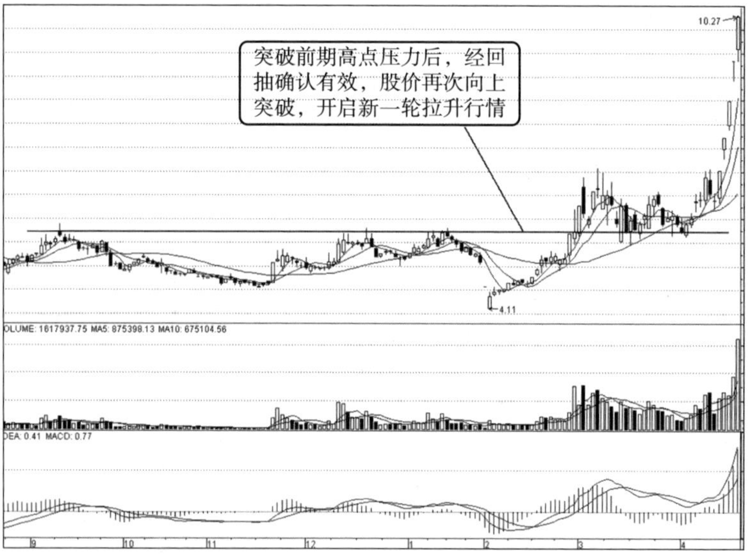

图 2-36　国电南自（600268）日 K 线图

从图中可以看出，前期高点明显成为短期的一个阻力位，这是主力在利用投资大众认可的阻力位进行建仓或洗盘整理，当主力目的达到后，就一鼓作气地突破前期高点，成交量也同步放大。而且，大阳线突破后的第二天股价继续强势涨停，从而进一步巩固了突破成果，后市必定强势上涨。因此在实盘操作中遇到这种情形时，激进的投资者可以在当天尾盘介入，稳健的投资者可以等待股价回抽确认突破有效时积极介入做多。

五、盘区突破涨停

在底部经过长时间的整理后，股价以涨停的方式向上突破盘整区域，成交量积极配合，该位置往往成为一个中短期的底部，后市将会出现一波持续的上涨行情，此时可以积极做多。这种突破现象可以出现在市场的任一阶段，但在大幅上涨后的末期或下跌趋势过程中，要小心大阳线假突破现象。

盘区实质就是一个成交密集区域，在该区域堆积了大量的筹码，持续时间越长，堆积的筹码越多，对股价的支撑或阻力作用越大。如果在底部或上涨趋势中，股价成功向上突破该区域时，则具有重要的技术分析意义，后市股价大多会出现一波升势行情。

1. 低位盘区突破

股价在长时间的下跌调整后，在低位企稳震荡，从而形成一个盘区，当股价放量向上突破这个盘区时，意味着市场阶段性底部出现，后市股价以上涨为主，是一个较好的买入信号。

图 2-37，大北农（002385）：股价见顶后大幅回落，累积跌幅达到 50%，然后在底部形成横盘整理，震荡幅度收窄。在整个盘整过程中成交量大幅萎缩，做空能量得到充分释放，股价基本跌无可跌。经过一段时间的横盘震荡整理后，2019 年 12 月 30 日，突然一根放量涨停大阳线拔地而起，突破了底部盘整区域，之后出现 6 个一字板。

从图中可以看出，经过长时间的下跌调整后，股价已经处于历史底部区域。从成交量上分析，想出局的人基本已经退出了，持股不动的人大多属于看多一族，因此后市下跌空间已被封杀。在突破之前，股价经过充分的筑底过程，底部基础构筑扎实，股价一旦脱离该区域，此处就会成为中长期底部。在突破之后，成交量明显放大，显示买盘积极，做多热情高涨，说明股价脱离底部区域成功有效。因此，这根涨停大阳线是底部突破性标志，投资者可以积极跟进做多。

在震荡盘整行情中很难赚到钱，因为它没有一个明显的趋势性行情出现，什么时候结束盘整很难从均线系统或其他技术分析中找到答案，因为盘整时均线形成纠缠状态，整个走势上下震荡，反复纠缠，用均线系统没有办法判断和操作。因此，要结束这种盘整走势，必须有强大的做多力量，才能打破这种僵局，而大阳线突破盘局就是一个标志性信号，掌握了这种K线后，就读懂了盘口语言和主力意图，随后的操作也就得心应手了。

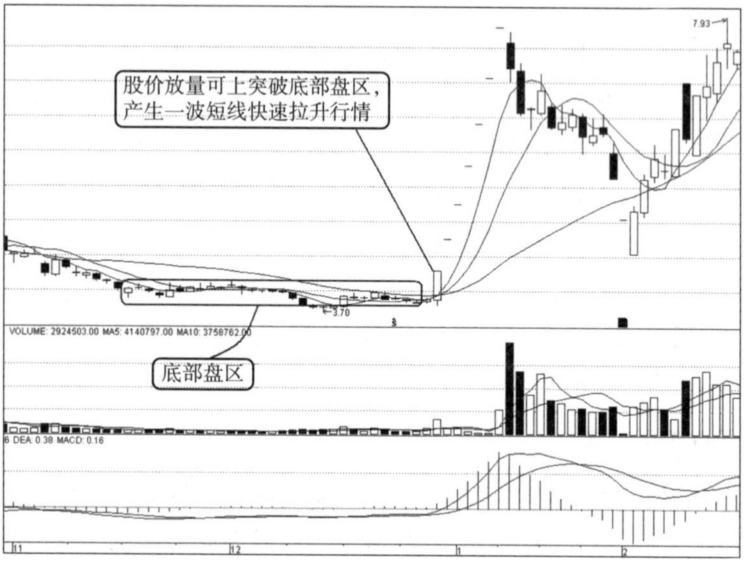

图 2-37 大北农（002385）日 K 线图

2. 中继盘区突破

股价小幅上涨后出现蓄势震荡整理，从而形成一个盘区，然后股价放量向上突破这个盘区，意味着主力洗盘整理结束，后市将出现加速上涨，也是一个理想的买入信号。

图 2-38，联环药业（600513）：当股价向上突破底部盘区后，主力为了洗盘换手而进入横盘整理走势，形成一个中继整理平台，股价震荡幅度收窄，成交量对应缩小。经过短暂的整理后，股价在 2020 年 1 月 17 日出现一根放量涨停大阳线，突破了整理平台区域，随后股价出现一波加速上涨行情。

该股的整理平台是在股价突破底部盘区后进行的洗盘调整走势，一方面是对浮动筹码进行清洗，另一方面是对突破后的一种确认。在这个过程中，股价下跌幅度不大，说明主力不敢将股价打低，担心打压股价造成低价筹码丢失，因此维持在相对高位震荡，让短线投资者尽快离场，这样可以缩短调整时间。这也证明了“会涨的股票不会跌，会跌的股票不会涨”的道理，不要认为股价上涨高了就不会涨，下跌幅度大了就能拿到便宜货。炒股最关键的就是看“量、价、势、形”，这一点投资者应切记。

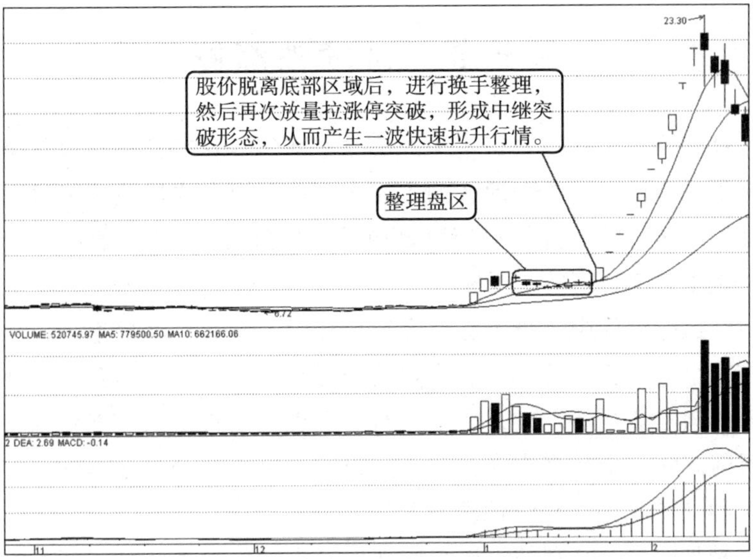

图 2-38　联环药业（600513）日 K 线图

在实盘操作中，投资者遇到盘区突破时，应把握以下技术要点。

（1）在突破之前，股价累计下跌幅度较大，在低位出现明显的企稳迹象，有一个充分的蓄势筑底过程。通常，盘整时间越长、震荡幅度越小，后市突破上涨的概率越高、上涨高度越大。“横有多长，竖有多高”，说的就是这种盘面。

（2）在突破之前，成交量必须出现大幅萎缩，说明做空力量已经衰竭，股价随时出现向上突破的可能。如果成交量保持高度活跃状态，说明盘中仍有抛盘压力，往往容易形成下跌中继整理平台区域。

（3）在突破的当天或随后几天里，成交量必须持续放大，显示有买盘源源不断地介入，否则后市上涨高度受限。

（4）在突破之后，股价必须持续走强，进一步巩固突破成果。如果第二天或随后几天里股价出现上涨乏力，如出现放量不涨、缩量上涨、长上影线或形成大阴线等盘面现象时，就应及时减仓或离场。

（5）掌握突破的幅度和时间原则，即突破幅度要大于 3%，有效站稳于突破价位之上的时间要超过 3 天。

（6）大阳线向上突破时，必须有气势、有力度，不拖泥带水，突破后股价能够迅速向上脱离该区域。

第三节　持续性涨停

持续性涨停至少是一波行情中的第二个涨停，它通常是在股价突破后远离形态至下一个反转或整理形态的中途出现，其出现之后股价将进一步向上推高，使原来运行的上升趋势变得更加强劲和稳固。因此，其技术分析意义非常大，是主升浪行情的主要标志。

在行情运行过程中，股价涨停之后可能没有持续性涨停出现，也可能有一个或许多个持续性涨停出现，所以比较难以把握。一般情况下，在强势逼空行情和单边上涨行情之中，大多会有多个涨停出现，当然涨停不一定连续出现，可能间隔一个或多个交易日。所以，可以将它分为连续性涨停和持续性涨停两种（统称为“持续性涨停”）。

这两种盘面是有区别的，连续性涨停是指股价出现一个或多个不间断的涨停，中间没有其他类型的 K 线形态；持续性涨停是指出现一个或多个间歇性涨停，中间可能夹着一根或多根小阴小阳或十字星，总体趋势保持拉升状态，在盘面气势上没有连续性涨停凶悍，但涨势依然十分强劲，也是主升浪的主要特征。

在实盘操作中，很多散户看到股价有了一两个涨停后就不敢买了，那么什么样的持续性涨停可以追？什么样的持续性涨停不可以追呢？这里就此方面结合实例做一些必要的探索。

一、连续飙升式涨停

在连续出现的两个或多个不间断的涨停行情中，涨停之间没有其他类型的 K 线形态。股价拉升中没有停顿，动作连贯，一气呵成。盘面气势磅礴，牛劲十足，不可阻挡。在日 K 线结构上经常以一字形、T 字形或大阳线的形式出现，并伴随着一个或多个向上跳空缺口。连续涨停结束，就是行情终结。

个股出现连续飙升式涨停的原因大致有三个：一是突发性利好消息刺激；二是纯粹是主力强拉行为；三是超跌后的报复性反弹行情。

1. 突发性利好消息刺激引发飙升式涨停

这是主升浪启动的内在条件——股票价值增长，包括投资价值和投机价值两方面。它既是造就大牛股、催生主升浪最主要的因素，也是投资者挖掘成长股的最重要的指标。

在 A 股市场中，能够成为投资价值增长因素的有以下两类：一是业绩增长，爆发增长、由大亏转大盈、持续高增长；二是资产增值，隐蔽资产增值、股权增值等。

同样，能够成为投机价值增长因素的也有以下两类：一是利好题材，包括高送配、产品价格大幅上涨、资产重组、收购或者注入热门资产、重大行业性利好等；二是比价效应，同板块或者同概念股票价格暴涨，有时大盘的大涨，也会带动某些冷门个股转牛或形成中级上涨行情。

2. 纯粹是主力强拉行为引发飙升式涨停

有很多时候，股价涨不涨就看主力拉不拉，只要主力有兴趣、有实力，就可以把股价炒上天。

其实，当股票有了投资价值时，还要有资金的推动才能使股价上涨，否则“香饽饽”也成了摆品。有时候股价上涨的根本动力，就是资金持续推动的结果，而资金推动当然只有主力才能有这个能力，一般散户很难完成一波完整的主升浪行情。对于股价上涨来说，虽然原因很多，比如业绩增长、利好题材等，但其上涨的根本动力还是资金推动。在同样价值和题材的情况下，不同的买入资金大小和势头，可以单方面决定股价上涨的力度（涨速）和高度（涨幅）。所以，不管是价值投资者还是价格投机者，都应该研究资金推动股价的问题。

图 2-39，东方通信（600776）：该股就是资金推动型的拉升行情，经过长时间的底部震荡整理后，借助“5G+创投”概念，吸引市场资金广泛关注，股价出现疯狂拉升。从 2018 年 11 月 26 日的 4.40 元开始涨到了 2019 年 3 月 8 日的最高 41.82 元，累积涨幅超过 8 倍，短期股价涨幅十分巨大。

在当前主力和游资盛行的时代，散户必须掌握一套防身制胜术，懂得拿刀操剑的要领，然后直刺主力咽喉。通过观察盘面走势，洞悉主力意图，识破主力阴谋，进而判断主力想干什么、将要干什么？是否将要发动主升浪以及主升浪的潜力有多大？是真正的主升浪还是主力的诱多行为？是反弹、反转还是拉升？以及是白马、黑马还是病马？等等，这样才能笑傲股林，畅游股海。

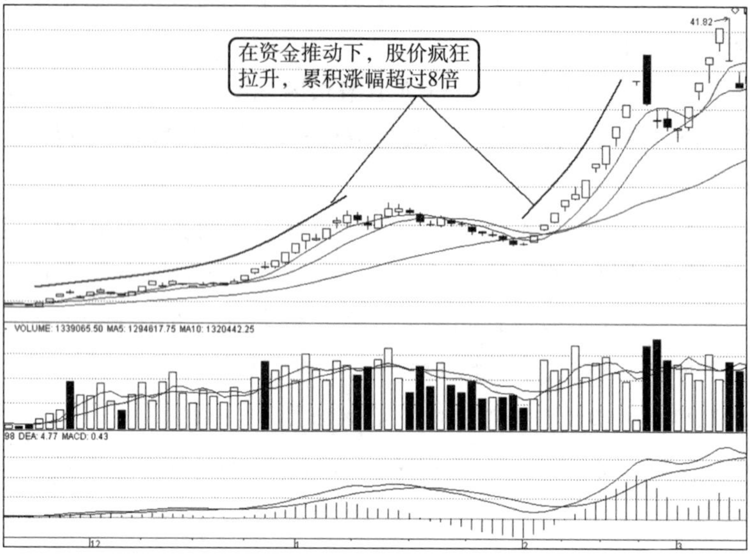

图 2-39　东方通信（600776）日 K 线图

3. 超跌后的报复性反弹引发飙升式涨停

资金推动主升浪除了主力控盘式外，就是超跌股的大级别反弹行情。超跌股特别是超跌低价股的大级别反弹行情的形成，与大盘的走势有一定的关系。在绝大多数情况下，与大盘的走势有同向的关系，当然也有在大盘处于震荡或只是小反弹行情时，超跌低价股也会出现大反弹主升浪的情况，这种情况发生在超跌低价的次新股中比较多见。超跌低价股的反弹力度主要还是看股价的投机性，投机性越强的股票，反弹的速度越快，力度越大，幅度也越大。

超跌反弹主要有三种现象：一是短期快速下跌后，引发的报复性反弹，大多以 V 形态势出现，回升到前期盘区附近或创新高。二是阶段性大跌后，出现的短期修复性反弹，持续时间较短，力度也不大，反弹之后股价仍然继续下行。三是长期下跌调整后，产生的大级别底部反弹，大多以突破性方式出现，反弹力度较大，速度较快，但多数个股反弹结束后，股价大幅回落到起涨点附近。

图 2-40，潜能恒信（300191）：该股受大盘暴跌拖累而快速下滑，在不到 20 个交易日里，股价从 40 元上方下跌到 13 元附近，累计跌幅接近 70%，股价严重超跌，技术上存在反弹要求。不久，因“超跌+利好”出现一波较大的报复性反弹行情，股价连续拉出 13 个涨停，反弹幅度超过 250%。可见，在某种意义上说，股价下跌幅度越大，也就意味着反弹的空间越大，企稳后

的上涨幅度往往也较大。比如，股价下跌幅度 50%，如果恢复原位，那么就有 100%的上涨空间。

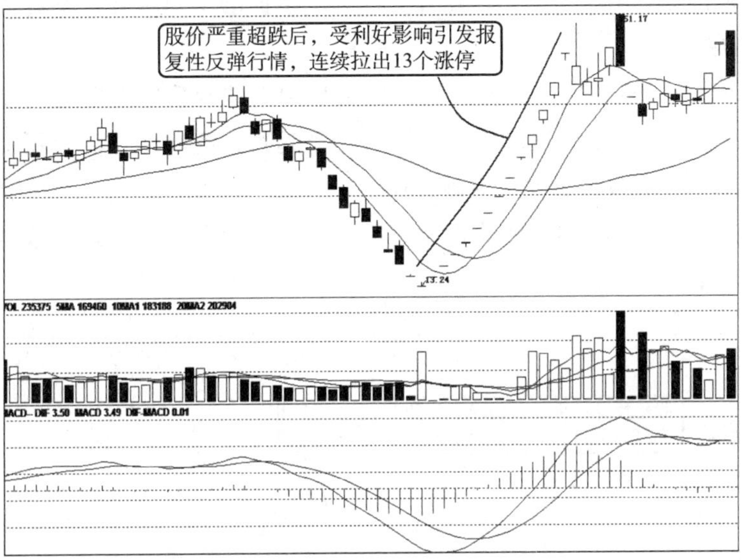

图 2-40 潜能恒信（300191）日 K 线图

图 2-41，北坡股份（002613）：这是下跌过程中出现的修复性反弹走势。该股大幅上涨结束后，从 2020 年 2 月 27 日开始，股价见顶回落调整。在下跌

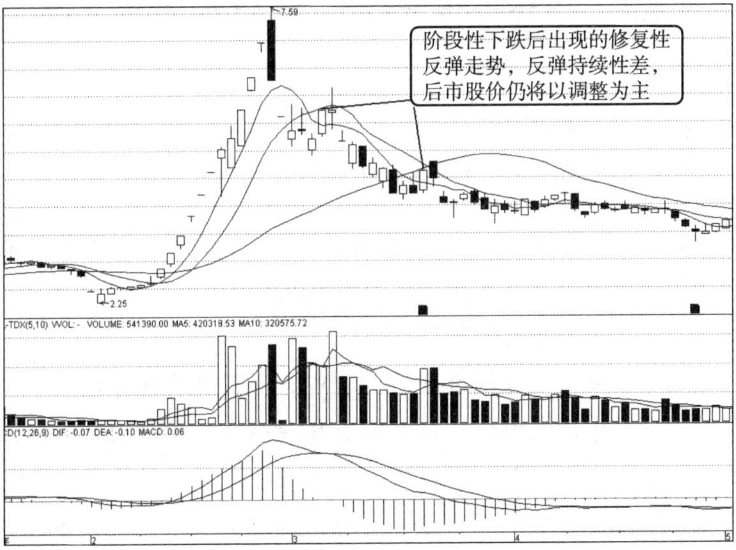

图 2-41 北玻股份（002613）日 K 线图

过程中，由于短期下跌速度过快，跌幅过大，容易出现短期修复性反弹，但持续性差，反弹时间较短，力度也不大，反弹之后股价仍然继续调整。实盘中，不少个股在下跌过程中，会出现若干次类似的反弹走势，投资者不要误判行情的性质。

图 2-42，乐歌股份（300729）：这是长期下跌调整后出现的大级别底部反弹走势。该股见顶后逐波回落，股价严重超跌，随时存在反弹可能。2019 年 9 月 26 日，股价放量向上突破，连拉 4 个涨停。从盘面看，反弹力度较大，速度较快，可是上涨持续性非常差，反弹结束后股价快速下跌，基本回落到起涨点附近。

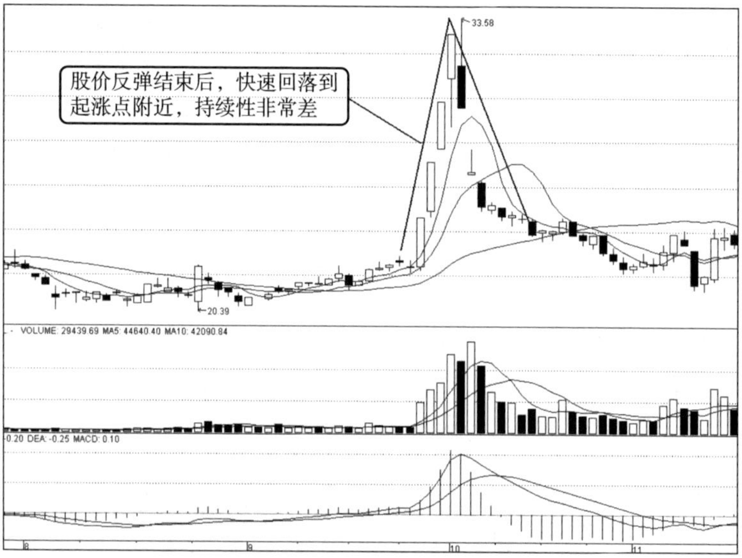

图 2-42　乐歌股份（300729）日 K 线图

这类个股其实就是跌出来的机会，由于 V 形反转是一种剧烈的底部反转形态，在毫无先兆的情况下突然发生，这种走势非常不容易掌握。在实盘操作中，应注意以下几方面的因素。

（1）必要条件：一是市场在极度脆弱中，下降速度越来越快。二是股价下跌幅度大，盘面出现急剧反转，高低点相差巨大。三是反转时成交量显著放大，无量或小量均不可靠。

（2）最大缺点：形成时间很短，形态出现之前没有任何技术迹象，何时产生难以判断，但在我国股市中又是十分常见的基本形态。V 形并不一定出现较长时间的大趋势，有时它仅影响数日的走势，但如果把握得好也能抓住一波不薄的收益。

（3）认识方法：一是标准的V形下跌的角度与反转上升的角度基本相等。二是底部比较尖锐，往往出现非理性砸盘。三是股价反转时必须伴随着成交量的显著放大。四是借助于黄金分割线、循环周期理论以及消息的真假判断等进行判断。五是股价通常形成三波上涨走势，中间有短暂的整理，这是较好的入场机会。

（4）买卖时机：一是在急跌尾段以跳空形式下挫，随后又以跳空形式反弹，形成岛形反转形态，其转向信号更强烈，应及时买入。二是经持续下跌后，在低点成交量突然大增，可逢低买入。三是以先前的跌幅推算上涨的高度，并关注阻力位。四是投资者应以短线操作为主，快进快出，不要计较一两个价位，舍小本赚大钱。

（5）跌幅与涨幅的关系：要明白“下跌容易，上涨难”的道理。股价下跌50%，需要100%涨幅才能恢复原位。这里为了方便投资者实盘参考，将跌幅与涨幅的对应关系作出换算：10%＝11. 11%，20%＝25%，30%＝42. 85%，40%＝66. 67%，50%＝100%，60%＝150%，70%＝233. 33%，80%＝400%，90%＝900%。

二、持续攀升式涨停

在持续性出现的两个或多个间歇性的涨停行情中，中间可能夹着一根或多根小阴小阳或十字星K线，或者在涨势中出现短暂的停顿调整状态，总体趋势保持拉升状态，在盘面气势上没有连续性涨停凶悍，但上涨势头依然十分强劲。

个股出现持续攀升式涨停同样是上述三个原因所致：一是突发性利好消息刺激。二是纯粹是主力强拉行为。三是超跌后的报复性反弹行情。

1. 中间夹带小阴小阳或十字星形态

在这种拉升行情中，中间夹带较小的K线，并不影响股价的上涨势头，反而有利于股价的加速上涨，因为通过小K线的震荡洗盘后，盘面会更加清爽，股价上涨更加稳健。在K线形态中，经常出现高开低走的假阴线（实际股价仍上涨），以此达到洗盘效果，又能使盘面保持强势状态。盘面大多以大阳线为主，上下影线较短小或是光头光脚的K线，不时伴随着向上跳空缺口，一般股价不会有效跌破 10 日均线的支撑，在一轮主升浪行情中一般不少于 3 个涨停。

图 2-43，西藏药业（600211）：该股主力完成筑底后，2020 年 5 月 25 日，出现“贯穿式”突破，股价放量向上脱离底部区域，从此进入主升浪行情。从图中可以看出，在拉升过程中夹带一些小阴小阳或十字星 K 线，这些小 K 线对盘中浮动筹码进行了很好的清洗，总体保持强劲的拉升势头，盘面运行流畅，节奏非常完美，走势稳健有力，股价坚挺上行，在这一轮上涨行情中共出现 5 个涨停，累计涨幅较大。

这类个股的操作技巧就是选择在 5 日或 10 日均线附近，当股价得到 5 日或 10 日均线支撑时轻仓买入，而跌破 5 日或 10 日均线时考虑短线卖出。这类个股的技术要求如下。

（1）市场必须处于快速拉升阶段，前期调整充分，有扎实的底部基础。

（2）小 K 线的回落幅度不应太大，保持强势状态，以 5 个交易日为宜。

（3）成交量保持适中，不能出现异常放量。

（4）在小 K 线后的大阳线当天介入，以短线操作，快进快出。

（5）出现顶部 K 线形态或股价滞涨时，应果断卖出。

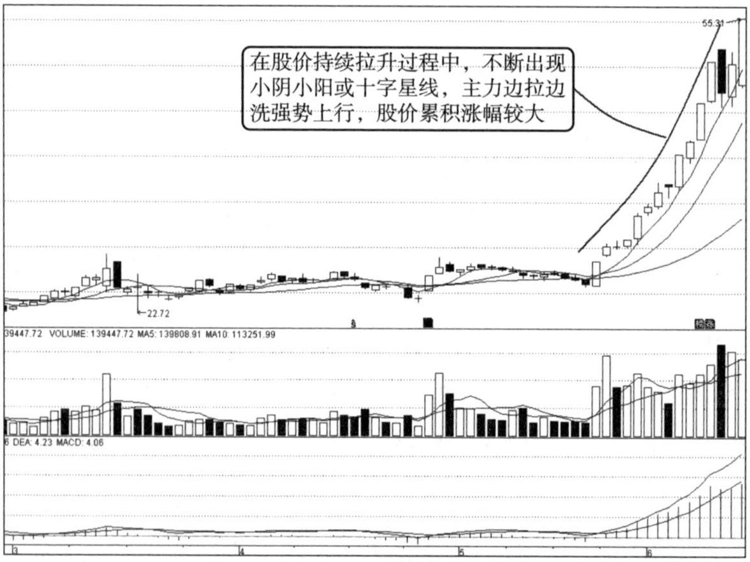

图 2-43　西藏药业（600211）日 K 线图

2. 中间出现短暂的停顿调整形态

这种盘面在拉升过程中，出现一次或多次短暂的停顿调整走势，但这种调整不会对上涨势头构成破坏，盘面依然保持强势调整状态，这是拉升中的正常“小憩”，一般不会超过5个交易日。经过“小憩”后更多的有利于主升浪的向上发展，而且不会有效跌破10日均线支撑。

图2-44，王府井（600859）：2020年5月初，股价渐渐向上脱离底部，成交量温和放大，中间出现一次明显的停顿调整，时间只有5个交易日。6月9日股价再次放量快速上涨，股价连拉多个涨停。在这一轮行情中共拉出了9个涨停。在整个走势过程中，中间虽然出现停顿现象，但没有明显的下跌，也没有跌破10日均线，说明主升浪依然强势持续中。所以在这类个股中，持股者应坚定持股与主力共舞到底，持币者可以在10日均线附近或再次放量向上突破时介入做多。

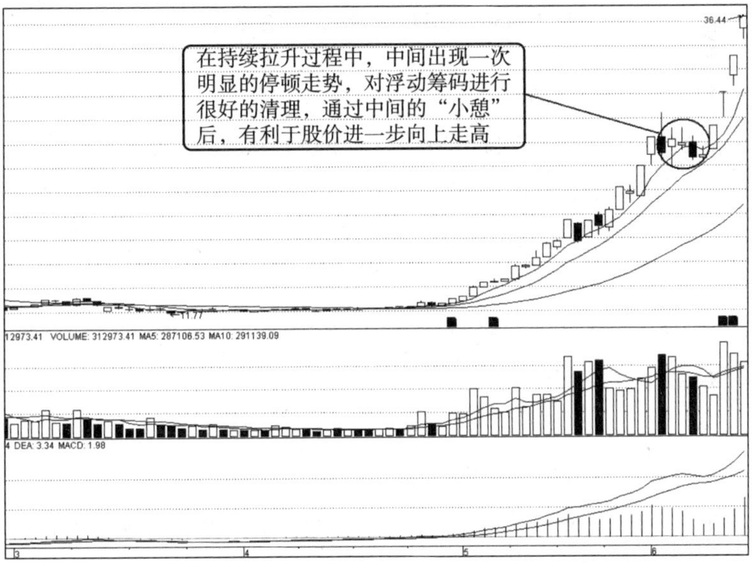

图2-44 王府井（600859）日K线图

图2-45，亚玛顿（002623）：该股在2019年11月29日调整结束后开始向上突破，股价进入拉升阶段，先后出现了3次明显的停顿调整走势，而趋势保持在强劲拉升之中，调整基本以10日均线为支撑，保持良好的上涨势头，共拉出13个涨停，累积涨幅较大。

通过对上述几个实例的分析，实盘中投资者参与持续攀升式涨停个股操

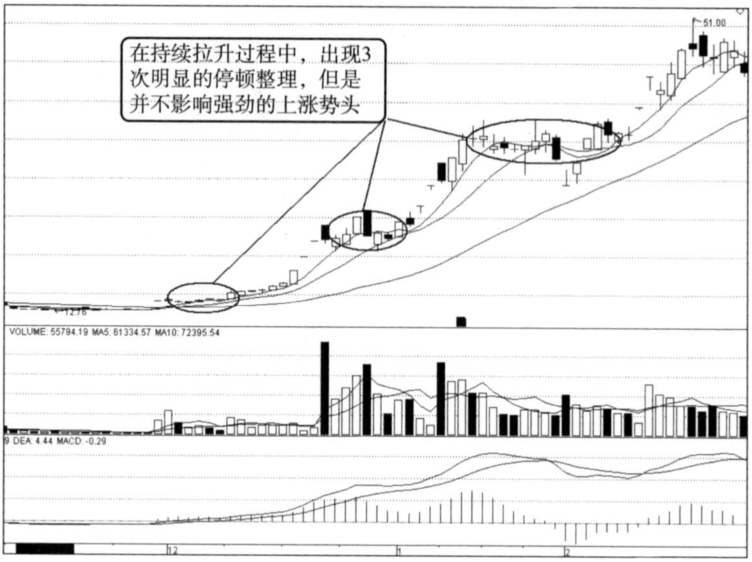

图 2-45 亚玛顿（002623）日 K 线图

作时，应掌握以下技术要点。

（1）市场必须处于快速拉升阶段，前期调整充分，有扎实的底部基础。

（2）股价调整幅度不宜过深，以 10 日均线为支撑，偶尔击穿 10 日均线时，也应在当日收盘前收复，最迟也要在 3 日内收复失地，当股价有效跌破 10 日均线时离场。

（3）进入拉升阶段后，股价调整时间不宜长，一般以 5 个交易日为限，波段调整以 20 个交易日为限（此时以 30 日均线为参考），时间会影响盘面气势。

（4）成交量保持恒量，不能出现异常放大。

（5）在末期出现加速上涨时，一旦出现见顶 K 线形态时离场，如吊颈线、射击之星、乌云盖顶等。

第四节 衰竭性涨停

衰竭性涨停一般出现在股价主升浪的末端，是市场面临变盘的先兆。这是股价运行在高位时，主力资金的最后发力，这种发力也是主力派发行为的表现。股谚道：“久涨必跌，盛极必衰。”当一只股票在其运行当中经历了突破性涨停的雄壮气势，领略了中继性涨停的轻盈洒脱时，它的价格也就有了相当不错的涨幅。在股价已经翻番或翻了数番，乃至已经翻了十几或几十番的时候，涨停又出现了。它还能涨吗？也许能。不过上涨的力度和幅度就可想而知了。所以，此时介入需要有高超的技巧、扎实的功力和足够的胆略和实力。

衰竭性涨停往往伴随着主力资金的出货，对投资者来讲仅有短线价值，所以要坚决做到获利就走，慢进快出，绝对不能有任何的侥幸心理。有时如果确实不能获利也应当果断止损离场。股价下跌一旦形成，其杀伤力是巨大的，极有可能是永远没有解套的机会。

在一轮主升浪行情中，可能出现一个或两个以上的衰竭性涨停，这跟主力持筹量（出货量）、大盘环境和操盘方式有关。

衰竭性涨停的判断技巧如下。

（1）涨停的当天或第二天成交量特别大，为近期天量，且未来似乎无法继续放大量时，可能就是衰竭性涨停的表现。

（2）涨停出现后的成交量异常大，涨停之前出现量价背离，那么该涨停为衰竭性涨停的可能性很大。

（3）涨停出现后的 3 个交易日里，股价出现反转情形时，就可以确定为衰竭性涨停。

（4）如果涨停的位置已经达到某个技术位或某个重要的压力，则该涨停成为衰竭性涨停的概率加大。

图 2-46，九鼎新材（002201）：该股见底后出现两轮大幅拉高行情，主力获利十分丰厚，兑现获利筹码已成为当务之急。2019 年 8 月 26 日和 29 日，两天走势非常相似，早盘股价强势推高，午后一度封涨停，但封盘有些勉强，到了尾盘时分均出现回落走势，形成长上影线。显示主力拉升已力不从心，尾盘震荡加剧，成交量放大，显然属于衰竭性涨停，此时投资者应该注意。

经过短期调整后，9 月 4 日开始再拉两板，并创出本轮行情的新高，似乎产生新一波拉升行情，但第三天摸板回落，股价接近跌停。此后的 9 月 17 日拉板也是同样的性质，次日出现冲高回落。其实，这都是主力在诱多出货，为什么这么说呢？其原因：一是股价已被大幅炒高；二是前面已经出现两次衰竭性涨停现象；三是分时走势中主力对敲动作明显。所以，这是一个衰竭性涨停，目的是诱多出货，投资者应该警觉。

图 2-47，民丰特纸（600235）：2018 年 11 月 5 日，放量突破，股价连拉

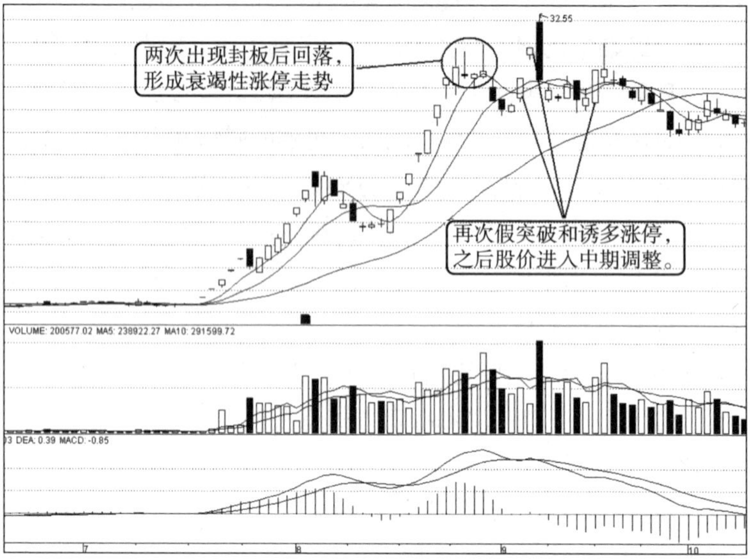

图 2-46　九鼎新材（002201）日 K 线图

8 个涨停，然后在高位整理两个交易日，接着又拉出涨停大阳线。那么，后市还会大涨吗？显然不可能。因为高位风险这一点不可置疑，主力拉高出货也无可争辩，而且从次日走势可以进一步证明 11 月 19 日涨停的虚假性，第二天不仅没有惯性上冲高，反而低开 8.51%后快速封跌停，属于典型的主力拉高出货行为。这就是主力“明修栈道，暗度陈仓”，实现真实出货目的。

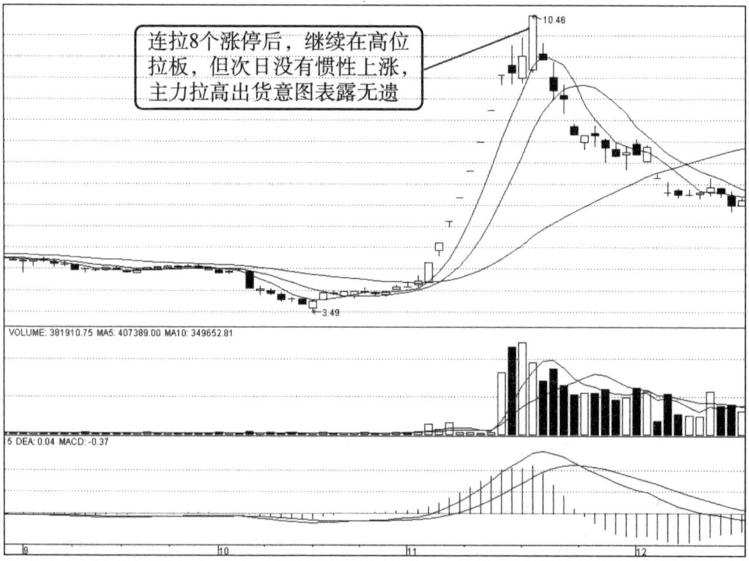

图 2-47　民丰特纸（600235）日 K 线图

有时候，股价连续拉出几个涨停后，继续在高位维持强势整理，接着向上拉板突破，可是股价并没有延续强势上涨行情，而是冲高回落或直接转跌，同样属于衰竭性涨停。

图 2-48，绿庭投资（600695）：该股于 2019 年 12 月 13 日放量向上突破，连拉 5 个涨停后，股价继续维持强势推高态势。12 月 26 日尾盘出现直线拉升，形成突破性涨停，可是次日冲高震荡，午后逐波走低，当日成交量较大。这一天的走势，证明前一天的涨停属于衰竭性涨停，之后股价向下阴跌。

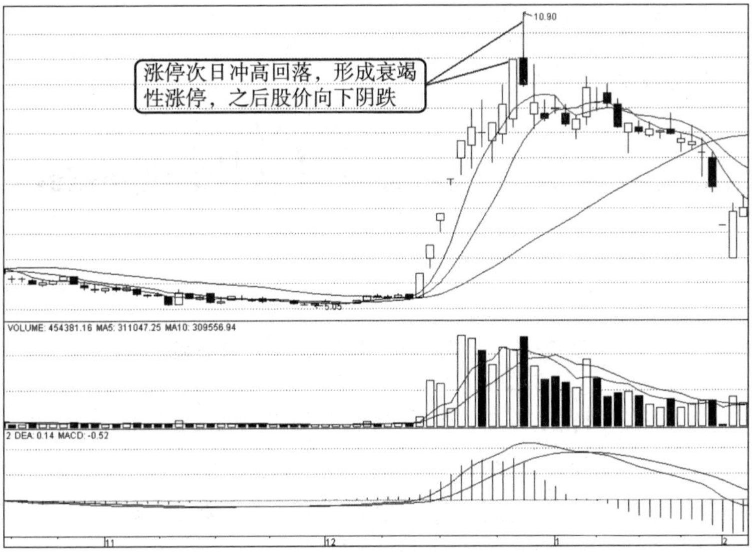

图 2-48 绿庭投资（600695）日 K 线图

通常，衰竭性涨停的当天成交量较大（但也有可能是第二个交易日成交量增大），接着成交量减少，显示市场购买力已经消耗殆尽，而抛售力渐渐加强，于是股价很快见顶回落。

有时候股价持续涨停后，成交量反而越来越少，这主要因为在高位主力不敢在盘中展开震荡出货，防止筹码松动增加出货压力，因此开盘后不久很快封上涨停，这时投资者要密切注意盘面变化，如果第二天或随后几天股价高开回落，成交量大幅放大，就应坚决离场，顶部很快出现。

图 2-49，国农科技（002617）：该股见底后大幅炒高，2020 年 3 月 2 日，在高位收出缩量涨停，那么这时的缩量涨停是不是好事呢？不见得是好事。这反而是一个潜在的见顶信号，如果第二天股价放量高开低走，就是一个明确的见顶信号。果然，第二天高开 7.21%后小幅冲高，然后快速回落，收出

一根滞涨性阴线，且成交量大幅放大。之后股价一路向下阴跌，形成中期顶部。这种类型在实盘中经常出现，投资者应多加总结和体会。

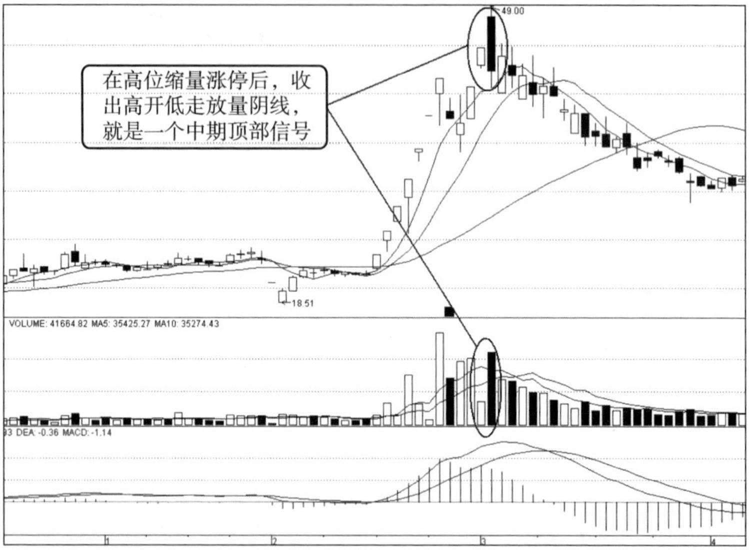

图 2-49　国农科技（002617）日 K 线图

有时在一轮拉升行情之中，仅有突破性涨停和持续性涨停，而没有衰竭性涨停，比如股价拉升一步到位，然后快速回落，呈倒“V”形走势。但有时只有衰竭性涨停，比如在股价前期以大阳线或中阳线为主的拉升个股中，就没有突破性涨停和持续性涨停。衰竭性涨停最大的实战意义是给市场发出警示信号，这是与其他涨停意义不同的。

衰竭性涨停出现在股价大幅波动时，价格在奄奄一息中回光返照，作最后一次挣扎拉高。最后的挣扎好景不长，在随后的几个交易日里的股价马上开始下滑。当收盘价低于最后一个涨停的开盘价时，表明衰竭性涨停已经出现。这种情况非常典型，说明在上升趋势中如果涨停价被吞没，通常是盘面疲弱的表现，意味着维持原有运行趋势的力量已经减弱，股价即将进入整理或反转。

还有一种与衰竭性涨停相近的涨停现象，就是挣扎性涨停。这种涨停与前面讲的反弹自救型涨停基本相同，不仅出现在高位出货区域，也经常出现在见顶后的下跌过程中。

图 2-50，轴研科技（002046）：该股主力大幅炒高股价后，在高位慢慢出货，由于主力持仓量大，很难一次性完成出货计划，所以在高位股价有所

反复。2020 年 6 月 3 日，收出的这根涨停大阳线就属于挣扎性涨停，之后股价开始下跌。

识别挣扎性涨停技巧，就是看涨停后的 3 天表现，如果涨停后股价不能继续走强，而是出现下跌走势，几乎吃掉或完全吞没了涨停大阳线，就属于挣扎性涨停，此时应尽快离场。该股价就符合这一市场特征。

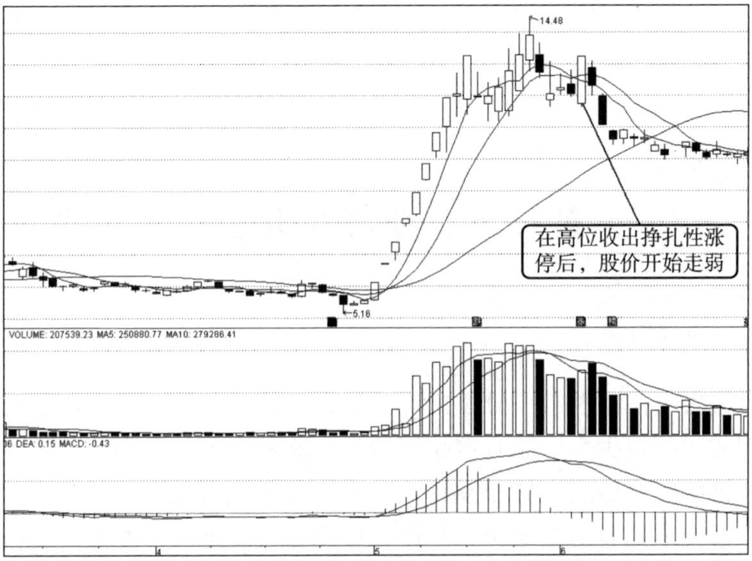

图 2-50　轴研科技（002046）日 K 线图

挣扎性涨停往往与主力资金出货或被套主力为减缓跌势有直接关系。对于投资者来讲只有超短线的价值，短线技术高手可以轻仓搏一下，对于大多数投资者来讲，最好不捕捉这种类型的涨停，其实也没有必要捕捉这种类型的涨停。捕捉涨停是为了提高投资收益，追求高额利润，而不是为追逐风险，寻找圈套。沪深两市有近 4000 只股票，突破性涨停和中继性涨停会经常出现，捕捉这两种类型的涨停其投资价值是显而易见的，所以大可不必在衰竭性涨停，特别是挣扎性涨停上花时间、费脑筋。

第三章　分时涨停分析（上）

第一节　分时拉升波形

一、一波涨停

开盘之后或在盘中某一时段出现拉升，股价沿着某一个角度上行，中途没有回调或回调很少，一波直接拉至涨停。这种涨停的盘面气势，仅次于一字涨停，盘面气势磅礴，势如破竹，说明多方明显占优，空方弃守观望。这种盘面后市大多具有上升动力，是中、短线介入品种。一波涨停具体可分为以下三种情况。

（1）高开不回调，直奔涨停。这种涨停方式其分时走势图中运行的轨迹相对而言比较简单，股价在前一日收盘价之上高开几个点后，几乎没有出现下探过程，而是直接上涨至涨停，大体是一条斜线上涨。跳空高开高走，显示多头攻击力量强大，盘面气势强盛，投资者对该股前景看好，愿意以高于前一日收盘价格买入，同时也表明空方没有丝毫反击能力，市场完全由多方控制局面。这种情况大多是承接上一个交易日的强势表现，有强势上涨的盘面基础。

操盘技巧：根据前一日（或几日）盘面和当日开盘情况，快速捕捉强势股，以高出开盘价 3~5 个价位挂单买入，如果不能成交则放弃，尽量不要追高。若中盘开板时，视大盘强弱选择合适点位介入，一般在均价线附近选择买点。

图 3-1，远大智能（002689）：该股向下打压后渐渐企稳，2020 年 3 月 4 日，高开 5.83%后，股价一口气拉涨停，形成“秒板”，中间没有回调，巨量封单不动，当天收出一根涨停大阳线，盘面气势磅礴，势不可当，股价连拉 6 个涨停。

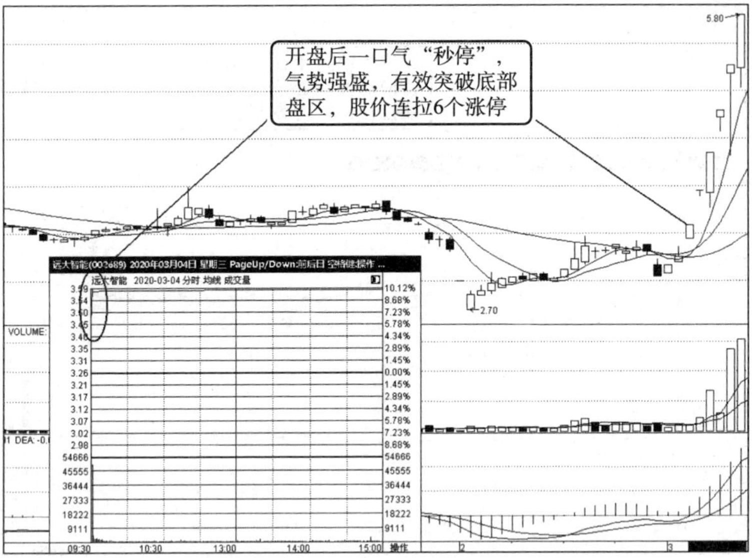

图 3-1　远大智能（002689）日 K 线和分时走势图

主力有时候在开盘后，先进行震荡整理，以观察当天大盘和个股盘面情况，在确保基本稳定的情况下，在盘中某一个时段以直线式拉至涨停，并以大单封板，这种走势在实盘非常多见。

图 3-2，小商品城（600415）：该股在长时间的低位调整中，主力吸纳了大量的低价筹码，2020 年 6 月 1 日，高开 3.77%后，基本维持横盘震荡，午后借助"地摊经济"新热点直线拉涨停，气势强盛。遇到这类盘面现象，要快速作出反映，可挂高价几个位入场，有时候封盘后可能出现开板现象，这时就有时间结合市场热点、大盘环境及个股所处位置等因素进行分析，以决定是否入场。

（2）在前一日收盘价附近开盘，一波式拉涨停。股价在上一个交易日收盘价附近开盘，然后迅速拉至涨停。以这种方式涨停的股票，在分时走势图中的运行轨迹也是比较简单的，大体上也是一条陡峭的直线。

在前一日收盘价附近开盘，表明股价在开盘时供求双方大体平衡，多空双方力量对比基本一致，只是随着行情的展开，多空双方的力量才发生变化，多头力量在运动中得到了增强，而空方力量受到削弱。多方成功地阻击了空方的力量而上涨。

操盘技巧：根据前一日（或几日）盘面表现情况，确定当日目标个股，以高出开盘价 3~5 个价位挂单买入，尽量不要追高。

图 3-3，绿庭投资（600695）：2019 年 12 月 13 日，股价基本平开，整理

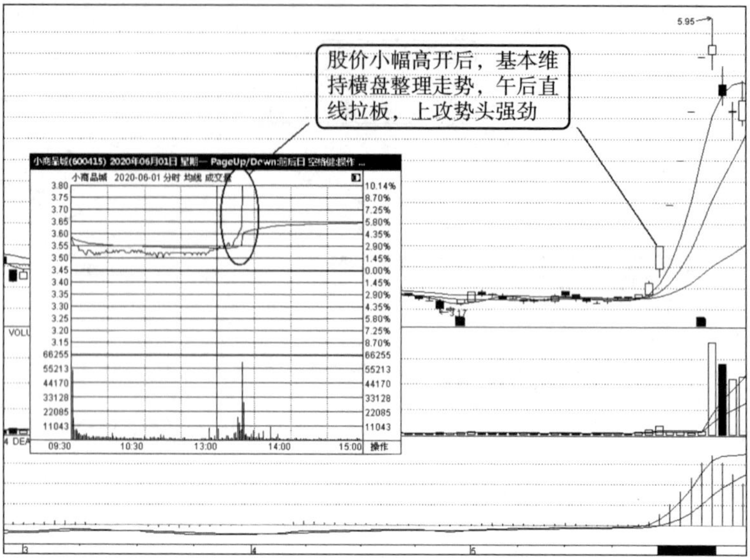

图 3-2　小商品城（600415）日 K 线和分时走势图

几分钟后，一波式快速涨停。为什么有如此强势的表面呢？该股主力成功在低位完成建仓计划，做多欲望十分强烈，同时由于投资价值被低估，主力只要轻松拉一下就会吸引短线资金跟风。这种走势也说明主力实力强大，并且拉升得到市场的认可。投资者在选择这类个股时，要重点分析前几个交易日的盘面表现，然后决定操作计划，在买入时可以在高出几个价位挂单买入。

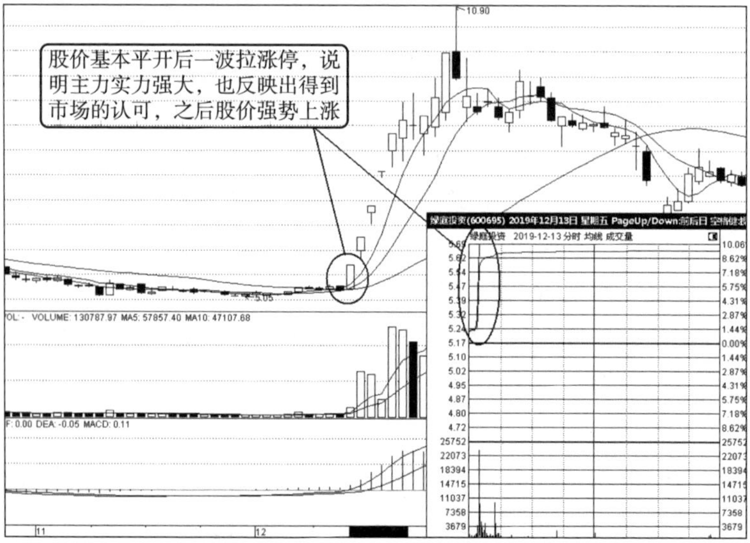

图 3-3　绿庭投资（600695）日 K 线和分时走势图

（3）开盘后先回档，再一波式拉涨停。股价开盘后先来一个快速下探动作，有时下探速度非常快，只是一个瞬间的擅抖动作，在分时图上没有留下任何迹象，只是在成交明细上有打压记录，在K线形成一条下影线，然后快速拉起直奔涨停。

这种涨停方式在分时图中一般有两种情形：一种是斜线直拉式上涨（分时图中看不出有明显下探痕迹）；另一种是呈“V”形上涨，在拉升时也是直线式上涨。这两种情形的盘面含义基本相当，都说明空方先来一个下马威，但维持不了多久即被多方制服，最后市场向多方一边倒上涨直至涨停。同时，也表示多方仍在加紧收集筹码，兼有洗盘性质。当然，这种情况如果出现在大幅上涨后的高位，也可能是“出货型涨停”走势。

先回档再拉涨停，比前面两种方式复杂，如果前几日是弱势，空方能量往往会突然跑出，使股价跌落，但多方能量较大，仍可以再拉出涨停板。

操盘技巧：在快速下探过程中轻仓介入，突破前一日收盘价或当日开盘价时，可以适当加仓，也可以在均价线附近买入。

图3-4，佳云科技（300242）：2020年5月29日，股价开盘后先是出现小幅下探动作，然后反转向上一波式直拉涨停，全天封盘不动，呈“V”形态。这种盘面表明主力通过下探动作释放了短线获利盘，然后轻松拉向

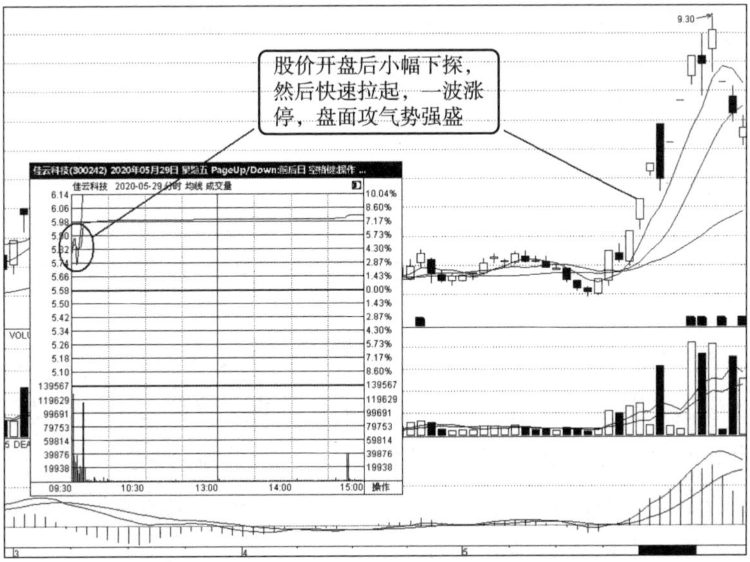

图3-4　佳云科技（300242）日K线和分时走势图

涨停。

投资者遇到这种盘面形式时，可以在下探过程中轻仓介入，或者在股价冲破均价线（黄线）、前一日收盘价和当日开盘价时买入。在实盘中，大多数强势股都有这种走势（尽管后面走势各异），投资者应多加研判。

二、二波涨停

在分时走势图中，股价分二波拉升，经过一波拉高后开始回落洗盘蓄势，然后大幅上拉直至涨停。这种盘面后市具有较强的上升动力，也是中短线介入品种。

这种盘面继上一个交易日的强势表现，开盘后出现向上拉高走势，表明多头攻击力量强大，同时也给市场部分投资者带来了获利空间，致使抛盘加重，从而迫使股价回调。经回调蓄势后，多头在退却中不断储备力量，并且在较短时间内成功阻击空头的打压，再次向上发力上攻，从而推动股价涨停。通常盘中回调幅度不大，说明主力不愿让市场跟风盘获得更多的廉价筹码，一般均价线是向上的有力支撑。

这种盘面在启动点开始的上升，第一波通常涨到比较高的位置附近，一般在4%~6%，第一波的上涨幅度不能太低，就是为了后面经过调整之后，第二波上涨轻松封于涨停。如果第一波涨幅太低，比如第一波上升只有2%左右，那么回调之后再涨就要8%以上才能冲到涨停，这样拉板难度比较大。

这种涨停的气势，其强度又次于“一波涨停”的个股，但上涨气势也不可阻挡，实际涨幅也不见得小于“一波涨停”个股的幅度。

操盘技巧：市场悟性好的投资者可以在开盘时立即介入，一般投资者可以等待第一波拉升结束后，当股价回落到均价线附近并获得支撑后，再次拉起时在比较理想的点位买入。

图3-5，江淮汽车（600418）：该股主力完成筑底后，在2020年5月20日股价放量强势涨停，收出一根具有看涨意义的突破性大阳线。从分时图中可以看出，股价开盘后就出现向上拉高，第一波就拉升到了5个多点，显示主力做多决心，然后进行快速调整，第二波轻而易举地将股价拉向涨停，拉板后封盘不动，上涨势头非常强劲。

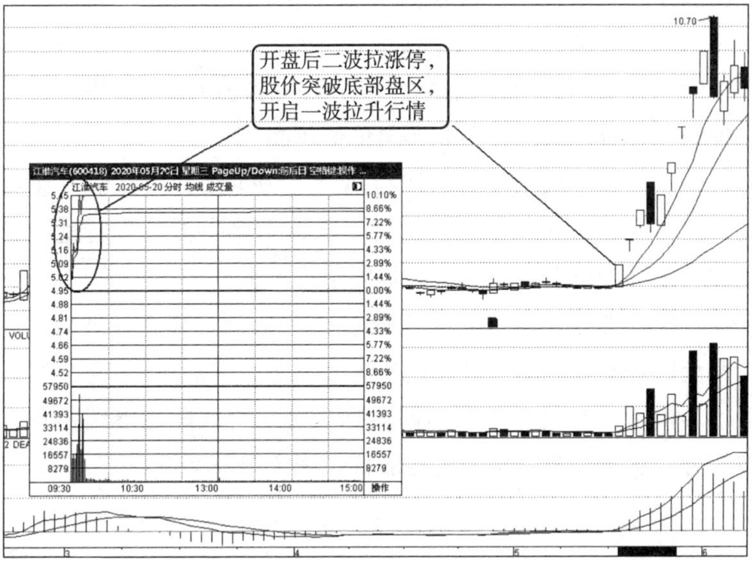

图 3-5　江淮汽车（600418）日 K 线和分时走势图

图 3-6，华扬联众（603825）：2019 年 12 月 25 日，股价开盘后第一波就拉高到 8 个多点，然后进行短暂的整理，第二波轻松拉板封盘。说明多头力量不可小觑，后市仍将强势上涨，遇到这种走势时应大胆买入。

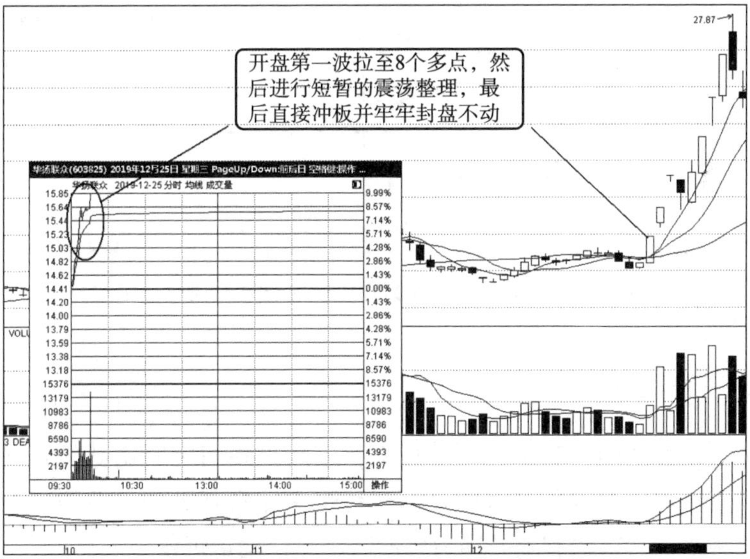

图 3-6　华扬联众（603825）日 K 线和分时走势图

在二波涨停股票中，第一波拉高明显带来一定的获利空间，部分获利筹码很容易在这个时候涌出，从而迫使股价回档，而多头的能量一般不会在第一波拉高中就损失殆尽，所以往往会在很短的时间内重新聚集力量，再次向上发力，推动股价奔向涨停，因此参与价值较高。

在实盘中，有的个股第一波拉涨停后，主力主动开板洗盘，让短线获利筹码离场，然后主力再次拉涨停。这种盘面既有第一波拉板特性，也有第二波拉板性质。投资者可以在当日分时均线附近入多。

图 3-7，梦洁股份（002397）：该股主力完成低位建仓计划后，2020 年 5 月 8 日，开盘后基本围绕前一日收盘价展开整理，午后 13：10 开始一波拉涨停，但股价触板后没有封盘，而是回落到当日均价线附近继续整理，尾盘出现第二波拉升，股价强势封板，之后股价出现 7 个一字板。

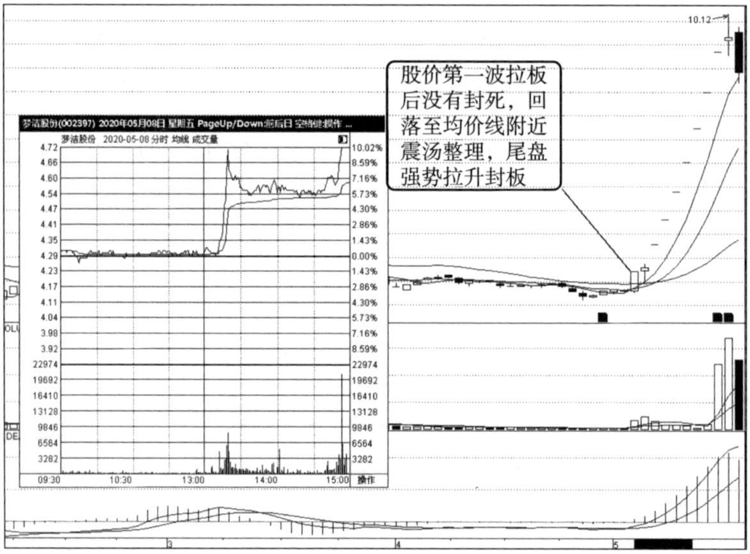

图 3-7 梦洁股份（002397）日 K 线和分时走势图

三、三波涨停

在分时走势图中，股价分三波拉升，中间出现两次回调蓄势走势，然后大幅上拉直至涨停。这种走势的盘面气势也是非常强劲的，但弱于前面两种形态。这种盘面后市仍有上升动力或冲高动作，也是短线介入品种。

股价经过一波冲高后遇阻回落，在开盘价或均价线附近获支撑后拉至涨停。股价开盘之后出现拉升走势，当达到一定涨幅后，由于短线获盘的出现股价出现回落，在股价回调至当日开盘价或均价线附近时获得支撑，市场企稳后股价再度走强。当第二波上涨达到一定幅度后，新的获利盘再次出现，股价第二次回落，当股价再次遇到技术支撑而企稳时，出现第三波上涨，股价直拉涨停。

在强势市场中，开盘价附近有着强大的支撑，所以股价回落到此往往会受到很大的支撑，促使其掉头向上，甚至于拉出涨停。同样，当日均价线在弱势时是压力线，在强势时常常又是支撑线，它往往可以阻止股价下挫，使其掉头上涨。以这种方式涨停的股票，在分时走势图上形成的轨迹是逐浪推升，拾级而上。

操盘技巧：前一日或几日盘面表现良好的，可以在开盘价附近买入，也可以在均价线或前一日收盘价附近买入。如果第二次回落较深，可以在第一波的顶点附近或低点稍上位置买入。

图 3-8，省广集团（002400）：该股日 K 线图中，第一轮行情结束后，主力展开洗盘整理，释放短线获利筹码。洗盘结束后，2020 年 5 月 8 日，出现三波式涨停形态。从分时走势中可以看出，股价逐波上涨，波峰浪谷清晰，量价配合理想。这类个股投资者可以在开盘价或均价线附近介入。

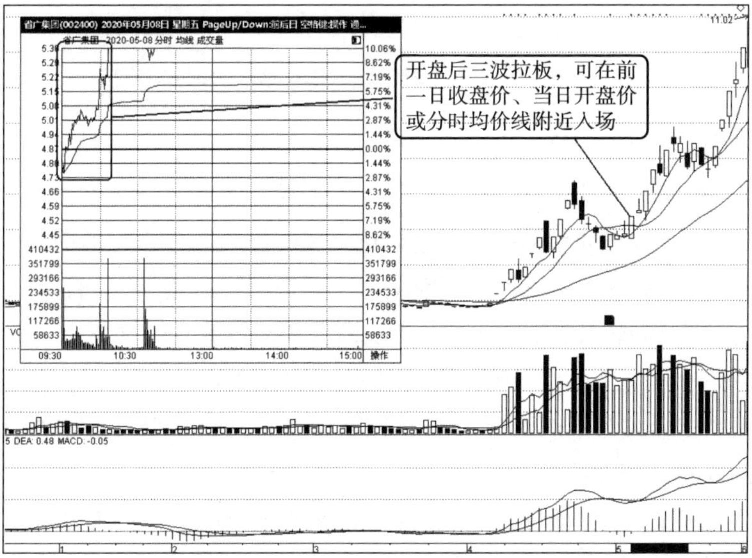

图 3-8　省广集团（002400）日 K 线和分时走势图

图 3-9，中潜股份（300526）：该股经过一段时间的横盘震荡整理后，股价开始向上突破。2020 年 3 月 2 日，股价低开 1.60%后，分三波拉至涨停。在分时走势中，股价小幅开盘后，没有出现下跌走势，立即向上拉起，盘中三波拉升，节奏清晰，动作分解而连贯，量价配合颇具韵律，说明主力盘面把控非常好。这类个股投资者可以在前一日收盘价、当日开盘价或当日均价线附近介入。

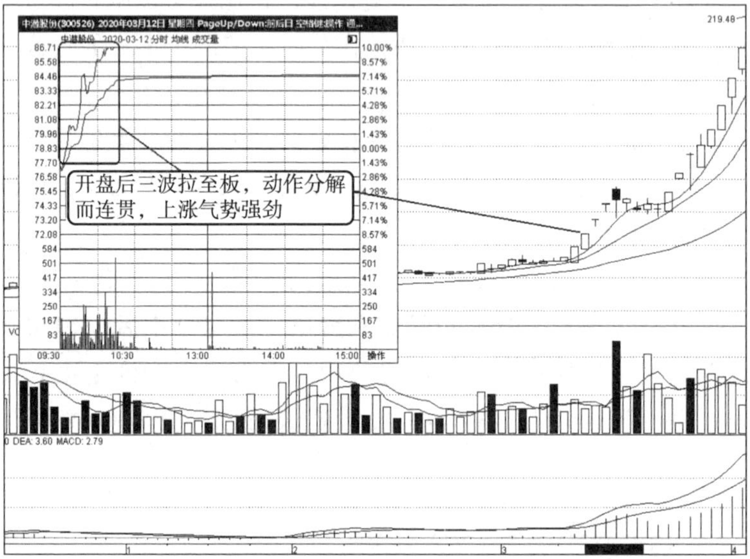

图 3-9　中潜股份（300526）日 K 线和分时走势图

在三波式涨停中，第一次回落与第二次回落在时间、幅度和力度上都具有一定的互换性。具体地说，就是如果第一波回落幅度较深，那么第二次回落时往往幅度不会很大；如果第一波回落幅度不大，那么第二次回落时往往幅度较深。在时间上，如果第一波回调时间较短，通常第二次回调时间往往较长；如果第一波回调时间较长，通常第二次回调时间往往较短。在力度上，也是如此。

图 3-10，日丰股份（002953）：该股逐波回落后，在底部企稳盘整。在盘整过程中，形成一个双重底形态。2020 年 3 月 9 日，低开 2.49%后，出现三波放量拉升，股价被封于涨停。

在分时图走势中，完成第一波拉升后整理的时间较短，而在第二波拉升结束后的调整时间就较长。同样，前两波的拉升力度较弱，而第三波的拉升力度就较强。这种互换性现象，在实盘中比较多见，如美景能源（000723）

2019 年 1 月 16 日和 3 月 19 日的走势便是如此。

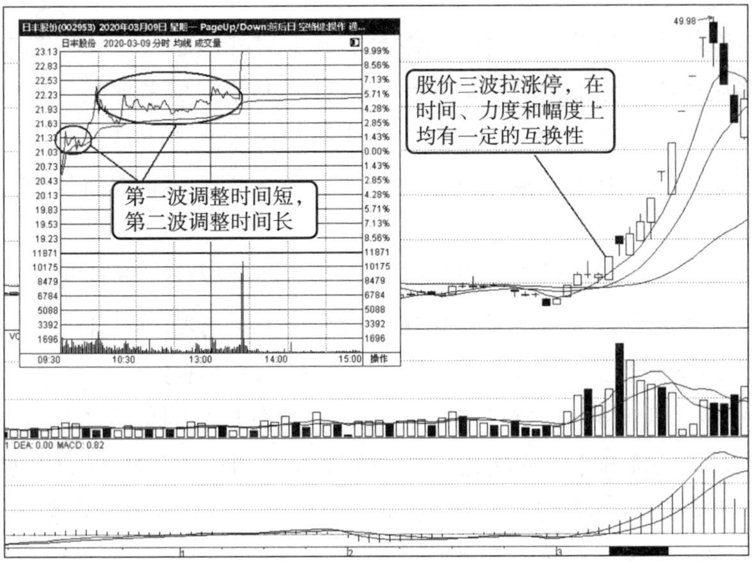

图 3-10　日丰股份（002953）日 K 线和分时走势图

在实盘中，三波涨停有以下几种盘面现象。

（1）开盘后冲高回落，在黄金分割线附近获得支撑后拉至涨停。开盘后大幅度的冲高，常常会形成较大的获利空间，为短线投资者提供运作的机会。这时往往会有短线投资者兑现离场，引起股价回落。多数情况下冲高回落的黄金分割线是多方固守的重要部位，此处得到支撑后股价常常会掉头拉向涨停。

（2）跳空高开，冲高回落受均线牵引掉头直至涨停。以这种方式涨停的股票，其分时走势图中运行轨迹就像日常生活中见到的“小心触电”标志。在弱势时均线是压力线，在强势时均线常常又是引力线。它往往可以把下挫的股价拉起来，使其掉头走向涨停。

（3）高开后遇阻回落，在开盘价附近获支撑后拉至涨停。以这种方式涨停的股票，其在分时走势图上形成的轨迹也像“小心触电”的标志。继续加强的上升会形成大量的获利盘，由此抛盘的涌出也就不足为怪了。但在强势中，开盘价附近有着强大的支撑，所以股价回落到此处，往往会受到很大的支撑，而促使其掉头向上，甚至于拉出涨停。

四、多波涨停

多波涨停比较多见，震荡式涨停大多属于这种形态。在分时图中，一波三折，多次回调，分不出明显的浪形，但总体上低点越来越高，高点不断被打破，低点和高点逐级而上，直到冲击涨停。在涨停个股里，这种盘口气势也算是最弱的了，但主升浪一旦形成，其上涨力度也是非常强劲的，而且往往持续较长时间。

操盘技巧：在当日均价线附近介入，要求均价线处于上行状态，起码均价线也要保持水平运行，绝对禁止在均价线转为下行状态时介入，因为下行的均价线说明股价已经开始走弱，甚至出现尾盘跳水现象。

图 3-11，西藏药业（600211）：该股主力在长时间的底部震荡过程中，吸纳了大量的低价筹码，成功完成了建仓计划。2020 年 5 月 25 日开盘后，股价稳步向上走高，盘面张弛有序，量价配合得当，当天收出一根涨停大阳线，向上突破底部盘区。在分时走势中，虽然该股没有上述几种盘面形式强劲，但上涨气势依然不可小觑，之后股价出现拉升行情。对于这类股票，可以在当日均价线或分时趋势线附近入场。

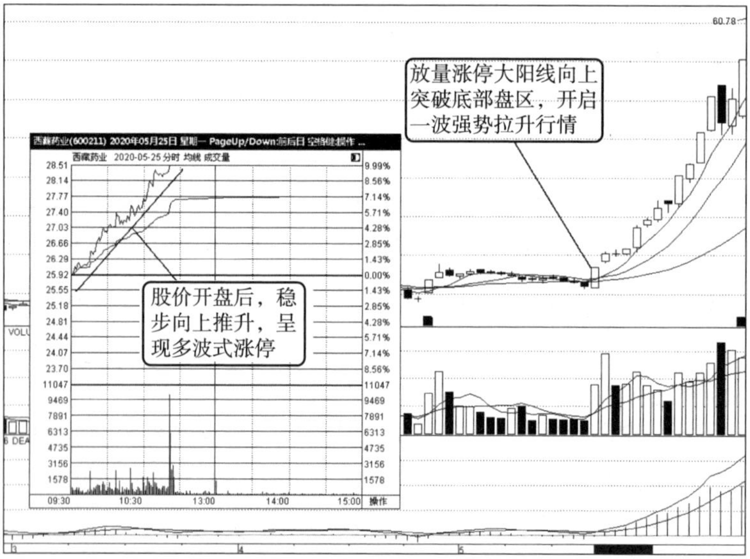

图 3-11 西藏药业（600211）日 K 线和分时走势图

图 3-12，中潜股份（300526）：该股在 2019 年 6—9 月的上涨行情中，多次出现多波拉板走势，比较典型的 7 月 12 日和 19 日走势，主力边拉升边洗盘，盘中低点越来越高，而高点不断被突破，股价稳步向上推高，均价线向上运行，尾盘稳固封涨停。针对这类个股，投资者可以在均价线附近选择介入。

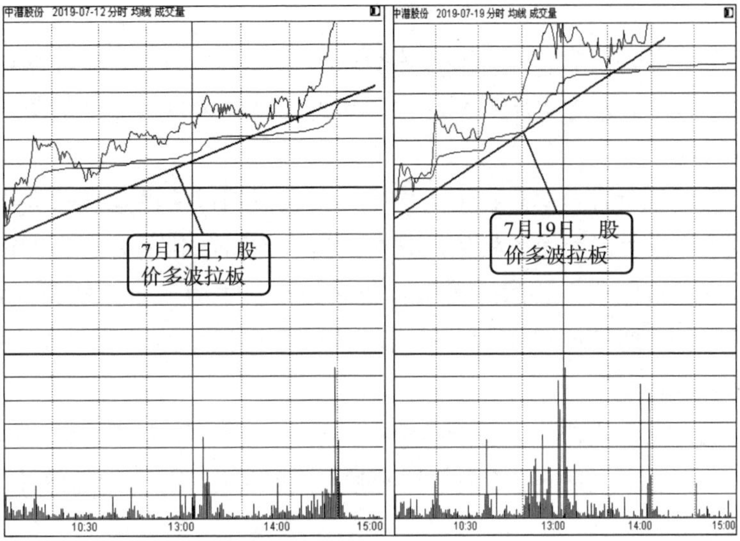

图 3-12 中潜股份（300526）分时走势图

第二节 分时盘口要素

分时涨停盘口要素包括大单挂单、成交密度和上涨速度三个方面。大单挂单的出现，表明主力向涨停发起进攻的信号；成交密度的大小则反映出主力发动攻击后，市场的响应程度；而上涨速度的快慢，则提示该股的涨停属于什么性质（吸筹、拉升或出货）。

一、大单成交与涨停

所谓的“大单”是相对的，因股本结构的大小而不同，一般大盘股在 2000 手以上，中盘股在 800 手以上，小盘股在 200 手以上。当个股在分时盘口上突然出现了连续的或断续的大单挂单时，就要引起注意了，一旦这些大单开始成交，表明主力有可能要拉升了。通常有以下四种常见的挂单方式。

1. 压盘式挂单

这种挂单方式在委卖档中，连续出现三档以上的大卖单，其目的是想让市场知道该股抛压很大，让盘中散户选择抛出，这是主力在拉升前进行最后的试盘。常见的有递增压盘式、递减压盘式和混合压盘式三种。

（1）递增压盘式挂单。在委卖档中，出现三档以上的递增式大卖单，即第二档的挂单比第一档的大，第三档的挂单比第二档的大，这种盘口的目的是想告诉市场，上方的卖压越来越大，如不趁早抛出自己手中的筹码，后面会越来越困难。

（2）递减压盘式挂单。在委卖档中，出现三档以上的递减式大卖单，即第一档的挂单最大，后面两档依次减少，这种盘口的目的是想告诉市场，只要吃掉第一档的挂单，后面的卖压就越来越小，主力一旦吃掉第一档大单，往往市场就会立刻出现跟风盘，后面的挂单会在很短的时间内被一扫而光，股价出现快速上涨。

（3）混合压盘式挂单。在委卖档中，不时出现大卖单压盘，当挂出的大卖单被大买单吃掉，股价不断向上拉升时，说明买盘积极，向涨停冲击。

2. 托盘式挂单

这种挂单方式在委买档中，连续出现几档非常明显的大买单，其目的在于告诉市场下方接盘巨大，不用担心股价出现下跌，可以放心买入该股，而上方的卖单被吃掉后，盘口又会出现类似的大买单，其重心会不断上移，反复多次，直至涨停。这种买单往往出现在单一式托盘挂单和递增式托盘挂单两种方式中。

（1）单一式托盘挂单（递减式）。在委买档中，出现一档明显的大买单，阻止股价的下跌，给人安全感，产生一种“一夫当关，万夫莫开”的视觉冲击力，这种挂单通常在被抛盘打掉以后，还能反复出现。通常大盘股在 10000 手以上，中盘股在 3000 手以上，小盘股在 500 手以上，这些托单可以出现在任一价位，但在整数价位上出现的可能性较多。

（2）递增式托盘挂单。在委买档中，出现三档以上的大买单，第二档买单比第一档的大，第三档买单比第二档的大，给人金字塔式的稳定感。有时候这种挂单也出现某种递减式排列，其意在于显示主力实力雄厚，号召市场与主力一起参战。

3. 夹板式挂单

这种挂单方式是指主力在委买、委卖两档中，分别在某一个价位挂出大单，使买卖盘口上显示出一种上有压力、下有支撑的夹板式盘面格局，让市场在某一段时间里始终在一个“夹板”限定的空间成交（有单层和多层两种挂法），夹板一旦撤离，或是被大单打掉，就是主力向涨停发起最后进攻的信号，此时要不惜一切追涨买入。

4. 连续式挂单

这种挂单方式是指在委买、委卖两档中，密集挂出连续的委买和委卖大单，显示出市场参与者的筹码特别丰富，买卖气氛十分热烈的盘面。这种盘口告诉大家，如果是大盘股，说明各路资金云集于此，多空双方分歧明显，要想攻击涨停，多头必须付出极大的努力；如果是中、小盘股，则透露出主力不想单独拉升，欲借市场集体力量推进股价上涨的意愿。通常有对称性连续式挂单和非对称性连续式挂单两种。

（1）对称性连续式挂单。在委买和委卖档中，除了价位的连续性这个特征外，还有一个特征就是挂出的大单基本对称。比如买盘是五档四位数，那么卖盘也往往是五档四位数。这种盘口的挂单通常在五档买卖档全部挂满，如同“蜂窝”一样，一个连着一个，给人水泼不进、风刮不进的感觉，大有一种不能插足，难以参与的感觉。

（2）非对称性连续式挂单。在委卖盘上出现连续式挂单，在委买盘上则是市场的自然接盘挂单；或者在委买盘上出现连续式挂单，在委卖盘是市场自然盘挂单。这里透露出两种相反的信息：卖盘力量极大或买盘力量极大。根据实盘经验，委卖档上的连续式挂单一旦开始被吃掉，涨停的概率远远高于委买式连续挂单的涨停概率。原因是前者是主力的对倒盘，属于主力主动性攻击行为；而后者是在主力的“诱导”下的市场力量的买盘，自然上涨的力度不如前者。因此，当卖档连续式挂单一旦被主力吃掉，涨停就一触即发，如果发现主力攻击，就要第一时间抢进。

需要说明的是，以上几种大单挂单形式经常交错出现，不一定是单一形式，这是主力的操盘习惯和个性所然。而且，大单挂单的成交应该也是被大单吃掉，如果是小单啃掉这些大单，则该股涨停的概率会大大降低，因为这不代表主力行为，即使涨停，也没有连续上升的动力。如果委卖盘是散户的挂单，主力在下方托盘护着，主力的意图就是等散户来拉动，减轻压力，僵持时间长，一旦从容地被吃掉，就有可能进行拉升，一般在最后半小时突破，一旦出现就有可能拉涨停。

二、成交密度与涨停

成交密度是指股价拉升中出现的成交频率，在单位时间里成交的紧密程度，它是一个单位时间概念，这个密度的大小与该股能否涨停以及涨停后的走势，都有着直接的关系。一般而言，成交密度越大，说明参与者越多，成交越活跃，涨停的概率就越大；反之，则越小。成交密度的两种因素如下。

1. 挂单密度与成交密度

一般而言，挂单的密度越大则成交的密度也越大。从目前沪深两市的电脑自动撮合成交的间隔度看，一分钟里的成交密度最大可以达到每分钟 20 笔，即一分钟显示 20 次，成交间隔越接近 20 笔，其成交密度就越大，涨停的概率就越大；反之，涨停的概率就越小。

图 3-13，上海雅仕（603329）：这是该股 2020 年 6 月 19 日的分时走势，开盘后没做任何调整，直接出现两波式拉涨停。在分时成交中，成交密度大，一分钟（9：40）达到 20 笔，成交量明显放大，股价快速涨停。

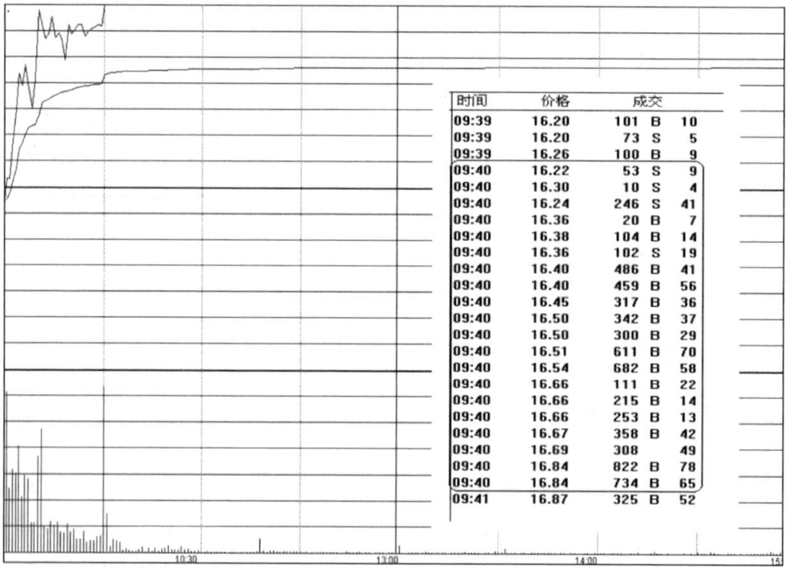

图 3-13 上海雅士（603329）分时走势图

2. 挂单密度与成交手数

有时候，挂单的密度不大，但成交的密度却不小，分时图的走势也是一条光滑的曲线，但这往往是一种假密度表现，属于蚂蚁啃骨头式的成交，这种成交是由密集的小单组成的，这种小单在大部分情况下是散户的交易行为，并不是主力的主动性买盘所致，所以其涨停的概率就小。

图 3-14，金陵体育（300651）：该股在 2020 年 6 月 19 日的分时走势中，一分钟成交密度只有 4 笔，股价也出现小幅拉高，但挂单密度不大，成交量很小，大多是 10 手以内的小单子，股价也上蹿下跳，说明主力并没有真正拉动股价，所以持续走高的可能性不大，除非是在大盘或板块十分强势的情况下，才有可能尾盘跟风涨停。

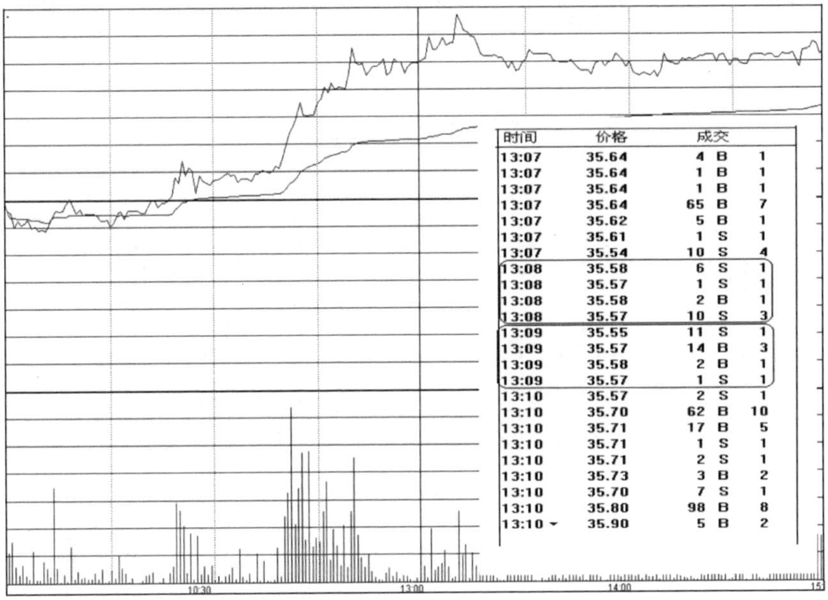

图 3-14　金陵体育（300651）分时走势图

三、上涨速度与涨停

上涨速度是指股票在其攻击涨停过程中的快与慢。一般而言，股价上涨的速度越快，其涨停的概率就越大；反之，则越小。这是因为上涨速度反映出主力向上攻击的决心，速度越快，盘面气势越强，表明主力决心越大，尤其是拉升阶段中的涨停，主力已经吸足筹码，通过快速上涨摆脱成本区，同时也是稳定市场其他筹码的一种好方法。上涨速度的两种走势如下。

1. 跳跃式上涨

所谓“跳跃性上涨”是指股价在经过一段盘整之后，突然摆脱盘整区域而快速上涨。这种“跳跃”往往是用一两笔大单快速敲开挂在上方的大卖单，然后一路扫去，股价呈现出跳跃性的上升。分时图呈现出一条接近90°的上冲线直至涨停，经常形成分时“跳空”现象。有时候也会上冲到某一价位时继续盘整一段时间，然后再次“跳跃”直至涨停，呈现波段式拉升。

图3-15，新力金融（600318）：这是该股2020年6月19日的分时走势，经过一段推升走势后，从9：51开始加速拉涨停，出现跳跃式拉升，几乎接近90°上行，分时走势出现多个“跳空”缺口，盘面非常强势，短期新高可期。

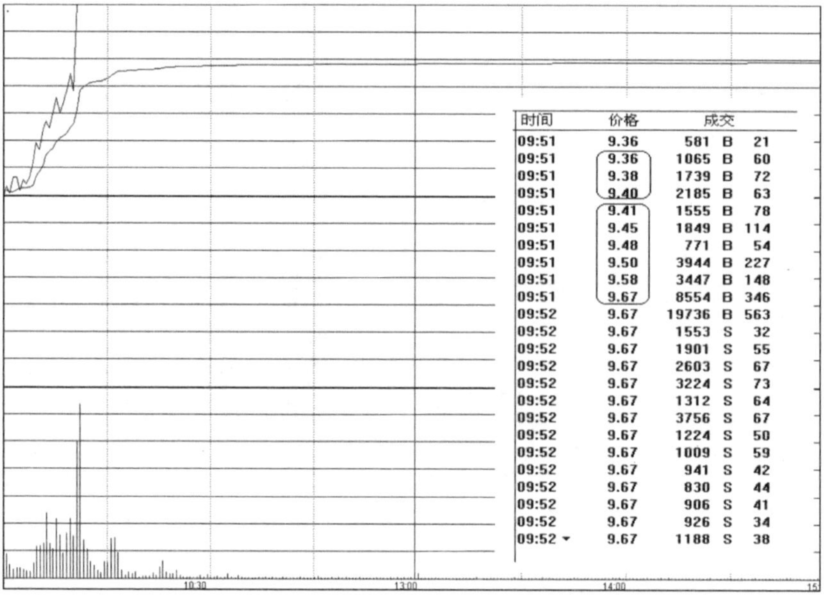

图3-15 新力金融（600318）分时走势图

2. 斜坡式上涨

所谓“斜坡性上涨”是指股价从某一个价位起涨后，中间没有明显的停顿，沿着一定的角度推升。这种上涨看似没有跳跃性上涨的速度快，但由于其上涨途中没有明显的盘整平台，所以总体的上涨速度也很快。它与跳跃式上涨的区别是：跳跃式上涨好比撑竿跳，斜坡式上涨如同爬楼梯，前者充足底气，一气呵成，后者运筹帷幄，步步为营。

图 3-16，英科医疗（300677）：这是该股 2020 年 4 月 9 日的分时走势，股价平开后沿 45°稳步推升而上，分时中既没有明显的回调走势，也没有跳跃式分时"缺口"，即使偶尔出现跳空也很快被回补，盘面走势十分稳健，尾盘封于涨停，这是一个稳健的涨势信号。

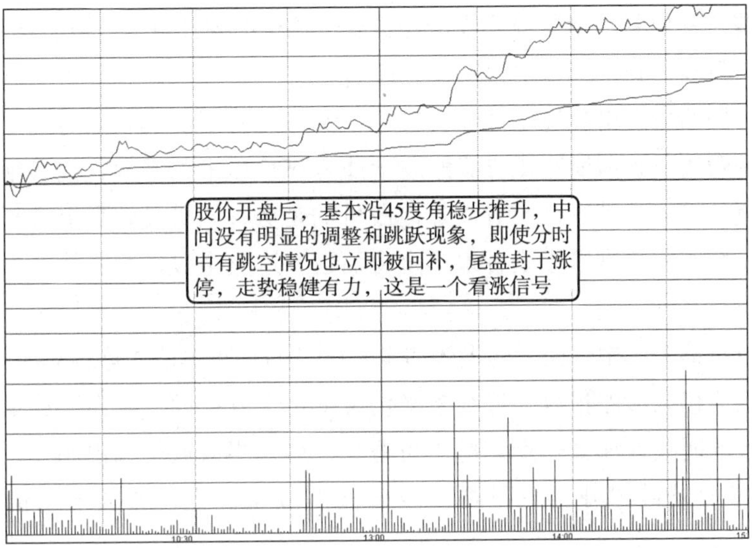

图 3-16　英科医疗（300677）分时走势图

需要说明的是，大单成交、成交密度和上涨速度三者之间是一种相互关联、相互渗透的关系。在大多数情况下是同时出现或交替出现的，但在特殊条件下，只要一两个要素出现，也可以使股价涨停。

（1）小盘股在上市一段时间后，往往可以不用大单成交就能使股价有效涨停。

（2）小盘高价股在被主力控盘后，通常能在成交密度很低、上涨速度很慢的情况下攻击涨停，因此可以忽略成交密度。

（3）超级大盘股通常成交密度很大，但上涨速度不快，往往很难有效冲击涨停，因此也可以忽略成交密度。

第三节　涨停封单研究

一、涨停封盘分析

1. 涨停封盘量

所谓“涨停封盘量”就是在涨停价委买档中的委托量。一般有两种意义：一是主力拉高建仓，二是主力拉高出货。

怎样判断主力出货还是建仓？首先，要对比股票前期底部与现在涨停后放量时的距离，若前期底部与涨停放量处有30%以上的涨幅，就必须注意主力有出货的可能。其次，要看放量前股价的走势，如果是较强上升至涨停价放量，一般主力很难出货或者很难全身而退，这类个股还会有第二次放量的机会。

在放量的个股中，当天的走势和未来几日的走势也能大体推算主力动向，若放量当天仍以涨停报收，那么未来仍有一定上升空间；若当天放量拉出带有上影线的阴线，那么短期调整不可避免；如果当天放量拉出阴线，之后几日不破10日均线，并且放量再次攻破前期放量高点，那么未来仍有上升空间。

涨停封盘可以分为无量空涨型和有量封死型。无量空涨型，在股价拉升过程中，多空力量对比出现一边倒，多方明显占据优势，股价仍将继续上涨。有量封死型比无量空涨型上涨幅度可能要稍逊一筹，其含义是有一部分看空的筹码抛出，但看多的更多，始终买盘庞大，拒绝开板，主力有意显示其超凡实力，只想告诉卖方一声，且慢出手。

大量封盘的原因不外乎以下四点：一是突发性政策利好，主力在前一日收盘后得到确切消息，今日开盘后立即以涨停价抢盘；二是个股主力经过吸纳、试盘、洗盘后进入急速抬拉阶段，或板块热炒；三是个股潜在重大利好。当然也有子虚乌有、瞎编乱造之嫌，主力希望掌控的个股充当大盘或板块“领头羊”的作用，从某个涨停开始连续拉抬几个涨停，创造赚钱效应，吸引散户跟主力入市；四是主力融资期限较短，需速战速决。反正造成巨单封涨停的假象就好，自己往外甩货，有时打开之后，根据市场分时走势小量再拉上去。

那么如何界定封单的大小呢？根据股本结构和实盘经验，涨停封单可分为以下五个级别。

（1）流通盘在 1 亿元以下，涨停封单在 20000 手以上，为强势。

（2）流通盘在 2 亿元~5 亿元，涨停封单在 40000 手以上，为强势。

（3）流通盘在 6 亿元~10 亿元，涨停封单在 50000 手以上，为强势。

（4）流通盘在 11 亿元~30 亿元，涨停封单在 100000 手以上，为强势。

（5）流通盘在 31 亿元以上，涨停封单在 120000 手以上，为强势。

需要说明的是，以上划分只是大概范围，而非绝对数值。一般来说，短线无论股价处于上升趋势还是下跌趋势中，出现上述强势封盘时，次日大多出现高开可能；在股价处于下跌趋势中，出现强势封盘时，趋势逆转的日子已经为时不远；在股价处于底部区域，出现强势封盘时，则股价启动为时不远。

2. 封单的盘口语言

涨停后的封单隐含着许多信息，能够透露出对手盘、跟风盘和竞争盘的大小，以及主力意图和后市动向。

（1）巨量封单的秘密。涨停封单的大小与走势的强弱成正比，尽管巨量封单的背后有些是假的，但不可否认的是，封单的量越大，其中的真实买盘相对来说就越多。如果只是稀稀拉拉的买盘，最后即使封住涨停，这种盘面也让人捏一把汗。涨停背后通常蕴藏着以下三大秘密。

首先，涨停说明供不应求。买进的人要排队才能买进，卖出的人想抛就能抛掉，这既是涨停给市场带来的最客观的感受，也是涨停背后第一个“秘密”。

供不应求，对价格来说，是好事情。所以在大部分情况下，涨停的个股大多会有继续上涨的惯性。造成供不应求的原因，可能是多种多样的，有时是大盘好，有时是热点对路，有时是上市公司有利好消息，还有一种可能就是纯粹的主力行为。但无论是哪一种情况，都说明股价上涨产生了强大的动力。

其次，涨停的出现会使市场被迫以时间换空间。从物质层面上讲，时间和空间是不能交换的，但在市场里情况就不一样了。空间被限制住了，然后通过时间的延长，寄希望于市场各方面心态发生变化。所以，涨停的背后就是用时间换空间，这是它的第二个“秘密”。

时间换空间，有换得成和换不成两种情况。如果通过时间的延长，买进的冲动被抑制了，卖出的冲动被鼓励了，这时时间和空间就实现了交换，涨停制度的目的就实现了；如果通过时间延长，买进的冲动进一步发酵，卖出的冲动变成了惜售，那么涨停就成了一个蓄积买盘的“蓄水池”，一夜之后，涨势会更加汹涌。所以，时空不能实现互换，对价格上涨来讲是好事情。

第三，涨停背后总有一些虚假的“买盘”。经常看到出现 涨停之后，买盘越堆越多，出现巨量封死涨停的情况。可以肯定地说，大部分涨停的背后都会有虚假买盘在里边挂着。明明买不到，为什么还会有那么多买盘在那里排队呢？哪怕是等到收盘也不会成交，但就是挂在那里，这种买盘一定是假的。所以，每个涨停的背后，都要想一想多少买盘是真的，多少买盘只是挂出来“骗人”的。这是涨停背后的第三个“秘密”。所以，不是所有的涨停都是迷人的天使，恶魔就站在天使的背后。

（2）巨量封单的类型。涨停时带有巨量封单，这是股价涨停的主要标志。这里的巨量一般来说要达到流通盘的5%以上。散户往往只关注股价的涨停，而忽略涨停的封盘量，这正是一个重要的盘面细节。

在大盘没有大震荡的情况下，根据时间早晚可分为三种类型：一是股价开盘就是伴有巨量封单的涨停；二是开盘后快速上冲，然后巨量封住涨停；三是中午收盘前后上冲，然后再巨量封住涨停。

基本面平静而股价巨量封涨停，这只能是主力行为。盘口语言就是：有这么多的买盘挂在涨停价上，股价要大涨。由于巨量封住涨停，实际上是买不到筹码的，主力也不希望抛盘出来，当然要结合股价所处的具体位置进行综合分析。

如果股价是在低位，那么主力有可能想做一波行情，但也有可能是拉高以后减仓。如果配合进行一些包括相对强度指标之类的图形分析就大致上能够判断出来。

如果股价在高位，表明主力控制的筹码较多，同时股价也在主力的获利区域。即使爆出巨量甚至一度打开涨停但后来又快速用巨量封回涨停，也只是强调了买盘巨大的虚假信息，实际上其中很大一块是主力自己的对倒盘。因为主力的筹码太多，所以打开涨停的目的是让涨停价上的部分市场买单成交，这是主力有出货意愿的一次试探。

如果股价处于从高位回落后的回稳过程，那么表明当前市场上的筹码大多还是被套，因此主力还要借助大量持筹的优势将股价再度推高。由于前期股价已经有过回落，表明主力减仓不顺但仍然会继续寻机减仓，但不一定是全身而退。

通过巨量封单这一个细节，结合完整的图形分析，大致可以摸清主力的意图，从而制定自己的操作策略。

（3）什么样的封单是可靠的。很多人会有这样的困惑：有时候涨停封单很少，看着是随时要打开的样子，但偏偏股价天天上涨。还有一种情况就是，超级大单几十万手或几百万手封住涨停，但第二天却高开低走，甚至直接低开震荡。所以说，封单大小跟涨停的质地好坏有很大关系。小封单的涨停个股，基本属于锁仓股，有的个股不但封单少，而且成交量也很少，这就是所谓的主力股。

至于大封单，怎样才是合理的，特别是这种大封单一旦打开封盘的时候，敢不敢再拉起来做二次封盘？如何判断？关键在于大单是装腔作势，还是真的直接接货。

图 3-17，华闻集团（000793）：2020 年 6 月 10 日，该股开盘后 10 分钟拉涨停，个股挤进涨幅榜前列，且封单凶猛。但是过了一会儿由于抛压很大，当大单吃了一部分之后，主力选择撤单一部分，封盘被砸开，接下来出现二次封盘。从分时盘面可以看出，二次封单结构发生了明显的变化，大单明显增多，量能放大，把全部抛单吃掉，涨停被封死，此后抛盘立即萎缩，直到收盘封单不动。

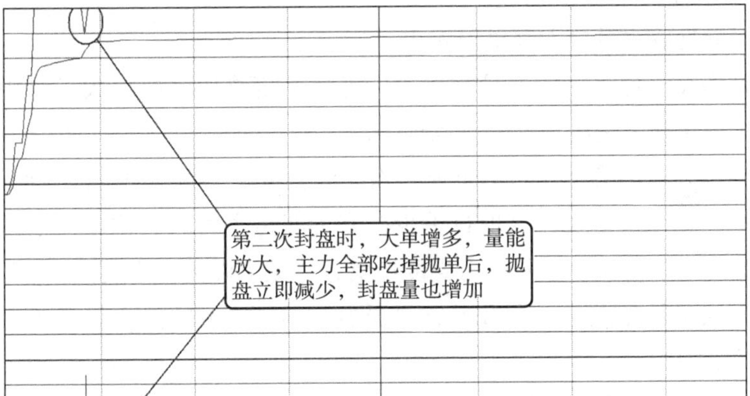

图 3-17　华闻集团（000793）分时走势图

因此，判断一个涨停封单是否良好的标准：排在前面的大单（基本都是主封单）的态度是如何的，如果看封单跟上了迅速撤单，那么这个涨停就不是什么好现象。如果直接吃掉，那么至少说明主力封单对于今天的封盘是很坚决的。判断一个涨停是否成功有两个标准：一是收盘时涨停不开，收在涨停价；二是次日见红（高开高走更好）。该股的第一个标准就是当再次封盘后直到收盘不再开板，这样的涨停就可以积极关注，至于第二个标准，因为大单的强行介入，大多属于主力行为，相信第二天会有更好的表现。

3. 涨停封单的特征

封单数量大小，说明买方力量的大小。这个数量越大，继续上涨的概率越大。涨停后封盘的细微变化，呈现出如下显著的特征。

（1）一般当封盘量÷当日成交量>1 时，表示买气较大，次日仍会有高点。一般情况下大封单较稳定，当天涨停被打开的概率较小，大概 30%左右。

（2）若封盘量÷当日成交量>5，则次日仍有涨停可能。

（3）当天走势，开盘即封停，做多意愿坚决，不开板坚决持有。

（4）虽有开板，5 分钟内又被封板，继续持有，否则可以出局。封盘后打开的次数越多，时间越久，且成交量越大，则行情反转下跌的可能性越大。涨停“关门”的时间越早，后市涨升的力度也就越大。

（5）开盘后直线拉涨停，多为强主力所为，关注次日走势，一旦次日冲高不能封盘且成交量过大则果断卖出。

（6）震荡涨停，一般不易被发现，即使发现该股涨幅已大，盘中震荡容易使前几日获利盘洗出，这一类涨停个股上升空间更大。

（7）成交量的意义比封单重要，当天成交量较少而较早涨停，后市看涨。

（8）前期涨幅不大，出现封单少，有可能是主力故意诱空，借涨停收集筹码。有时小单封盘，说明主力高度控盘，连续上涨的概率更大。

（9）大单封盘说明主力做多意愿强烈，不过也反映主力筹码不多，很有可能是短线炒作。

（10）一般情况下，涨停时的成交量小，则意味着行情继续向原趋势发展，成交量一旦放大，则行情的原有趋势反转在即。

二、涨停开板分析

1. 涨停封不住的类型

在实盘中几乎每天都能看到，有的个股涨停后全天封单不动，这是一种非常强的态势，而有的个股涨停后开开合合，封得不牢，总给人不太放心的感觉。这些断断续续的封单有一点是可以肯定的，就是每次涨停被打开以后股价回落的幅度都不会很大，否则就很难重新封到涨停的位置。因为回落幅度过大的话，会动摇市场的做多意愿，减少追涨买量。当然，高度控盘的强主力股除外，在强主力股的表演中甚至会出现从涨停开板后快速打压到跌停位置，然后又凶猛地拉升到涨停的极端走势。

就分时走势而言，涨停封不住的盘面现象，可以分为以下三种类型。

第一类：个股只是在盘中瞬间上冲到涨停价，短暂的封板后，马上就开板，然后股价当天再也没有到过涨停价。这种现象大多出现在以下几个时段：阶段性上涨高点，跌势中的反弹高点，震荡中的冲高情形，筑底中的二板冲高走势。

对于这一类的涨停，如果处于涨幅较大的高位，短线要坚决回避，这类个股第二天乃至以后数日走势股价基本上都会偏弱，因此不是短线出击的目标。如果处于大幅调整的低位，有可能是主力拉高建仓或洗盘行为，逢低可以积极关注。

图 3-18，北陆药业（300016）：股价见底后出现一波较快的拉高行情，2020 年 6 月 17 日，开盘后震荡走高，股价强势封至涨停，似乎仍有上攻动力。但是，封盘时间不到 30 分钟就开板，股价回落到当日均价线下方震

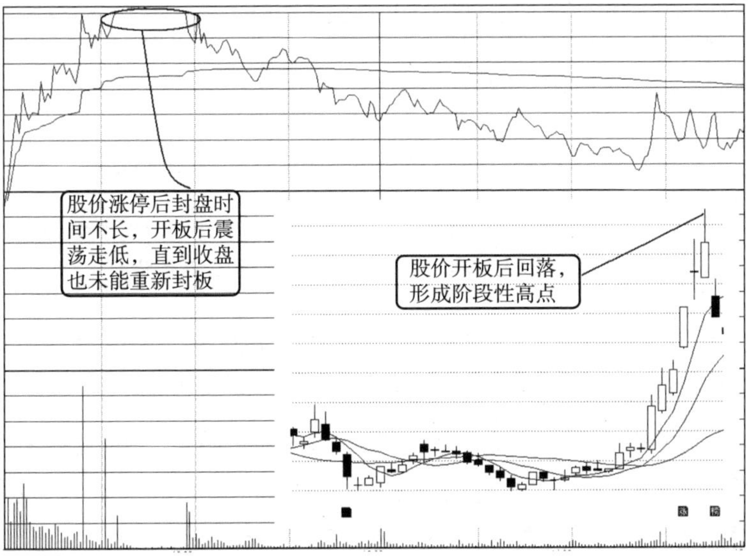

图 3-18　北陆药业（300016）日 K 线和分时走势图

荡，尾盘连均价线也无力站上。第二天股价跌停，阶段性顶部出现。该股分时走势中有一种现象应值得注意，就是典型的“量价背离”走势，股价拉高时成交量反而呈现减少态势，显示市场跟风并不积极，这也是股价见顶的重要标志。

图 3-19，通光线缆（300265）：该股在底部出现长时间的震荡整理，向下打压破位后，开始渐渐企稳回升。2020 年 3 月 5 日，股价一举拉涨停，突破前期整理平台，次日股价高开低走出现震荡。3 月 9 日低开 5.31%后强势拉起，股价一度摸板，但封盘不到 1 分钟，股价开始回落，之后呈现横向整理。说明主力利用冲板但不封盘的形式，动摇前期散户持股信心，达到洗盘或加仓的目的。次日开始股价快速拉升，8 个交易日里拉出 7 个涨停。

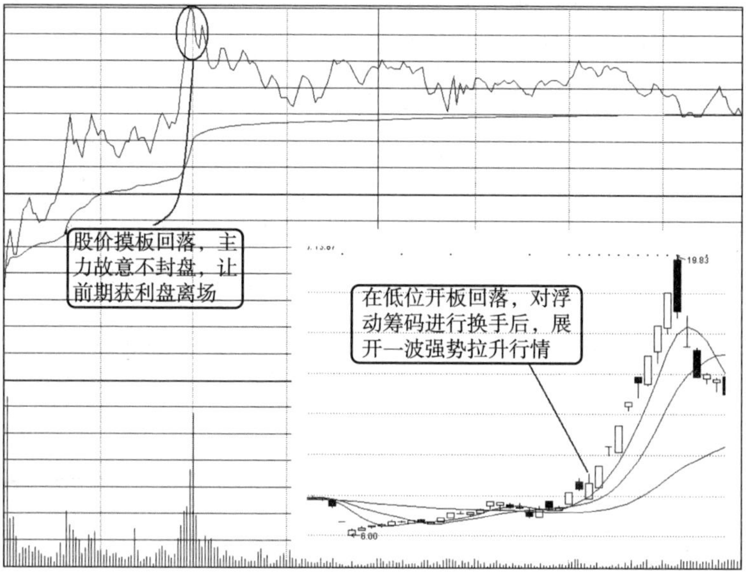

图 3-19　通光线缆（300265）日 K 线和分时走势图

第二类：个股当天封了一段时间的涨停，但是下午或尾盘被放量打开，然后再也封不住涨停。对于这一类的个股，如果早盘已经介入，第二天最好开盘就走，通常损失不会太大，因为当天的涨停虽然被打开，但幅度不会太大。之所以第二天要快走，是因为主力当天既然封不住涨停，就证明主力封停的意图不坚决或者没有这个实力，那么散户要做的就是趁主力还没来得及出货时先溜之大吉。当然，这类个股还要结合股价位置高低、前期有无快速拉升和大盘环境等因素进行综合分析。

图 3-20，智度股份（000676）：该股见顶后逐波下跌，累积跌幅较大，股价超跌严重。从 2019 年 10 月 10 日开始，出现一轮较大力度的反弹行情。10 月 31 日，延续强势态势，开盘后两波拉板，但午后开板回落，未能回封。说明主力无力封盘，第二天开始股价出现震荡走低，呈倒“V”形反转形态。

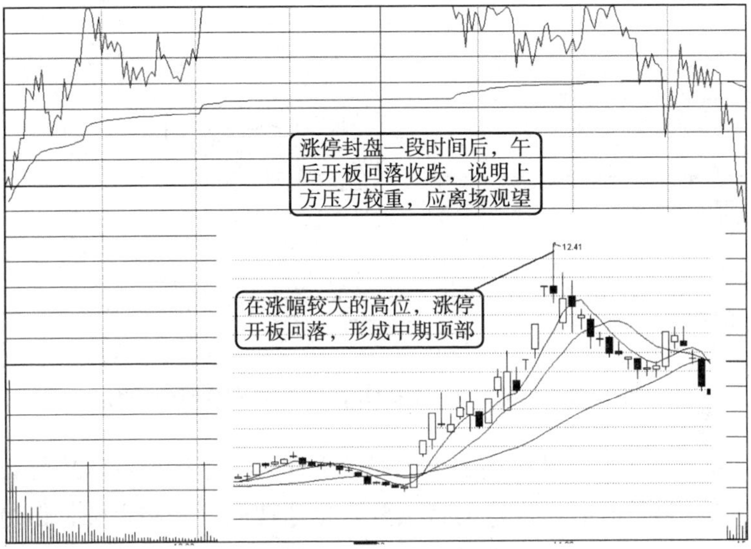

图 3-20　智度股份（000676）日 K 线和分时走势图

第三类：重点关注的就是个股早盘封了涨停后却又开开合合，一直到下午甚至尾盘才再度封停，这类股票只要当天能再度封停，次日仍有上冲动作，短线可以出击。

图 3-21，凯撒文化（002425）：2020 年 6 月 8 日，该股开盘后几乎单波拉板，强势封盘，形成突破走势。但是，主力封盘似乎并不坚决，盘中多次开板，全天在涨停价附近震荡，给人感觉很不安全，一直持续到尾盘才再度封板。第二天，股价高开后继续封涨停，从此开启一波拉升行情。

2. 涨停封不住的原因

反复打开涨停的情况较为复杂，主要应从股价涨幅、涨停性质和大势冷暖等方面研判。涨停封不住的主要原因有以下几种：一是涨停刚好是临近上次被套的成本线，面临巨大的抛盘阻力；二是主力不封死涨停，吓出更多的散户；三是主力资金量不大，由于抛压盘过大，没有能力封上涨停；四是主力用涨停出货，不停地打开又封盘，封上再打开。

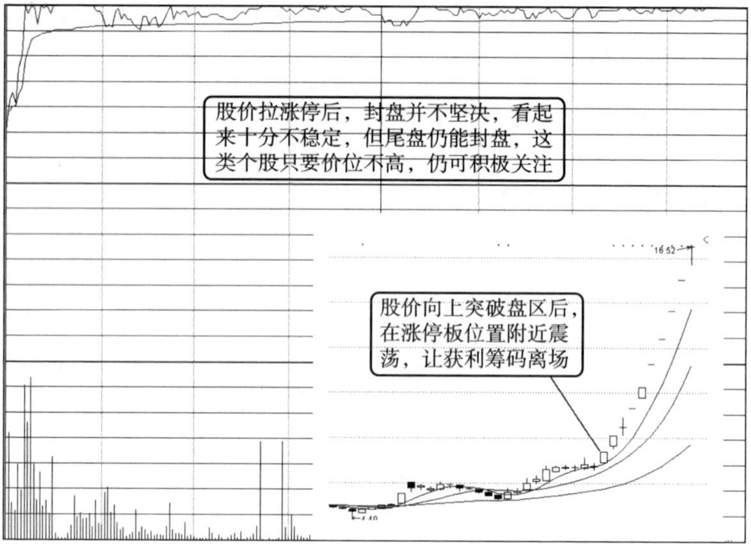

图 3-21 凯撒文化（002425）日 K 线和分时走势图

（1）吃货型开板。从表面上看，股价上冲到涨停价位可以排除普通散户的买入行为，当然有时候大户的持续买入也会使股价一路上涨，但绝对不会多次冲向涨停。只有在主力要筹码的时候，股价才出现涨停又封不住，此时市场抛盘会大量涌出，主力为了买进更多的筹码就不会封住涨停，于是在每次涨停后放手让抛盘杀出，再继续买进封盘。这就是大家常说的拉高建仓，这种现象一般出现在股价相对低位。

吃货型开板一般处于近日无多大涨幅的低位，而大势往往较好。低迷市、盘整市则无须在涨停价位吃货，特点是刚封涨停时可能有大买单挂在买一档等候，这大多是主力自己的，然后大单砸下，放量对倒，造成盘面恐慌，引诱散户出局，主力接盘吸纳，之后小手笔挂在买盘，反复震荡，有封不住的感觉。

图 3-22，蒙娜丽莎（002918）：2019 年 9 月 20 日和 11 月 1 日，几乎出现同样的盘面走势，股价拉到涨停后封盘不久就开板震荡，直到最后也未能重新封板。从该股日 K 线看，股价触及前期高点阻力，主力巧妙地利用该位置在散户心理的压力作用进行拉高建仓，让散户在突破之前出局观望，然后进行短暂的强势整理，最终向上强势攀高。

所以，对于处在历史低位的个股，由于投资者对能否转强尚存疑虑，当大势出现震荡时，难免会产生见好就收、做个短差的心态，主力也借助散户这种心态进行震荡，以达到获得廉价筹码的目的。由于处在低位，应该是介入的极佳品种，但主力筹码收集并不充分，因此后市出现反复的可能性比较大。如果出现回调低点，则是介入的较佳时机。

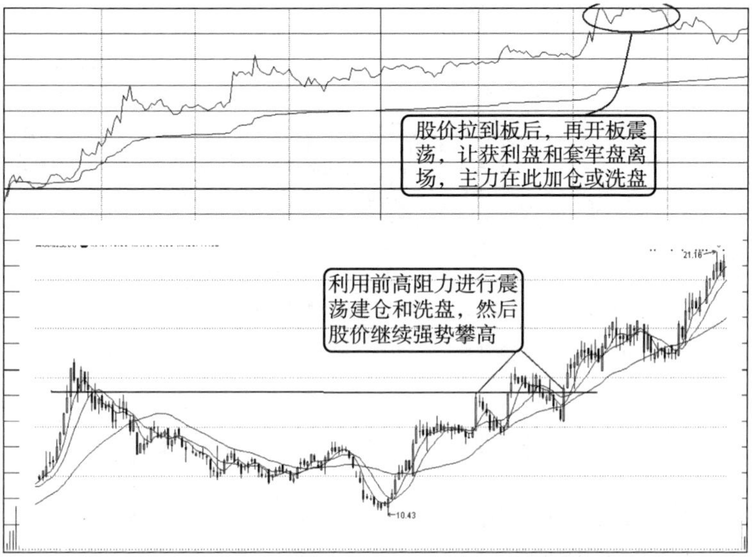

图 3-22 蒙娜丽莎（002918）日 K 线和分时走势图

（2）洗盘型开板。股价处于中位，有了一定的上涨幅度，为了提高市场成本，有时也为了高抛低吸，赚取差价，也会将自己的大买单砸掉或直接砸掉散户的挂单，反复上下震荡进行洗盘换手。

图 3-23，北方华创（002371）：该股企稳后向上爬高，2015 年 11 月 3 日，股价逐波上涨，一度接近涨停价，这时主力利用前期高点（看压缩图）的阻力进行洗盘调整，股价渐渐回落，收出一根带长上影 K 线。这根 K 线的属性，从次日的走势就能找到答案，次日股价强势涨停，站在前一天 K 线的上影线上方，说明强势洗盘成功，此后股价继续强势上涨。

所以，对于已经走出底部的个股，特别是那些经过长期平台蓄势的个股，在大盘的探底过程中相当抗跌，显示主力有较好的控制能力，随大势向上突破后，出现一定的震荡，可以增加市场的持筹成本，为今后进一步的拉升创造条件。由于正处于洗盘阶段，后市可能迅速进入主升段，应以中短线关注为主。

（3）出货型开板。主力利用市场“放量会涨”的习惯思维，盘中对倒吸

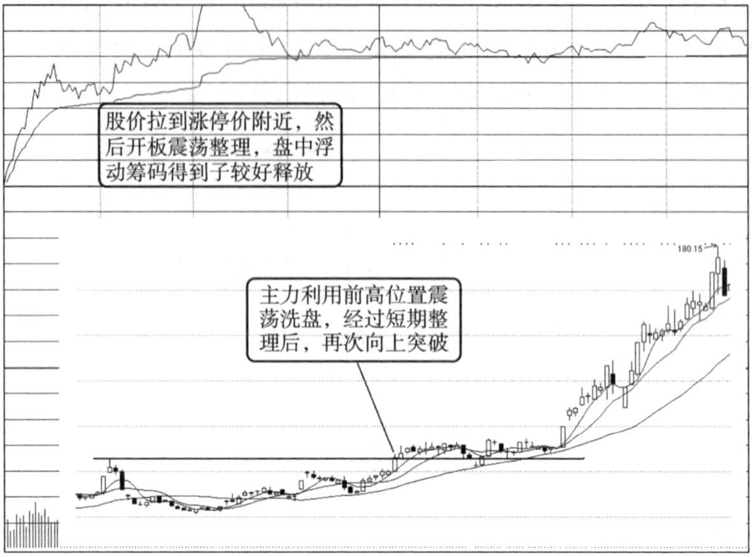

图 3-23　北方华创（002371）日 K 线和分时走势图

引买盘，应抓住时机，当市场买单跟得上时出货，跟不上时反向运作将股价推到涨停，毕竟在大盘或消息面的支撑下抛盘还不是太多。

主力出货与主力全身而退并不是一个概念，主力为了维护股价经常增加筹码，因此如何将获利筹码转移给散户始终是主力要考虑的事情。有时主力出货还会在更低点买回，所以接下来在主力的刻意动作下，股价会有一个回落整理的过程，等主力把该买回来的筹码买回来了，新高也就可期了。

只要主力减仓，股价必须下降。究竟属于哪一种情况还要联系其他因素分析，比如成交量、价位、盘子的大小等。

图 3-24，鲁抗医药（600789）：该股从 2020 年 1 月 20 日开始连续拉出 8 个涨停，主力获利十分丰厚，不断兑现获利筹码。2 月 7 日，股价开盘后出现“秒板”，然后开板并快速封板，这一现象吸引了不少散户跟风买入，可是封盘一段时间后，放量打开封盘，股价震荡走低，当天收跌 3.30%。结合日 K 线分析，股价出现快速大幅拉升，这时冲高回落收阴，明显就是一个见顶信号。可见，对于处在高位特别是快速大涨后的个股，涨停通常是主力出货的一种手段，介入风险较大，应远而避之。

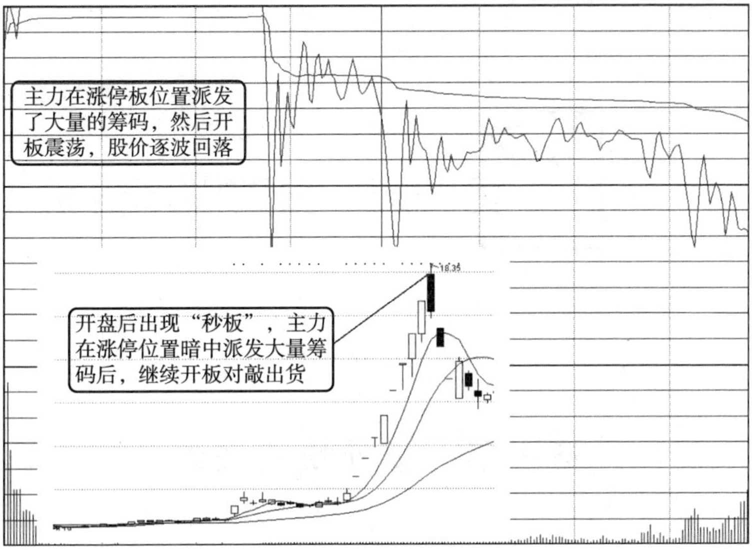

图 3-24　鲁抗医药（600789）日 K 线和分时走势图

第四章　分时涨停分析（下）

第一节　低开快速涨停

一、低开涨停意义

低开是指今日股价在昨日收盘价之下开盘，低开涨停是指股价低于昨日收盘价开盘之后，在分时走势中股价不断向上走高，直到以涨停收盘。主力操纵股价一般都是从集合竞价开始的，通过集合竞价操纵开盘价，使开盘价更加符合操盘需要。股价之所以会出现低开，主要有以下原因。

（1）没有主力运作，开盘随大势所致，这种原因使开盘时间相对滞后。

（2）低开建仓或洗盘，如果主力低开洗盘，其目的就是让不稳定的筹码看到低开后，持股信心动摇而卖出筹码。当然，如果有拉升计划一般都会在低开后不久就拉升股价，主力也担心散户拿到便宜的筹码。如果低开后马上拉升或控制走势后拉升，则属于主力建仓或洗盘概率大，后市应有获利机会。盘面大多表现为开盘立即拉升或在低位长时间横盘运行一段时间后再拉升。

（3）主力前一日大量出货所致。如果前一日量大，分时波动较大，次日低开高走，就要第一时间出局了，出货的低开是不能获利的。主力为了套牢跟风盘低开便是最好的选择，所以应该了解的就是这种危害大于出货低开，要及时回避风险。这种情况大多出现在头部区域。

（4）主力故意大幅低开出货，利用散户捡便宜的心理，在暗中悄然出货。股价在下面运行时间较长，然后在中盘或尾盘突然大幅拉升，再次吸引跟风出货。这种情况大多出现在下跌途中。

（5）市场受消息影响而低开。人们对利空消息普遍预期不好，容易出现低开，但主力坐庄手法蛮悍，当天还能够把股价拉起。

（6）确认前期底部而低开。这种 K 线往往是行情启动的前兆。确认底部以后，给技术派人士打消顾虑，为股价的上涨打下伏笔。同时，为了避免过多的筹码流向他人之手，因此股价采用低开快速拉高的手法。

（7）确认未来底部而低开。该形态的主要特点是一根低开大阳线的最低价成为未来行情的底部，未来行情调整低点就是在这根大阳线的根部。

（8）惯性下跌而低开。受快速暴跌影响，市场出现恐慌情绪，容易出现惯性低开。如 2015 年 7 月 9 日，两市出现了 2000 多只从跌停价开盘到涨停价收盘的奇观，原因就是前几个交易日受股灾影响出现暴跌而惯性低开引起报复性反弹。

（9）快速修正技术指标。很多技术指标的计算公式都是与当天的开盘价和最低价密切相关的，最常用的 KDJ 指就是其中一个，有些主力利用技术指标的这一特性故意制造低开阳线，达到快速修复技术指标的作用。

（10）其他因素所致。如盘中其他机构或大户搅局（散户也能做开盘价），抢在主力之前做出开盘价；又如送钱型的低开，股市中也存在着复杂的人际关系，为了某种目的而出现低开，这种 K 线就是人际关系下的产物。既然只为送钱，就要送得皆大欢喜，让人家立即看到钱。这类主力一般实力都不小，在该股持仓量较大，能够控制股价走势。

低开不可怕，不了解低开原因才可怕，只要明白低开的原因，就能以不变应万变，可以与主力共舞了。

二、低开快速涨停

这里所说的快速涨停，是指开盘后股价在半小时内到达涨停价位置，强势股封单不开板，有的个股因某种原因所致，如主力洗盘换手、遇其他大户抛压或遇大盘跳水等，盘中可能有一次或若干次开板，但最终当天收盘也能封于涨停。低开快速涨停说明盘面强势，主力控盘良好，做多意图坚决。但低开的幅度不应太大，一般以 3%之内为佳，低开过大既会增加后面的拉升难度，也会影响市场人气。

操盘技巧：这种涨停方式一定要结合盘面形态、趋势和价位进行分析。如果处于上涨趋势之中，前期形态良好，价位又不高，这时出现低开快速涨停时，股价将继续升势，可以直接在开盘价买入；如果在跌势之中出现的低开快速涨停，多数为反弹行情，以短线快出快进操作为主；如果在盘局之中，则结合大盘强弱视情而定，出现突破走势的话，以中、短线波段操作为主。需要特别注意的是，涨势中继盘局、跌势中继盘局、高位筑顶盘局和低位筑底盘局，在技术分析时是有所区别的，这一点在判断分析时需要考虑进去。

1. 低开快速向上拉涨停

股价小幅低开后，不做任何形式的整理，而是伴随着成交量的同步放大，直接向上拉升，甚至直线式一波拉至涨停，形成光头光脚 K 线。这种拉升方式显示盘面强势，主力做多坚决，后市股价续升可期。

图 4-1，英科医疗（300677）：该股主力完成建仓计划后，股价沿 10 日均线稳步向上爬高，均线系统呈现多头排列。2020 年 2 月 21 日，股价低开 4.58%后，盘中立即向上拉起，强势推升至涨停，盘面气势强盛，形成一根光头光脚的大阳线。所以，在涨势中的低开并不用担心，反而是一次逢低入场的机会，因为涨势一旦形成不会轻易改变，这样的股票机会大于风险。

这类个股可以依托支撑线（位）入场，如 10 日、20 日、30 日均线附近，或前高（低）、盘区等，一般会有获利机会。

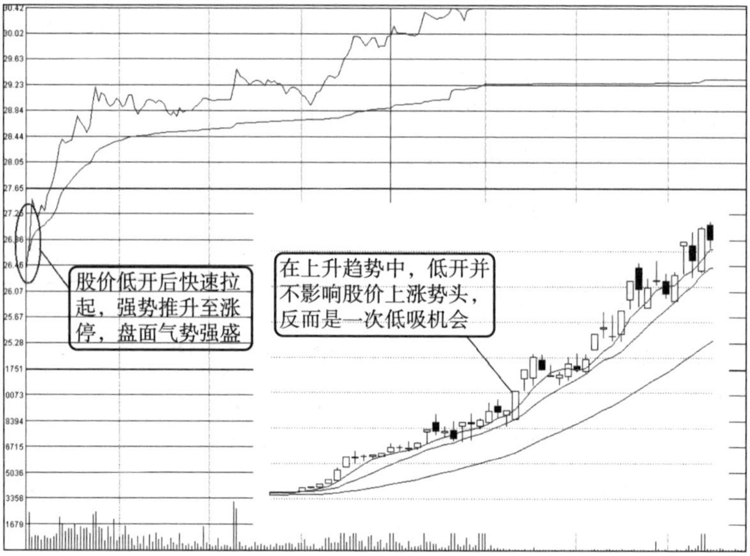

图 4-1 英科医疗（300677）日 K 线和分时走势图

2. 低开震荡之后拉涨停

股价低开后没有直接上涨，也没有明显打压，多空双方在围绕开盘价进行争夺，最终多方占优而向上发力拉升，甚至直线式一波拉涨停，K 线呈现带有较短下影线的光头大阳线。这种拉升方式显示主力对筹码控制得比较好，多方将乘胜而上，后市股价继续走高。

图 4-2，佳云科技（300242）：该股在长时间的底部震荡中，主力吸纳了大量的低价筹码，然后向下打压制造空头陷阱。2020 年 5 月 26 日，小幅低开，经过一段时间的震荡后，股价向上翻红。午后主力发力上攻，成交量同步放大，股价直线涨停，盘面气势强盛，做多意愿坚决。投资者可以在股价向上拉起时追进，也可以在涨停价附近或开板后买入。

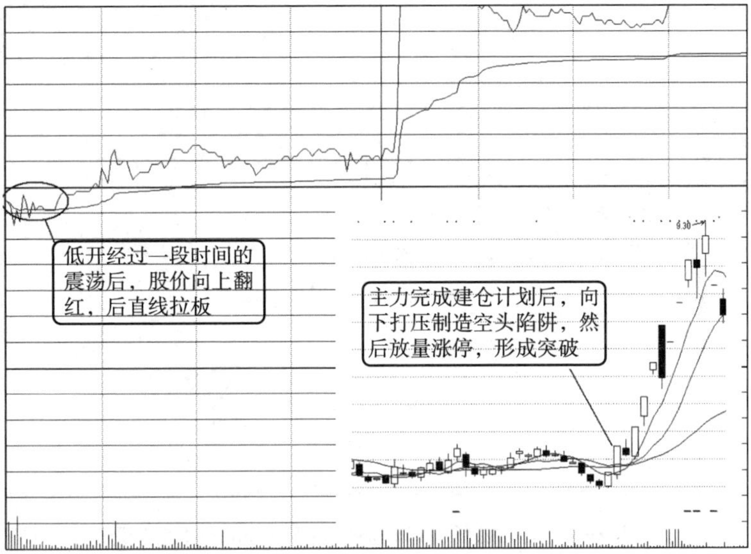

图 4-2　佳云科技（300242）日 K 线和分时走势图

3. 低开下探之后拉涨停

股价低开后先出现一波小幅的下探走势，然后开始向上发力拉升，甚至直线式一波拉涨停，在日线上形成一根带有下影线的涨停 K 线。有时下探动作非常快，在分时图上没有留下痕迹，在 K 线上却产生一根下影线。这种拉升方式说明主力基本上达到高度控盘，下探的目的是震仓作用，后市股价依然走高。

一般来说，下探的幅度不宜过深，以不超过 3%的跌幅为佳。如果下探幅度过大，势必增加后面的拉升难度，也影响市场人气，而且有可能是真正的下跌行情，这时不要误将下跌当作下探对待。这种涨停方式也出现在市场的任何阶段，在分析时要结束趋势、价位和形态综合研判。

图4-3，国轩高科（002074）：该股调整到位后企稳震荡，2020年4月16日，股价低开0.43%，开盘后出现小幅下探动作，然后企稳逐波拉升，最终封于涨停。那么，开盘后的下探震荡整理有什么意义？一方面，股价在盘区附近震荡，造成上方压力重重的假象，让犹豫不决的散户离场；另一方面，时间不宜过长，否则会引发新的抛盘，或者防止战略投资者低位介入。所以，开盘后的短暂震荡起到“一石多鸟”的作用，着实恰到好处。

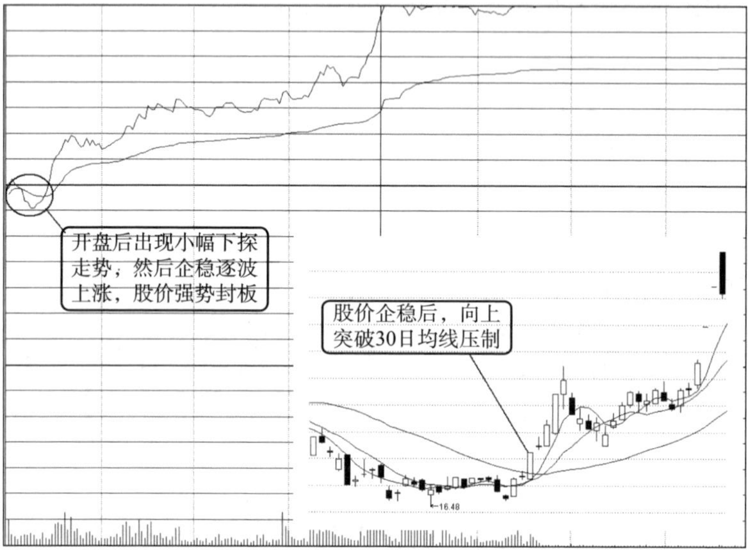

图4-3 国轩高科（002074）日K线和分时走势图

三、低开涨停类型

在股价波动中，有时突然大幅波动会让人摸不着头脑，低开涨停就是其中一种。仔细分析，掌握不同类型的低开涨停，对股价未来走势将有比较好的判断。

1. 建仓性低开涨停

低开涨停常常是主力建仓的一种运作手法，一般出现在股价回调或横盘整理中，某个交易日在低开之后，主力乘机强力建仓。主力突击手法最明显的便是低开涨停，其特征是：股价莫名其妙大幅跳空低开，随后便慢慢爬升，当天收涨停。这时散户可以跟随主力一起建仓，与主力的成本一致，站在同一起跑线上，无论日后主力如何震仓、洗盘，均在成本价之上波动。在K线上有以下形态。

（1）常常出现在一波上涨行情之后的回调或横盘整理中。也就是说，低开涨停出现时股价在回调，并且前几个交易日往往是大阴线或连续阴线下跌。当然，也有不少出现在长期跌势的末期。

（2）在股价回调过程中，当股价跌破偏离 30 日均线时，突然有一日股价大幅低开，而市场中并没有利空消息出现，随后股价被主力迅速拉起，最终以涨停报收，返回 30 日均线附近。

（3）低开涨停出现时，均线系统并没有变坏，市场依然是多头趋势。此时股价大幅跳空低开，至少需要低开 1%以上（越大越好），形态上呈现穿底而出。如果出现在跌势中，股价远离均线系统，则乖离率越来越大。

（4）如果低开当天没有封住涨停，是一根大阳线，其他要求符合以上条件，也可以作为买入信号。

建仓性低开涨停，大多出现在跌势末期、横向震荡和升势中途三个阶段之中。

第一，在跌势末期。股价经过长时间的下跌调整后，以低开涨停的方式结束下跌行情。从涨停的走势来看，通常会有低开后反转涨停的个股。这类个股的开盘价显然是主力为了诱空打压股价而出现的低开形态，但盘中股价放量拉升的走势，则是股价真正的波动方向。利用分时图中股价低开后反转的形态把握好追涨时机，投资者很容易获得投资回报。

低开涨停形态出现后，后市可能有两种走势：一是低开涨停之后没有形成大幅上涨行情，而是进入盘整筑底；二是低开涨停之后，股价走出反转上涨行情。

图 4-4，民丰特纸（600235）：该股在低位震荡过程中，主力悄然完成建仓计划，在末期向下打压制造空头技术陷阱，然后股价企稳回升。2018 年 11 月 5 日，股价小幅低开，经过一段时间弱势整理后，盘中强势向上拉起，当天以涨停收盘，此后股价大幅上涨。之后，该股在 2020 年 4 月 2 日出现的低开拉板后，股价并没有出现上涨行情，而是进入横盘震荡整理，所以低位涨停后要注意两种常见盘面走势。

第二，在盘势之中。在主力建仓过程中，股价往往陷入盘局走势，此时出现的低开涨停是主力常用的吸筹手法，短线不宜追涨。在分析这种方式时，一定要注意股价所处的位置，如果处在大幅上涨后的高位出现低开涨停，要谨防主力拉高出货。

图 4-5，青岛双星（000559）：该股长时间处于底部盘整走势，2020 年 4 月 20 日，突然涨停，但随后股价继续向下创出新低。5 月 6 日低开略做下探

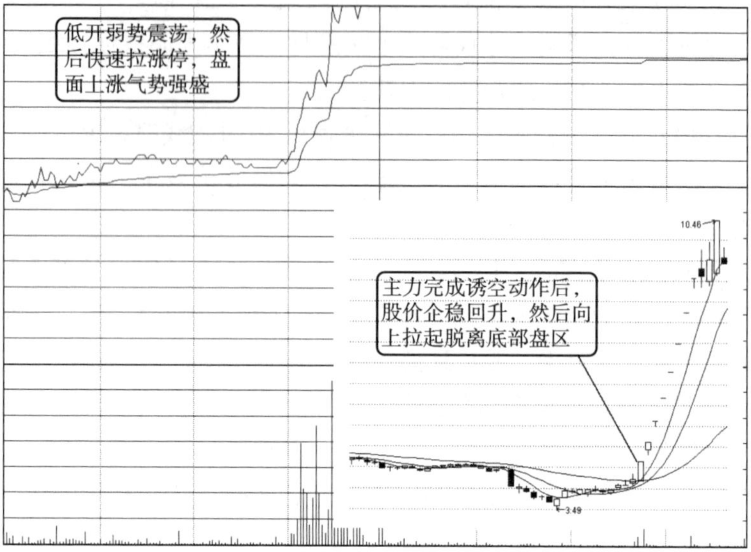

图 4-4　民丰特纸（600235）日 K 线和分时走势图

后，开始向上逐波拉高，股价冲至涨停，此时主力利用前期整理平台的压力，故意不封板而是在涨停价位开板震荡，获得了散户的大量抛盘，之后的几天股价继续盘整，其建仓效果非常好。

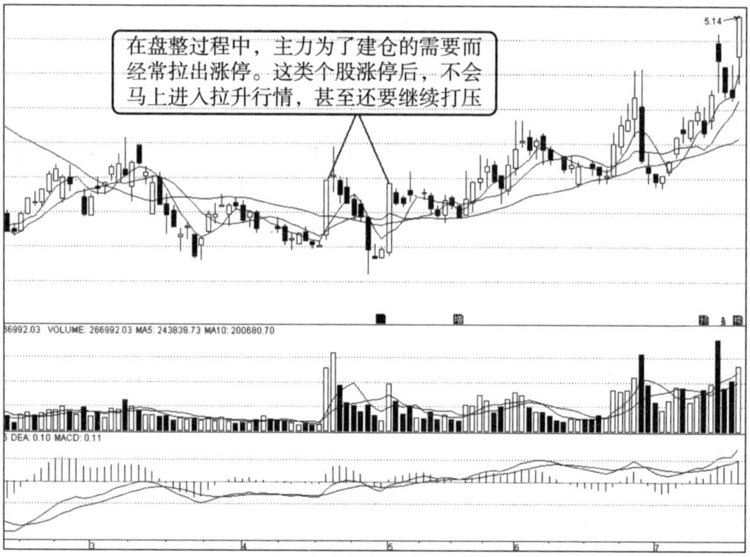

图 4-5　青岛双星（000559）日 K 线图

第三，在升势中途。股价见底后出现小幅上涨，然后进行洗盘换手或继续加仓，这个阶段也经常出现低开涨停现象，只要上涨趋势保持完好，30 日均线没有走坏，散户可以适当追涨买入。

图 4-6，东方通信（600776）：该股成功见底后，从 2018 年 11 月初开始，股价渐渐向上爬高，均线系统呈现多头排列，多次调整都因得到均线系统的支撑而走强，最后股价出现加速上涨。

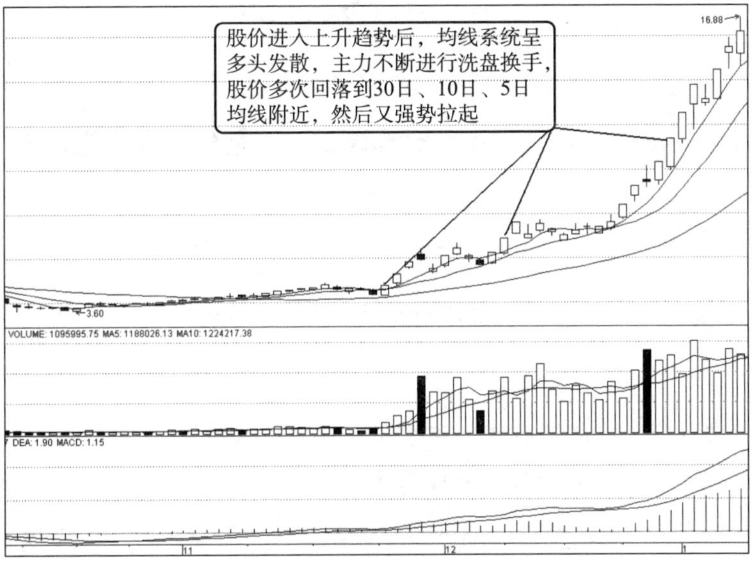

图 4-6　东方通信（600776）日 K 线图

图 4-7，金力永磁（300748）：该股从 2019 年 5 月 16 日开始，进入拉升行情，在拉升过程中主力为了释放浮动筹码，利用前期盘区附近的阻力作用进行换手，而低开震荡是最好的洗盘方式。一是达到洗盘目的，二是不影响盘面拉升气势。所以只要升势保持完好，价位又不高，那么这类个股就是短线介入的良好品种。

建仓性低开的操作技巧如下。

（1）底部区域出现买入。这里说的低开涨停形态主要是指股价底部或中部区域出现的形态，短线介入风险比较小，一般都有利可图。如果出现在高位，往往是主力诱多行为，短线介入风险比较大。

（2）低开稳步拉升买入。因为在底部区域连续回调或横盘整理中出现，均线系统一般会出现空头排列或者纠缠在一起。这时可以在低开稳步推高股

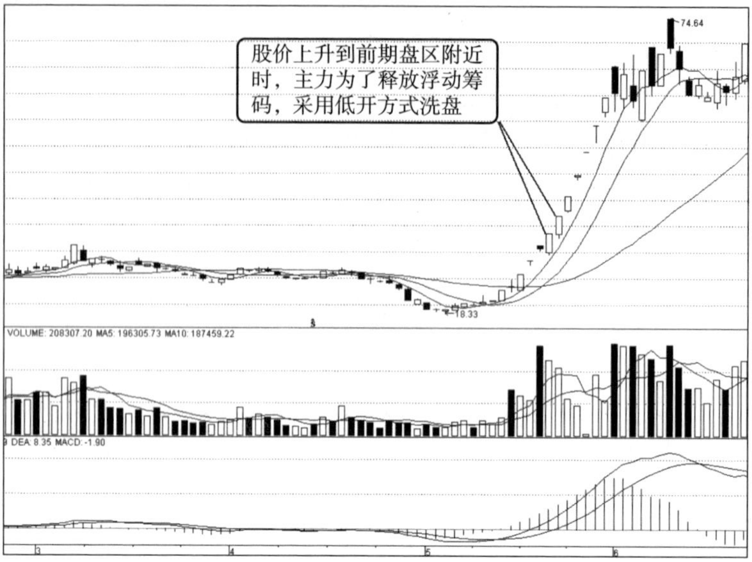

图 4-7 金力永磁（300748）日 K 线图

价时买入。

（3）次日高开可适当追涨。在底部区域出现这种 K 线形态一般是主力急于进场，其战略意图在于追求速战速决，有可能立刻进入拉升期。所以，如果次日跳空高开高走，即可追涨杀入。注意仓位不宜过重，半仓即可。

2. 试盘性低开涨停

有时主力也采用低开涨停的方式进行试盘，以测试底部支撑程度，从而决定后市是否拉升。在 K 线上有以下特征。

（1）股价处于调整的后期，主力基本完成建仓计划。

（2）均线系统呈现纠缠或初显多头发散迹象。

（3）盘面上涨要有气势，否则试盘不成功，继续盘整。

操作技巧：在试盘成功后的快速拉升时跟进，也可以在次日继续走强时介入。如果突破某一个技术压力位，说明股价将进入上涨行情，可以加仓做多。

图 4-8，华扬联众（603825）：该股回升到前期整理区域附近时遇阻，盘面出现震荡。从 2019 年 10 月 29 日开始，连收三阴。11 月 1 日低开震荡，以测试前期低点附近的支撑程度。在分时走势中，开盘后弱势震荡，11 点过后股价直线拉板，拉升有气势，封盘后不开板，说明底部基础稳固，经过一段

时间的筑底后，12 月 25 日向上突破，股价出现拉升行情。

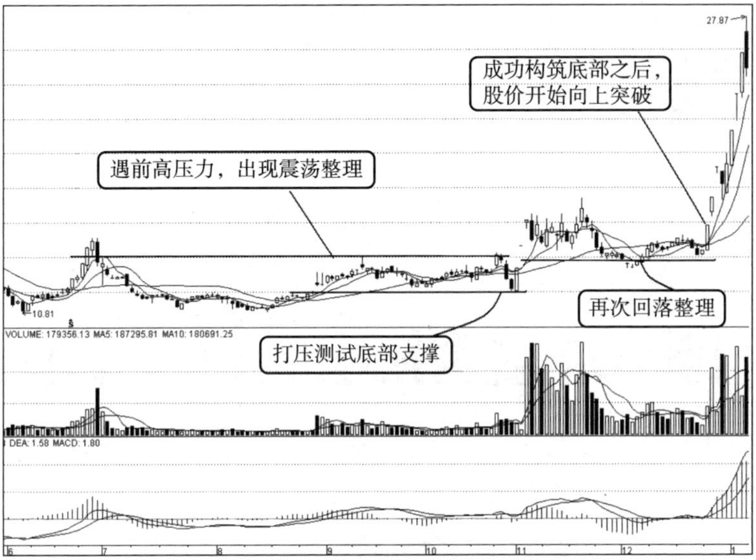

图 4-8 华扬联众（603825）日 K 线图

3. 反弹性低开涨停

市场受快速下跌或超跌影响出现恐慌情绪，容易出现惯性低开，此时由于空方能量得到较好释放，往往出现报复性反弹行情，股价大幅低开甚至以跌停开盘，然后快速拉起直至涨停收盘。其 K 线特征如下。

（1）股价出现快速下跌，市场出现恐慌气氛，或者长期处于下跌状态，累计跌幅较大，做空能量消失。

（2）股价远离均线系统，负乖离率越来越大。

（3）股价严重超卖，技术指标出现底背离或长时间低位钝化。

操作技巧：在股价快速下跌或累计跌幅超过 50%时，可以少量试探性轻仓介入，低开幅度越大，反弹的概率越高，尽量避免追涨，然后在 30 日均线附近减仓或退出。

图 4-9，金贵银业（002716）：该股由于基本面不佳，股价一路下行，在低位出现若干次修复性反弹走势，但每次反弹力度都不大。在分时走势中，股价低开后被拉起，并封于涨停，但持续性不强，这属于典型的反弹性低开涨停形式，投资者可以轻仓参与，并在 30 日均线附近卖出。

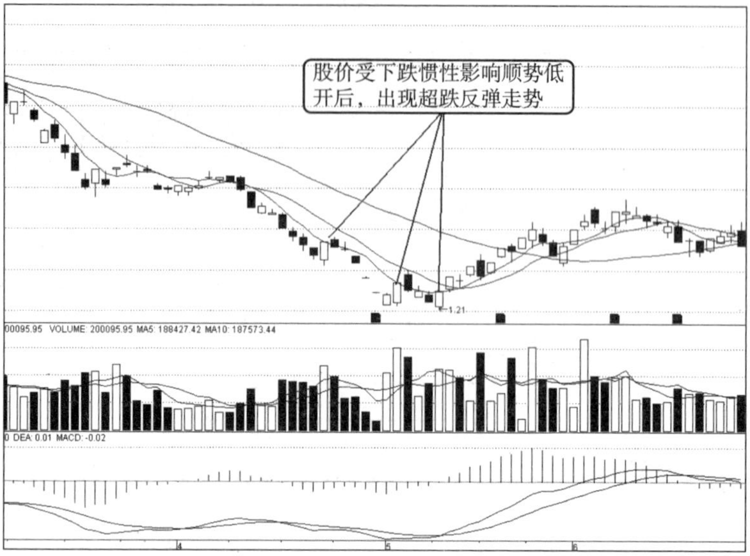

图 4-9 金贵银业（002716）日 K 线图

4. 出货性低开涨停

这种形式一般出现在连续涨停或大幅上涨的个股中，短期累计涨幅已经巨大，主力已经派发了部分获利筹码。但是还没有完全出局，之后大幅低开甚至以跌停开盘之后，打开跌停并冲击涨停时，吸引跟风盘，并将手中剩余的筹码派发。其 K 线特征如下。

（1）股价已经有了较大幅度的上涨，一般出现在最后的加速冲刺阶段，或者出现在头部震荡区域，主力出货意愿强烈。

（2）股价远离移动平均线，正乖离率较大，短线有回归均线附近的要求。

（3）成交量出现大幅放大，主力对倒手法明显。

操作技巧：持币者不参与操作，持股者在冲高时坚决离场。如果前几个交易日出现快速上涨，当天突然大幅低开，此时持股者也不必心慌，这种情况大多在盘中有冲高动作，因为盘中有大资金在搅动，当股价快速上冲到昨日收盘价附近时减仓处理，当股价拉到涨停附近时，立即挂低几个价位果断清仓（不要求卖在最高位）；如果在高位震荡阶段出现低开，此时卖出的目标价要低于前者，因为主力已经派发了不少筹码，不见得盘中会有大幅拉高动作，所以可以在昨日收盘价附近全仓走掉，后面是否涨停与你无关，也不必为此后悔。

图 4-10，供销大集（000564）：该股从 2020 年 4 月 21 日开始，经过三大波上涨后，主力基本完成了拉升计划，股价累积涨幅已大，显然主力已经暗中出货。出现 A 浪回落后，于 6 月 12 日低开 3.31%后，三波拉涨停，形成 B 浪反弹。在分时走势中，主力利用涨停出货迹象明显，封板后开板震荡，次日冲高再次出货，之后股价向下走低。

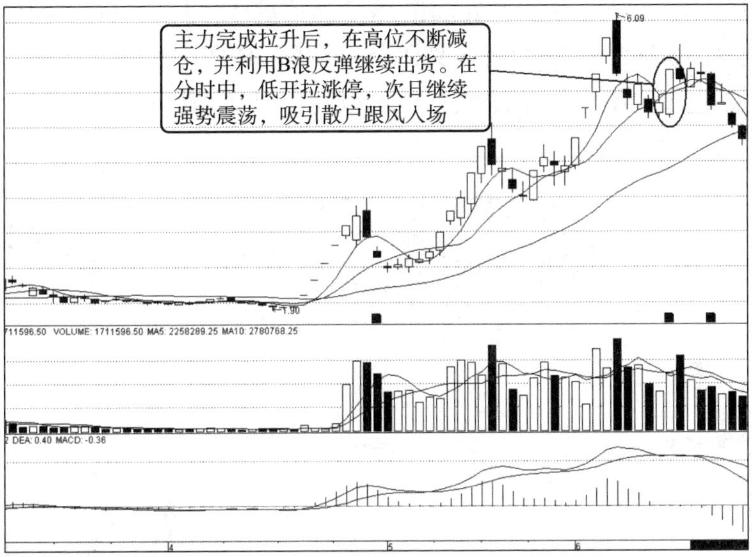

图 4-10　供销大集（000564）日 K 线图

四、低开涨停形态

这里介绍一种特殊的低开涨停组合——“登天梯”形态。“登天梯”指的是要攀登高处时所用的梯子，由于攀登的目标极高，称为“天梯”，而股市中的“登天梯”指的是两根 K 线组合而成的一种形态，由于出现这种形态后，股价后市继续惯性冲高的概率大，并且两根 K 线组合而成的形态看上去与“天梯”的形态极其相似，故称为“登天梯”形态。

这种形态在图形上为，股价在前一天拉出一根放量涨停之后，次日股价低开高走，再次拉出第二根涨停。虽然股价次日低开，却能够再次拉起封于涨停，说明市场上攻力量强大。如果该形态出现在市场相对低位，后市短线往往有不错的惯性上涨。在实盘操作中，两根 K 线可以做弹性处理，一根为涨停大阳线，另一根为接近涨停的大阳线，也可以视作“登天梯”形态。

1. 经典实例

“登天梯”形态最好在股价充分调整之后，刚刚底部企稳反转的时候形成，并且伴随着“登天梯”形态的出现，盘中要不断地持续放量，形态才能够更加完美，后市短线的盈利才能有保证。

图4-11，高澜股份（300499）：该股经过长时间的整理后，成功构筑了底部区域。2020年1月22日，股价放量涨停，第二天股价低开1.72%后，盘中直线拉涨停，成交量持续放大。两根涨停K线组合，构成标准的“登天梯”形态，股价有效突破前期盘区，将上升空间有效打开，之后股价出现强势上涨行情。

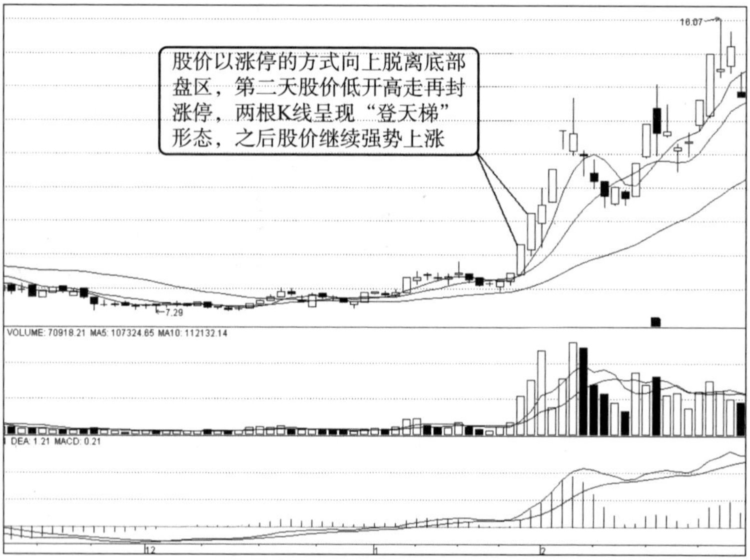

图4-11　高澜股份（300499）日K线图

在主升浪的加速拉升过程中，也经常出现“登天梯”形态，这是第一天股价涨停后，主力在次日低开快速换手，然后继续拉升，反而给投资者一次介入的良机。因为，股价一旦进入主升浪阶段，主力只能一气呵成，强势拉升，容不得主力有更多时间进行洗盘调整了，否则会影响拉升士气，一旦失手有可能前功尽弃，功亏一篑。

图4-12，天华超净（300390）：该股经过前期的震荡爬升行情后，股价进入加速上涨阶段。2020年2月11日，股价放量强势涨停，第二天低开2.12%，经过10多分钟的整理后，强势上涨再拉涨停，成交量持续放大，之后股价继续强势上涨。

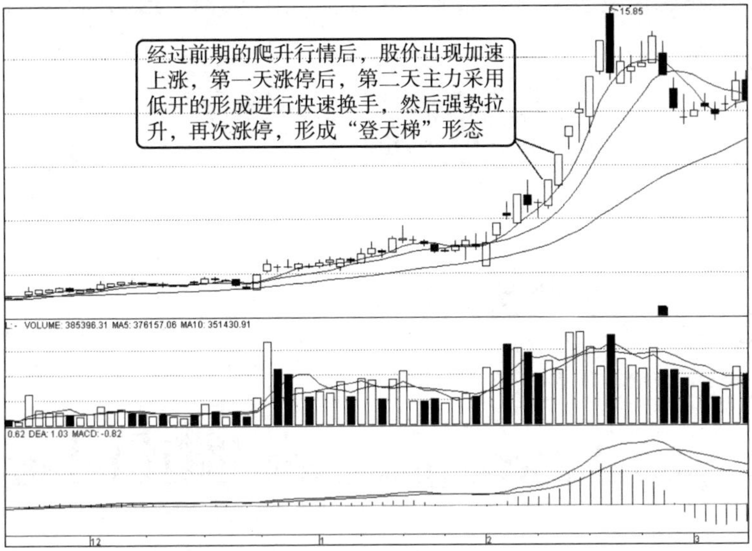

图 4-12　天华超净（300390）日 K 线图

2. 操作技巧

在 K 线组合有可能形成“登天梯”走势时，一定要配合成交量的持续放大，综合研判“登天梯”的真实性与可靠性，而且必须是在股价的相对低位，刚启动出现上攻形态的时候。

当股价在相对低位拉出第一根放量涨停之后，可以把该股加入自选板块中，密切关注第二天的走势，次日该股盘中一旦低开过多，超过 3 个点以上，分时图显示该股盘中有再次放量向上攻击的欲望时，不妨通过分时图盘中提供的买卖信号择机介入，也可以等待该股盘中放量走高越过第一个涨停价时挂单买入。

如果“登天梯”形态出现在涨幅较大的高位，就要谨防主力拉高出货了，此时不能盲目追涨。

图 4-13，国电南自（600268）：该股主力在低位吸纳了大量的低价筹码后，2020 年 4 月 14 日，开始放量拉升，股价连拉 7 个板，短线涨幅较大。在日 K 线中，4 月 21 日股价探底回升，尾盘强势封板。次日低开 2.67%后，股价强势拉涨停。两根涨停 K 线构成“登天梯”形态，但是由于该形态出现在快速上涨后的高位，不宜过分看涨，加之前一天的涨停 K 线有主力出货嫌疑，所以应谨防主力拉高出货。可见，无论多么好的技术形态，股价涨高了就要

增强风险意识，所有技术形态都有其两面性，“登天梯”形态也是如此。

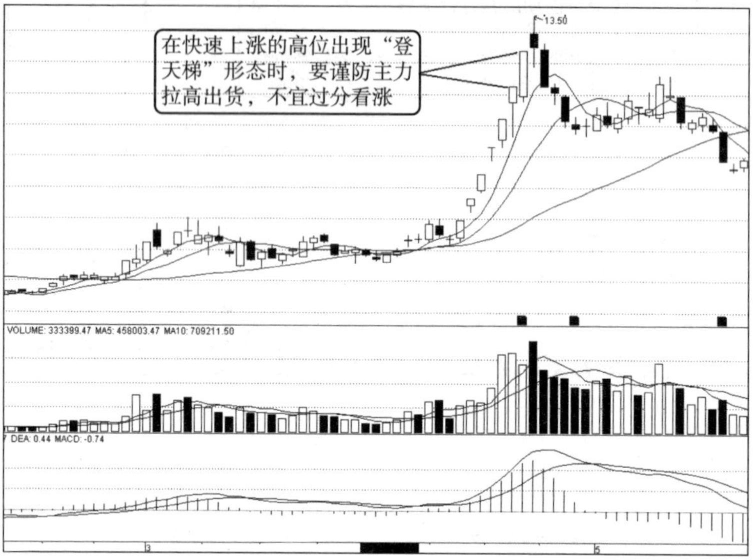

图 4-13 国电南自（600268）日 K 线图

3. 风险提示

按照分时图提供的买点介入之后，只要股价盘中能够持续放量，该股就极有可能在当天再次拉出涨停，完成标准的放量“登天梯”K 线组合走势，这种走势一旦形成，后市股价上涨的概率将大于 90%以上，股价在两三天之内极有可能出现借力打力的惯性上涨行情，连续快速拉升，获得不错的短线收益。“登天梯”形态在实盘中比较多见，成功概率也较高，大家应多留意这种形态。

如果早盘股价是低开放量上攻，在分时图中没有越过前一天涨停价之前介入的，止损位可以设置在前一个涨停的开盘价附近；如果是在分时图越过前一个涨停价之后介入的，止损位可以设置在前一个涨停的 1/2 位置；如果是在第二板追涨入场的，止损位可以设置在前一个涨停收盘价附近。这样设置止损位，可以降低风险，增加收益。

图 4-14，迪安诊断（300244）：该股以“登天梯”的形态向上突破底部盘区，然后回抽确认，股价在第一个涨停价附近得到较强的支撑，之后股价继续震荡攀高。可见，止损位本身也是支撑位，股价不破止损位时，可以持股或加仓。

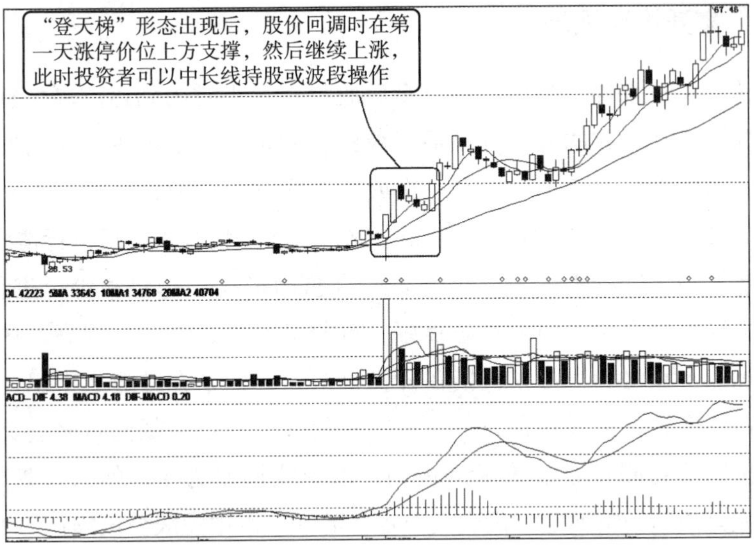

图 4-14　迪安诊断（300244）日 K 线图

第二节　高开快速涨停

一、高开涨停意义

高开涨停是好事，但很少有投资者真正用心研究这个问题。高开涨停是一种非常极端的上涨特征，股市以高于上一个交易日的收盘价开盘，而后上涨至涨停，表示主力愿意以更高的价格买进股票，同时也防止市场散户捡到便宜货，说明市场处在强势之中，多头完全控制盘面。一般情况下，高开涨停由以下两种特别的因素所决定。

其一，受突发的利好消息刺激。如国家政策性利好、上市公司重大重组事件、上市公司业绩大幅提升等。

其二，受主力投入巨资在集合竞价时买入导致。一般情况下，主力为了提高散户跟风买进的成本而大幅拉高股价，以促使更多散户在高价区买入，为自己将来出货打下基础。

二、高开快速涨停

所谓“快速涨停”通常是指开盘后股价在半小时内到达涨停位置，强势股全天封单不动，有的股因某种原因所致，如主力洗盘换手、遇其他大户抛压或遇大盘跳水等，盘中可能有一次或若干次开板，但最终在当天都能封于涨停。高开涨停说明盘面强势，市场火爆，做多热情高涨，后市行情乐观。

操盘技巧：这种涨停方式一定要结合盘面形态、趋势和价位进行分析。如果在上涨趋势之中，前期形态良好，价位又不高，这时出现高开快速涨停时，有加速上涨之势，可以直接在开盘价买入；如果在跌势之中出现高开快速涨停，则多数为反弹行情，在昨日收盘价或今日均价线附近轻仓介入，或等待股价回落到昨日收盘价附近进场，以短线操作为主；如果在盘整之中，则结合大盘强弱视情而定，出现突破走势的话，以中短线波段操作为主。

1. 高开快速直线拉涨停

股价高开后不做任何形式的整理，而是伴随着成交量的同步放大直接向上拉升，甚至直线式一波拉至涨停。这种拉升方式显示盘面强势，主力做多坚决，后市股价续升可期。

这种涨停方式如果出现在涨势之中，股价具备良好的上涨基础，后市股价继续看涨，投资者可以大胆参与。

图 4-15，轴研科技（002046）：该股主力完成建仓计划后，股价放量向上拉起，2020 年 5 月 8 日和 11 日，股价高开后快速涨停，股价呈直线式上涨，盘面势如破竹，不可阻挡。在日 K 线图中，该股处于突破后的加速上涨阶段，前两天都是涨停 K 线，在这样的盘势之中多头力量自然喷薄而出，股价拉升如利剑出鞘，不到绝顶不罢休。投资者遇到这样好的形态时，可以在开盘价上方或涨停价位挂单买入，享受短期暴利带来的乐趣。

这种涨停方式如果出现在跌势之中，股价上涨的基础是不扎实的，涨停也是不可靠的，后市股价不宜过分乐观，短线技术高手可以轻仓参与，一般散户还是观望为好。

图 4-16，长城影视（002071）：该股出现在跌势之中，股价经过一波下跌后出现反弹，2020 年 4 月 9 日，高开后不做回调，而是直接向上拉至涨停。在分时走势中，该股与前一个实例没有多大的区别，但日 K 线形态完全不同，前一个实例发生在升势之中，而该股出现在跌势之中，后市涨幅和持续性就

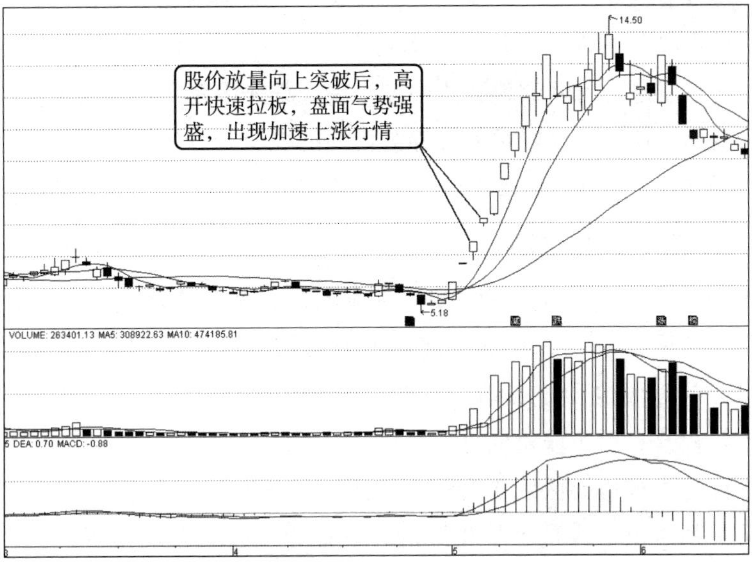

图 4-15　轴研科技（002046）日 K 线图

值得怀疑。所以，对跌势之中的高开快速涨停，不仅要谨慎对待，而且是短线减仓的机会。

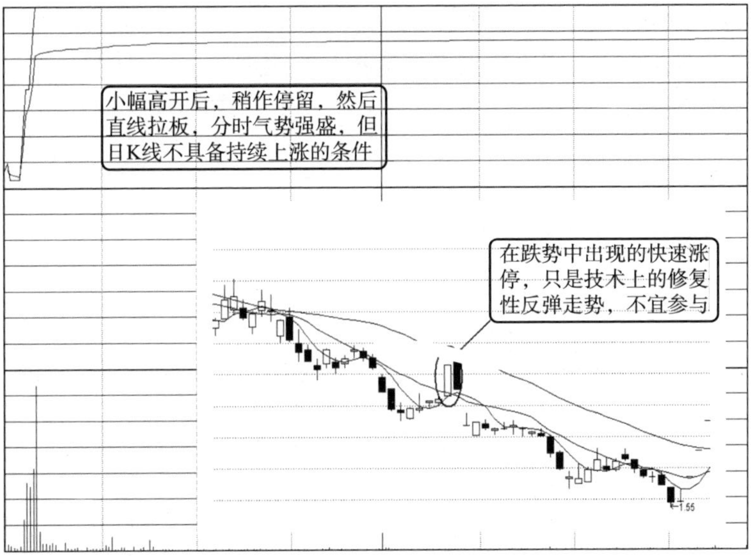

图 4-16　长城影视（002071）日 K 线和分时走势图

这种涨停方式如果出现在盘局之中，股价上涨基础也不好，市场运行方向不明确，后市股价可谨慎乐观，技术高手可以短线参与，一般散户保持观望。盘局行情比较复杂，可以分为涨势中途盘局、跌势中途盘局、高位筑顶盘局和低位筑底盘局，在技术分析时务必弄清盘局的性质。也就是说，明确了市场属于哪种盘局之后，才能对后市作出较为客观的结论，这样才能避免操作失误。

2. 高开震荡之后拉涨停

股价高开后既不直接上涨，也不明显打压，而是围绕开盘价进行短暂的震荡走势，然后在 10 点 30 分之前向上发力拉升，甚至直线式一波拉涨停。这种拉升方式盘面也十分强劲，主力对筹码掌握得比较好，集拉、洗、试于一体的操盘模式，后市股价向好。

这种涨停方式也要区别于升势中的涨停、跌势中的涨停和盘局中的涨停，这几种涨停的后市走势是大不相同的，投资者可以结合上面所讲的思路自我进行总结提炼。

图 4-17，神驰机电（603109）：该股主力在低位完成建仓计划后，放量向上拉起，脱离底部区域。2020 年 4 月 14 日，股价高开 1.27%，开盘后主力并不急于拉升，而是在开盘价附近作震荡整理，充分消化上档阻力，然后股价快速二波拉至涨停。这种涨停方式正好给散户一个买入的良机，散户可以在开盘价或均价线附近狙击，或者快速拉升时追进。

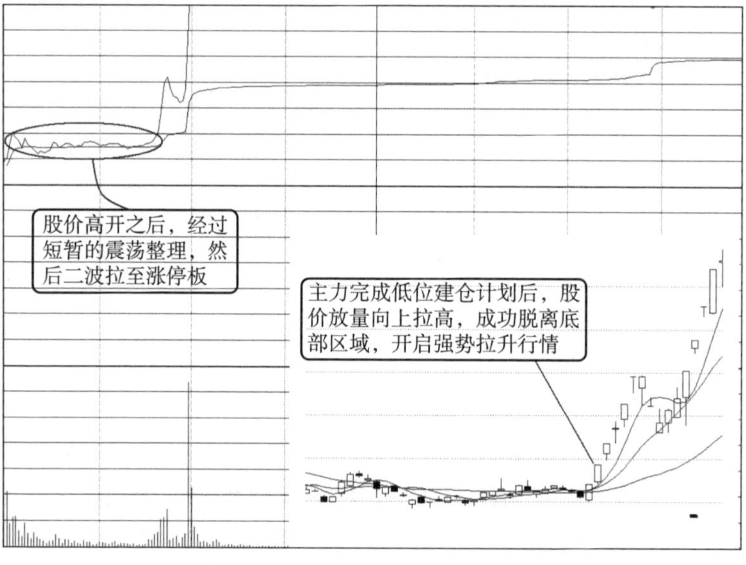

图 4-17　神驰机电（603109）日 K 线和分时走势图

图 4-18，鲁抗医药（600789）：该股在长时间筑底过程中，主力成功吸纳了大量的低价筹码。2019 年 12 月 31 日，股价跳空高开 5.04%，然后进行短暂的震荡整理，从 9：48 开始股价快速直线拉涨停，且全天封盘不动，突破前期高点压力。突破之后出现短期蓄势整理，2020 年 1 月开启一波主升浪行情。投资者遇到这种盘面时，可以在开盘价附近介入，或者快速拉升时追进，稳健者在随后股价回落到缺口附近时也是一个不错的进场时机。

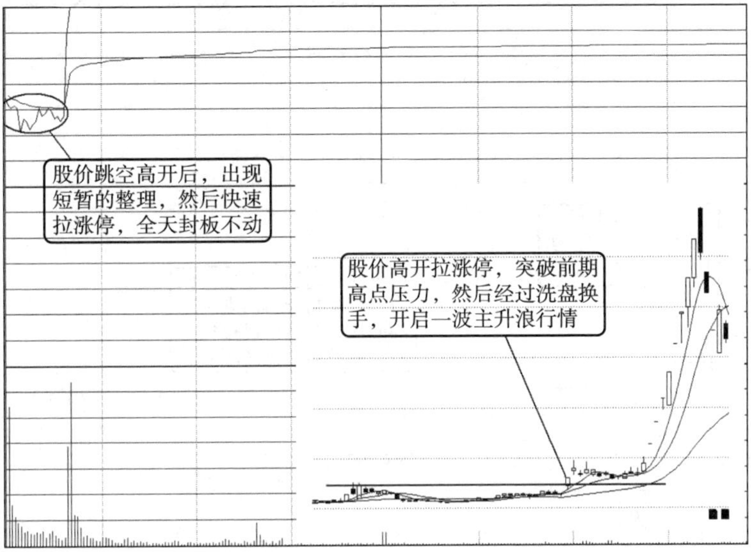

图 4-18 鲁抗医药（600789）日 K 线和分时走势图

3. 高开下探之后拉涨停

股价高开后先出现一波小幅的下探走势，然后在 9 点 30 分之前向上发力拉升，甚至直线式一波拉涨停，在日线上形成一根带有下影线的涨停 K 线。这种拉升方式盘面也非常强劲，主力基本上达到高度控盘，下探的目的是震仓作用，吓唬胆小散户离场，然后在快速拉升过程中又有一批浮动筹码退出，随后把股价拉至涨停。

通常下探的幅度不会很深，在昨日收盘价附近基本会扭头向上拉起，稍大一点的也不会超过 3%的跌幅。如果下探幅度大了，就会增加后面的拉升难度，也影响市场人气。当股价高开后下跌幅度超过 3%时，这可能不是正常的下探动作，而且真正的弱势下跌苗头，当天大多不会再拉涨停。

图 4-19，搜于特（002503）：该股主力向下打压制造空头陷阱后，股价

出现企稳回升走势，很快返回到前期盘区附近。2020 年 2 月 25 日股价小幅高开后，盘中出现回探走势，放量直线拉涨停，一举向上突破前期整理盘区，从而开启一波主升浪行情。主力这样做的目的是让短线获利者离场，并做加仓和洗盘，然后顽强拉升，一波式拉涨停。投资者遇到强势个股时，高开回落而幅度不深，在强行拉起时要敢于狙击，后市往往是一波快速拉升行情。

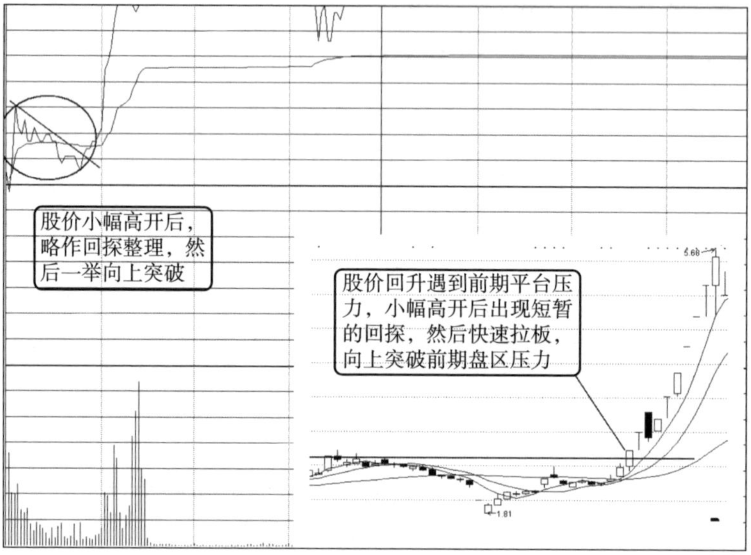

图 4-19　搜于特（002503）日 K 线和分时走势图

这种拉升方式大多出现在大盘或个股非常火爆时段，主力利用市场人气拉升股价，讲究的是速战速决策略，不允许主力有更多时间的回旋余地，因此后面仍会有不错的冲高行情。

图 4-20，佳云科技（300242）：该股经过快速打压后渐渐回升，股价向上脱离底部区域，做多动能得到进一步聚集。2020 年 5 月 29 日股价跳空高开 3.58%后向下稍做回探，短期浮动筹码得到换手，股价出现直线拉板。从日 K 线看，股价前几个交易日非常强劲，行情不可能就此结束，下探之后定有回升行情出现，所以在下探时买入胜算率较高，被套的可能性不大。

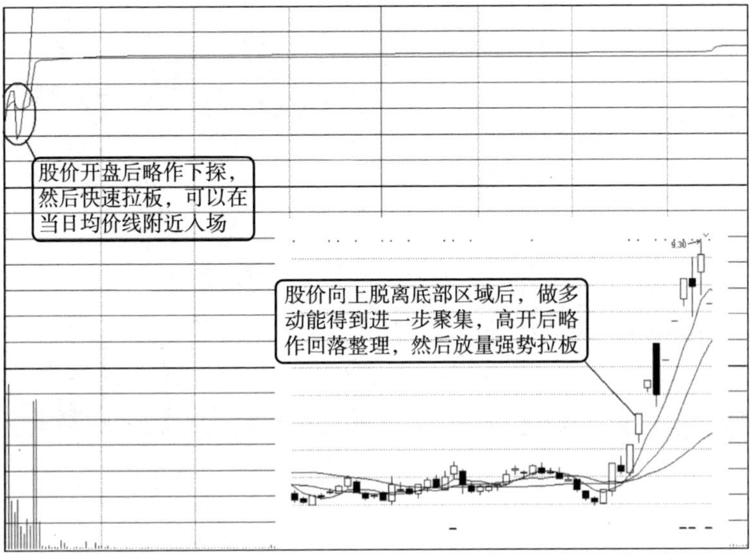

图 4-20　佳云科技（300242）日 K 线和分时走势图

三、高开涨停类型

一般来说，高开涨停是强势盘面的表现，预示着后市行情走势比较乐观，但是不同阶段、不同位置出现的高开涨停，其技术分析意义和实盘操作价值是不相同的。

1. 跌势反转

市场经过长期的下跌调整到了底部区域，股价几乎跌无可跌，此时出现高开涨停时，意味着股价即将见底反转，是一个见底信号。其盘面特征：

（1）股价前期大幅下跌或长时间调整，最好跌幅超过 50%。

（2）前期成交量大幅萎缩，交投十分低迷。

（3）股价远离长期均线（如半年线、年线）。

操作技巧：在昨日收盘价附近轻仓介入，稳健者等待股价真正转强后买进。如有利好配合，可以直接在开盘价介入。

图 4-21，天成控股（600112）：该股调整时间较长，累计跌幅较大，已无下跌空间。2020 年 5 月 21 日股价高开后一波拉涨停，盘面非常强劲。出现如此强劲的拉升，说明跌势将告一段落，股价进入短线反弹阶段，投资者不妨积极做多。

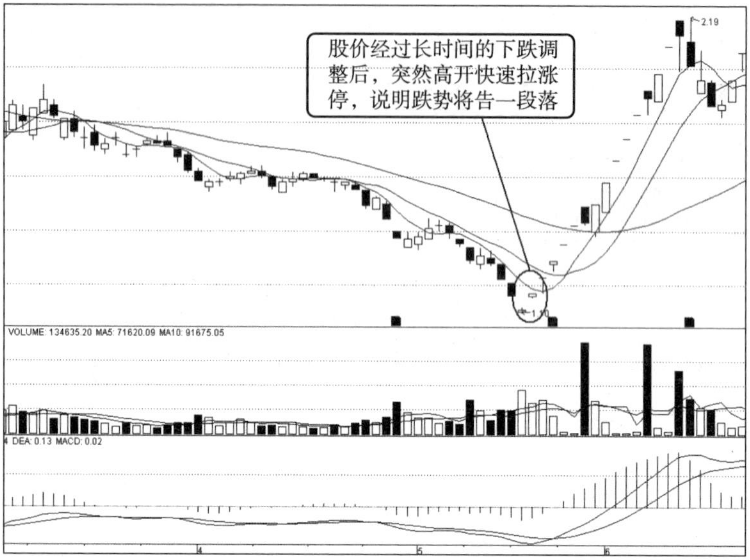

图 4-21 天成控股（600112）日 K 线图

2. 拉高建仓

有时候主力未能在低位拿到足够多的低价筹码，又因时间紧迫（如公司重磅利好即将公布），不得不选择拉高建设手法，高价收购散户的筹码。这对主力来说，虽然成本高了一些，但可以节省时间成本，一样划算。其盘面特征：

（1）股价前期大幅下跌或长时间调整，最好跌幅超过 50%。

（2）前期成交量大幅萎缩，交投十分低迷。

（3）股价处于筑底阶段，整理时间充分，盘面已有止跌企稳迹象。

操作技巧：短线可以在开盘价、今日均价线附近轻仓介入。中线等待股价回落到昨日收盘价附近进场，因为此阶段股价仍有反复，股价大多出现再次回调走势，当天的开盘价基本上是主力的成本价，在此狙击较为稳妥。如有利好配合，可以直接在开盘价介入。

图 4-22，天银机电（300342）：该股经过长时间的调整后企稳盘整，主力暗中悄然吸纳低价筹码。2020 年 1 月 23 日，跳空高开 2.82%，稍做整理后快速拉涨停，形成突破之势，但封盘并不坚决，反复开板，这样前期低位跟进的散户见封盘不坚决便选择获利退出，主力轻松接走筹码，为了保持盘面的完整性，尾盘还是以涨停收盘。可是，第二天股价突然跌停，使股价重回

盘区之内，第三天又大幅低开3.46%，然后震荡拉高封涨停。通过两天的异常走势，主力加快建仓步伐，并产生一波强势拉升行情。

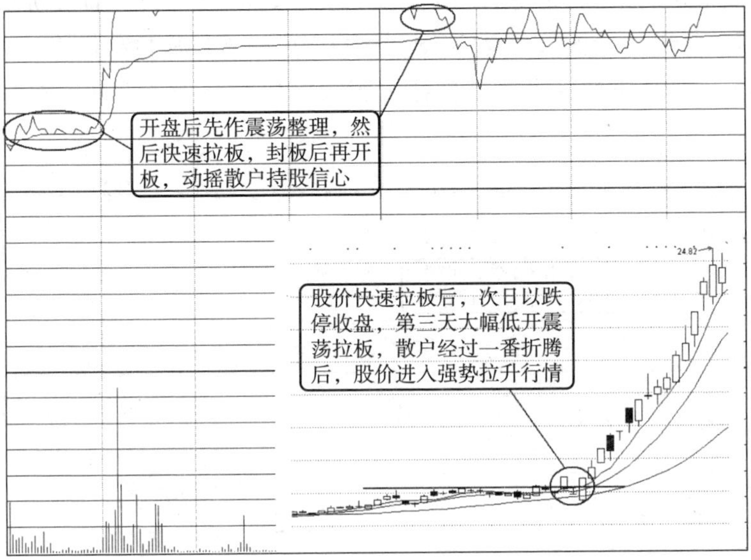

图4-22　天银机电（300342）日K线和分时走势图

3. 调整结束

股价调整可以分为下跌后的筑底调整和涨势中的蓄势调整。筑底调整通常是股价经过长时间的下跌调整后，在低位成功构筑底部形态，通常以高开涨停的方式结束调整走势，这种调整方式一般需要3个月左右。蓄势调整通常是股价已经见底，并有小幅回升，由于主力洗盘换手，股价出现滞涨震荡，然后以高开涨停的方式向上突破，这种调整方式在20个交易日内结束，强势市场中3~5个交易日就结束调整。其盘面特征：

（1）股价前期累计跌幅较大，出现长时间的筑底走势；或小幅上涨后，筹码换手积极，蓄势充分。

（2）成交量出现不规则的脉冲式放量，但没有持续性，说明多头蠢蠢欲动。

（3）均线系统呈现黏合或频繁交叉，或者均线系统已经初步形成多头排列。

操作技巧：在筑底调整中，可以在股价回调到前一日收盘价或当日均价线附近买入，稳健者可以等待股价回落企稳时进场；在蓄势调整中，可以直接在开盘价挂单或当日均价线附近买入。

图 4-23，远大智控（002689）：这是筑底调整的实例。该股主力向下打压制造空头技术陷阱，企稳后渐渐向上回升。2020 年 3 月 4 日股价跳空开高 5.83%后，直线“秒板”，封盘不动，从而产生一波快速拉高行情。这类个股散户可以直接以开盘价或涨停价挂单买入，如有开板，也可以在开板之时入场。

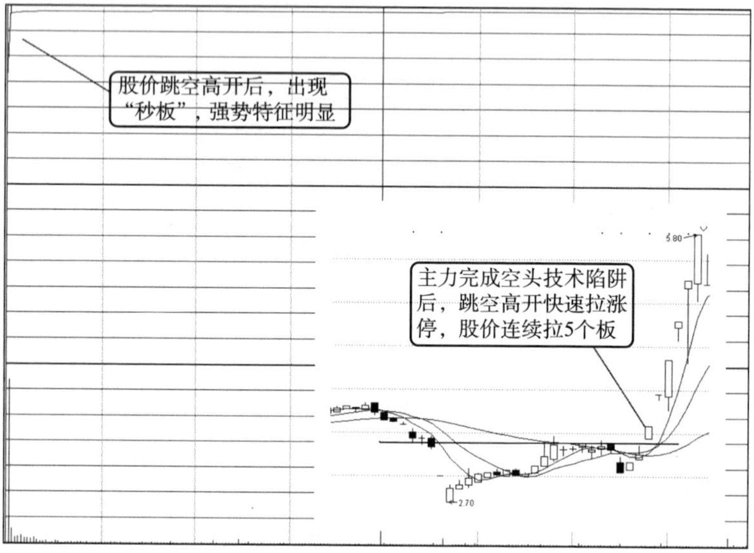

图 4-23　远大智控（002689）日 K 线和分时走势图

图 4-24，百联股份（600827）：这是蓄势调整的实例。该股成功构筑底部后，2020 年 5 月 29 日向上突破，脱离底部区域。然后回落蓄势整理，也是对突破的一次回抽确认过程，股价回调到突破起点附近，该位置对股价具有较强的支撑作用，可阻止股价进一步走低。6 月 9 日，股价高开 1.67%后，出现“秒板”，之后股价出现加速上涨。

4. 主力试盘

主力完成建仓计划后，在进入拉升之前，往往要对盘面进行一次测试，观察市场抛压和跟风情况，以检验筹码锁定性，从而决定是否拉升以及采用何种方式拉升，所以此时也经常出现高开涨停的情况。其盘面特征：

（1）盘面整理蓄势充分，股价进入拉升倒计时。

（2）均线系统呈黏合或初显多头排列。

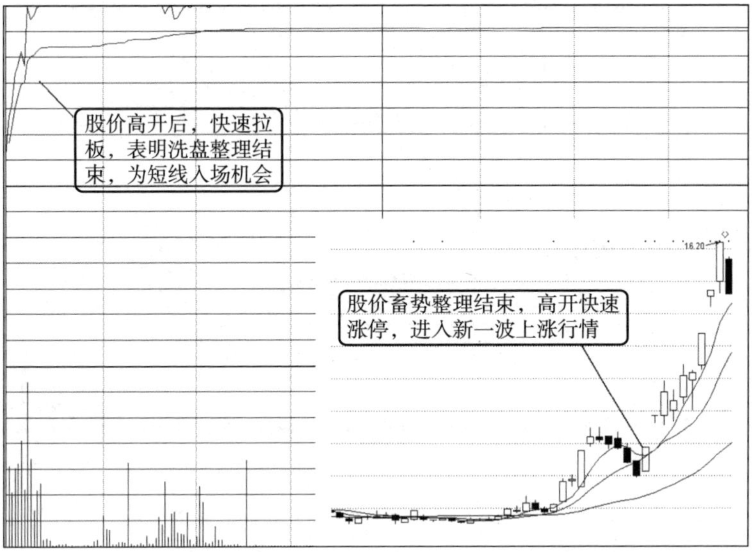

图 4-24　百联股份（600827）日 K 线和分时走势图

操作技巧：短线可以在开盘价、当日均价线附近轻仓介入。中线将此作为一个提示信号，等待股价回落企稳并再度走强时进场，以回调 30 日均线作为狙击点。

图 4-25，凯撒文化（002425）：该股长期处于底部震荡，主力成功完成建仓计划，在进入拉升之前出现了两次明显的试盘现象：第一次是 2020 年 4 月 28 日向下打压试盘，以测试底部支撑情况；第二次就是 5 月 8 日向上拉高试盘，以检验市场跟风情况。先下后上，两次试盘，效果很好。

5 月 8 日，股价高开 1.59%后，直线“秒板”，全天封盘不动，之后出现短期的蓄势整理，当股价回落到 30 日均线附近时，得到有力支撑而再次走强，之后进入强势上涨行情。这类个股通常有两个买点：一是 30 日均线附近逢低埋伏，二是向上突破之时积极跟进。

5. 超跌反弹

前期股价大幅下跌或短期急跌后，股价出现超卖现象，此时容易产生高开涨停。由于这种涨停是对技术的一种修复性走势，一般难以扭转市场下跌趋势，反弹之后仍将以下跌为主。其盘面特征：

（1）市场处于下跌趋势之中，盘面弱势难改。

（2）股价向下远离移动平均线，有向上回归均线附近的要求。

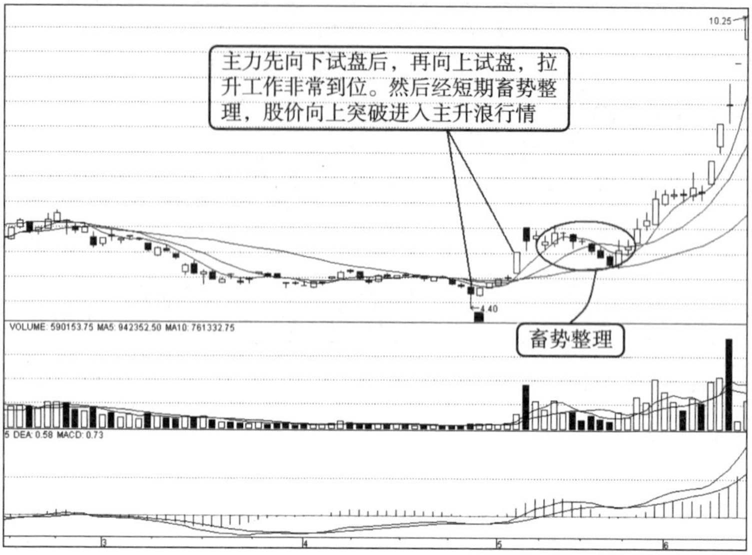

图 4-25 凯撒文化（002425）日 K 线图

操作技巧：以短线参与为主，在昨日收盘价或今日均价线附近介入为好。强势反弹在 30 日均线附近卖出，弱势反弹在 10 日或 5 日均线附近卖出。

图 4-26，棕榈股份（002431）：该股反弹结束后快速下跌，短期股价远

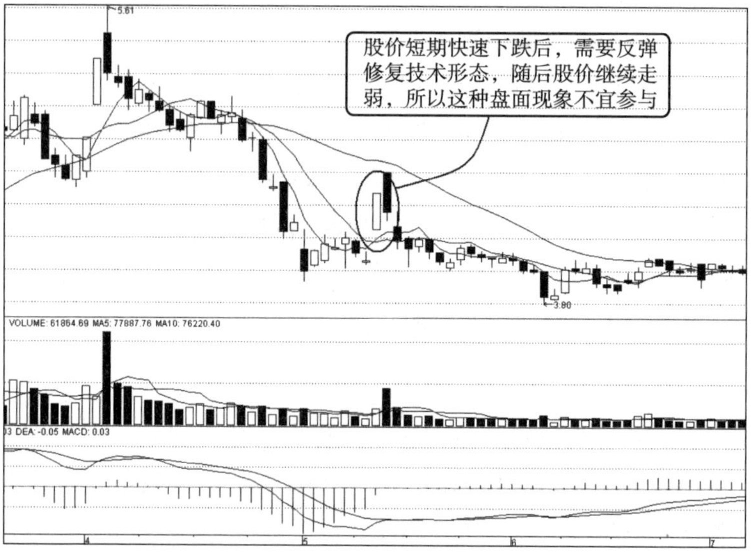

图 4-26 棕榈股份（002431）日 K 线图

离30日均线，需要反弹修复技术形态。2019年5月16日，股价大幅跳空高开4.68%后，盘中出现“秒板”，全天封板不动，看似非常强势，实属反弹走势。在日K线中，短期股价出现急跌行情，指标严重超卖，技术上需要一次反弹走势来修复，次日股价高开后快速回落走低，之后继续盘弱。这种反弹行情一般持续时间不会很久。投资者应适可而止，防止后市股价继续下跌。

6. 拉高出货

涨停出货是主力常用的操盘手法，通过制造虚假的成交量，进行诱多拉升，误导散户入场接单。所以，在大幅上涨后的高价区域出现的高开涨停现象，要多提防主力出货，不应盲目追涨。其盘面特征：

（1）股价处于高位，波段涨幅超过50%，累计涨幅超过一倍，特别是已有两三倍以上涨幅的个股要格外小心。

（2）成交量较大，主力对敲行为明显。

（3）股价远离中长期移动平均线，如半年线、年线等。

操作技巧：不提倡追涨操作。若是短线技术高手，可以在股价回落到昨日收盘价或今日均价线附近轻仓操作，仓位在30%以下较合适。原先持股者在涨停价附近卖出，守住盈利，持币观望。

图4-27，九鼎新材（002201）：该股从2019年7月18日开始出现两波较大的上涨行情，短期股价涨幅超过三倍。9月5日，股价大幅跳空高开7.81%

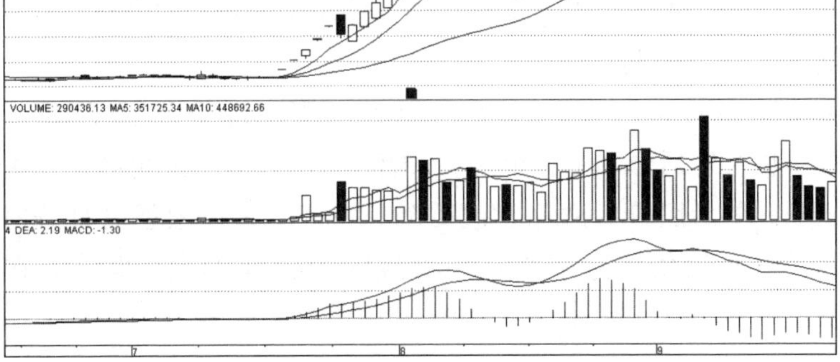

图4-27　九鼎新材（002201）日K线图

后，盘中出现“秒板”，似乎股价要展开第三波上涨行情。可是，第二天股价高开低走，接近跌停收盘，成交量较大，显然有主力对倒出货成分。这个涨停就是典型的最后拉高动作，此后股价开始下跌。

那么，为什么说这是最后的拉高走势呢？一是次日股价巨大收阴，说明抛压加重；二是已经出现滞涨迹象，风险即将来临；三是实盘中很少有第三波强势上涨行情，主力也没有力量继续拉升股价。

四、高开幅度分析

股价高开可以反映出主力操纵股价的动向，也说明主力对筹码的控制程度。高开幅度的大小，不仅能够体现主力的实力强弱，更能反映主力的坐庄意图，以及盘面气势和运行趋势，所以对当日及后续股价走势会产生重要影响。根据高开的幅度大小，可以分为以下几个档次：

1. 正常高开

这个档次的股价高开幅度小于2%，要求股价处于上升趋势之中，在下跌趋势中其成功率不高。股价回调不破当日开盘价，或者高开回调不破前一日收盘价，至多只能稍稍击破前一日收盘价后快速拉起。

操作技巧：符合上述条件的，出现持续放量，可以在股价回调到昨日收盘价附近时跟进做多，也可以在当日均价线附近买入，或者在涨停价及次日强势上涨时跟进。

图4-28，八方股份（603489）：这是回调末期的实例。该股大幅调整结束后，出现企稳回升走势，形成坚挺的上升趋势线，股价多次回调到30日均线附近，由于30日均线坚挺上行，对股价形成强势支撑。2020年4月30日和5月29日，股价小幅高开后，均出现强势的盘升拉板走势。这类个股在分时级别上，股价回落到当日均价线或前一日收盘价附近时做多；在日线级别上，可以在30日均线附近做多。

图4-29，南极电商（002127）：这是上涨中继平台整理末端的实例。该股经过小幅上涨后形成平台整理，2020年4月16日股价高开1.11%，稳步向上推升，午后股价封涨停。这类个股投资者可以根据当日分时走势情况，在前一日收盘价附近或当日均价线附近逢低买入，也可以在封板时跟进。

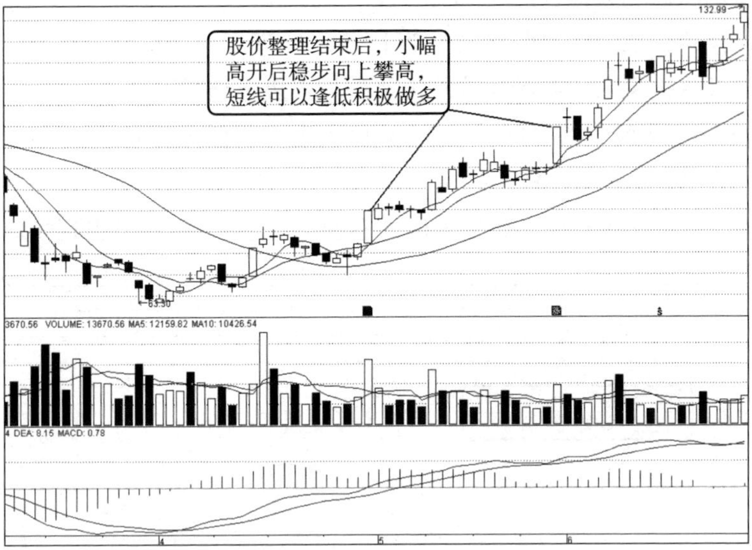

图 4-28 八方股份（603489）日 K 线图

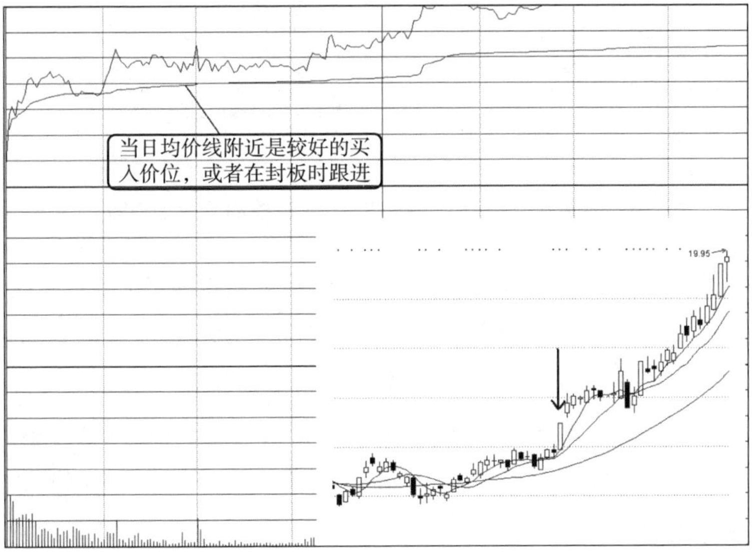

图 4-29 南极电商（002127）日 K 线和分时走势图

2. 强势高开

股价高开幅度在 2%~4%，股价处于强势之中，上升趋势明显，或者进入加速上涨阶段。股价回调不破前一日收盘价、不破当日开盘价、不破当日均价线，偶尔跌破也会很快拉起。

操作技巧：在前一日收盘价、当日开盘价或当日均价线附近买入，也可以直接以开盘价买入，或者在涨停价及次日强势上涨时追进。

图 4-30，华闻集团（000793）：该股主力完成低位建仓后放量向上突破，2020 年 6 月 10 日强势拉板，日 K 线呈现“上升三法”形态，次日股价高开 2.94%后，不作任何回探，而是直接“秒板”，之后几日股价出现快速上涨。

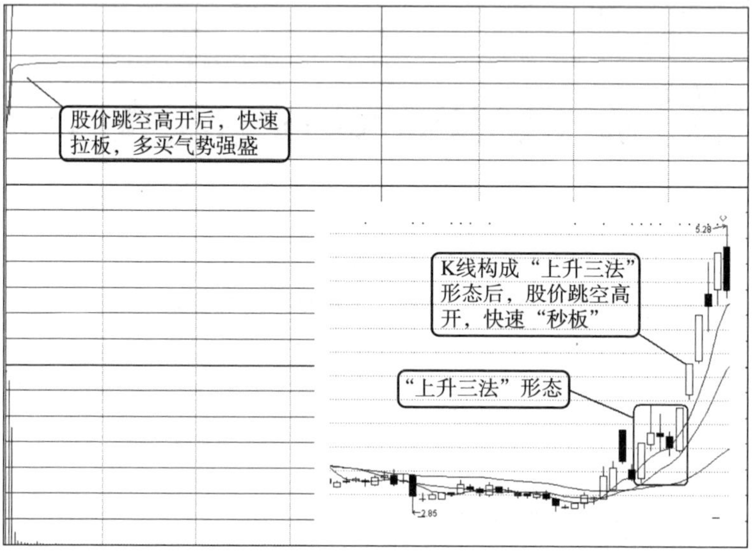

图 4-30　华闻集团（000793）日 K 线和分时走势图

图 4-31，威唐工业（300707）：该股主力在低位吸纳了大量的低价筹码后，2019 年 12 月 20 日一根放量涨停大阳线拔地而起，股价成功脱离底部区域。第二天延续强势，跳空高开 1.97%，盘中一笔打压后迅速拉起，一波拉至涨停，全天股价封板不动，为实现 6 连板起到关键作用。投资者遇到这种走势时，可以在股价快速打压之时买入，也可以在拉高时跟进，或在涨停价位追进。

3. 超强高开

股价高开幅度 4%~7%，股价处于强势之中，上升趋势明显，或处于加速上涨阶段。股价回调不破前一日收盘价、不破当日开盘价、不破当日均价线，偶尔跌破也会迅速拉起。

操作技巧：在前一日收盘价、当日开盘价或当日均价线附近买入，也可以直接以开盘价买入，或者在涨停价及次日强势上涨时追进。

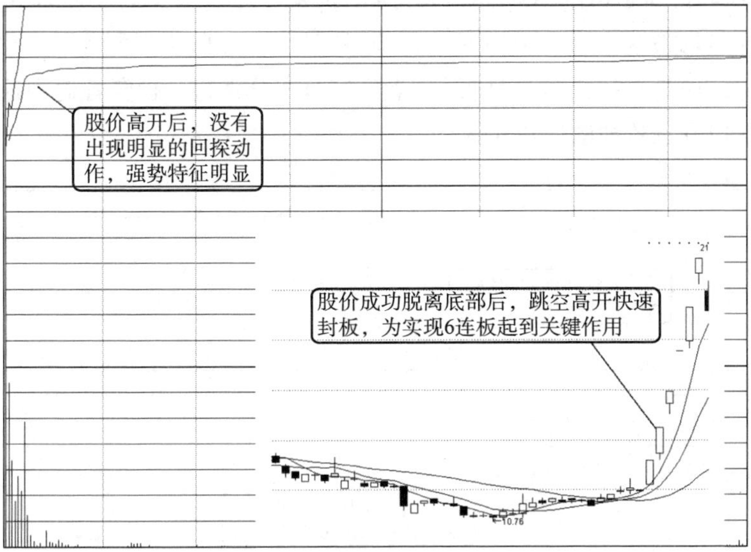

图 4-31　威唐工业（300707）日 K 线和分时走势图

图 4-32，鲁商发展（600223）：该股成功构筑底部后开始向上缓缓走高，均线系统呈现多头发散。2019 年 10 月 18 日股价跳空高开 4.36%后，在连续交易时一波拉涨停，股价成功向上突破，开启一波快速拉升行情。投资者遇到这种高开盘面时，直接以开盘价或涨停价买入。

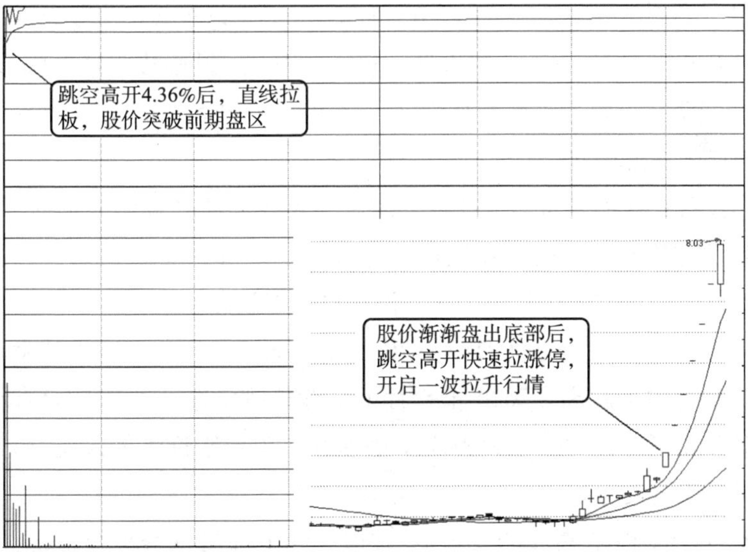

图 4-32　鲁商发展（600223）日 K 线和分时走势图

图 4-33，蓝帆医疗（002382）：该股前期小幅上升后，出现震荡整理走势，盘面呈现箱体运行。2020 年 5 月 26 日股价跳空高开 5.54%后，盘中不作任何回探，而是直接快速“秒板”，盘面气势十分强盛。投资者遇到这类个股时，直接以开盘价或涨停价买入。

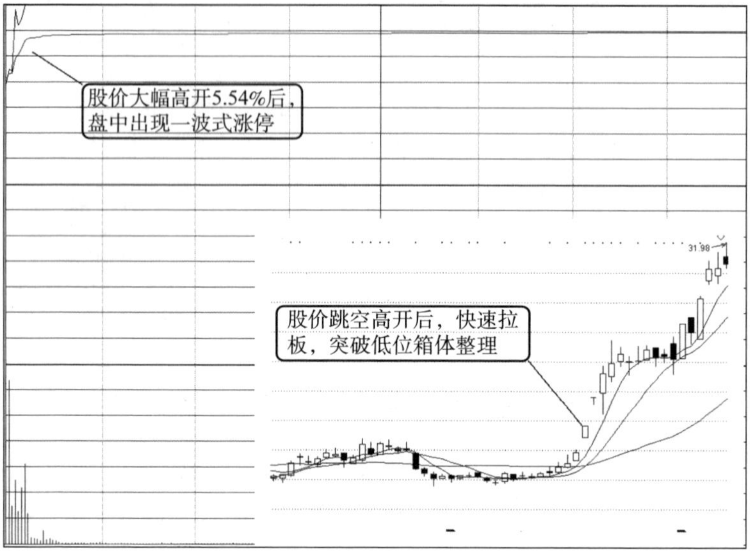

图 4-33 蓝帆医疗（002382）日 K 线和分时走势图

4. 极强高开

股价高开幅度 7%以上，股价处于强势之中，上升趋势明显，或处于加速上涨阶段。股价回调不破昨日收盘价、不破当日开盘价、不破当日均价线，偶尔跌破必须快速拉起。

操作技巧：这种盘面上涨速度非常快，不少个股在连续交易时立即拉涨停，因此投资者可以直接以开盘价半仓买入。稳健者可以在前一日收盘价、当日开盘价或当日均价线附近买入，没有机会则放弃。

图 4-34，百广股份（002187）：该股主力向下打压制造空头技术陷阱后，股价渐渐企稳向上爬高。2020 年 6 月 1 日股价跳空高开 6.93%后直线拉板，顺利突破前高压力，反映主力坐庄手法强悍，预示股价将进入拉升行情，投资者此时应积极关注。

图 4-35，上海洗霸（603200）：该股小幅上涨后进行平台整理，主力对盘中浮动筹码进行换手处理。2020 年 2 月 20 日向上突破，收出放量涨停大阳

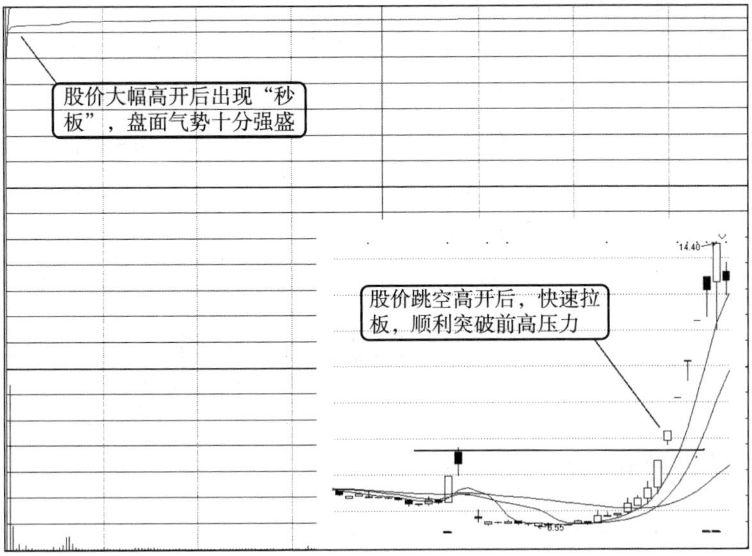

图 4-34　百广股份（002187）日 K 线和分时走势图

线，上涨空间被有效打开。第二天延续强势走势，股价跳空高开 8.24%后快速拉板。为了日后更好地拉升，封板后“开闸放水”，午后再次封板，之后股价进入加速上涨阶段。对于突破后的开板洗盘个股，投资者可以积极关注。

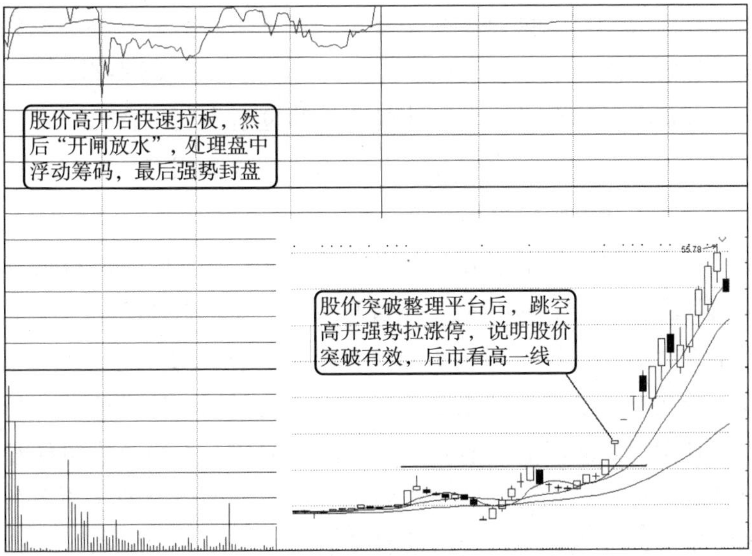

图 4-35　上海洗霸（603200）日 K 线和分时走势图

上述四个档次的高开幅度标准，没有太多本质上的区别，只是为了强化这方面的理解。当然，在实盘时还是高开越多越好，高开越多对后期趋势的影响越大。但实盘中必须要有成交量的积极配合，否则可能会成为主力诱多的牺牲品。那么成交量又有什么标准呢？不能一概而论，应根据该股较长一段时间的放量情况，来鉴别是否属于正常放量上涨，很多人用统一的量化标准来研判是否属于放量是很不科学的。

第三节　中盘涨停分析

一、涨停时间问题

涨停时间早的比晚的好，最先涨停的比尾盘涨停的要好得多。一般情况下，在当天交易中第一个封涨停的最好，涨停时间最好限制在 10：10 分以前。因为短线跟风盘十分注意当天出现的机会，出现在前面的涨停股票最容易吸引短线盘的目光，并且在开盘不久就能涨停，本身也说明主力是有计划进行拉高，不会受大盘当天涨跌大小影响（相对强势股而言）。如果这时技术形态也不错，在众人的追捧下，涨停往往能封得很快，而且买单可以堆积很多，上午收盘前成交量就可以萎缩得很小，在下午开盘时就不会受到什么冲击，涨停封死的可能性就非常大，第二天获利也就有了基本保障。

在下午开盘后，能在 1：15 以前封涨停的也是相当不错的。在开盘不久就能封涨停，说明主力有拉高计划，只是由于短线盘很多，已经集中在上午的涨停上，下午的涨停吸引力相对小一些。

其他时间段涨停的股票相对差一些，其中 10：10～10：30 以前涨停的股票，如果摸到涨停时换手率不大（普通股票换手要求低于 2%，ST 股票换手率要求低于 1%），分时图上股价走势比较连续正常，没有出现尖峰情况，分时成交也比较连续，没有出现大手笔对倒，则还可以。这类股票之所以相对差一些，一是这时候涨停的可能是跟风上涨的股票，主力事先可能没有拉高计划，只是由于盘面影响，临时决定拉高。所以严格限制换手率条件，尽管拉高仓促，抛压要求比较小，这样次日才有机会冲高。二是由于涨停时间比较晚，在上午收盘前成交量不一定能萎缩得很小，那么在下午开盘时，受到抛盘的冲击相对大一些，风险也相应大一些。

在 10：30~11：10 涨停的股票，这种风险更大，经常有下午开盘后涨停就被打开的现象。

在下午 1：15~2：00 涨停的 ST 股，如果涨停时换手很小（低于 1%），分时图表现为在冲击涨停前只有非常稀少不连贯的成交，只是在冲击涨停是才逐渐有量放出，并且在冲击涨停时股价走势比较连贯，没有大起大落，则也可以。之所以这个时间段以考虑 ST 股为主，原因就是 ST 股的涨停只有 5%，在上午的交易中，即使散户买进，今天涨停，散户获利也不大，第二天的获利抛压也不会太大。但是，普通股票就不同，上午涨停时，当天买进的散户获利就相当大，第二天的抛压相对较重，风险就大多了。

在 2：00~3：00 涨停的个股，除非大盘在连续阴跌后在重大消息的刺激下出现反转走势，或者是在下午走强的板块中的龙头股（这时大盘还必须处于强势中），否则不要轻易去碰。理由很简单，这时候的涨停是主力尾市做盘，目的一般是为了第二天能在高点出货。在上午和下午买进的散户获利很大，第二天的抛压也就很重。主力在尾盘拉高不是用资金去硬做，而是一种取巧行为，此时跟进，风险非常大。

二、分时攻击量峰

个股涨停形态多种多样，这里介绍一种比较易辨别、易操作的技巧。易辨别是指特征明显很容易看得出来；易操作是指有足够时间让你买进。利用分时图中追击涨停个股的方法，做短线大多可以轻松获利。主要操作要点：

（1）早盘出现明显攻击量峰。攻击量峰是指成交量比当日其他交易时段放大好几倍甚至超过十倍，这才是有效的攻击量峰，形态呈现“山”字堆量。如果只是比平时多一两倍，则叫作量峰，不能叫攻击量峰。如果选股时当天有多只股票出现攻击量峰的情况下，就选当天最大攻击量峰的个股。

（2）换手区（整理）缩量，换手区缩量是指比攻击量峰少几倍的交易量，差不多或少一点都不叫缩量，最好是地量。

（3）午盘 1 点到 2 点前，股价在 6%~8%时运动，必须不破 6%（有时也会破到 5.5%左右，但会迅速拉回 6%以上。选股方法很简单，就是从涨幅榜中观察那些涨到 6%~8%的股票，符合条件的就盯着看一段时间，如果都没有跌破 6%的，就可以择机买进，等待拉涨停。

（4）换手率在 5%~7%时，才可以买进股票，换手率太低不要进货。

（5）午后 1 点半至 2 点半前买入股票，有经验的投资者可以在第一波攻击量峰出现后，股价回落至 6%左右买进。

（6）当日股价分时线必须在均价线上方运动，分时线走得比较平滑为最佳（会涨的股票不会跌，会跌的股票不会涨）。

（7）日K线最好是创近期新高的，这一点很重要。

（8）当天主力资金流入越多越好。选股时还要分析主力资金在近几天是不是出现净流入状态，主力资金线是不是呈现为上坡形态。

图4-36，硕世生物（688399）：这是该股2020年4月16日的分时走势图。股价开盘后没做下探，然后稳步攀高，盘中不断出现攻击性量峰，股价上一个台阶后进行换手整理，整理时不破当日均价线。科创板个股由于距离涨停价较远，因此上涨一波后又进行整理，当日形成一根接近光头的大阳线，而且这根大阳线具有突破意义。在盘中量价配合良好，上升颇具韵律，盘面节奏感强。这种盘面走势，后市应有继续冲高能力，短线投资者可以逢低关注。

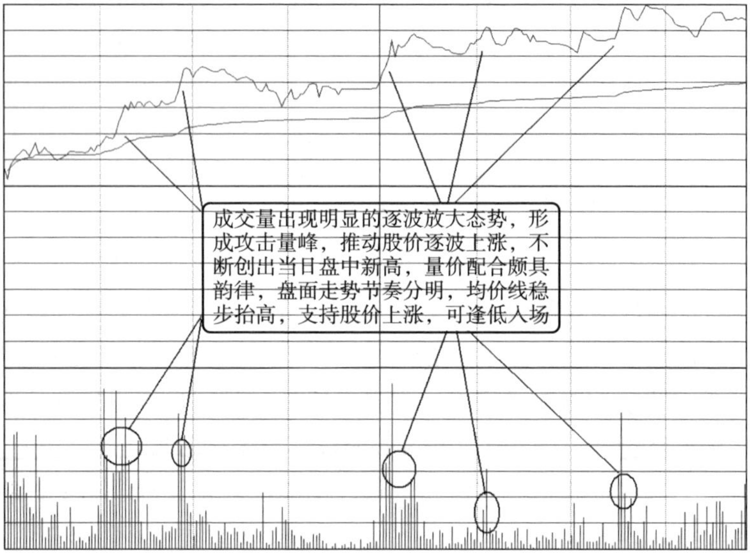

图4-36　硕世生物（688399）分时走势图

在这里补充一下涨停盘口表现：

（1）当股价涨幅超过5%时，有大买单挂单出现，或在跌破5%时，出现大买单阻止股价下行。当阻止的大买单被打掉后，还会连续出现大买单，总之就是不让股价跌破5%。

（2）在上涨8%左右时，有大卖单出现，目的是阻止股价上行，让散户在5%~8%时高位换手。

（3）在大波段拉升股价时，会在上方挂出多个大卖单，目的为对敲拉升。

准备拉涨停时，会在7%以上以股价个位数5，0（如：5.50，5.55，5.60）挂上大卖单，吃单方式会是隔档吃单（也就是不吃5.51，5.52，5.53，5.54直接吃5.55）。在股价上到9%以上时，大多会以个位数0，5，7，8，9的大卖单出现，越是上面单子越大。

大卖单的作用：一是对敲拉升；二是阻止股价上涨引出抛盘，在换手率不足的情况下，有加速换手的作用；三是主力显示自己实力，可以吃掉这么多大卖单（其实都是自己的单子），给想入场的散户增加信心，一同把股价拉上涨停。

图4-37，密尔克卫（603613）：这是该股2020年2月17日的分时走势图。股价开盘后不作任何下探，而是直接上攻，形成攻击量峰，成交量逐波放大，量价配合默契，上涨节奏完美，多头攻击性强，显示主力实力强大。

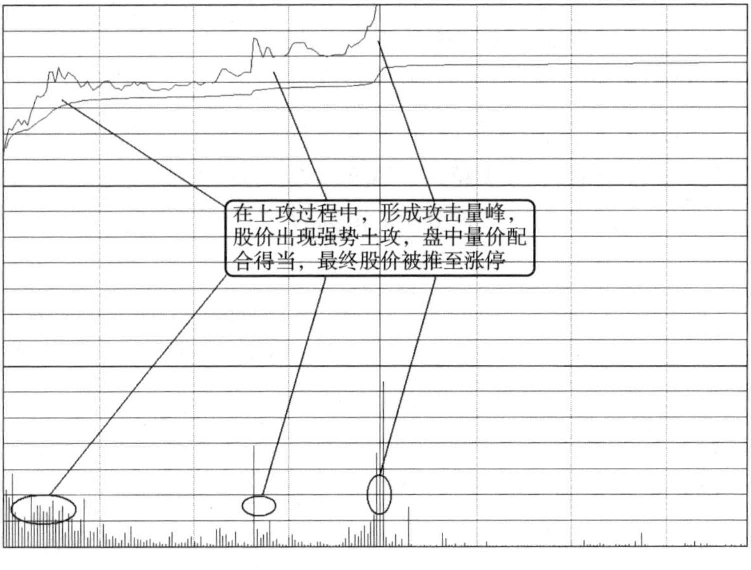

图4-37　密尔克卫（603613）分时走势图

从上述实例分析，可以知道个股的攻击性如何，如果其他方面没有什么问题，当天大盘又没有出现明显的下跌，则个股涨停或者大涨的机会很大。当然，这是一种比较经典的当天盘中容易涨停的形态，强调涨停概率很大，并不是说只有这种状态的股票才能涨停，其他很多情况也能涨停。比如，一些袖珍小盘股分时图的攻击性不一定会很强，但是也可能出现连续涨停的势头。

三、推高震荡涨停

在实盘操作中，很多涨停个股并没有什么明显的规律，甚至就是雾里看花，特别是震荡式推高涨停的个股，买卖点更是难以把握，所以需要很高操盘技巧和盘感。

这种盘面在分时走势中，没有明显的拉升动作，也没有刻意打压行为，成交量比较温和，一切于无声之中。但往往反映主力高度控盘，实力雄厚，且志在高远，大多成为市场的大牛股。这类个股操作难度较大，散户想等待股价回落介入，但回调幅度又不深；想在拉高时追进，但上涨幅度又不大，介入容易被套。就这样，在散户犹豫纠结时，股价在不知不觉中已涨停了。这里介绍一些分时看盘技巧：

（1）分时走势中强势上攻，快速拉高，同时成交量放大。在推高过程中，一般呈现加速上攻的形态，而不能是拱形上涨。

（2）当日均价线应该是开盘后基本保持向上趋势，支持股价上涨。

（3）分时图里股价从盘整到冲击涨停，如果盘整区离涨停价位距离在5%以内，那么冲击涨停速度越快越好；如果盘整区离涨停价位比较远，那么最好是不要一直冲向涨停，而是冲高一下再盘整（盘整区提高），然后再迅速冲向涨停。

（4）分时图里的成交分布问题，要求上涨成交量要放大，但是放大要适当，并且比较均匀连续。比较忌讳的是那种突然放量很大、一下又迅速缩小，这说明主力心态不好，也会引起追涨盘的怀疑。

（5）看委托盘，真要涨停的股票，一般显示出来的买进委托盘不会比委托卖出盘大，因为主力的真正买盘是及时成交的，看不见的，而那种很大的买盘托着股价慢慢上涨的，基本可以认为是主力在出货，不能追进。

图4-38，江山欧派（603208）：该股见底后稳步向上攀高，股价呈现波段上涨。2020年4月20日开盘后，股价略有下沉，然后主力发力向上推升，成交量温和放大，股价震荡走高，当日以涨停收盘。从分时走势中分析，盘面十分强势，但波峰浪谷并不清晰，散户介入难度比较大，这只能从日K线中寻找机会。

在日K线中，疑似构筑双顶迹象，但MACD指标并不支持股价走低，且平行的30日均线也没有发出做空信号，说明这是强势中的盘整态势，只要股价能返回到盘区之内，后市应当还将继续上涨，准备买入的散户可以及时跟进，或在涨停附近买入。

图4-39，珀莱雅（603605）：该股处于上升整理结束后，回调得到30日

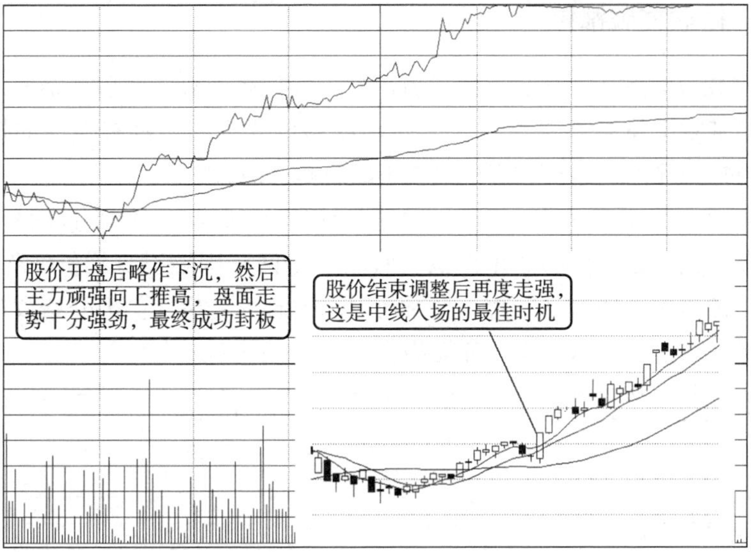

图 4-38 江山欧派（603208）日 K 线和分时走势图

均线的支撑。2019 年 8 月 14 日开盘后逐波推高，量价配合默契，午后股价成功封于涨停，成功突破箱体整理区域。在分时走势中，表面看比较凌乱，上涨有气无力，但柔中带刚，走势坚挺，量价合理，显示主力对盘面把控非常好。这时投资者可以根据日 K 线形态，参考均价线选择买点介入。

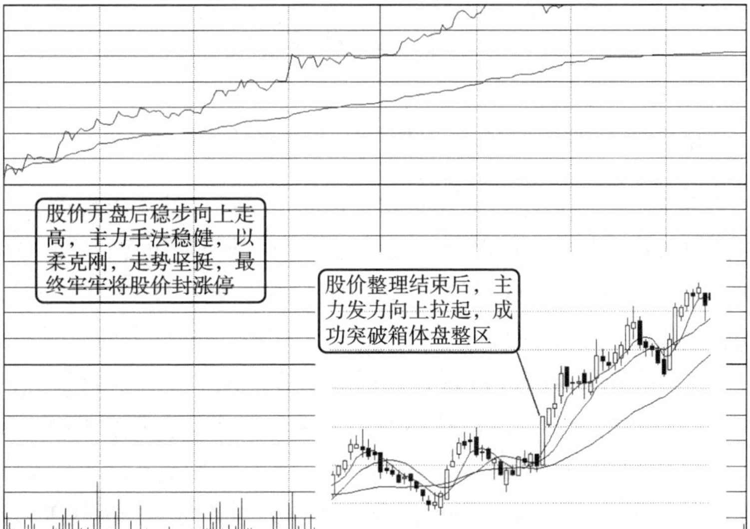

图 4-39 珀莱雅（603605）日 K 线和分时走势图

四、横盘突破涨停

（1）在分时图中，股价开盘后就出现一波拉高走势，然后小幅回落震荡，分时图中基本上维持在高位运行，回调以均价线为限，具有强烈的抗跌性，最后发力拉向涨停，这种在高位盘整不跌就是好股票。

图 4-40，奥翔药业（603229）：这是该股 2020 年 5 月 15 日的分时走势图。开盘后先将股价拉高 3 个多点，然后小幅回落围绕当日均价线作横向震荡整理，以消化上档抛盘压力，当浮动筹码被赶出之后，主力开始放量上攻，将股价封于涨停，显示盘面十分强势。

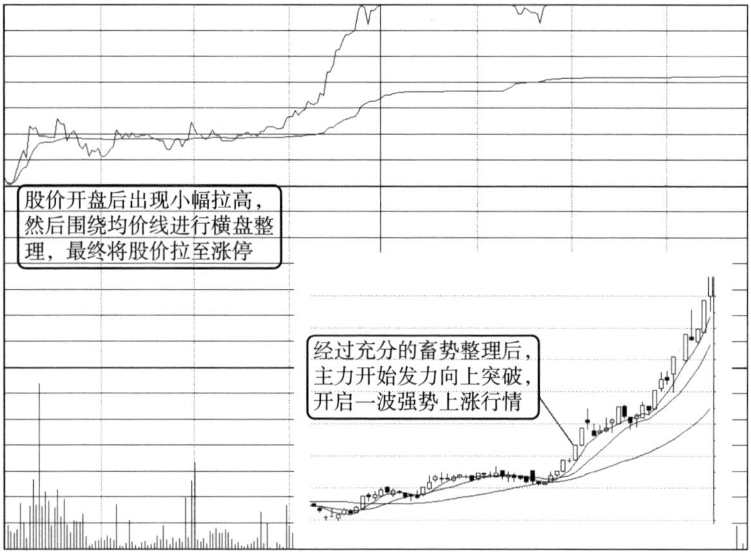

图 4-40　奥翔药业（603229）日 K 线和分时走势图

（2）股价拉高一波后进行横盘整理，再向上拉高一波，出现横盘震荡，最后将股价推向涨停，分时图中股价逐级上行，这也是一种非常好的股票。

图 4-41，华闻集团（000793）：这是该股 2020 年 6 月 4 日的分时走势图。股价开盘后维持横盘震荡整理一段时间，然后出现一波有力的放量拉高行情，之后进行平台整理，股价没有出现大幅回落走势，说明盘面运行强势，这种走势一旦大盘企稳回升，就会再次拉高。经过横盘整理后，股价再次放量上涨，接着又进行整理，然后再次走高，股价逐级上涨，当天强势封于涨停。对于这种盘面走势，投资者在股价向上突破分时整理平台时，可以积极挂单买入。

（3）有的个股开盘后一直保持横盘震荡走势，盘面似乎很弱，但在上午收盘前或下午突然放量拉起，股价封于涨停，这也是大牛股的一种习惯手法。

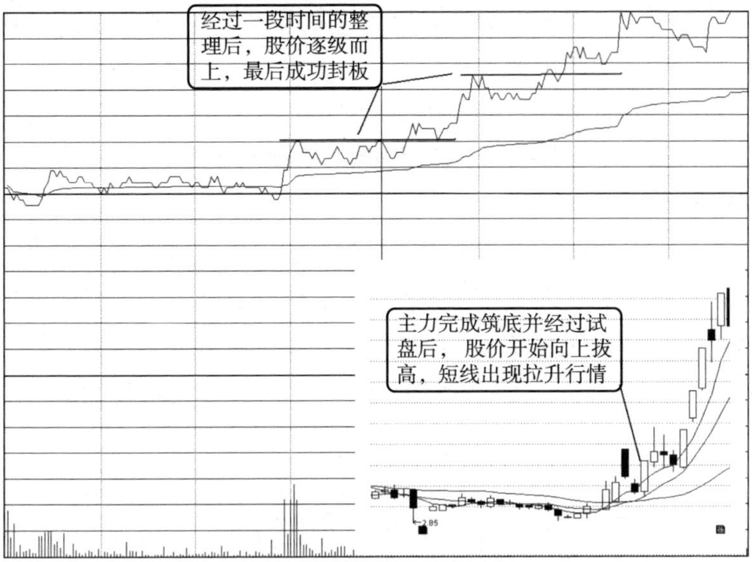

图 4-41　华闻集团（000793）日 K 线和分时走势图

图 4-42，西安饮食（000721）：这是该股 2020 年 6 月 3 日的分时走势图。开盘后股价基本维持横盘运行，成交量大幅萎缩，从 11：25 开始放量拉升，打破沉闷的盘面，形成攻击性量峰，直线式跳跃上涨，将股价封于涨停。从日 K 线看，股价处于底部区域，短线仍有上攻空间和潜力。

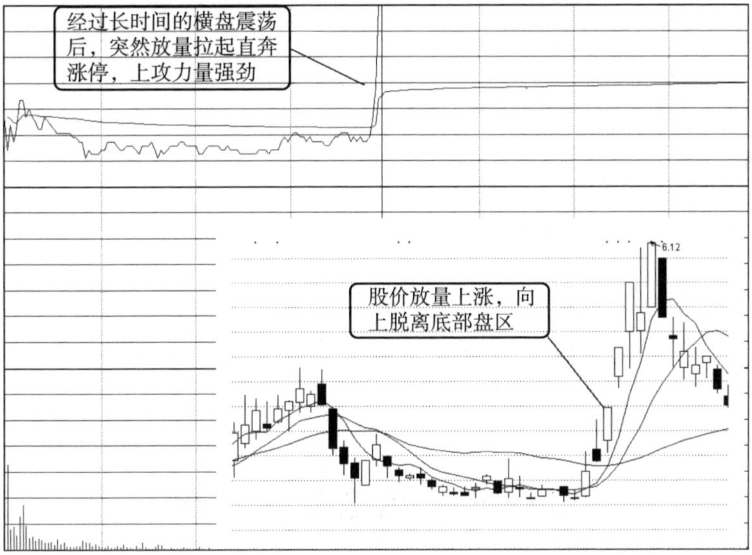

图 4-42　西安饮食（000721）日 K 线和分时走势图

（4）在实盘中，经常出现个股在下午 2 点左右开始向上发力上攻，如果在盘面符合“冲高后高位横盘整理”这一特征的，也是不错的个股，可以及时追进。当然，有的个股突然拉高，经快速整理后再次拉升，中间不做长期的横盘整理，这也是十分强势的盘面表现，在分时走势中也经常看到。

图 4-43，梅雁吉祥（600868）：该股开盘后全天在低位横向震荡，似乎没有主力关照。但从 2：13 开始快速拉起，成交量成倍放大，形成攻击性量峰，拉升到 8 个点上方进入并强势整理，股价略有回落，但能够坚挺在当天的高位震荡，显示抗跌性极强，最后在尾盘半个时内快速拉涨停。这种盘面走势，说明主力准备十分充分，股价将进入主升浪，此后该股再次拉出 7 个涨停。

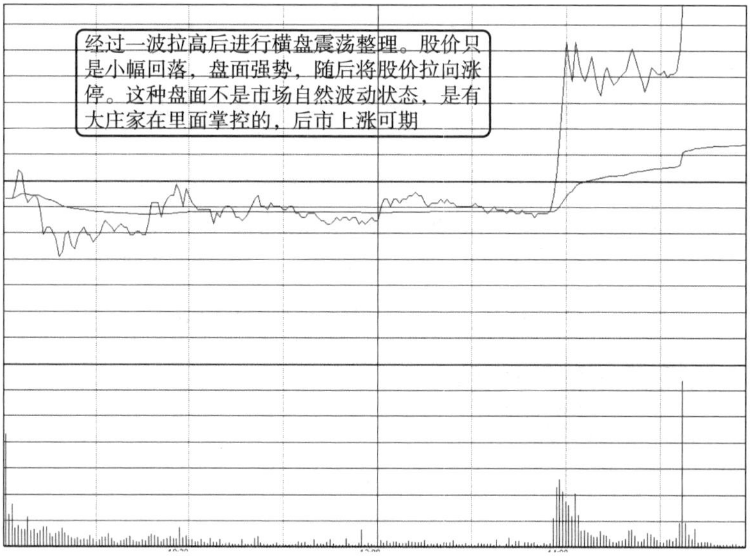

图 4-43　梅雁吉祥（600868）分时走势图

上述这几种盘面表现形式，都是强势盘面的表现，主力采用“以时间换空间”的手法控盘，反映“会涨的股票不会跌”的特性，投资者可以在涨停价位大胆追进，后市大多获得较好的利润。

第四节　尾盘快速涨停

在实盘操作中经常发现，一些个股在下午临近收盘的时候，突然股价快速拉起直奔涨停，不少投资者对此颇为关切：尾盘急速涨停的个股是好股票吗？这可从以下几方面进行剖析：

一、快速涨停——不买

在收盘前的最后半小时甚至最后几分钟，主力操纵股价瞬间飞速上涨，一波拉升到涨停，这种涨停方式的水分较大，大多属于虚张声势，次日常常冲高回落下跌或低开震荡走低。

操盘技巧：尾盘快速涨停的个股大多不宜买进，反而是一次逢高离场的良机。卖出时机和方法，若当日收盘前时间许可，则在收盘前挂低几个价位退出；若当日来不及卖出（尾盘一笔大单“秒板”），次日无论高开低开，都在开盘价附近卖出。即使后市真的走强，也不必后悔，坚持“宁可错过，不可错买”的。

图 4-44，力帆股份（601777）：2020 年 6 月 19 日，股价小幅低开后基本维持弱势震荡走势，盘面走势非常沉闷，下午 2：29 一笔 13.56 万元的大单子，将股价从下跌 1.80%直接拉至涨停，气势极为猛烈。从日 K 线分析，该股已有一定幅度的上涨，且盘面气势并不强盛，在此位置大幅上涨概率不大，并不适合追涨入场。

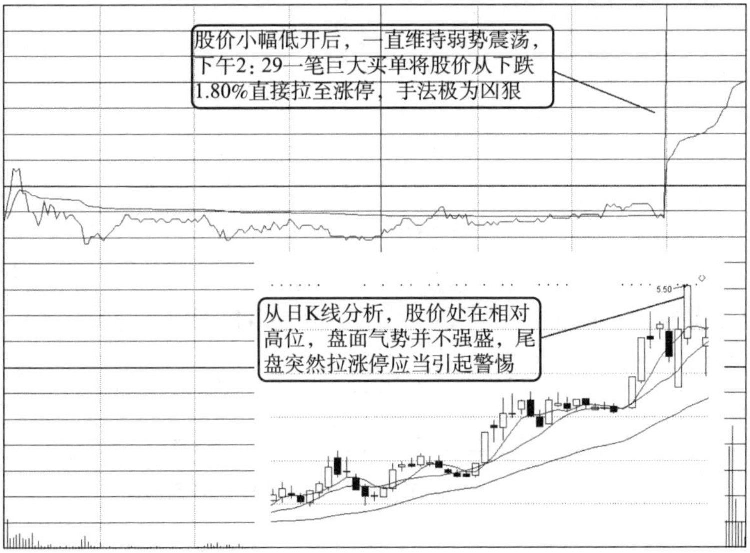

图 4-44 力帆股份（601777）日 K 线和分时走势图

图 4-45，全聚德（002186）：该股分时走势中，全天维持在弱势震荡，基本在平稳的市场格局中运行，但在收盘前的集合竞价时，一笔 10381 手的大买单，将股价从微跌直线拉到涨停价，这种异常波动的确令人费解。从分时成交显示，在收盘最后时刻以当天涨停价 21.68 元，共成交 10381 手，股价以涨停价收盘，但在卖一位置仍然有 117 手挂单没有成交，那么在尾盘这笔大买盘是如何交易成功的，令人匪夷所思。该股收盘时成交总额共 5879 万元，但仅仅尾盘最后一分钟成交的 10381 手，要耗资 2250 万元，占全天成交额近 40%。这绝不是一般散户所为，从深交所的交易信息看，位于当天买入金额前两位的是齐鲁证券旗下两家营业部，分别买入 1316 万元、934 万元，二者之和恰好与收盘集合竞价的买盘相同。从均线系统分析，30 日均线还处下行状态，不支持股价持续走强，且大势环境也不佳，此时更多的是反弹性质或担当护盘角色，次日立即低开震荡走弱。消息面上，当天该股并无突发重大事件，公司基本面也没有出现重大变化。投资者对这种莫名其妙的巨阳涨停，应保持清醒的头脑，绝对不可以介入，应在次日开盘价附近短线离场观望。

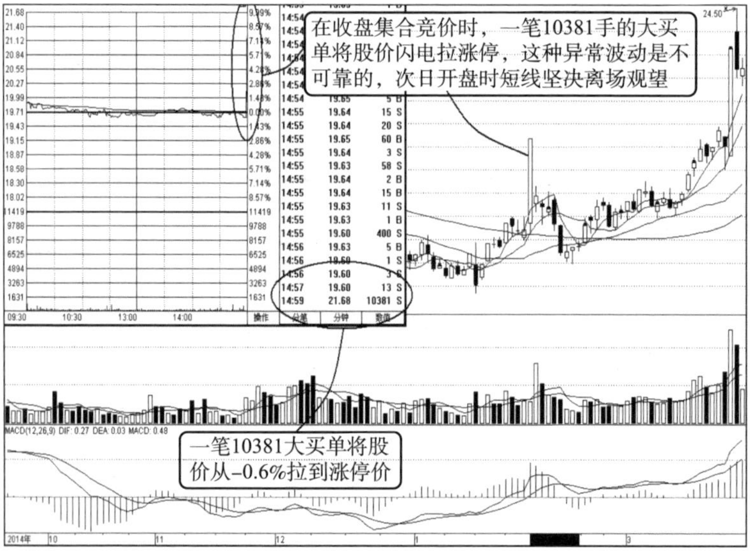

图 4-45　全聚德（002186）日 K 线和分时走势图

在实盘操作时，要特别注意高位的尾盘快速涨停，这十有八九是主力出货行为，持有这类个股的散户应果断退出，下面这个实例会有更好的启示。

图 4-46，南京化纤（600889）：该股前期大幅炒作，股价累计涨幅巨大，主力获利丰厚。在高位股价突然低开 6.77%，全天在低位弱势运行，一度触及跌停。在临近收盘 10 分钟内，股价接近 90 度快速拉到涨停，10 分钟的成交量就超过全天的成交量，换手率达到 18.21%。主力出货行为暴露无遗，第二天低开震荡，此后出现暴跌行情。投资者遇到这种尾盘异动拉升时，应坚决离场，不要被当天的虚拟涨幅所误导。

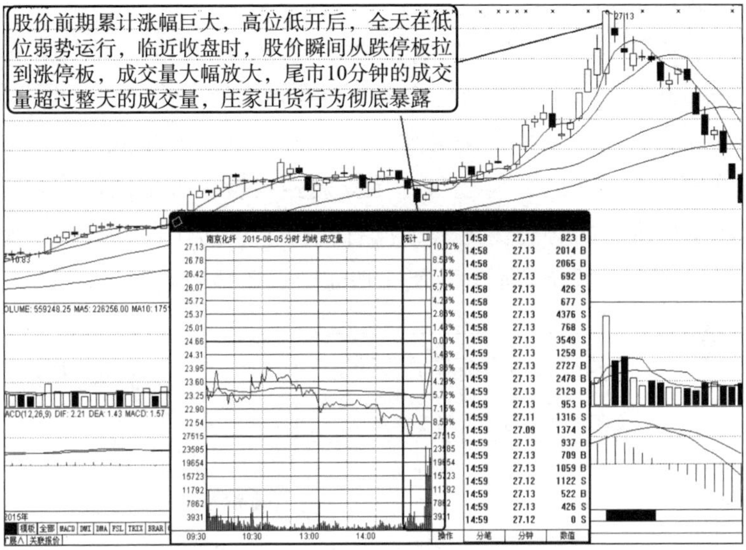

图 4-46　南京化纤（600889）日 K 线和分时走势图

二、勉强涨停——高抛

在股价到顶之际，盘面经常出现虚张声势现象，主力采用以寡示众、以弱示强的诱多涨停手法，实现金蝉脱壳的目的。特别是在没有力量的条件下，恶意拉涨停，以故意显示力量有余，以此设疑阵迷惑散户。

这种涨停方式一般发生在收盘前 30 分钟，主力突然发力，成交量大幅放大，股价直线式上涨到涨停，但盘中几次向下，抛单也巨大，最后 3~5 分钟勉强封于涨停。在分时图上显得极为勉强，但无论怎么看这种涨停都感到意外，这就向市场发出警告信号：顶部马上就要到了。通常次日极有可能伴随的就是一个 K 线见顶信号，如冲高回落的长上影流星线、高开低走的“乌云盖顶”、低开震荡的“阴包容”形态、低开低走的“倾盆大雨”等，此时阶段性顶部确立无疑。

操盘技巧：这种涨停方式大多次日有一个冲高动作，一般会达到2%左右，散户应随时做好卖出准备，在冲高无力时挂低卖出。有时可能一闪而过，在K线上形成一根上影线，而分时图中却看不到上涨痕迹，此时尽快离场。如果次日直接低开幅度不大（5%以下），此时也不必惊恐，大多在盘中有一次脉冲上涨到收盘价附近的机会，这时可以在昨日涨停价低几个价位卖出。如果次日低开幅度较大（5%以上），可以在跌幅缩小到1%左右卖出。

图4-47，省广集团（002400）：该股经过成功炒作后，股价涨幅已经接近3倍，主力获利十分丰厚，高位兑现获利筹码已是当务之急。2020年6月9日，股价小幅高开后，强势震荡走高，10：19股价一度冲板，但主力并不封盘，而是在涨停板下方作强势整理，尾盘勉强封板。可是，第二天股价低开4.49%后，全天维持弱势震荡走势，没有任何上攻动作，说明主力前一天利用涨停出货。所以，投资者面对这类个股走势，不应盲目跟风。

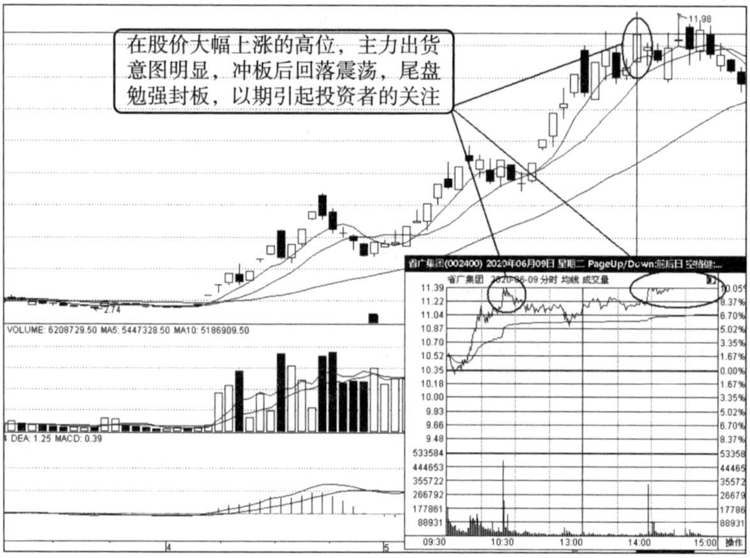

图4-47 省广集团（002400）日K线和分时走势图

实盘中有一种现象就是全天基本处于震荡态势，主力并无拉板迹象，但尾盘突然发力拉起并封板，这种涨停也显得非常勉强，第二天十有八九是低开弱势运行，通常是主力拉高出货所为。

图4-48，道恩股份（002838）：该股倒“V”形反转后大幅回落，

2020年4月2日开始出现强势反弹，股价连拉2个涨停后，4月8日出现高位震荡，说明上方压力较大，主力暗中不断出货，同时也反映跟风盘寥寥可数，股价重心渐渐下移。主力为了维护盘面的完整性，尾盘开始强势上攻，勉强收于涨停。在分时走势中，盘面出现典型的量价背离走势，一度出现放量下行，说明前期头部区域压力较大，尾盘拉板有主力诱多嫌疑。次日，股价大幅低开9.97%，盘中冲高回落，主力出货意图进一步显现，之后股价渐行渐弱。

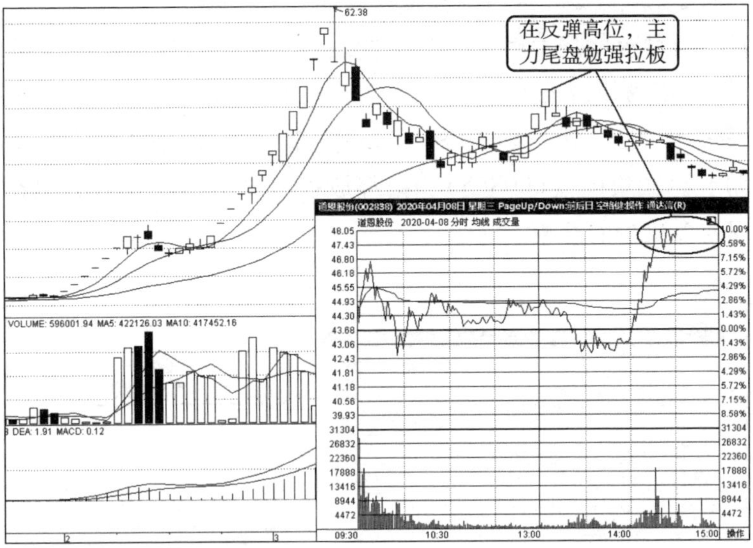

图4-48 道恩股份（002838）日K线和分时走势图

三、抢筹涨停——短炒

所谓抢筹就是抢购股票筹码，是指投资大众认为一只股票有上涨潜力时，就会争相买进（甚至不计成本）这只股票，以期在股票上涨后获得利润。在对象上，有机构与机构之间抢筹，机构与散户之间抢筹。对主力来说，只有收集到了足够多的股票作为筹码，才能达到控盘的效果，对股票的走势产生影响。

能够引发尾盘抢筹涨停的大致有以下几种因素：一是遇到突发性利好消息（哪怕传闻）；二是近日有重大事项公布（如重组、高送转预案等）；三是暴跌后的强劲反弹；四是大盘或板块强劲拉升（跟风涨停）；五是大量闲置资金（游资）入场。遇到这些潜在消息或市场现象时，容易出现尾盘抢筹现象，从而出现尾盘涨停。

操盘技巧：必须明确涨停原因，结合股价所处位置和盘面表现情况，仓位不能过重，控制在半仓以内，以短线操作为宜。这种涨停方式股价冲高后大多会回落整理，即使是实质性利好，短线也有一个回调过程。

图 4-49，茂业商业（600828）：2020 年 6 月 1 日，该股由于受“地摊经济”的消息刺激，短线资金迅速涌入，成交量突然放大，很快强势封板，股价也突破了底部盘区的压制。受到短线资金的热捧，导致盘中抢筹现象，且技术面上也有见底迹象，股价涨停也在情理之中。

随着“新型冠状病毒肺炎”疫情的逐步控制，各地管控措施相继放开，“地摊经济”成为经济复苏的新动力，一方面拉动就业人数上升，另一方面带动消费。因此，相关概念股在二级市场作出反应，如小商品城（600415）、百大集团（600865）、银都股份（603277）涨停，其他相关个股也出现或多或少的涨幅。

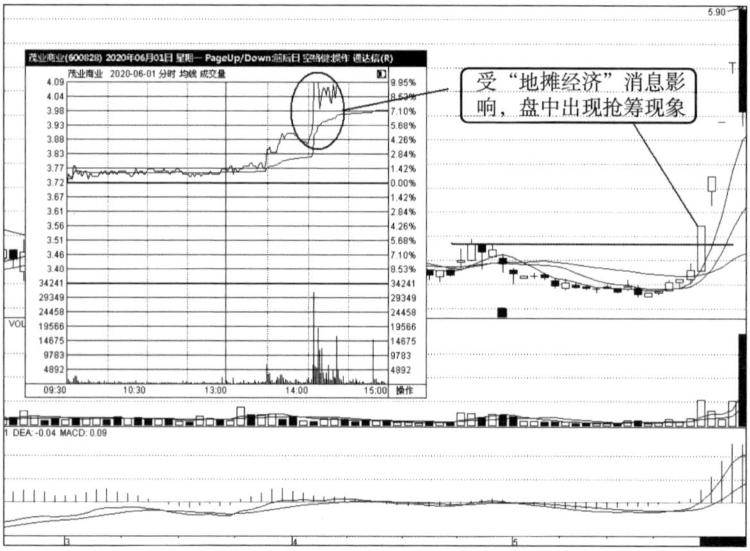

图 4-49 茂业商业（600828）日 K 线和分时走势图

图 4-50，江苏吴中（600200）：2020 年初，“新型冠状病毒肺炎”疫情开始在世界各国爆发，作为“医疗、抗流感”等多重概念的江苏吴中，自然是板块受益个股。2020 年 1 月 21 日，股价跳空高开 4.15%，然后经过一段时间的强势震荡，主力发力向上拉起，在拉升中出现抢筹现象，股价轻松被拉至涨停。

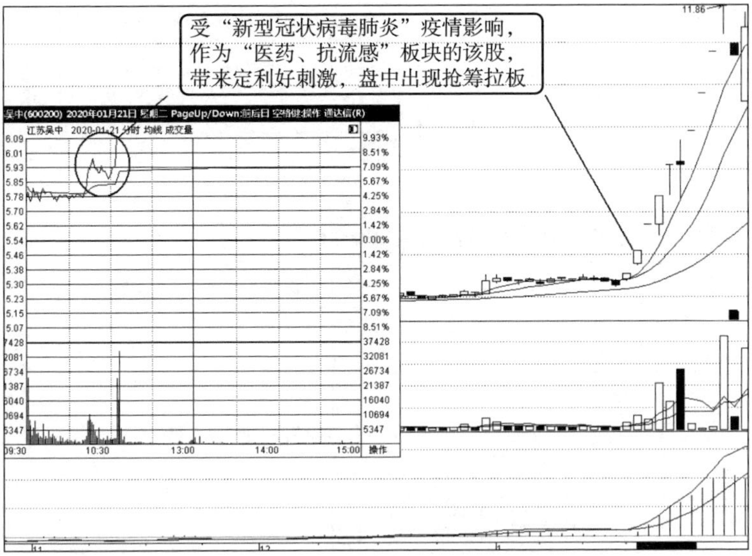

图 4-50　江苏吴中（600200）日 K 线和分时走势图

四、强势涨停——买入

股价先前已有小幅上涨，市场处于强势之中，当天开盘后基本保持横向震荡，成功进行洗盘换手后，在下午 2 点左右出现一波拉高行情，然后再次出现横盘震荡，尾盘拉高涨停。或者，主力当天在低位获得了所需的筹码，然后在尾盘快速脱离成本区。

操盘技巧：结合股价所处位置和盘面表现，在第二波上攻时积极跟进，一般后市仍有不俗表现。

图 4-51，梅雁吉祥（600868）：该股经过前期大幅下挫，在低位形成震荡筑底走势，连续出现两个一字形涨停，盘面渐渐转强。这天，开盘后全天在低位横盘震荡，1：50 开始股价突然拉高，第一波拉到 7%以上，然后保持在高位强势整理（没有大幅回落，就暗示主力将继续拉高），在尾盘半小时内放量涨停，股价向上突破，形成标准的"W"底形态，显示主力做多决心。随后该股连续拉出多个涨停，成为两市耀眼的靓股。

图 4-52，佳云科技（300242）：该股 2020 年 5 月 28 日的分时走势，与梅雁吉祥（600868）如出一辙，开盘后在低位横盘震荡换手，下午快速拉起，第一波拉升到 7%以上，然后小幅回落，维持强势整理，让获利筹码离场，在

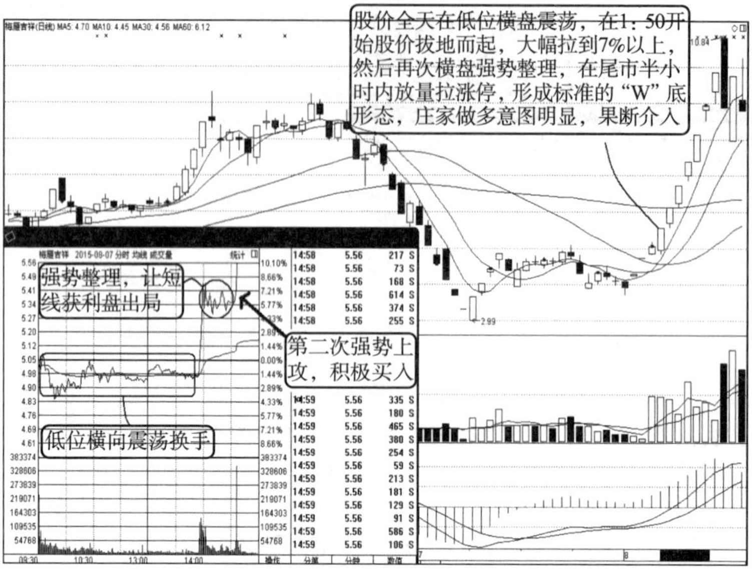

图 4-51 梅雁吉祥（600868）日 K 线和分时走势图

尾盘放量拉涨停。

这种盘面反映主力洗盘换手成功，短期仍有上攻潜力，不要认为尾盘涨停的个股就不是什么好事。投资者可以在第二波拉起时，快速跟进，定能获利。

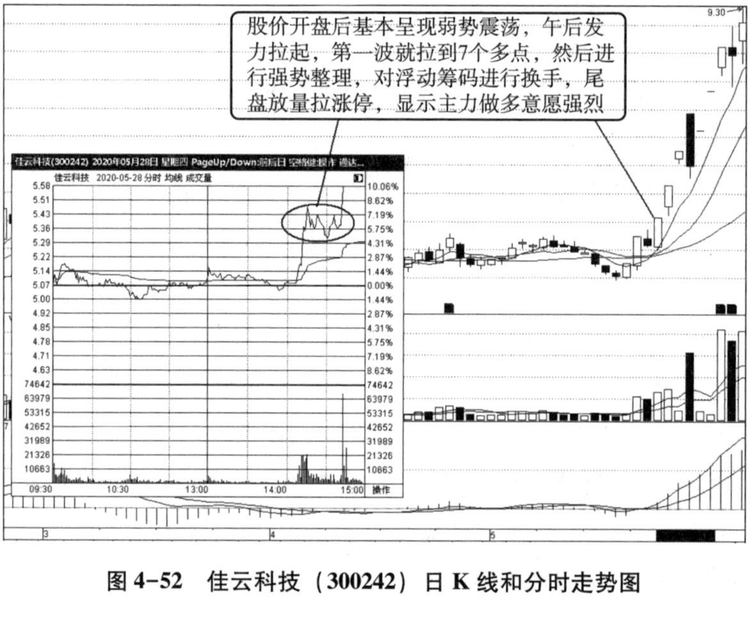

图 4-52 佳云科技（300242）日 K 线和分时走势图

五、收官涨停——跟进

收官涨停是指全天保持强势震荡，最后以涨停的形式完美收官，强势结束一天的行情。在分时图上表现为，股价全天或大部分时间在次高位徘徊，尾盘顺势拉涨停，说明追买人气足，有短线资金买盘涌入，预示明天可能会高开或继续上涨。或者，股价逐波上涨，涨跌富有韵律，尾盘时顺势推向涨停，说明主力控盘程度高，做多意味犹浓。这种盘面显示主力不费吹灰之力，尾盘临门一脚，股价轻松封涨停，当天行情完美收官，做多意图凸显。

操盘技巧：结合股价所处位置和盘面表现，在尾盘大胆跟进，仓位控制在 80%以内，一般后市仍有强势上涨。

图 4-53，汇顶科技（603160）：该股经过前期的爬升行情后，进入蓄势整理，持续时间较长。2020 年 1 月 10 日，开盘后立即出现向上推升走势，然后在涨停板下方维持盘整，盘基本保持坚挺的盘面运行（不跌就预示着后市要上涨）。在临近尾盘，主力轻而易举地将股价封于涨停，当天行情完美收官，之后股价继续强劲上涨。

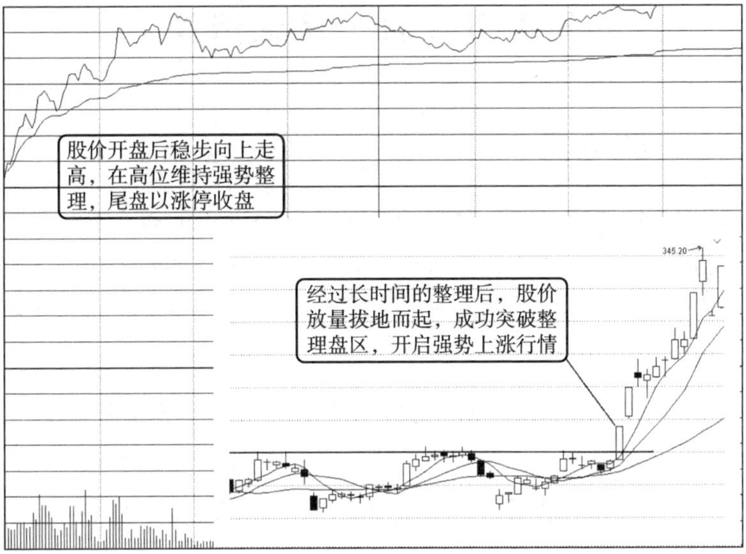

图 4-53 汇顶科技（603160）日 K 线和分时走势图

图 4-54 广百股份（002187）：2020 年 5 月 29 日，股价开盘后略做下探，然后稳步逐波走高，盘面走势坚挺，量价配合理想，尾盘轻松涨停，一天行情完美收官，说明前期高点的压力已经不大，预示后日行情依然美好。

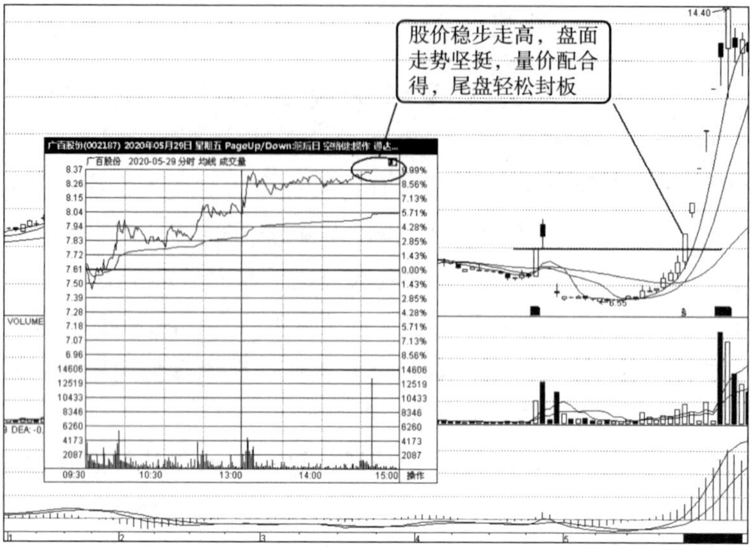

图 4-54　百广股份（002187）日 K 线和分时走势图

第五节　狙击尾盘涨停

一、尾盘涨停玄机

一天的战斗快要结束了，尾盘的走势能反映一天的多空交战到底谁强谁弱，所以最后半小时内的走势是重要的指标，对第二天的走势起着非常重要的作用。那么这种尾盘拉升有何玄机呢？一般来说，出现尾盘拉涨停有以下几个原因：

（1）主力为保存实力，在抛盘比较少的尾盘拉升，消耗资金少。

（2）主力还没有出完货，需要快速拉高，在高位继续出货。

（3）主力当天在底部获得了所需的筹码，需要快速脱离成本区。

（4）突然获得利好消息，如近日有重大事项公布等，主力进场扫单。

（5）全天在高位徘徊，最后封涨停，说明主力做多决心大。

（6）全天在次高位徘徊，大盘尾盘向上翘或回钩，追买人气足，涨停则意味明天可能会高开或继续上涨，会有短线资金买盘涌入推至涨停。

（7）主力为修饰 K 线图，拉出光头阳线，显示做多信心，但实际上却为派发筹码做准备。

二、尾盘涨停方式

从收盘价看，股票的变化只有两种：涨和跌。但仅以此判断未来股价的走势远远不够，要想更多了解盘面具体的变化，一定要看分时走势的变化，在此重点探讨一下在尾盘时急速拉升的盘面现象。

1. 直线拉升

前几天和当天一天走势都很平淡，在收盘前最后几分钟时股价出现异常放量拉升，股价的变动呈跳跃波动，中间不出现震荡回调，几乎是一条直线。成交量快速放大，不给任何人以低价追进的机会。

这种尾盘拉升的手法只是市场投资者短时间的需要，可能是为了粉饰账面利润或技术图形，也可能是为引起市场关注，多是一种信心不足的表现。这种手法在股价大幅上涨之前一般不会出现，在股价主要趋势完成以后才比较常见。一般来说，如果全天的成交量因为尾盘的放大而明显放大，显示主力筹码无法顺利派发，必须采取拉高再想办法出货。后市主力还会以出货为主，走势不太看好。

图 4-55，华培动力（603121）：该股经过一波快速拉升后，2019 年 9 月 24 日开盘后，盘中出现宽幅震荡，股价大起大落。下午 2：36 股价从下跌 8.73%开始直线拉到涨停，出现异常放量现象，股价跳跃式上涨，收盘时略有回落。这是主力在尾盘采用“四两拨千斤”的偷袭手法，也是主力结束拉升之前的最后疯狂表现。这种恶意拉高股价，充分透露主力出货意图，后市股价不宜过分乐观。

2. 量价齐升

尾盘最后 1 小时左右开始出现放量震荡拉升，盘面不是平滑的直线，全天成交量也明显比先前放大，从 K 线上看量价配合非常完美，出现正常的价涨量增态势，此时股价流畅上扬，在很短的时间里出现让人赏心悦目的上涨，成交量也呈现极有规律的持续放大，因为主力要在有限的资金量下实现股价涨幅的最大化，所以在时间上多选择收市前半小时内完成整个拉升，给人的整体印象是涨势非常强劲，上涨已势在必行。这种尾盘的急升主要是主力为了吸引市场投资者参与，集中资金和筹码在短时间里交易，做出极具实力的股价形态。实际上这是主力力量不强的表现，这种尾盘的震荡拉高其实是一

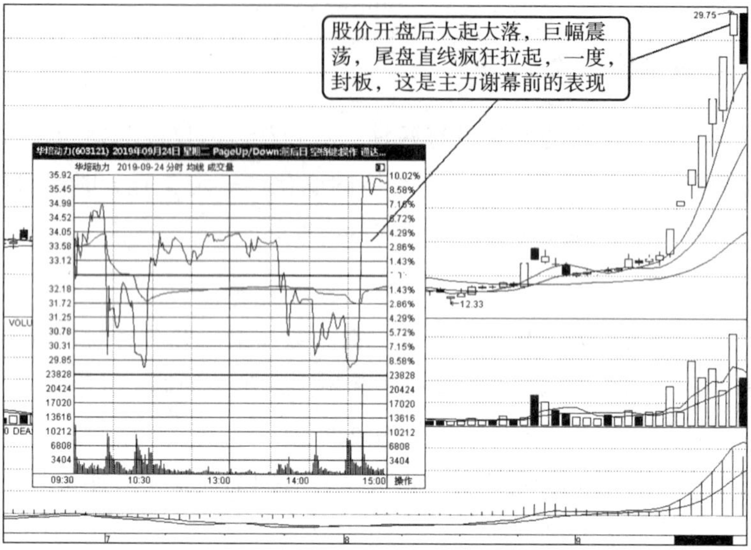

图 4-55 华培动力（603121）日 K 线和分时走势图

种对敲，这样的拉升方式主要目的还是吸引跟风入场，既能降低主力拉升的成本，又为以后的出货加大了空间。这种走势出现后往往股价还能走高，但持续时间不会很长。

这种结论基于以下三点：

（1）主力并不想增大持仓量，在分时走势的交易中，股价一口气上涨，并不是主力拼命想要货，而是在大量交易下利用投资者心理喜好的变化有效抑制抛盘，上方看起来很大的抛盘实际上是在主力的预期中。

（2）主力想要做高股价的幅度已经有限，所以选择尾盘，否则完全可以开盘后拉升，就可以买到更多筹码，尾盘拉升说明主力已无心恋战。

（3）尾盘拉升不会给投资者充分的时间思考，一般会依据追涨心理行动，可见主力是想让市场持有者安心持有，让观望者快速买进。

图 4-56，特力 A（000025）：该股低开后下跌至跌停，然后打开跌停，午后开始放量震荡走高，尾盘两度到达涨停，但最终无力封盘。在分时走势中，股价全天大部分时间里在跌停位置附近震荡，午后开始震荡上涨，特别在尾盘出现放量加速上涨，盘面呈现出流畅上扬的虚假态势，成交量成倍放大，股价从跌停拉到涨停。主力急切推高股价并希望市场都来关注该股的上涨。显而易见，该股主力是不想付出太大成本而尽量在高位派发筹码。

能在尾盘急速拉升的股票一定是控盘程度很高的股票，主力已不怕被散户发现，完全是通过这种手段尽可能地让人参与。也就是说，此时主力的目的多是出货，而此后股价的整体上涨空间已经有限，对于投资者而言，此时追高参与无异于在刀口上舔血。

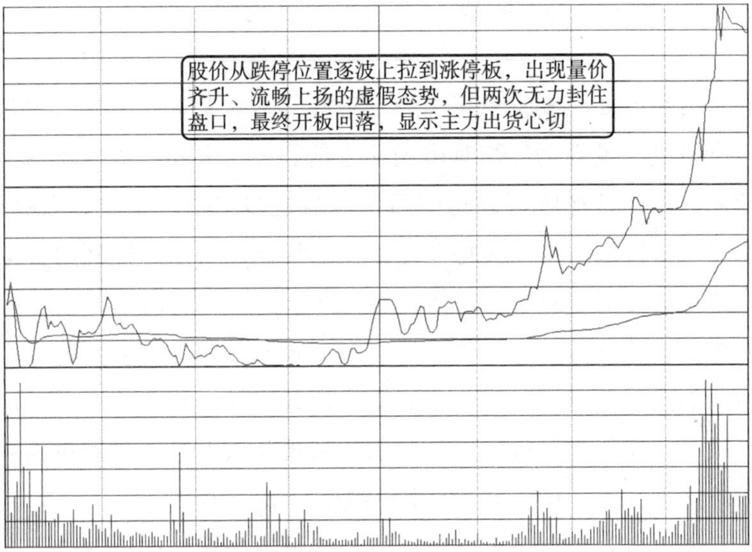

图 4-56　特力 A（000025）分时走势图

3. 护盘拉升

以个股一天行情表现为例，护盘行为在实盘中可分为两种情况：一是盘中拉升后，主力为了将股价维持在一定的涨幅，就要在盘中继续买入部分抛单，直至高位收市，这是一种维护股价当天涨幅的护盘行为。二是股价当天处于下跌状态，为了不让股价跌幅过大或缓和股价盘中下跌速度，主力有时也出来护盘。当然，个股即使有大主力潜伏其中，也不是每到下跌时都会出来护盘。不护盘的理由甚多：主力资金有限、对大盘或该股也不甚乐观、市场抛压过大等原因都可以导致主力不护盘。

护盘的方式大概可以分为三类：

（1）直接入市买进拉高股价。

（2）在买盘挂出数量较大的买单稳定场内投资者持股信心，减少抛压，从而稳定股价。有时主力会将前面所说二者结合操作，这样的效果往往较好。

（3）尾盘采用偷袭方法，拉起股价达到让股价不跌或少跌的目的。

这里重点介绍一下主力以尾盘偷袭方式，拉高股价达到股价不跌或少跌的护盘行为。

在实盘中，利用尾盘偷袭式拉高股价护盘并不少见，这种行为一般出现在当天大盘出现较大跌幅或个股当天短线连续下跌后，其原因有以下几点：

一是主力对大盘或该股未来走势不看好，不敢大量入市接筹护盘。但因自身已持有该股大量筹码，却对市场缺乏信心，怎么办？主力就利用尾盘偷袭方式拉高股价，这样既可以达到不用花费过多资金，又能拉高股价目的。主力着眼于收盘价做动作，其特征是：在临收盘最后几分钟利用少量资金快速拉起。这是信心不足的主力护盘动作。

二是尾盘偷袭护盘动作属于主力实力有限所致。这类主力看着股价盘中下跌想进行护盘，但所调配的资金有限，也只能从做收盘价入手。这类主力的护盘特征是：在临收盘最后一分钟内，利用几张大买单快速拔高股价，能拉回多少算多少。这是有心无力的主力护盘动作。

三是实力主力对大盘当天或者短线走势没有把握，在盘中股价下跌时不敢轻易出手护盘。主力看不清大势，甚至看错大势是再正常不过的事情，临近尾盘大势稳定或者出现转势时，主力利用临收盘最后几分钟快速拉高股价，此举也是护盘的一种。如果主力实力强而且对后市有把握和信心，那么在下一个交易日股价往往出现反弹收阳的走势；如果主力实力一般或信心不足，那么下一个交易日股价往往出现低开并继续走弱。

图 4-57，金健米业（600127）：这是该股 2020 年 5 月 12 日的分时走势图。当天大盘在中盘时出现大跳水，该股在大盘企稳时向上走高，在尾盘出现明显急拉护盘动作。

在实盘中，有时当天难以立刻判断该股主力操纵尾盘属于什么意图，此时就需要对个股进行继续跟踪分析。股价后市短期价格走向和强弱表现，往往能说明主力在前期拉尾盘操纵的意图是什么。通过跟踪分析判断得出的结论虽然晚了一些，但投资者能在为期不长的时间内，在一定程度上了解潜伏在股票中的主力属于什么类型？当前主力操作意图是什么？这远远比看其他技术指标更有意义。

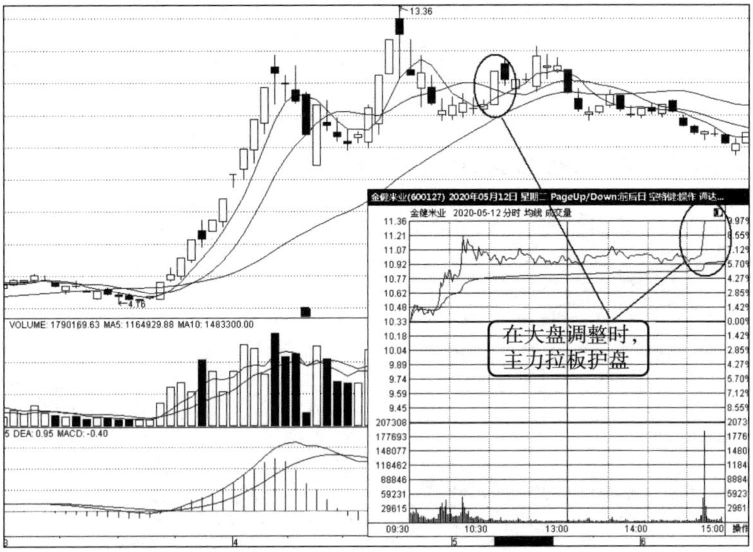

图 4-57　金健米业（600127）日 K 线和分时走势图

4. 震荡拉升

前期股价走势就十分活跃，成交量始终维持较高水平，但是股价无法继续拉高，而是在当日尾盘突然拉升，甚至一直快速拉升到涨停，成交量放大非常明显，虽然成交量中有对敲造势的成分，但是也说明跟风盘非常踊跃。涨停可以最大限度地吸引市场跟风，而第二天开始股价却没有高开高走，反而突然疲软，这可能是主力利用人们的惯性思维，认为股价涨停后，后市必将拉高，如果不拉高就要卖的心理，顺势打压洗盘，为后市拉高扫平道路。这样的个股往往在不久之后，就会有不错的拉升行情。

操作技巧：一是看前期股价下跌幅度大小；二是分析涨停出现时的价位高低。如果前期跌幅大，股价处于低位，那么涨停就是一个见底信号。

图 4-58，中潜股份（300526）：该股在低位出现长时间的筑底走势，主力吸纳了大量的低价筹码。2019 年 7 月 22 日，股价小幅低开后，呈现逐波走高态势，下午继续走强，尾盘放量拉板，股价创出上涨新高，上涨空间被有效打开。之后主力洗盘调整，股价回落到该位置时，得到有效确认后，股价出现加速上涨行情。

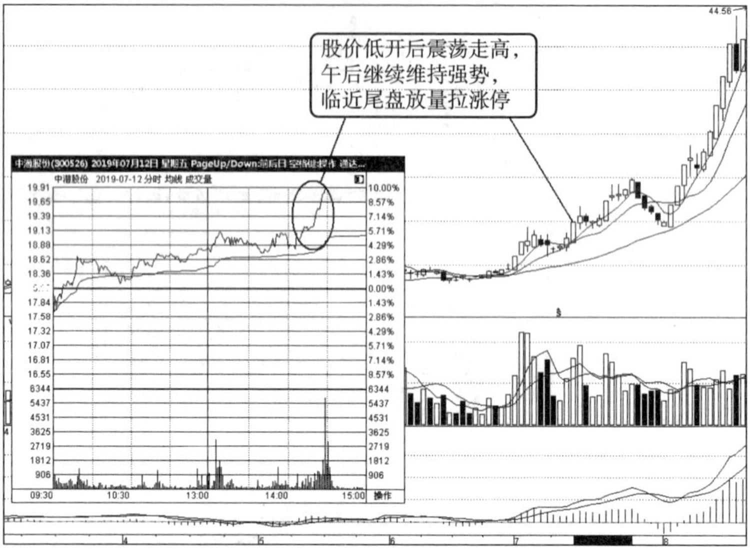

图 4-58　中潜股份（300526）日 K 线和分时走势图

三、尾盘涨停定式

一般来说，涨停的次日或随后几日的获利机会较大，那么什么样的涨停可靠性大呢？一般认为早盘的涨停可靠性大，但是也有风险，万一遇到大盘不好，个股尾盘随大盘跳水，那么在上午涨停买入的个股，势必有开板的风险，一般开板后次日将还会下挫。在尾盘涨停的个股，由于有跟风的因素，所以，人们一般不追尾盘的涨停。但是，如果能找出主力决心大的尾盘涨停，赚钱的机会就来了。为此可以设计出一个尾盘追涨停的模型，符合限定条件的尾盘涨停，还是值得追击的。

尾盘追涨停的技术模型，就是要符合一定条件的必胜图形。

（1）股价开盘后进行短暂的震荡整理，可以在前一日收盘价上方或下方，也可以围绕前一日收盘价震荡。需要注意的是，如果在前一日收盘价下方运行，时间上应小于 30 分钟，跌幅最好在 3%以内，跌幅大了，既影响拉升难度，也容易伤害盘面气势。如果在前一日收盘价上方运行，时间上可以放大到 1 个小时，这样即使放进新多头，其介入成本也相对较高，方便次日继续拉高。

（2）经过短暂的震荡后，一个拉升波将股价拉高到下一个箱体，然后又开始新一轮的震荡。如果前一箱体内运行时间越长，那么拉升波要求有力度、有高度，不能犹豫。

这里告诉大家一个鲜为人知的大秘密，很多人吃亏上当就在这里。实盘中如何分析震荡后的拉升波呢？就是震荡时间长，拉升必须坚强有力，这样才能说明这个震荡是主力有预谋的行为，否则就不成立，那么就要放弃跟进，甚至要卖出。如果震荡时间短，则可以放宽拉升的力度，这是因为主力准备并不充分，但可以确定主力仍在控盘中。

（3）第二个箱体的运行时间不能超过 2 个小时。如果超过 2 个小时，必须满足 2 个要求：一是高度必须足够高，达到 5%以上的涨幅；二是必须再有一个有力度的拉升波，不能有犹豫。

（4）经前面 2 个有力度的拉升波后，股价拉到第 3 个箱体，这个箱体运行时间应小于 30 分钟。需要指出的是，有的个股盘面比较简单直观，经过较长时间的震荡整理后，第二个拉升波就直接把股价封于涨停。

（5）封盘后要快速缩量，最好不能有开板，即使出现开板，也要迅速重新封回。

下面结合实例分析，看看它有什么特点？盘面背后隐藏着什么操盘本质？

图 4-59，特发信息（000070）：在该股分时走势中，开盘后先下探，在前一日收盘价下方整理 30 分钟，然后一个拉升波有力拉高，进入下一个整理平台，经过一段时间的震荡整理，又一个拉升波继续拉到更高的平台，尾盘拉至涨停，这是一个非常标准的必胜图形。下面按照时间顺序来进一步解释，与大家分享。

（1）开盘后不久迅速打低，但并没有产生恐慌下跌，而是在前一日收盘价下方作小箱体运行，跌幅在 3%以内。这是主力有计划、有预谋的表现，是主力控盘的结果。

（2）10 点左右一个拉升波将股价拉到下一个箱体，然后又开始新一轮的震荡整理。拉升波说明主力源源不断投入资金，也能说明第一个时间段主力是有计划、有预谋的推断。“现在，洗盘结束了，该拉升了！”这就是盘面透露出来的操盘手的心理信号，是一种强烈的做盘信息。如果不是有计划、有预谋，怎么可能低位震荡过后出现一波有力的拉升波呢？这次拉升波幅度不大，但干脆有力，没有犹豫。

（3）第二个箱体运行时间不到 2 个小时，拉升幅度虽然不到 5%，但这是一个有力度的拉升波，符合上述条件。

（4）午后开盘不久出现第二个有力的拉升波，股价拉到第三个箱体，这个箱体运行时间虽然超过 30 分钟，但盘面坚挺，回调不破第二个箱体的上沿。

（5）尾盘单波拉到涨停，强势表现无可争辩。

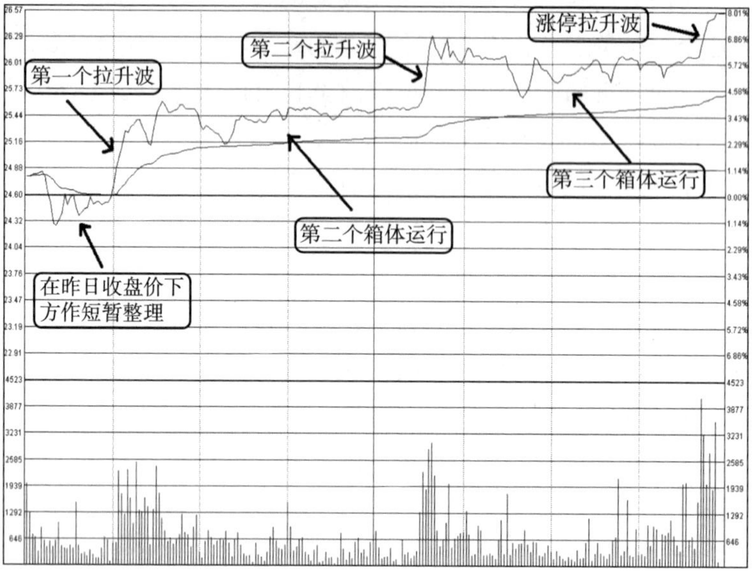

图 4-59　特发信息（000070）分时走势图

图 4-60，奥翔药业（603229）：这是该股 2020 年 3 月 23 日的分时走势

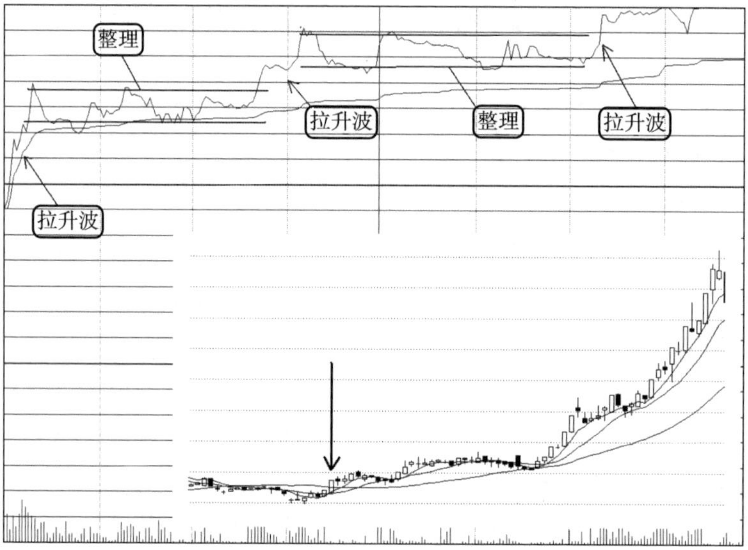

图 4-60　奥翔药业（603229）日 K 线和分时走势图

图。开盘后先出现一波拉升，然后形成横盘整理。经过整理后再次出现一波拉升，接着，又出现强势整理平台。在整理时，盘面出现箱体震荡，股价不破当日均价线。尾盘股价拉至涨停，这是一个非常理想的必胜图形。

在实盘中，有的个股盘面比较简单直观，经过较长时间的震荡整理后，第二个拉升波就直接把股价封于涨停，但这种盘面的箱体整理时间要比三波涨停要长得多。

图 4-61，联环药业（600513）：这是该股 2020 年 1 月 17 日的分时走势图。股价开盘后出现一波拉升波，将股价维持在前一日收盘价上方进行横盘整理，午后出现一波有力的拉升波，整理时间近 2 个小时，下午 2：21 开始出现第二个拉升波，股价摸板后强势震荡，尾盘强势封板。这种盘面走势，大多具有继续上攻的动力，投资者可以积极跟进做多。

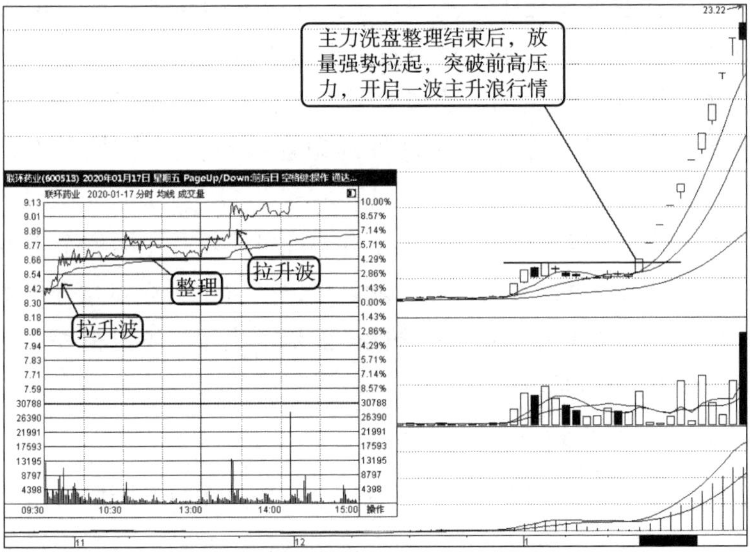

图 4-61 联环药业（600513）日 K 线和分时走势图

四、尾盘放量涨停分析

1. 为什么出现尾盘放量涨停

股价全天大部分时间在低位横盘运行，但主力在临近收盘前的较短时间里突然放量拉升，将股价拉升到涨停。

这里所说的尾盘放量涨停，通常是指收盘前 30 分钟内，股价突然放量向上拉升，并且是一气呵成地把股价拉至涨停。涨停之后，成交量迅速萎缩。出现这种走势的个股，说明该股主力已经达到了高度控盘的程度。

出现这种走势的个股，大部分都是一些强庄股，主力达到高度控盘。开盘之后，主力全天把股价控制在一个很小的范围内波动，让散户在这个区域内自由买卖，当股价到了关键的点位时，主力才出来干涉一下。由于主力高度控股，盘中股价一直表现得比较低迷，即使此时大盘出现强势上涨，该股依旧我行我素，始终处于这种沉闷走势之中。当大家都对该股失去信心的时候，主力突然在尾盘对股价进行大幅度的拉升，并且迅速向上拉高，让散户根本来不及作出反应。

一般的散户看到个股在一天的大部分时间里股价都是处于低迷的状态，收盘前的30分钟内就不会对股价再抱有太多幻想，有的散户甚至都不愿意继续关注盘面变化了。主力正是抓住散户的这种心态，在尾盘采用对倒手法把股价快速拉上去。成交量呈现出明显的放大，而这个成交量往往是主力的自买自卖产生的。当股价被拉至涨停后，成交量又迅速萎缩。这表明在股价涨停后，很少有主动性的抛盘出现，主力对筹码锁定比较牢固。

除此之外，之所以在尾盘拉升，还有一种可能就是主力资金实力不是很雄厚，采用在尾盘拉升的最大好处，就是可以节省主力很多拉升成本。因为这时很多散户来不及作出反应，股价就已经涨上去了，可以很好避免一些抛压盘，增加主力接筹和拉升成本。

2. 尾盘放量涨停操作技巧

尾盘放量涨停，一般都是主力行为，这是主力在拉升阶段常用的做盘手法。当然，也不排除主力在出货过程中采用这种手法拉升，引诱投资者入场接盘。因为，不少人以为主力抢筹次日必然再涨，岂不知，这正是主力刻意操纵股价，制造上涨假象，为次日出货而做的准备工作。由于尾盘所剩的时间有限，有些持股人也未必能分辨出主力的目的而快速抛出，所以主力尾盘偷袭，所耗资金较小，又能拉出较大的出货空间，次日则在高位派发筹码。特别是股价在高位，尾盘异动拉升涨停，暴露出主力的动机——骗术，目的就是出货。持股者一旦发现，应借机卖出，切莫心贪，渴望再涨。所以尾盘放量涨停，重点要关注股价所处的位置。

（1）如果是在股价刚启动的底部区域，或者是在股价上涨中途出现这种走势，往往标志着主力开始进入拉升阶段，后市股价将会继续向上攀升。此时，投资者可以在股价涨停的瞬间买进，或者在第二天开盘后股价继续走强时果断追进。

图 4-62，科蓝软件（300663）：该股成功构筑多重底后，2020 年 6 月 16 日主力在尾盘放量持续拉高，短线资金入场积极，预示股价将进入强势上涨行情，投资者可以涨停的瞬间或次日伺机介入。

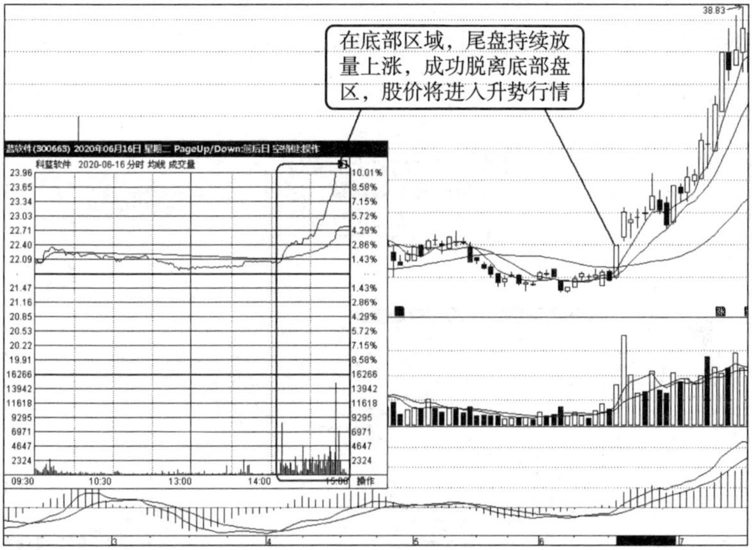

图 4-62　科蓝软件（300663）日 K 线和分时走势图

（2）如果是在股价经过大幅度上涨之后的高位出现这种走势，那么投资者就要引起注意了，因为这很可能是主力在故意拉高股价引诱投资者入场接盘，从而达到自己出货的目的。在这种情况下，后市股价很可能会出现下跌行情。因此，投资者遇到这种走势的个股时，一定要看清楚股价所处的位置。

在高位出现尾盘涨停，如果是主力在出货，盘面上一般会有两个明显的特征：

一是在拉升之前的震荡过程中，成交量不会呈现出萎缩的状态，而是呈现出时大时小的现象。

二是在股价封住涨停之后，成交量很少马上出现缩量状态，反而会出现持续放大的现象。所以，资者遇到这种走势的个股之后，要立即打开该股的日 K 线走势进行分析，看一下该股此时所处的位置。如果股价处天长期上涨后的高位区域，那么投资者最好不要去碰它，这很可能就是主力准备出货而故意设下的圈套。

图 4-63，和胜股份（002824）：2020 年 3 月 5 日，该股开盘后震荡走低，盘中跌幅一度超过 7%，成交量保持较高状态，说明主力出货意图非常明显。午后股价企稳回升，主力对倒强势拉抬，尾盘封涨停。第二天股价冲高回落，形成阶段性顶部。

这种盘面走势，初看起来非常强劲，实则非常不安全。原因有三：一是股价短期涨幅较大；二是封盘后仍然出现较大的成交量；三是日 K 线结构上有边拉升边出货嫌疑。

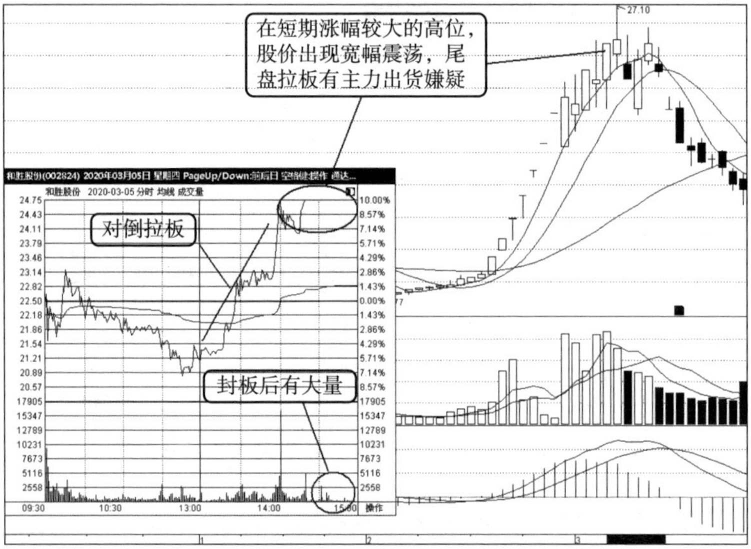

图 4-63　和胜股份（002824）日 K 线和分时走势图

（3）在大幅反弹的高点出现尾盘拉板，也要引起警惕，有反弹结束之意。

图 4-64，西安旅游（000610）：该股见顶后逐波回落，出现超跌反弹走势。2020 年 3 月 20 日在反弹高点，尾盘出现异常走势。在分时运行中，低开后维持一段时间的弱势横盘整理，几乎没有任何上攻动力，在临近尾盘时出现两波快速拉升，将股价拉至涨停。这表明反弹行情即将结束，为多头最后一冲的表现，投资者不宜参与。

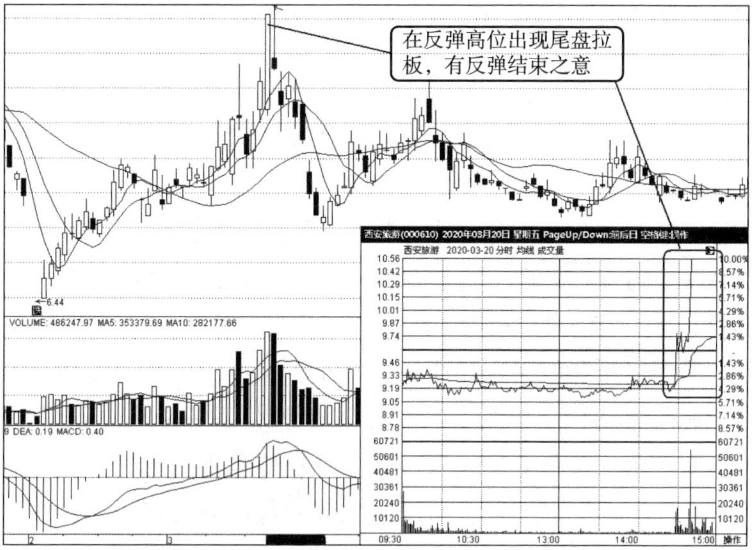

图 4-64 西安旅游（000610）日 K 线和分时走势图

五、尾盘分析方法

盘尾拉涨停在实盘中经常遇到，有些可以参与，有些就是陷阱。为了更好地把握买卖时机，提高操盘成功率，减少失误率，根据上述实例分析为投资者归纳以下思路：

（1）将个股价格和个股技术形态结合起来判断分析。如果一只股票构筑缓慢的上升通道，并走进最后的五浪加速期，那么这个时候的急速拉高属于本身趋势形态上涨加速，在股价快速起飞的初期，可以适度跟涨；反之，则应该观望。

（2）区别不同位置的尾盘涨停。在低位出现尾盘急拉现象，一般说明主力掌握的筹码不足，拉高是为了吸筹，以备打压股价之用。次日甚至此后数日，下跌概率极大。因此应对的办法是逢高卖出，以后加强观察。

在中位出现尾盘急拉现象，一般说明处于拉升中继，如果全天股价均在高处，则次日上涨的概率较大；如果全天股价处于盘整状态，而尾盘急拉，说明洗盘即将开始，尾盘拉升，是为了加大洗盘空间但同时又不愿大跌，以免廉价筹码被散户抢去。因此应对的办法是既可以出局，也可以观察待变。

在高位出现尾盘急拉，一般是为了加大出货空间，逢高及时卖出是明智的选择。对主力严重控盘股票的尾盘拉升，一般可以不理会、不参与，因为主力可以随意定义股价，既然可以拉升，也完全可以打压。

（3）在高位横盘个股经常出现尾盘急速拉高应该警惕，特别是全天的交易日内，基本保持震荡盘跌。而在临近收盘时，就有大买盘主动推高股价，并且这样的股票累积涨幅已经不小，应该考虑主力骗线做图，掩盖自身出货痕迹。

（4）区分有量急拉和无量上涨的两种不同情况。前者属于主力对敲做盘，从买卖档可以看到很多大单、整数单的大举买进，这种情况十有八九属于主力故意炫耀实力，引诱散户跟风。而后者则是突发刺激，场外资金急切抢进，股价无须放量就轻松涨停，这往往说明两个含义：一是主力惜售，二是筹码高度集中。这种情况下的无量拉高，特别是封涨停，后市绝对可以看高一线。

（5）分析当天大盘强弱。如果当天大盘在尾盘出现急速拉升，而且市场中出现价量齐升的板块，投资者就可以顺势参与尾盘急速拉升的股票，但要注意控制好仓位，设置好止损位，一旦次日走势偏弱，就应考虑止损出局。如果当天大盘走势偏弱，分时图上出现震荡下行的走势，个股在尾盘出现急速拉升，投资者就可以借此良机逢高卖出，万不要犹豫，不要错过减仓机会。

（6）股价与均价线之间的位置。如果股价在均价线的上方运行，说明当天的分时走势比较强劲。当股价经过盘整之后，突然摆脱盘整区域快速上涨，呈现跳跃式上升，且上升速度很快，上升角度很陡，投资者就可以顺势追进；反之，则说明当天的分时走势偏弱。当股价经过一波又一波的震荡下行以后远离均价线，突然出现急速的尾盘拉升，对于此种上涨投资者应该谨慎对待，不参与追涨为好，可以适当逢高减仓。

（7）分析成交密度和大单成交。成交密度就是股价在成交连续上的紧密程度，是指股价在 1 分钟的单位时间里的成交间隔度。成交密度越大，说明参与者越多，而参与者越多，则人气越旺，成交越活跃，而成交越活跃则尾盘拉涨停的概率就极大。在尾盘拉升过程中，如果出现连续的大单挂单或者断续的大单挂单，表明主力开始参与其中。反之，投资者就不必追高参与。

（8）根据流通盘大小区别对待。在大盘股的炒作中，尾盘拉升出现的概率一般要大于小盘股。因为在大盘股的炒作中，主力必须努力解决不控盘问题。由于监管力度的加强，高控盘的炒作模式已被市场所否定。庄股的大跳水，给新的市场主力敲响了警钟。在近年的行情中，不难看到一种新的操作手法：不控盘操作正在被市场广泛应用。如何做到既不控盘又能推高股价？一是充分利用大盘气势和板块效应；二是多次使用尾盘拉升的手法。因为尾盘的时间短，抛压小，拉升时成交量不大，主力买入的筹码有限。第二天，如果大盘不是太坏，一般股价都能在高位撑住。在 2015 年上半年的行情中，如民生银行、工商银行、马钢股份等，看到尾盘拉升频频出现。而出现尾盘拉升走势后，并不意味着股价会下跌，相反继续上涨的概率较大。因此，此时应对的办法是：只要股价不在高位，说明处于拉升中途，仍可继续持股。

第五章　特殊型涨停分析

特殊型涨停，是指在分时图的走势上，不同于阶梯型涨停、斜刺型涨停、震荡型涨停和脉冲型涨停的另类涨停走势。它们出现的频次虽然没有前四类的多，但作为涨停的一种类型，必须加以研究和分析。

特殊型涨停有以下五种形态：凹字型涨停、凸字型涨停、一字型涨停、T 字型涨停和天地型涨停。这五种涨停形态既各具特色，又各有功能。读懂了这些涨停的盘口语言，就可以在涨停出现时抓住机会，成为一名真正全天候的捕捉涨停板高手。

第一节　凹字型涨停

一、凹字型涨停技术要点

凹字型涨停，是指股价在快速封住涨停以后，盘中被打开一段时间又重新封盘的走势形态，其分时图如同一个“凹”字，故称凹字型涨停。简单过程就是“涨停—打开—再封涨停”。

1. 凹字型涨停主要原因

为什么会出现凹字型涨停走势呢？主要原因有三：

(1) 部分获利盘或套牢盘在涨停时抛出。

(2) 主力故意撤掉涨停封单或用自己的筹码砸开涨停，待开板洗盘计划完成后又重新封盘。

（3）这种形态如果出现在低位，大多是主力利用开板吸货或洗盘；如果出现在涨幅较大的高位，这是主力利用涨停出货的一种操盘手法。

2. 凹字型涨停技术要点

在实盘中操作凹字型涨停时，应掌握以下技术要点：

（1）均线系统向上，最好是刚刚形成多头排列，或者是第二次多头发散（洗盘结束）。在均线系统大幅扩散时，小心出现出货性凹字涨停。

（2）成交量放大，但不是异常放大，以涨停前 5 日均量的 3 倍以下为宜，或换手率在 5%以下，超过 10%时应谨慎。

（3）技术指标向好，如 MACD、RSI 等指标，刚刚形成金叉或已经金叉，BOLL 指标穿过中轨线。

（4）涨停当天如果伴有向上跳空缺口，则看涨意义更强，但前提必须属于突破性缺口或持续性缺口，而不是衰竭性缺口。

（5）收盘前重新封涨停，封盘后快速缩量，表明筹码锁定性好，资金没有大规模出逃，否则应引起警惕，封盘后的放量一般不是好事。

（6）如果次日盘面走弱，则后市有重归调整的可能，或是出现出货性凹字涨停。

二、凹字型涨停实盘技巧

1. 建仓性凹字涨停

建仓性凹字涨停通常出现在大幅杀跌后，量能极度萎缩的情况下，由于市场过于超跌导致惜售，主力很难吸筹，只能采用涨停建仓。这种涨停的内部结构是涨停后反复打开，让一部分散户解套交出筹码，涨停后短期很少出现持续上涨，因为主力后面可能还要进行整理或试盘，最后才是快速拉升。

图 5-1，新力金融（600318）：该股见顶后大幅回落，主力悄然入场低吸筹码，由于投资者低位惜售心理，主力吸货难以如愿。2020 年 5 月 18 日，开盘后强势拉起，股价直奔涨停板，主力通过拉涨停方式强势收集筹码。在当日分时走势中，开盘后几乎一波式拉涨停，封盘一段时间后“开闸放水”，然后又重新封单至收盘，封盘后成交量快速萎缩，筹码立即锁定，形成凹字涨停形态。

这种盘面现象，只要股价不是处在高位，后市一般还能创出新高，具有中短线投资价值。只要股价不破涨停的起涨点，就可以一路持有到主力出货为止。该股此后强势上涨，短期股价涨幅翻倍。

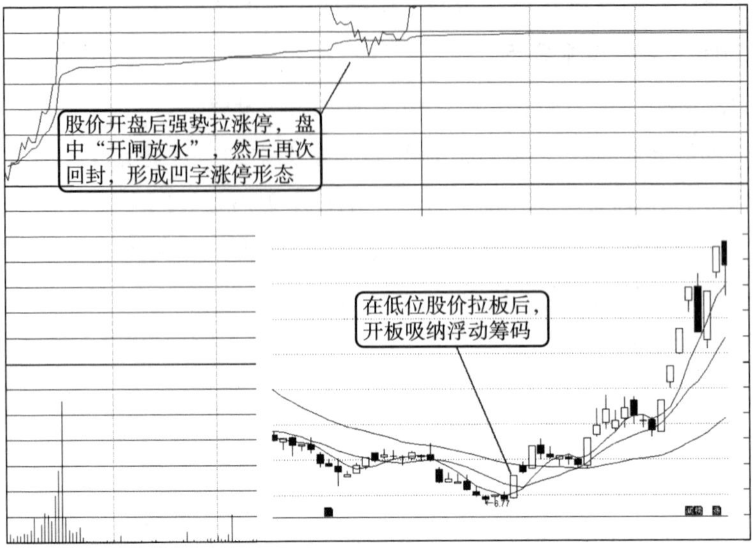

图 5-1 新力金融（600318）日 K 线和分时走势图

很多时候，凹字型涨停在分时走势图上，由于受突发性利好或主力急于拉高而形成一个向上跳空缺口，这是因为主力急于抢筹上攻所致。但往往由于攻得太急，反而导致空头逢高减磅的欲望，所以涨停会被打开，当空头筹码抛盘已尽、多头重新向涨停攻击时，就是最后的买点。注意，重新封上涨停后是放量还是缩量，是区分主力是出货还是洗盘的重要标志。

2. 洗盘性凹字涨停

洗盘性凹字涨停大多出现在上涨初期，股价涨幅并不大，盘中一旦打开涨停，一般很快会重新封上涨停，即使当天没有封盘，通常也会在 3 天内创出反弹新高，给涨停位置买入的散户解套，以达到洗盘目的。在分时图中，涨停打开的成交量，不能超过封涨停的成交量，即涨停量大，打开量小，这一点很重要。

图 5-2，华培动力（603121）：该股脱离整理平台后，进入强势洗盘状态，2019 年 5 月 16 日放量涨停，股价再次突破前期小高点，说明主力调整接近尾声。在分时走势中，股价直线拉涨停，然后开板洗盘整理，股价回落到当日均价线附近企稳，尾盘再次封涨停，形成凹字涨停形态。结合日 K 线图形分析，股价位置不高，均线系统多头发散，属于洗盘性凹字涨停，可在当

日或次日果断介入。

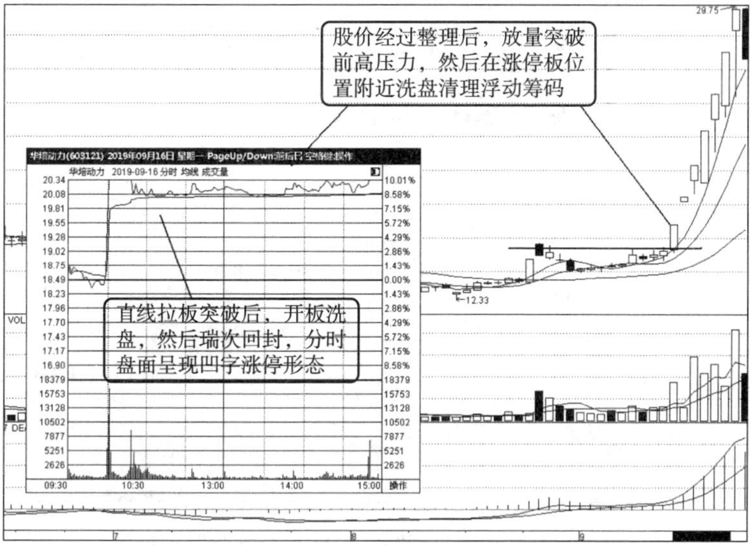

图 5-2　华培动力（603121）日 K 线和分时走势图

3. 出货性凹字涨停

股价经过大幅上涨或快速拉升后，在高位继续涨停，但获利筹码兑现加大，盘中被迫打开封盘，虽然尾盘重新封涨停，形成凹字涨停形态，但主力出货意图已初露端倪，因此这种涨停属于出货性凹字涨停。

图 5-3，强生控股（600662）：该股停牌 20 天后，2020 年 5 月 14 日复牌，股价借助利好出现暴涨行情，9 个交易日拉出 8 个涨停，股价从 3.78 元飙升到 8.65 元，然后在高位出现震荡。6 月 3 日，开盘后股价震荡走高，上午收盘前涨停，但午后打开封盘，股价出现震荡，然后又重新封板。在盘中，涨停封而不死，筹码抛压不断，虽然重新封涨停，但这是主力诱多手法。

从日 K 线结构上，似乎形成向上突破，打开新的上涨空间，给投资者以无限的想象。可是，第二天低开 4.62% 后，股价震荡低走，收盘时阴跌 8.19%。从前后两天走势分析，说明主力利用向上假突破吸引跟风盘，这时主力出货意图也全面暴露。

4. 凹字涨停开板分析

出现凹字涨停时，中间开板后的震荡时间长短、回落幅度大小、开板次数多少，都对实盘具有重要影响。开板后能够快速回封的，肯定比开板后长

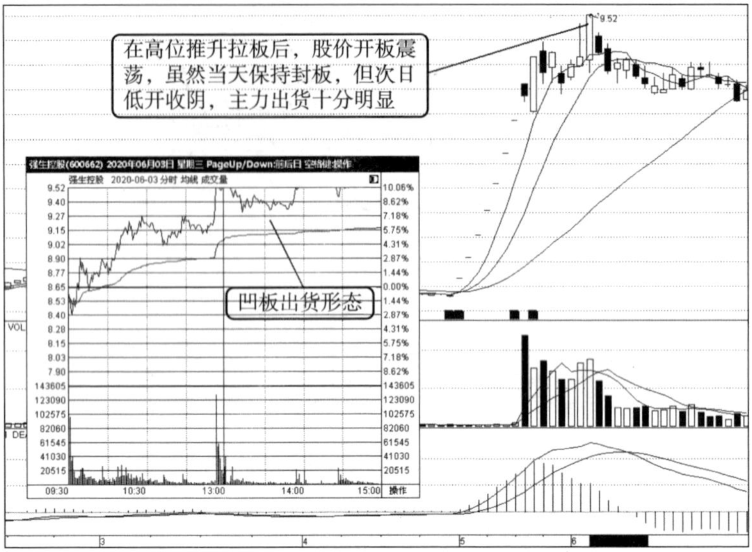

图 5-3　强生控股（600662）日 K 线和分时走势图

时间不回封的要强势得多。开板后小幅回落就能回封的，比大幅下跌后再回封的干脆得多。开板次数多少也是十分重要的盘面信息，开板次数越多，就越没有安全感，但要结合股价所处位置进行分析。

实盘中可以参考以下几个因素进行分析：

（1）分时拉升是否强势，主力强势拉升的，容易快速回封。

（2）是否有成交量的放大支持，价涨量升的比较理想。

（3）开板是否受外界影响（如大盘或板块整体走弱），如遇大盘跳水，当大盘企稳后就会马上回封。

（4）区分板块中的龙头股和跟风股，龙头股易回封，跟风股看整体。

（5）前期上涨气势和股价所处位置，气势强盛且股价涨幅不大的，开板后通常会快速回封。

（6）有无当前市场热点、题材等基本面消息。

图 5-4，北玻股份（002613）：该股主力在底部制造空头技术陷阱后，股价渐渐企稳回升。2020 年 2 月 12 日，股价高开略做整理，然后放量直线拉板。由于拉板过于急躁，遭到短线获利筹码的抛压，盘中出现开板现象。开板 3 分钟后，股价重新封板，直到收盘封板不动，说明主力风格果断，从此股价出现拉升行情。

从盘中分析，该股处于底部区域，主力强势拉升，开板后回落幅度很小，且快速回封后不开板，在基本面方面也有多重题材的支持。投资者遇到这类个股时，既可以在当日追板买入，也可以在次日开盘入场。

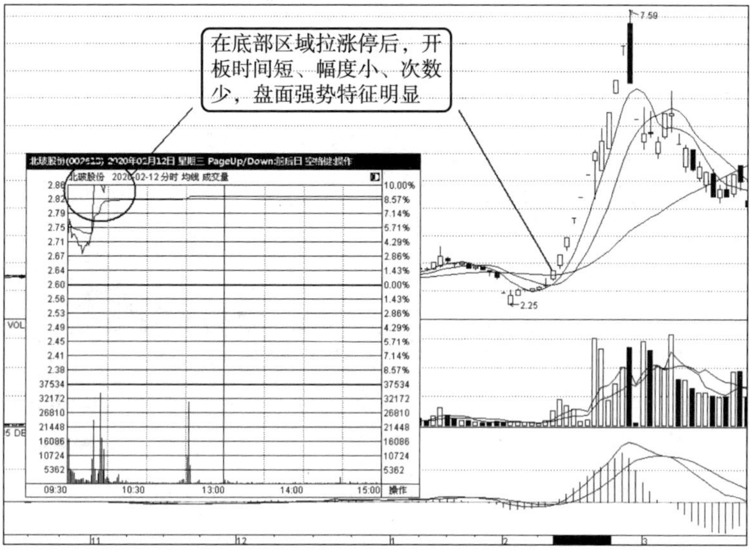

图 5-4　北玻股份（002613）日 K 线和分时走势图

图 5-5，新力金融（600318）：该股在 2020 年 5 月 18 日见底后，出现一波强势拉升行情，股价短期涨幅较大。7 月 1 日，跳空高开 4.24%后，股价震荡走高，在涨停位置反复开板，回落幅度也较大，显示上方压力较重，主力继续拉升面临困难，股价存在潜在回调风险。

从盘中分析，该股处于高位，股价遇到前高压力，开板后回落幅度较大，震荡时间较长，反复开板难以果断回封，显示多头信心开始动摇。投资者遇到这类个股时，应当逢高了结，落袋为安。

5. 凹字涨停操作技巧

（1）判断股价位置。在长期下跌后的低位出现凹字涨停，大多为建仓性涨停；在小幅上涨后的上升趋势中出现的凹字涨停，通常为洗盘性涨停；在大幅上涨后的高位出现的凹字涨停，一般为出货性涨停；下降趋势中出现的凹字涨停，也是自救性出货涨停。

（2）关注成交量变化。重新封上涨停后是放量还是缩量，是区分主力是出货还是洗盘的重要标志。如果重新封盘后缩量，大多是建仓性或洗盘性涨停；如果重新封盘后成交量仍然很大，则大多是出货性涨停。

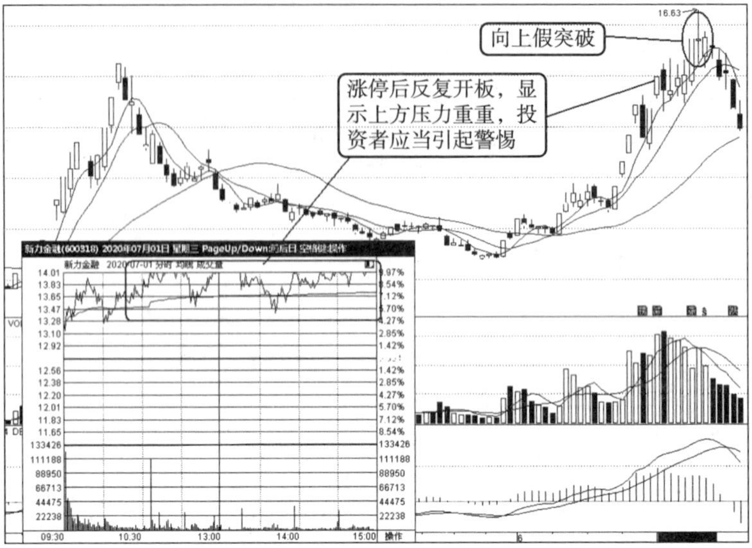

图 5-5 新力金融（600318）日 K 线和分时走势图

（3）观察次日走势。次日如果继续上涨或保持强势盘面，大多属于建仓性或洗盘性涨停；次日如果股价下跌或走弱，甚至吃掉涨停幅度的大部分，则大多是出货性涨停。

（4）分析股价趋势。在上长趋势中出现的凹字涨停，其可靠性高；在下跌或震荡趋势中出现的凹字涨停，其可靠性低。

（5）上述现象产生技术共振时，可靠性更大。如果确定属于建仓性或洗盘性涨停，买入点可以选择在当日均价线附近；如果确定为出货性涨停，卖出时机可以放在收盘前几分钟离场。

第二节 凸字型涨停

一、凸字型涨停技术要点

凸字型涨停，是指股价开盘后向上拉至涨停，并封盘一段时间，然后封盘被打开，直至收盘也没有重新封上涨停的一种走势，其分时图如同一个“凸”字，故称凸字型涨停。简单过程就是“涨停—打开—最后不封涨停”。

1. 凸字型涨停主要原因

为什么会出现这样的走势呢？也有三个主要原因：

（1）部分获利盘或套牢盘在涨停时抛出。

（2）主力故意打开涨停进行建仓、洗盘、试盘。

（3）如果出现在涨幅较大的高位，大多为出货性涨停。

（4）主力实力不强，遇大盘或板块整体走弱，被迫开板。

2. 凸字型涨停技术要点

在实盘中操作凸字型涨停时，应掌握以下技术要点：

（1）出现在大幅下跌的低位，说明主力利用凸字涨停建仓。均线系统出现平走或上行，或刚刚形成多头发散，此时的凸字涨停大多属于洗盘性质。在均线系统大幅扩散时，小心出现出货性凸字涨停。

（2）在低位成交量放大，但不是异常放大，以涨停前 5 日均量的 3 倍以下为宜，或换手率在 5%以下，超过 10%时应谨慎。

（3）技术指标向好，如 MACD、RSI 等指标，刚刚形成金叉或已经金叉，BOLL 指标穿过中轨线。如果技术指标出现高位钝化或顶背离时，谨防出现出货性凸字涨停。

（4）涨停当天如果伴有向上跳空缺口，则看涨意义更强，但前提必须属于突破性缺口或持续性缺口，而不是衰竭性缺口。

（5）收盘前虽然没有重新封于涨停，但次日延续上涨或保持强势状态，则短期依然向好；如果次日盘面下跌或走弱，则后市有继续调整的可能，或是出现出货性凸字涨停。

（6）打开涨停后的回落幅度不应太大，即 K 线的上影线不应太长。若上影线在 3%以内（即当日股价仍有 7%以上的涨幅），仍然可以看作为强势；若上影线超过 5%（即当日股价涨幅不到 5%），则盘面有走弱迹象，后市可能出现调整或下跌，此时应结合股价位置，判断是否属于出货性凸字涨停。

二、凸字型涨停实盘技巧

1. 建仓性凸字涨停

在长期下跌的底部区域，主力为了加快建仓进度，经常采用凸字涨停方式建仓，让部分胆小的散户获利或解套离场。内在逻辑就是如果涨停封盘不动，那么一般散户是不会选择离场的，认为封盘很安全，所以只有打开涨停，形成盘面震荡，散户才会被震荡出去，主力才能拿到低价筹码。因此涨停打开后不封盘，形成凸字涨停形态。

图5-6，上海洗霸（603200）：该股长时间在低位盘整，主力悄悄吸纳低价筹码。2020年2月26日，开盘后震荡走高，午后两度拉涨停，但封盘时间都不到5分钟，就被巨大抛单打开涨停，此后股价震荡回落，直到收盘也未能重新回封，形成凸字涨停走势。短线散户看到涨停没有封住，担心股价再次下跌，一般就会选择离场，这样主力如愿吸纳低价筹码。该股经过短期的震荡后，放量向上突破，产生一波主升浪行情。

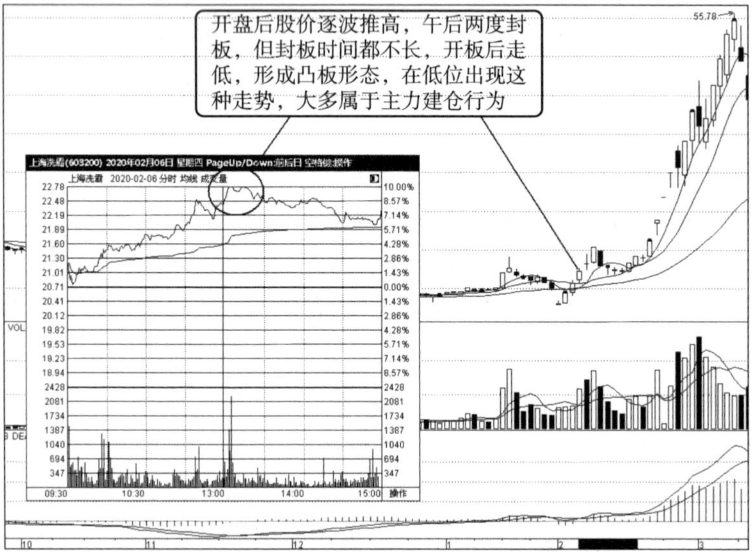

图5-6　上海洗霸（603200）日K线和分时走势图

2. 试盘性凸字涨停

在主力完成建仓的试盘过程中，也经常出现凸字涨停走势，目的是测试市场跟风和抛压情况，以决定是否拉升。

图5-7，国电南自（600268）：该股企稳后出现小幅拉高，然后出现横向震荡走势，形成一个整理盘区，该位置对后市股价上涨构成明显的压力。2020年4月9日，开盘后逐波震荡走高，10：30股价封于涨停。可是，在尾盘15分钟时间里，巨量打开涨停，股价出现小幅跳水，当天形成凸字涨停走势。不少散户见此情形，纷纷选择尾盘离场观望。

这是一种主力洗盘性或试盘性凸字涨停走势，以测试盘区压力和市场跟风情况。4 月 14 日股价拔地而起，放量向上突破，产生一波主升浪行情。

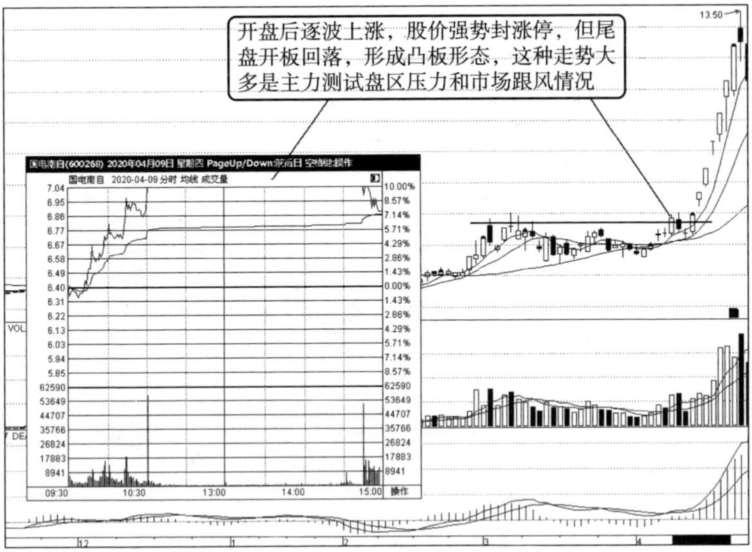

图 5-7 国电南自（600268）日 K 线和分时走势图

3. 洗盘性凸字涨停

股价涨停后打开封盘是洗盘效果较好的一种操盘方式。这种洗盘方式，可能充当一个洗盘开始的信号，也可能充当一个洗盘结束的信号，这取决于股价所处的位置。

图 5-8，银之杰（600085）：该股经过大幅下跌后，主力在底部吸纳了大量的低价筹码，股价开始渐渐回升。2019 年 2 月 19 日，股价放量涨停，但午后开板回落，形成凸字涨停走势。这是主力利用前期盘区的压力作用，展开洗盘整理走势，让普通散户感到股价突破无望而纷纷选择离场观望。

图 5-9，晶方科技（603005）：该股主力完成建仓计划后，开始向上小幅攀高，然后出现震荡整理。经过一段时间的畜势整理后，股价出现强势盘升走势，这一过程中分别在 2019 年 11 月 14 日、11 月 29 日和 12 月 5 日出现三次明显的凸板洗盘形态。通过洗盘换手后，主力展开拉升行情，股价大幅上涨，进入百元股行列。投资者遇到这种盘面时，若是短线高手可以先行出局，然后待回调结束时重新介入，做一次差价；若是中长线投资者大可不必理会短暂的洗盘调整，坚定地与庄共舞到底。

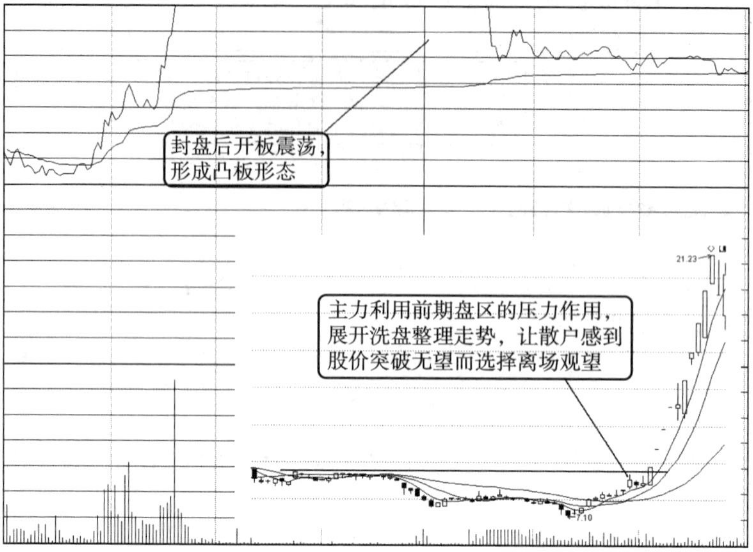

图 5-8 银之杰（600085）日 K 线和分时走势图

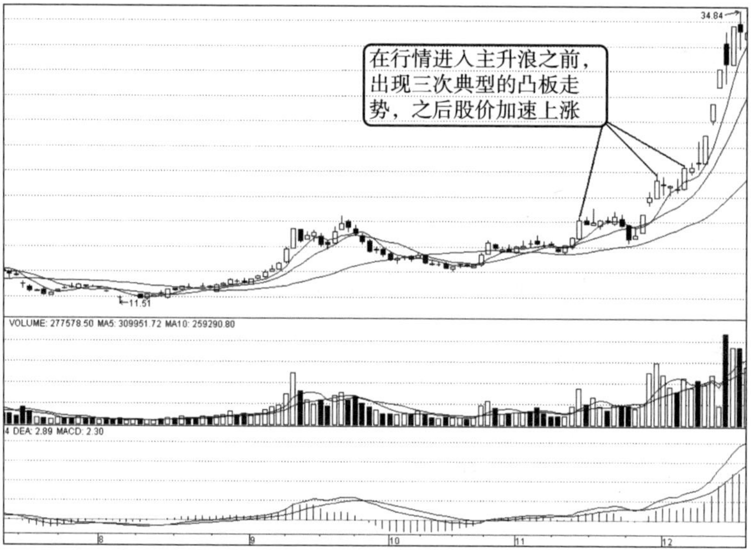

图 5-9 晶方科技（603005）日 K 线图

4. 出货性凸字涨停

一般而言，凸字涨停走势属于失败的涨停。之所以失败，主要是由于主力无法控制盘面，被空头打开涨停，后市如果大盘不好就会出现滞涨或下跌。

因此，如果已经持有该股，在确认形成凸字涨停走势后，原则上应该卖出操作。特别是股价有了较大幅度的上涨后，出现这种盘面走势时，大多属于出货性凸字涨停走势。

图 5-10，佳云科技（300242）：该股短线累计涨幅较大，主力兑现获利筹码心切，2020 年 6 月 9 日高开 3.31%，略做整理后快速拉升至涨停，但封盘一段时间后开板震荡，多次上板，不作回封，直到收盘也未能重新封板，形成凸字涨停走势。说明主力通过拉涨停吸引人气，欺骗散户入场接单，然后打开封盘，将追涨盘全线套牢。次日，股价直接一字跌停，这时可以确定为前一天的凸字涨停走势属于出货性涨停盘面。

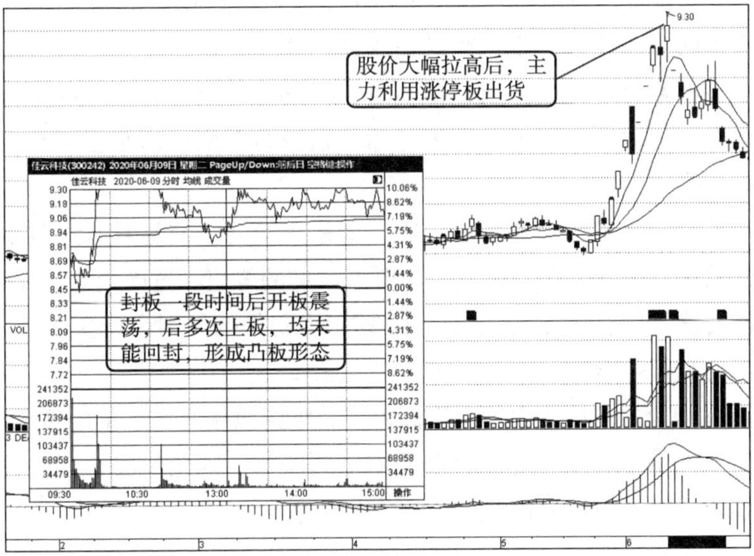

图 5-10　佳云科技（300242）日 K 线和分时走势图

第三节　一字型涨停

一、一字型涨停技术要点

一字涨停是一种强烈的持续或转势信号，后市股价继续上涨的可能性很大，但后市也会出现一些变数。因此，投资者在实盘操中应把握以下技术要点：

（1）分析股价出现涨停的内在原因，如果是遇到某种消息影响引起的市场震荡，应当就消息的实质性作用大小，以及消息的来源、真假和透明度进行认真分析。若是一般消息，市场将很快归于平静，股价重新回到原来的势道之中；若是实质性重大题材，市场可能会改变原来的发展趋势，股价会出现持续的上涨。

（2）从主力坐庄流程中洞悉主力行为，掌握当前行情的市场性质，继而判断当前市场处于哪个阶段，是建仓吸货阶段、试盘调整阶段还是拉高出货阶段，然后采取相应的投资策略。

（3）在跌势后期出现一字涨停之前，应有一个充分的整理过程，盘中抛盘减少，成交量极度萎缩，筹码基本锁定，股价维持在一个很小的范围波动，一旦脱离盘区，往往会产生大行情。因此，在初升期出现一字涨停时，散户应积极做多，若当天无法买进，第二天可以继续追进，股价继续上涨的可能性非常之大。连续出现多个一字涨停后，盘内打开涨停时尽量不要追涨，此时风险大于收益。

（4）在涨势后期出现一字涨停时，如果先前几个交易日有过放量滞涨现象，则说明主力在高位已经成功地套现了大量的筹码，这时出现一字涨停时，后市可能转涨为跌。如果先前几个交易日是缩量的，则说明主力仍在其中，后市应当还有新高出现。

（5）在加速拉升阶段出现一字涨停时，如果盘中有大手笔的成交单出现，则表明主力在高位暗中出货。如果是缩量涨停的，则预示股价还将有一段升幅，持股者可以等到放量时出货，持币者冷静观望为宜。

（6）如果股价在底部经过充分盘整后，出现突破性一字涨停，其可靠性比较高；如果股价处于中段，需要结合其他因素综合分析，如用技术指标、趋势、形态及波浪等进行相互验证，技术共振时其可靠性就高。比如，在均线或趋势线之下出现的一字涨停，很可能成为失败形态，多数只是反弹行情，股价会再现跌势；相反，在均线或趋势线之上出现一字涨停，多数是加速上涨信号。

（7）一字涨停的关键不在于全天相同的价格，而在于全天成交量的大小以及挂单、撤单的变化。如果当日成交量悄悄放大，说明市场暗流涌动，主力在搞鬼，一字涨停的性质即将发生变化；如果盘中挂单很大，成交量却很小，主力的真实意图须待日后数日股价变化才能识破。挂单的大小反映出主力的实力和意图，“撤单再挂”是主力诱骗散户的常用方法。判断方法：可以观察“成交明细表”的变化，如有大手笔交易，续涨的可能性值得怀疑。

（8）在底部出现缩量的一字涨停时，后市可能还会出现多个一字涨停形态。涨势中的一字涨停，持股者坚定持股不动，稳健的做法是在打开涨停时抛出。在顶部出现缩量的一字涨停时，可能是主力的诱多动作，投资者应高度警惕。

二、一字型涨停实盘技巧

1. 低价区域一字涨停

一字涨停如果出现在股价经过长期下跌之后，且在低位区域经过充分的蓄势整理，说明股价止跌回升或出现反转行情，具有强烈的见底信号；如果出现在上涨的初期，表明市场急于拉高，上涨力度非常强劲，后市有持续走高的动力。

图 5-11，省广集团（002400）：该股经过长期的下跌后，进入蓄势整理走势。经过一段时间的横盘震荡后，2020 年 4 月 8 日突然以涨停价开盘，且股价全天封于涨停价位，当天收出一字涨停，之后股价进入强势上涨行情。

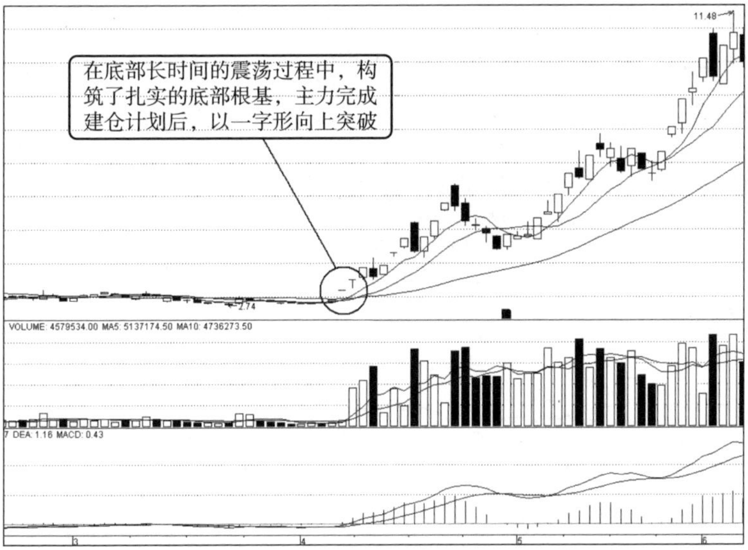

图 5-11　省广集团（002400）日 K 线图

该股经过长期的下跌调整后，在低位经过反复的震荡整理。从整体上来看，在整理过程中成交量呈现缩小状态，虽然在这个过程中看不出过多的场外资金流入，但从成交量缩小上就能说明，在股价震荡过程中并没有过多的抛盘出现，否则在股价处于长期震荡的情况下，那些持股信心不坚定的投资者感到无利可图时，必将会抛售筹码，这样就会引发成交量的放大。而且，在出现一字涨停前不久，股价曾经一度出现快速下跌走势，但呈现缩量下跌态势，属无量空跌走势，且股价又快速被拉起，重新回到低位区域。

出现这种涨停走势无非就有三种可能：一是主力诱多出货；二是主力测试场内持股者的心态和市场跟风情况；三是主力高度控盘导致的。投资者在实盘操作中，遇到类似个股时要大胆地去假设，根据盘面上的迹象进行综合分析，看看自己的假设是否有充分的理由，然后得出股价出现一字涨停的内在原因。该股出现第一个一字涨停后，第二天就可以大胆追进，因为该形态具有突破意义，后市必有新高出现。

2. 上涨中途一字涨停

如果在上涨的中段出现一字涨停，则表明市场筹码锁定性很好，盘面气势高涨，可能将步入主升段行情，或者出现加速上涨走势，甚至出现暴涨行情。实盘中有两种现象：一种是主升浪中的加速上涨走势；另一种是洗盘整理后的突破性走势。

图 5-12，北玻股份（002613）：该股主力在底部制造空头技术陷阱后，股价渐渐企稳回升。2020 年 2 月 12 日，股价连拉 3 个实体板后，再拉 1 个 T

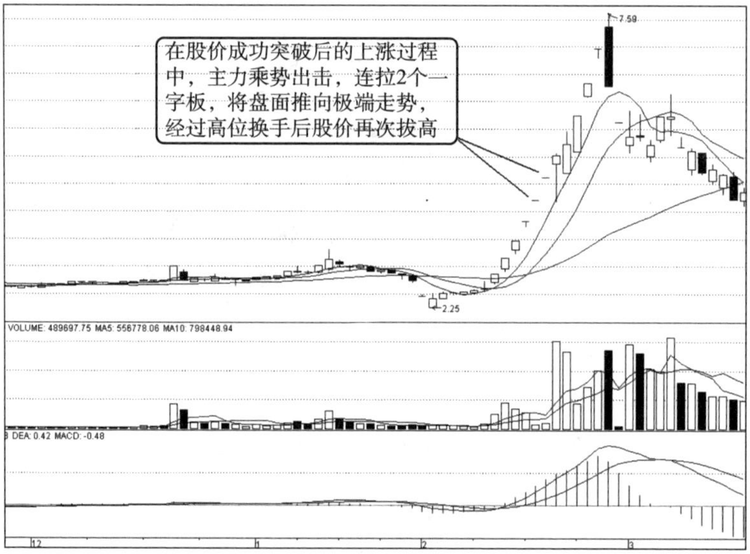

图 5-12　北玻股份（002613）日 K 线图

字板，盘面强势不言而喻。此时，主力乘势出击，一气呵成，股价连拉 2 个一字板后，将盘面走势推向极端。在之后 2 个交易日里，高位强势震荡，再拉 3 个涨停。

图 5-13，航天长峰（600855）：该股主力实力强大，在长期的震荡筑底过程中，主力吸纳了大量的低价筹码。2020 年 3 月 23 日，以一字板的方式向上突破后，次日展开洗盘换手。3 月 25 日，再次拉出一根涨停大阳线，第二天以涨停价位开盘，直到收盘全天封于涨停价位，再次形成一字涨停。这意味着前面的洗盘换手非常成功，股价从此进入加速上涨行情，短期涨幅非常之大。

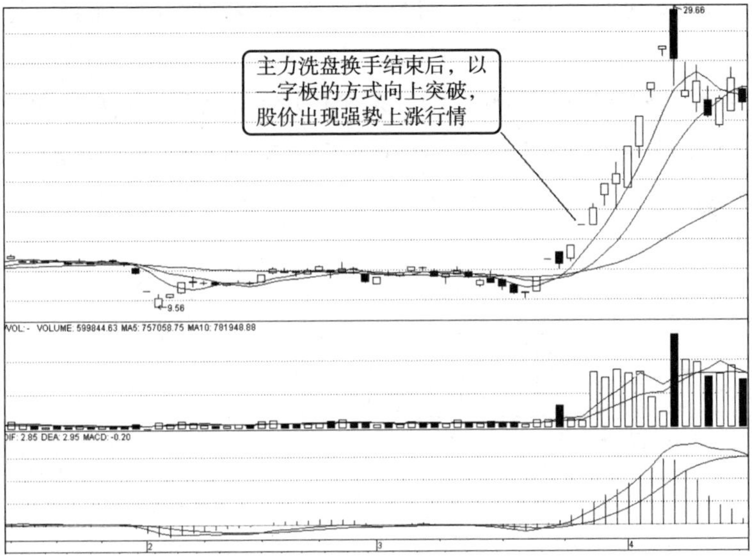

图 5-13　航天长峰（600855）日 K 线图

该股底部基础构筑扎实，前面的一字涨停标志着市场底部构筑成功，这是股价启动的一个征兆。投资者只要观察盘面细节，就不难发现主力的操作意图，股价先连拉一字涨停后，在相对高位打开涨停“放水”洗盘，让低位获利者和前期套牢者有一个出局的机会，但股价并没有出现明显的回调，这就让人感到疑惑，难道主力白白地送钱给投资者吗？显然不是。主力只是进行一次洗盘换手，让那些浮动筹码离场，以达到日后的顺利拉升。投资者可以试想一下，如果主力无意做多，就不可能“解放”了前面那么多的套牢盘，也不会给低位介入者有获利出局的机会，主力如此慷慨大方，后市定有好戏。

而且，3 月 25 日收出这根缩量涨停大阳线后，第二天出现一字涨停，成交量更是极度的萎缩，这就可以看出主力经过洗盘整理后，已经达到了高度的控盘程度，只需很小的资金就能把股价封涨停，而此时只要主力不往外抛售筹码，涨停是不可能被打开的，因为大部分筹码都已经被主力锁定了，所以成交量出现极度萎缩也是理所当然的事情。因此，这种盘面现象是主力充分蓄势且高度控盘的结果，后市股价就必将进入加速上涨行情。

3. 高价区域一字涨停

一字涨停如果出现在大幅上涨的高位，表明市场在刻意拉高，主力伺机出货，一旦封盘出现动摇，可能会引来巨大的抛盘出现。通常出现一字板之后，股价不能连板时，就是一个明显的头部信号，这时投资者应尽快获利了结。

图 5-14，乾照光电（300102）：该股主力完成低位建仓后，快速拉升股价，连拉 5 个涨停后，一鼓作气，2020 年 2 月 21 日出现一字涨停，盘面气势强盛。可是，第二天大幅低开 6.36%，虽然盘中震荡收高，但盘面已经透露出主力出货信息。

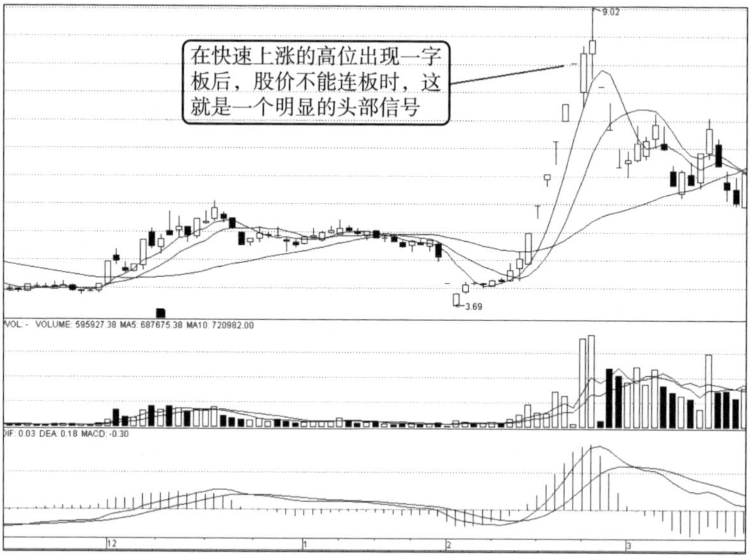

图 5-14 乾照光电（300102）日 K 线图

该股短期快速上涨后，在高位出现一字涨停形态，这是主力明显的诱多行为。从盘面观察，在出现一字涨停之前股价有过一轮飙升行情，也就是说，短期做多能量得到较好发挥，后市股价上涨空间已经非常有限。在一字涨停之后的几天里，成交量也比较大，表明主力在对倒中大量出货，此时投资者应引起警惕。

在实盘中，当股价有了一段拉升行情后，主力往往会利用上涨惯性在高位拉出一字板，这是主力拔高出货的一种手法。投资者遇到这类个股时，操作技巧就是：继续一字板上行时，则持仓不动。如果开板震荡，那就是一个阶段性高点，此时要坚决离场。

图 5-15，新朋股份（002328）：该股拉升一段距离后，连收 3 个一字板，2020 年 2 月 20 日开板震荡，次日冲高回落，形成中短期顶部之后股价出现调整。

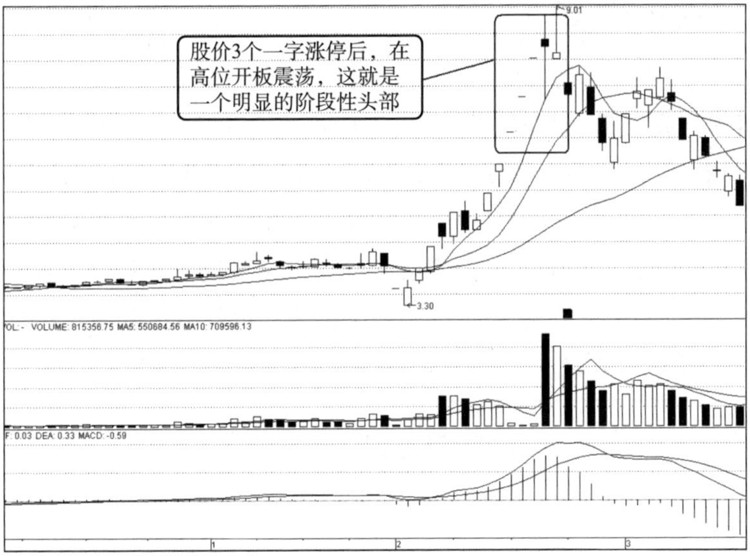

图 5-15　新朋股份（002328）日 K 线图

投资者遇到这类个股时，应掌握以下技术要点：

（1）在出现一字涨停的当天，如果成交量出现萎缩，应密切关注股价后期的走势，以及成交量的变化情况。如果在接下来的走势中，股价继续强势上涨，但上涨的动力在逐步减弱，而且成交量也出现持续放大，那可以确定为主力在诱多出货，在股价出现冲高受阻时应果断卖出。

（2）在出现一字涨停的当天，如果放出巨大的成交量，挂在买一位置的大量买单得到成交，这就说明盘中出现大量的主动性卖盘。当买一位置的挂单成交得差不多时，又有大手笔买单挂出，如此反复出现，让散户感到买盘

积极的假象，这就完全可以确定是主力在诱多出货。投资者在当天就应果断出局，后市股价必将出现下跌走势

（3）股价一旦跌破10日均线的支撑，投资者应果断卖出，特别是在放量跌破10日均线时，应立即清仓出局，后市股价必将出现快速下跌。

（4）在高位出现一字涨停时不要去追高，这往往是主力最后的诱多行为，这类个股最容易让那些贪婪的投资者上当，不少被套的投资者就是因为没有控制好自己的心态，看见股价不断地出现拉升就迫不及待地杀进去，结果被套牢在高位。

（5）高位出现一字板之后，股价不能连板时，就是一个明显的顶部信号，这时投资者应尽快获利了结。

4. 一字涨停突破阻力

（1）一字涨停突破盘区。如果股价以一字涨停的形式成功向上突破盘整区域，且得到成交量的积极配合，后市股价将会出现一波持续的上涨行情，此时可以积极做多。但如果在高位突破盘整区域时，要防止主力拉高出货。

图5-16，盐津铺子（002847）：这是一个中部盘整区域突破的例子。该股成功构筑底部后，股价一步一个台阶稳步向上攀高，每拉高一段后就进行换手整理，然后再次向上攀高，主力手法稳健，运行节奏分明。2020年4月15日，蓄势整理结束后，股价以一字板的方式开启新一波攀升行情。

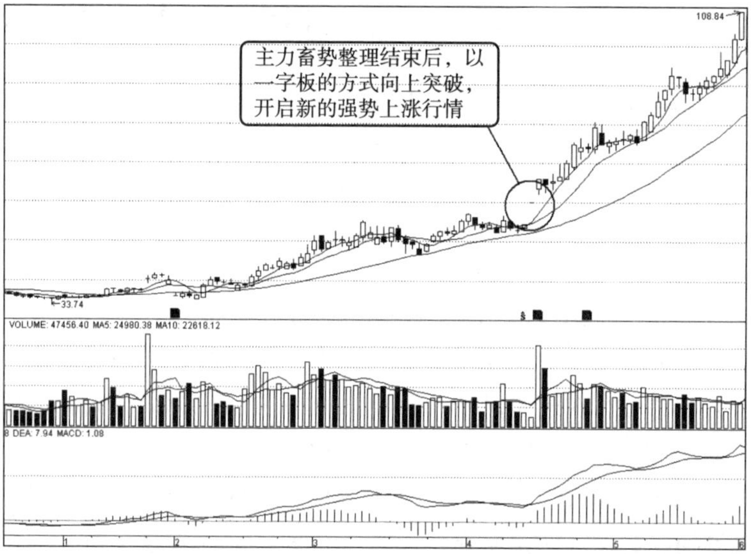

图5-16　盐津铺子（002847）日K线图

股价震荡中形成的盘区，突破具有重要的技术意义。如果出现向下突破盘区，意味着这是中短期的顶部区域，对后市股价上涨构成重大压力；如果出现向上突破盘区，意味着这是中短期的底部区域，对后市股价起着重要的支撑作用。

该股经过小幅上涨后，为了日后更加稳健地上涨，主力开始洗盘整理走势，从而形成一个震荡盘整区域。经过一段时间的洗盘后，筹码得到较好的换手，然后以一字涨停向上突破，为后市股价上涨奠定了坚实的基础。投资者遇到这种盘面现象时，可以积极挂单买进，或在此后的震荡中逢低买进。

（2）一字涨停突破前高。当一字涨停成功突破前期阶段性高点时，意味着后市股价的上涨空间被打开，具有强烈的看涨意义。但在大幅上涨后的高位，要小心出现一字涨停假突破现象。

图 5-17，新诺成（300765）：2020 年 3 月 4 日，当股价回升到前期高点附近时，由于后续能量不足，股价无法顺利突破前高阻力，从而导致股价回调整理，盘面又形成一个阶段性高点。然后股价渐渐企稳回升，重新集聚做多能量，3 月 23 日在没有消息影响的情况下，出现一字涨停，向上突破了前期多个高点的压力，接着经过 2 个交易日的换手后，股价出现强势上涨行情。

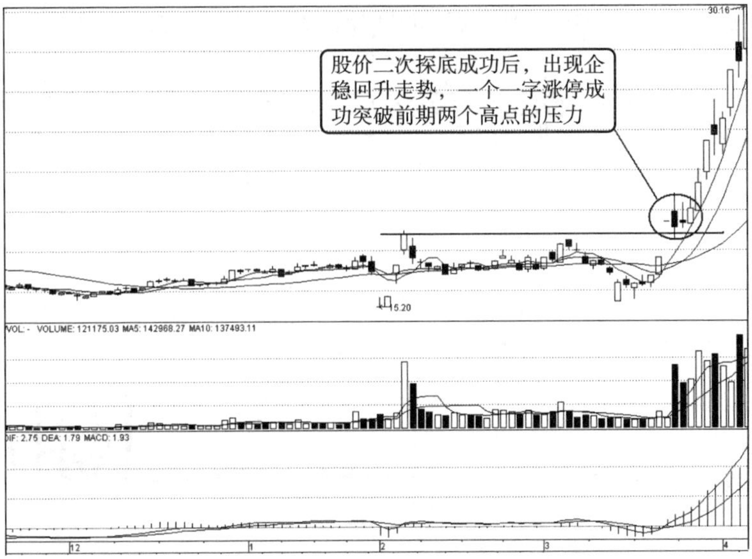

图 5-17　新诺成（300765）日 K 线图

该股的阶段性高点出现后，对后市股价上涨构成较大的压力，主力巧妙地利用这个位置进行建仓或洗盘整理。在出现一字涨停之前，股价进行充分的蓄势调整，这时主力再次吸纳低价筹码。其间成交量明显萎缩，既反映了上涨力度的不足，也说明了浮动筹码的减少。在时机成熟后，主力一鼓作气成功突破前面的多个高点，成交量出现持续的放大态势，股价继续强势涨停，符合股价突破的盘面基本特征，因此投资者可以积极做多。

（3）一字涨停突破均线。当一字涨停向上突破均线时，预示股价下跌或调整结束，后市股价将出现上涨行情，因此是一个看涨信号。

通常有三种盘面现象：一是在下跌趋势的后期，一字涨停突破下行的均线；二是在升势途中，股价洗盘调整结束后，一字涨停突破上行的均线；三是在横盘整理过程中，一字涨停突破水平移动的均线。根据均线周期长短，分为突破短期、中期和长期三种类型。

图 5-18，亚玛顿（002623）：该股出现在下跌趋势的后期，一字涨停向上突破下行的均线。股价见顶后逐波下跌，均线系统呈空头排列。经过长期的调整后，做空能量得到较好的释放，盘面出现企稳筑底的迹象。2019 年 11 月 29 日，股价跳高到 30 日均线之上，以涨停价位开盘，股价全天封于涨停位置，从而形成一字涨停突破 30 日均线的压制，预示下跌行情将告一段落，后经短期的蓄势整理，股价突破了前期成交密集区域，随后 30 日均线也渐渐上行，说明股价的上涨空间已成功被打开，因此这是一个买入信号。

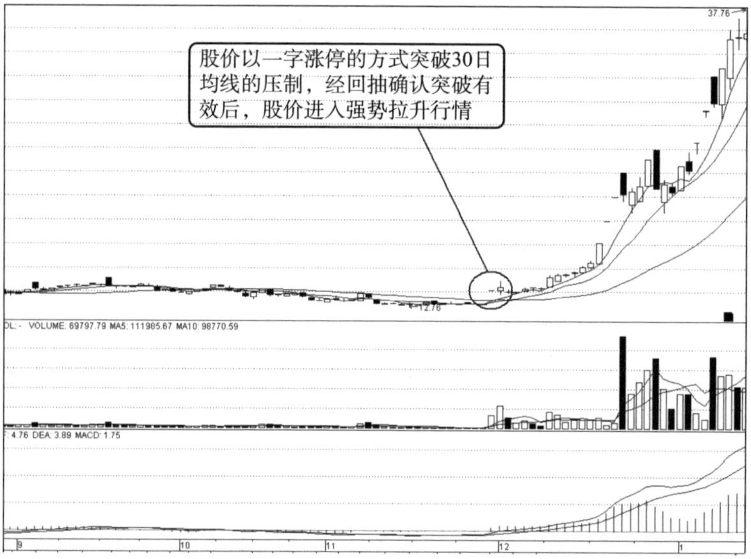

图 5-18　亚玛顿（002623）日 K 线图

该股在一字涨停突破之前，股价调整时间比较充分，下跌幅度比较大，股价基本处于历史底部区域。而且股价有企稳回升迹象，这时的一字涨停也起到了巩固和加速上涨的作用。同时，在调整过程中成交量大幅萎缩，说明做空动能已经减弱，在突破后的几个交易日成交量出现温和放大，显示有新的多头资金入场，看涨信号得到强化。投资者遇到这样的突破走势时，可以在回抽确认突破有效时逢低介入。

三、一字涨停的特别提示

1. 第一次打开涨停的操作技巧

对于一字涨停第一次开板后的上涨，其本质是惯性上涨，因为主力要出货必须有成交量，而惯性上涨就是放量的过程，尽管这个过程的本质是主力出货，但其大幅震荡过程中也能轻松获利。从参与角度来看，第一次打开涨停时果断介入，一般会有较好的短线收入，原则是短线操作，快进快出，见好就收。在实盘操作时，再次封住涨停是展开交易的关键，必须确定有再次封住涨停可能性的情况下才能展开交易，因此，不妨等待股价即将封住涨停的那一刻委托买入。

图 5-19，二六三（002467）：该股调整结束后向上突破，连续出现 3 个一字涨停，然后开板震荡。在震荡整理过程中，股价回落幅度并不大，基本维持在涨幅的 1/3 位置附近强势整理。经过短期洗盘整理后，盘中浮动筹码所剩无几，2019 年 2 月 28 日股价再次拉高，出现 3 连板行情。

这种盘面注意以下几点：一是股价必须处于中低价区，高价区禁止参与。二是连续 4 个以下一字涨停，超过 7 个以上的一字涨停尽量不要参与，此时风险已经很大。三是打开涨停后，股价不能出现大幅下跌，保持高位震荡于 1/3 位置之上，不要超过 1/2 位置。四是在大盘火爆时操作性强，在大盘低迷时谨慎参与。五是非短线高手，不要参与。

连续涨停的封单主要来自主力，而打开涨停的抛盘也主要来自主力。对于大多数具有一定操盘经验的投资者来说，是不会在股价处于如此之高位时买入股票的。因为，在连续缩量上涨过程中，大多数投资者都不会抛售所持股票，而在涨停打开时，往往会担心股价出现进一步下跌而立即抛售，所以第一次开封的时候主力无法实现出货目的。当再次封住涨停时，说明抛压在得到一定程度释放之后，主力选择了继续做多。考虑到多空的转变在一天内

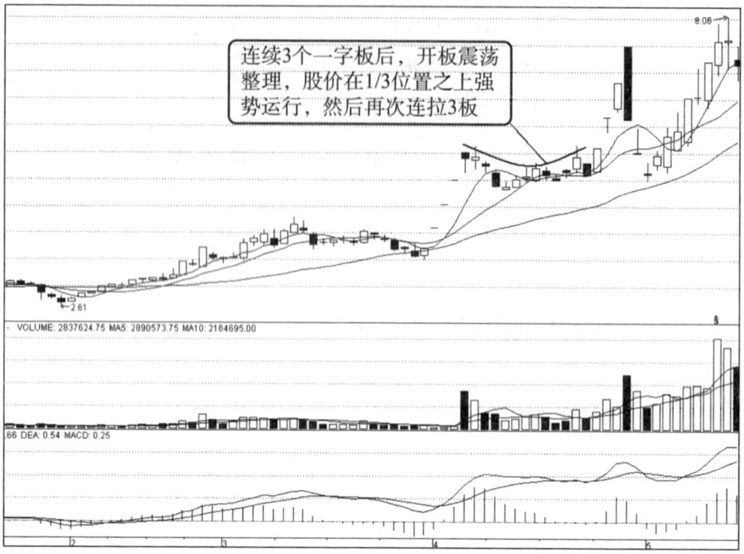

图 5-19　二六三（002467）日 K 线图

就可完成，这说明主力并无意让股价调整的时间过于长久，有强烈的继续推高股价的意愿，这在一定程度上说明了价格波动的趋势和强度。

在第一次打开一字涨停时，往往会出现巨量现象，有大量的筹码得到换手，在此堆积了大量的筹码，这一位置很可能形成短期的一个支撑点或压力点。所以，第一次打开涨停的位置附近，既是一个支撑点，也是压力点，那么什么情况下起支撑作用，什么情况下会有压力作用呢？这其实很简单，关键是看第一次打开涨停后的股价走势。如果打开后，股价继续强势上行，那么该位置就成为短期的一个支撑位；如果打开后，股价出现下跌走势的，那么该位置就成为短期的一个压力位。

图 5-20，领益智造（002600）：该股向上突破后，连续出现 3 个一字涨停，然后打开一字板震荡，但第 4 天股价并没有下跌，而是继续强势封涨停。之后几个交易日中，股价回调到一字涨停打开的位置附近，在此获得较强的支撑后，2019 年 2 月 28 日股价再次突破，形成第二波拉升行情，出现 6 连板行情。

图 5-21，数知科技（300038）：该股经过一轮快速下跌后，股价出现报复性反弹，连拉 5 个一字涨停，第 6 天却低开低走以跌停收盘，此处形成一个明显压力点，成为日后股价回升的阻力位。之后又出现 2 个一字涨停，但当股价回升到前期涨停打开的位置附近时，遇到重大抛压而回落，而此处又形成新的压力点，股价出现新的下跌，在之后的反弹行情中，该位置也遇到一定的阻力。

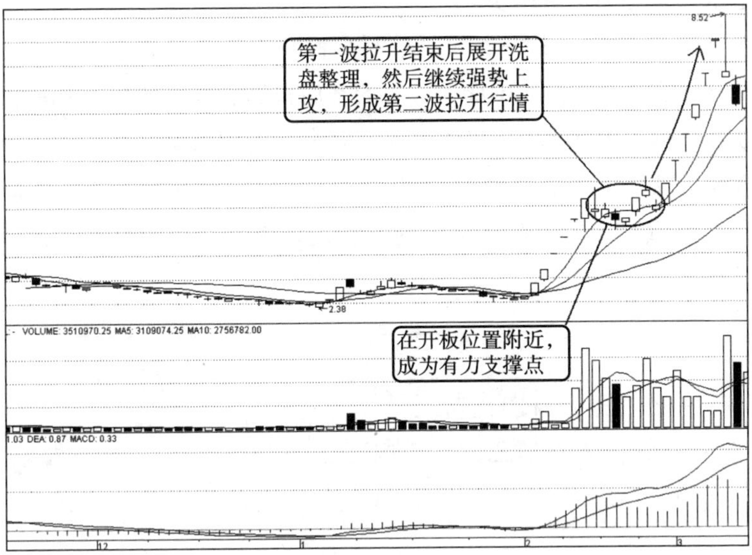

图 5-20　领益造智（002600）日 K 线图

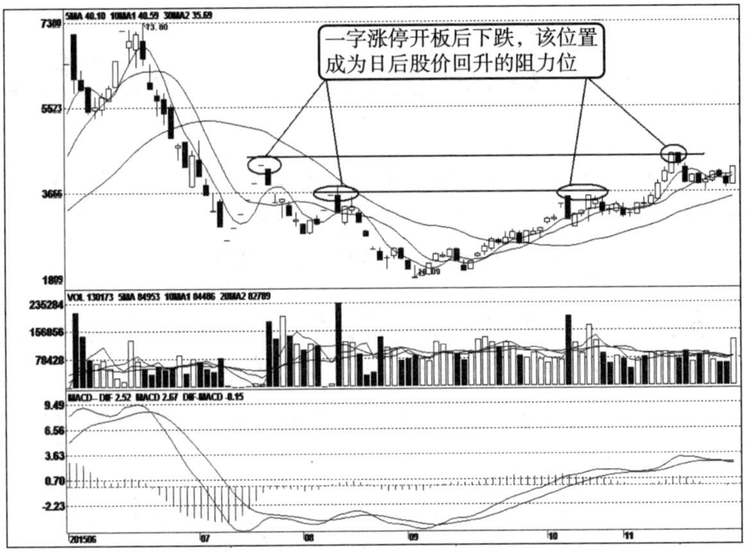

图 5-21　数知科技（300038）日 K 线和分时走势图

2. 两种情况不能参与

一字涨停打开后，出现以下两种盘面走势时，投资者尽量不要参与。

（1）打开一字涨停后，股价大幅下跌，以跌停或接近跌停收盘。其原因是高位抛压大，主力出货坚决。

图 5-22，爱司凯（300521）：该股停牌 20 天后，带着重组利好，连续拉出 10 个一字涨停。2020 年 6 月 3 日，低开后拉高震荡，股价小幅收涨，成交量大幅放大，换手率达到 23.14%，有主力对倒出货嫌疑。第二天，开盘后股价急速直线下跌，不到 7 分钟股价就跌停，直到收盘封板不动。在日 K 线图形成“乌云盖顶”形态，在高位出现这种现象就是一个明显的顶部信号，投资者应尽快离场。

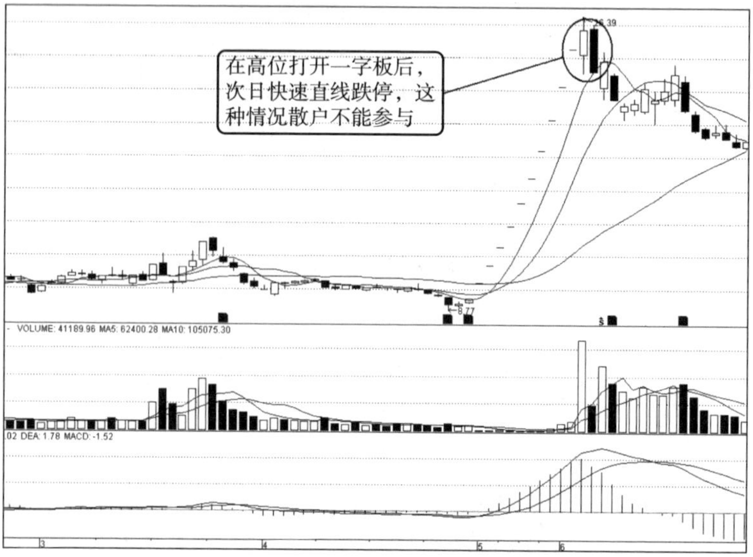

图 5-22 爱司凯（300521）日 K 线图

（2）起涨时先以实体阳线上涨，而后在高位出现一字涨停加速上涨，这种情况下打开涨停后股价也会下跌，因此也不能参与。其原因是：股价在实体上涨部分是主力吃货，一字涨停部分是主力拉升，而打开一字涨停则是开始出货的标志。

图 5-23，鲁信创投（600783）：该股用一字板突破底部后，经过中途短期换手整理，股价出现加速上涨，连续出现 2 根实体涨停阳线，然后在 2018 年 11 月 16 日和 19 日出现 2 个一字板，第 3 天打开一字涨停，在高位出现放量震荡，换手率达到 12.78%，K 线形成“缍纺”线，说明主力对敲出货。紧接其后股价出现快速下跌，倒“V”形反转走势，从而形成中短期顶部。

图 5-24，武汉凡谷（002194）：该股见底后大幅炒高，在高位出现加速

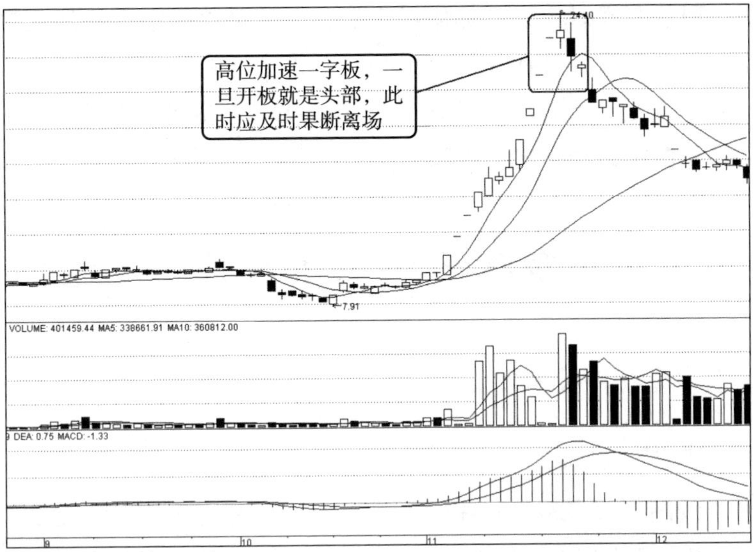

图 5-23 鲁信创投（600783）日 K 线图

上涨走势，股价连续 6 个实体板后，2019 年 4 月 16 日和 17 日出现 2 个一字板，此时股价累积涨幅已经超过 5 倍，随后有见顶回落的可能。4 月 18 日，从涨停板开盘后，股价快速回落，当天以跌停板收盘，高位出现见顶大阴线，之后股价呈倒 V 形下跌。

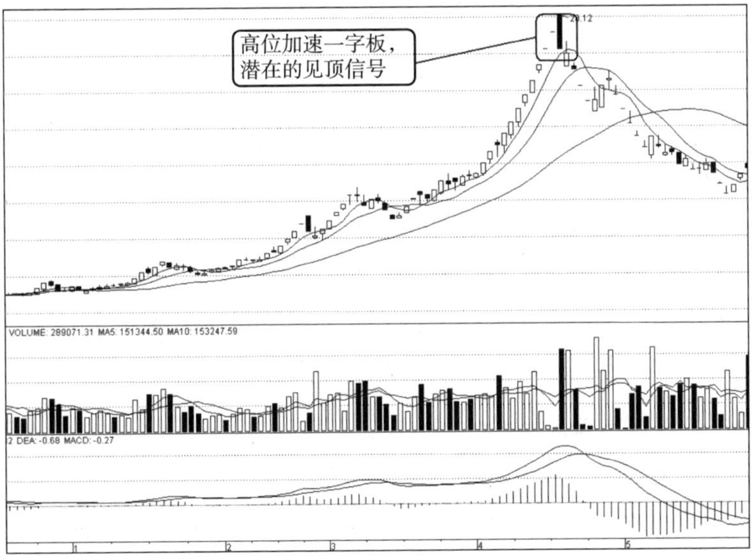

图 5-24 武汉凡谷（002194）日 K 线图

可见，股价起涨时先以实体阳线上涨，而后再以一字涨停加速拉升，这种情况下打开涨停后股价往往就会见顶，对于这样的一字涨停打开后是不能参与的。其原因是：实体上涨部分是正常拉升，一字涨停部分是冲刺阶段，而打开一字涨停则是开始出货的标志。

第四节　T 字型涨停

一、T 字型涨停技术要点

1. T 字型的形成原因

这种 K 线图形大多是以涨停的形式出现，盘中出现较大的震荡，后市存在一定的变数。T 字型下影线的形成过程，主要有以下三种情况：

（1）闪电而过。有时候在分时盘走势图中根本看不到下探迹象，但在 K 线图中却留下一条下影线，这在成交明细表上还是有明显的“痕迹”和“记录”。它是怎么形成的呢？这是主力特地制造的一种技术图形，通常利用开盘的一瞬间，或者中盘打开涨停的一瞬间，大手笔抛出筹码，将股价快速大幅砸低，旋即反手将股价重新封于涨停位置。在分时图中不作任何停留，如雷电一般，一闪而过，从而形成 T 字的下影线。这种情况表明主力实力强大，后市仍有较大的上升空间。

（2）开盘后主力主动打开涨停，释放大量不坚定的浮动筹码，然后重新封于涨停位置，从打开涨停到重新封盘的持续时间很短，下探幅度也不深。这种情况表明主力已经完成洗盘换手，后市仍有一定的升幅。

（3）主力被迫打开涨停。由于盘内各种大量的浮动筹码开始涌出，致使主力难以支招，股价节节下滑，多空双方厮杀激烈，但主力为了盘面的需要，最终还是勉强把股价重新拉到涨停位置，这种走势在 K 线图上看不出什么名堂，但主力已招致要害，元气大伤，后市行情值得怀疑。

2. T 字型的技术要点

在实盘中遇到 T 字型走势时，投资者应把握以下技术要点：

（1）关注成交量变化。在升势过程中成交量非常重要，缩量肯定不行，但放出巨大的天量也要小心，孤零零的单日巨量更要谨慎。特别是 T 字涨停之前连续以一字涨停上涨的，一旦不能维持一字涨停而打开时，很容易出现极其罕见的巨量。这时对成交量应具体分析，通常以 20%的换手率作为一个鉴定标准。若换手率在 10%以下可以视为正常的波动，若换手率超过 20%就应当引起警惕了，小心顶部形成。在实盘中这种形态之后，大多还有一波冲高走势，散户一般有两次出局的机会，因此熟练应对盘面变化，就能得心应手，驰骋股市。在跌势结束后的回升过程中成交量也非常重要，至少要大于下跌过程中的成交量，无量反弹肯定持续不了多久。

（2）分析当日 T 字涨停产生的时间早晚。T 字涨停形成时间越早，后市上涨动力越大，越往后盘面越弱，特别是临收盘前几分钟才再次封盘的 T 字涨停，后市要小心，很可能第二天就出现低开震荡走势。

（3）分析当日 T 字涨停的开板次数。股价涨停以后，可能出现一次或多次打开涨停的现象。一般而言，打开涨停的次数越多，后市变盘的可能性越大。可见在 T 字涨停中，打开一次就很快封盘到收盘，其上攻力量最强，其后依次递减。

（4）在下探过程中，持续时间长短对后市具有重要的判断意义。若打开涨停后下探时间很短暂即恢复涨停，则后市上涨力量维持更加长远；若打开涨停后，震荡时间较长，说明多空双方争夺十分激烈，后市通常存在许多变数，介入时需要倍加小心。

（5）当日下探幅度大小对后市也具有重要的分析意义。通常认为，形态强弱与其下影线长短成正比，下影线越长，则信号越强。但实盘中往往另有一层含义，当日股价下探幅度小，表明空方力量弱小，筹码锁定性较好，多方仍是主力，后市上涨是市场主基调。若下探幅度较深，则后市变盘的可能性较大，在实战中不乏有从涨停到跌停位置然后再度拉回到涨停位置的例子，这种走势虽然有强力深幅洗盘的可能，但应当注意到多空双方出现明显分歧的一面，投资者遇到极烈波动时，还是本着谨慎的态度为好。

（6）涨停封盘后成交量变化具有很大的参考作用。在实盘中，如果封盘后立即缩量，盘面十分平静，只有十位数成交，则表明筹码控制得非常好，上涨势头健康良好。如果封盘后成交量依然很大，持续出现百位数或千位数成交，则表明多空双方明争暗斗仍然十分激烈，这时应慎重决策。

（7）分析支撑位和压力位。在 T 字涨停产生时，股价如果向上成功突破某一个重要压力位，并有效地将压力位转化为支撑位，则上涨空间被打开，或者在股价回调时不破支撑位，则升势仍然将持续一段时间。股价如果不能成功突破压力位或者在回调时跌破支撑位，说明股价上行遭到重大压力，有可能出现滞涨回落，则意味着势道趋弱，风险大增，这时就应当小心对待为好。

二、T字型涨停实盘技巧

1. 低价区域T字涨停

T字涨停出现在股价已经有一段下跌行情的低位或短线超跌时，表明下档有较强的买盘介入，股价离底部已经不远，很可能会出现止跌回升或反转的走势，因此是一个见底信号。此时投资者应密切关注其后的走势，若盘中买盘积极，出现放量上涨，则升势基本确立，可以积极介入做多。

图5-25，泰达股份（000652）：该股见顶后逐波下跌，反弹结束后再次回落，累积跌幅超过50%，股价严重超跌。2020年1月20日，股价从涨停价位开盘，在分时走势中没有封死盘面，股价快速回落震荡，午后股价重新封板，从而形成T字涨停，之后股价出现一波强劲的拉升行情。

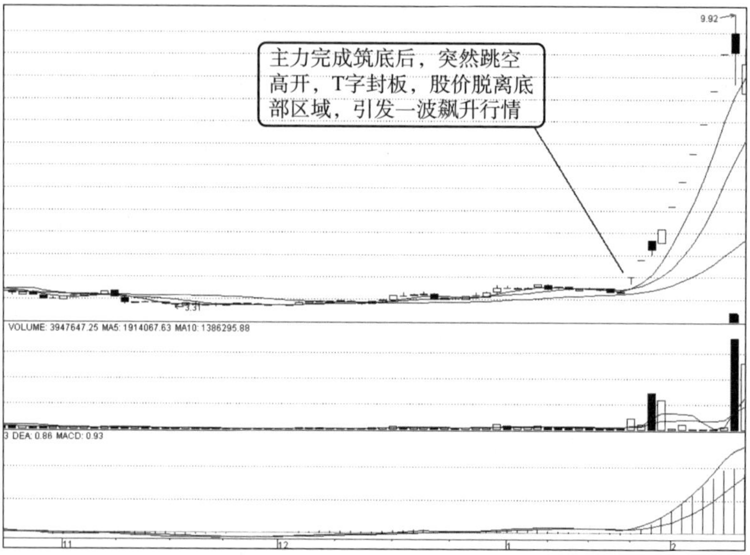

图5-25 泰达股份（000652）日K线图

该股在长期的下跌过程中，做空能量得到很好的释放，多头资金开始悄悄介入，使股价企稳回升。在出现T字涨停的当天，当股价打开涨停时也没有出现很大的成交量，如果在打压过程中有大量的恐慌盘出现，那么当天的成交量必将会出现巨幅放大。从当天成交量上分析，盘中抛压并不严重，因为前期股价下跌调整时，多数散户已经止损离场，留下来的大多是意志比较坚定的或是等待反弹后解套的投资者。而且在T字涨停的第二天，股价出现一字板涨停，表明市场得到越来越多的投资者关注。

从实盘角度来看，T 字涨停相比一字涨停容易参与，但一定要眼疾手快，最好的办法是先将买单挂在某一个价位埋伏等待，只要涨停一打开，就会很快成交。

在实盘中遇到低位 T 字涨停时，应掌握以下技术要点：

（1）股价必须经过长期的下跌调整，股价下跌幅度越大、低位调整时间越长，止跌企稳的可能性越高。

（2）在出现 T 字涨停之前，成交量出现极度低迷状态，成交量越小，说明抛盘越轻，股价见底的可能性越大。

（3）在出现 T 字涨停的当天，如果出现放量现象，投资者应观察这部分成交量是否是在股价回升时放出的量。若是回升时放出的成交量，则说明买盘大举介入，此时可以坚定地做多；若是股价下跌时放出的成交量，则说明盘中抛压较大，投资者引起注意，一旦股价出现走弱，应离场观望。

（4）股价开盘后，先是遭到空方的一波打压，然后买盘介入快速把股价拉回到涨停价收盘，此时所留下的下影线越长，则见底信号越强烈，投资者可以积极介入，第二天大多会出现继续上涨走势。

（5）在出现 T 字涨停的第二天，股价应继续走强。如果盘中出现下探，那么在下探之后必须被大幅拉起，且收出上涨阳线。如果股价放量突破 5 日或 10 日均线的压力，投资者就可以跟进做多。如果第二天股价出现下跌走势，且股价收于前一天的最低点下方，那么投资者就不要轻易买入。

2. 上涨中途 T 字涨停

当 T 字涨停出现在股价上涨途中时，具有助涨作用，表明股价将继续上涨，因此是一个买入信号。这种情况一般有两种含义：一是洗盘结束信号，二是持续上涨信号。

图 5-26，开银电机（300342）：该股主力完成建仓计划后，2020 年 2 月 4 日向上突破脱离底部区域，2 月 7 日出现洗盘整理，次日股价从涨停价开盘，盘中一度开板，但很快重新封于涨停，形成 T 字涨停，说明主力在当天顺利完成快速洗盘整理。有的投资者会以为股价上涨遇到了压力，而选择了落袋为安的操作策略，但此后股价仍然强势上行。这是主力运用 T 字涨停进行洗盘换手的操盘手法，也符合前面分析的一字涨停第一次打开的买入法。

一般来说，判断T字涨停时，主要观察股价所处的阶段和主力仓位情况，如果主力在底部积极建仓，并经过较长的整理过程，则说明底部构筑扎实，股价一旦成功脱离底部区域，将有不俗的表现，这时出现T字涨停时，是一次难得的介入时机。如果出现盘面走势凌乱，股价又处于高价区域的，T字涨停的出现不合乎常规的情况，这时应当小心对待，说不定就会撞上一个多头陷阱。

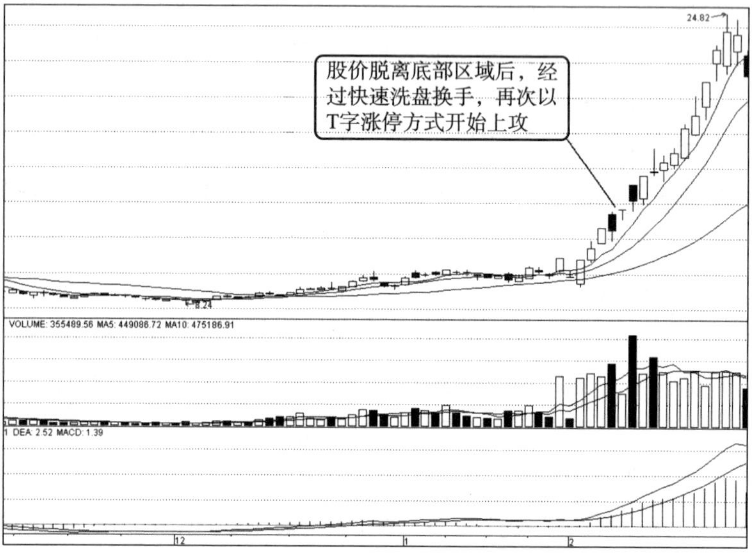

图5-26 开银电机（300342）日K线图

在实盘中遇到上涨途中的T字涨停时，应掌握以下技术要点：

（1）在T字涨停之前，股价必须脱离底部盘整区域（新股除外），市场已经处于强势之中，但总体上涨幅度不宜太大，一般涨幅在50%以内。

（2）在T字涨停之前，盘面出现过明显的上拉动作，股价已经突破中短期的均线，成功站于均线系统之上。

（3）在T字涨停当天，成交量可以出现放量现象，但这些成交量大多是在股价拉升时出现的，不断有买盘涌入所致。如果所放大的成交量来自盘中卖盘，则后市不应过分乐观。

（4）在T字涨停之后，当股价出现震荡或回探走势时，只要成交量不大且股价在10日均线附近运行，那么后市股价一旦再次放量上行，这时投资者可以积极买入。

（5）在出现T字涨停时，股价突然出现快速下探且击穿5日或10日均线的支撑，之后股价很快又被拉起且收在 5 日均线之上，此时投资者可以等待股价再次走强时买进。

3. 高价区域 T 字涨停

在股价有较大涨幅之后的高位，特别是股价在暴涨行情之后，出现 T 字涨停时，投资者应多加小心。因为股价经过一定幅度的上涨后，已经累积了较多的获利盘，随时有可能出现获利回吐，一旦买盘不继而获利回吐加重时，很容易导致股价下跌，挫伤股价上攻势头。此时投资者应密切关注盘面变化，一旦股价上攻无力时，就应坚决出局，获利了结。

图 5-27，联环药业（600513）：该股洗盘整理结束后，主力大幅拉升股价，盘中堆积了大量的获利筹码。2020 年 2 月 7 日，股价实现 10 连板，从涨停价位开盘后，在大量的获利盘抛压下，盘中出现开板现象，但主力为了能够在高位顺利出货，又将股价拉回到涨停价位收盘，从而在高位区域出现 T 字涨停。这是潜在的见顶信号，第二天股价高位震荡收阴，顶部信号进一步明确。

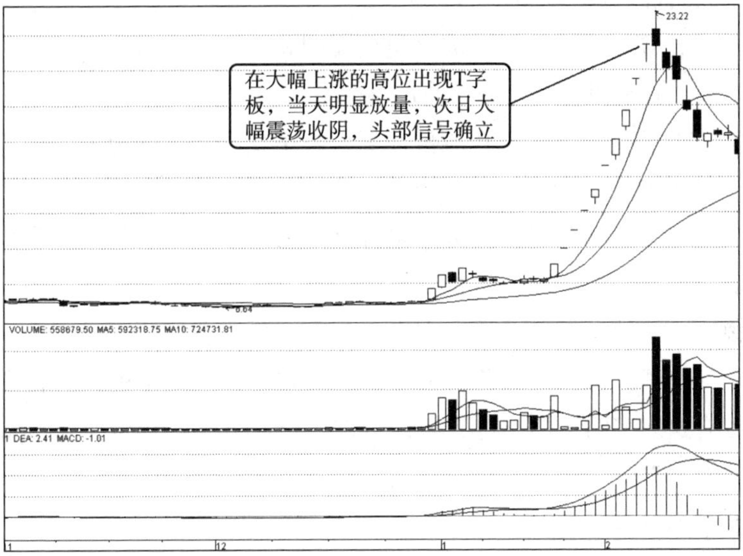

图 5-27　联环药业（600513）日 K 线图

该股在出现 T 字涨停之前，股价出现了飙升行情，这本身就累积了巨大的市场风险，在 T 字涨停的当天，导致了大量的抛盘出现。如果这是主力放量洗盘，那么在股价拉回涨停后，主力接下来应延续强势拉升，但第二天的走势并非如此，股价出现震荡走低。可见，主力通过连续涨停的方式，把市场的做多气氛聚集起来，然后在高位进行诱多出货。因此，当这种T字涨停出现在股价长期上涨的高位时，投资者就要高度警惕，这往往是上涨行情即将结束的征兆。

那么如何识别是上升途中的T字涨停，还是上升到顶的T字涨停，可以从三方面判断：首先，股价前期涨幅是否过大，如果上涨幅度已经很大，T字涨停作为出货的概率更大；如果股价处于刚刚启动状态，或是股价涨幅很小，那么T字涨停多为主力在洗盘。其次，T字涨停出现之后股价重心移动方向如何。如果股价重心上移，则是主力利用T字涨停在上涨途中进行洗盘；如果股价重心下移，则是主力利用T字涨停出货。最后，从成交量上分析，在股价下探时缩量，在股价回升时放量，为正常的涨势盘面，股价仍有上涨动力，否则后市应引起警惕。

在实盘中，若出现以下盘面现象时，可以判断为主力诱多出货。

（1）在T字涨停出现之前，股价出现加速上涨态势，且上涨幅度较大，特别是连续封涨停后出现的T字涨停。

（2）在出现T字涨停时，成交量出现明显放大，有时出现巨量，而股价在回探之后的拉升过程中，股价通过对倒手法拉高。

（3）在T字涨停之后，在股价冲高过程中受到强大的阻力而回落，当股价跌破5日或10日均线时，应无条件卖出。

（4）股价上涨过程中，在买一位置出现大买单，但这些大买单都没有成交，当股价上涨一个价位后又挂高一个价位。在盘面上出现这些迹象时，一旦这些大买单撤掉，股价可能立即向下回落，投资者应第一时间卖出，否则就卖不了好价钱。这些大买单是主力故意挂在上面来诱多的，其目的是让投资者看见有这么多的买单等待买入，引诱投资者以高一个价位直接买进主力挂在上面的卖单。

4. T字涨停突破阻力

（1）T字涨停突破盘区。当T字涨停成功向上突破某一个重要的阻力位时，说明股价上涨势头强烈，主力做多意志坚决，后市股价可能继续走强，因此是一个做多信号。特别是股价在长期震荡过程中形成的盘区，一旦被T字涨停有效突破，且得到成交量的积极配合，后市股价将会出现一波持续的上涨行情，此时投资者可以积极做多。

图5-28，会畅通讯（300578）：该股见底后出现小幅攀升，然后形成震荡整理走势，从而形成一个盘整区域。这个盘整区域的突破具有重要的技术意义，如果出现向下突破，则意味着这是中短期的顶部区域，对后市股价上涨构成重大影响；如果出现向上突破，则意味着这是中短期的底部区域，对后市股价起着重要的支撑作用。2020年2月3日，出现T字涨停形态，股价突破了整理盘区，其技术意义不可忽视。在当天的分时走势中，曾经遇到一些散户的抛盘，但总体抛压不是很大，主力很快就把股价拉回到涨停价位，且直到收盘时封单不动。

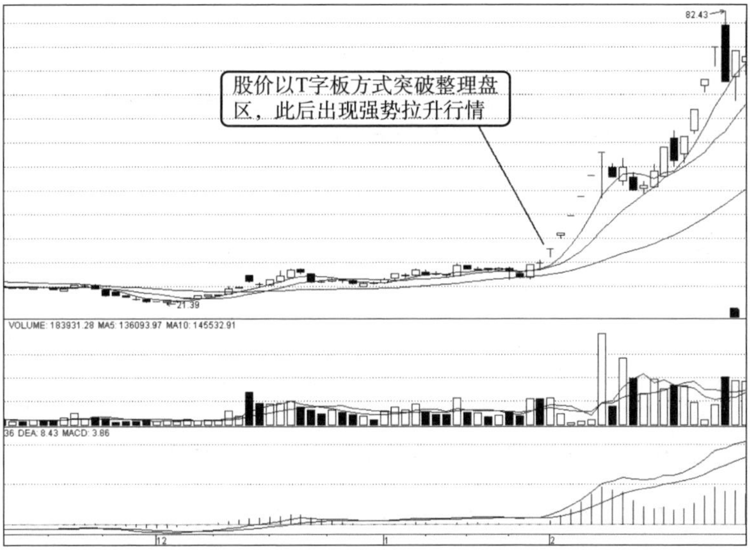

图5-28　会畅通讯（300578）日K线图

（2）T字涨停突破前高。当T字线成功突破前期阶段性高点时，意味着后市股价的上涨空间被打开，具有强烈的看涨意义。

图5-29，达安基因（002030）：该股前期盘区中形成一个明显的高点，这个高点对后市股价上涨构成较大的压力，2019年12月31日股价反弹到该位置时遇阻回落。后经短期整理后，2020年1月20日股价跳高到阻力位之上以涨停价位开盘。在盘中主力为了减轻上涨阻力，故意打开涨停位置上的封单，释放了大量持股信心不坚定的投资者，然后又强势拉回到涨停价位，并用大买单封住涨停直到收盘。这说明盘中买盘很积极，主力接下来就是一鼓作气地强势拉升，短期股价出现快速上涨行情。

该股的前期高点，对后市股价上涨构成较大的压力，主力采用直接突破的方式拉高股价，这样做的好处就是不给散户逢低吸纳的机会，使那些最早想等待回调低点介入的投资者改变了投资方式，不得不追高买入，这样就协助主力拉高股价，这与期货市场中的逼仓手法相似，从而导致股价越涨越凶，而主力却高位悄无声息地出货。

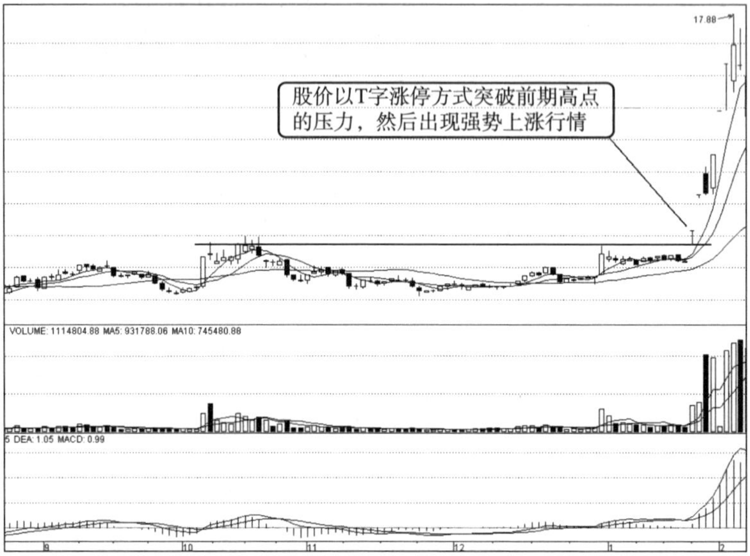

图 5-29　达安基因（002030）日 K 线图

（3）T 字涨停突破均线。当 T 字涨停向上突破均线系统时，预示股价下跌或洗盘调整结束，后市股价将出现上涨行情，因此是一个较好的信号。

图 5-30，天宸股份（600620）：该股经过大幅的下跌调整后，股价见底企稳回升，底部慢慢抬高，并成功地站在均线系统之上，呈现圆形底形态。当股价上涨到一定的幅度后，主力开始洗盘整理，股价向下回落，并击穿均线系统的支撑，5 日、10 日均线与 30 日均线形成死叉，并有进一步恶化的可能。不久，股价大幅跳空到均线系统之上并以涨停价位开盘，在盘中打开涨停板释放浮动筹码后，股价继续封于涨停位置，从而形成 T 字线形态，成功地扭转了股价的下跌势头，起到一线定乾坤的作用，此后股价继续稳步上涨。

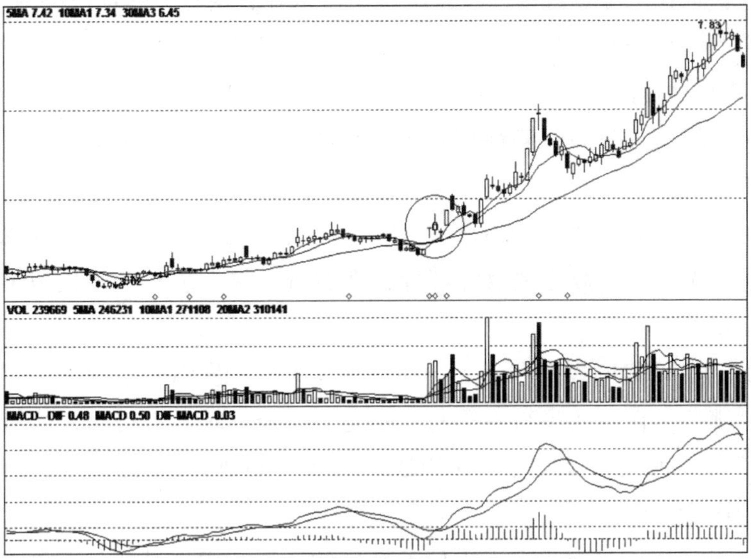

图 5-30　天宸股份（600620）日 K 线图

股价突破均线系统，通常有三种情况：一是在下跌趋势的后期，股价向上突破下行的均线；二是在上升趋势途中，股价洗盘调整结束后，股价向上突破上行的均线；三是在横盘整理过程中，股价向上突破水平移动的均线。根据移动平均线周期长短，分为突破短期均线、中期均线和长期均线三种类型。

第五节　天地型涨停

一、天地型涨停技术要点

天地型涨停，是指股价从跌停开盘到涨停收盘的一根光头光脚的大阳线，在分时走势中如同顶天立地，故称天地型涨停，或叫“天地板”。这种情况有一种相近的走势，就是在盘中将股价打压到跌停位置，然后又强势拉涨停的，也叫“天地板”

这种涨停方式是一种罕见的极端走势，它反映了多空双方优劣态势的大逆转，往往是多头反击的开始或洗盘、震仓的结束。其盘口先是大单压死在跌停位置，突然被连续的超级大买单快速吃掉，股价就像火箭一样的上冲至涨停价位。但在涨停位置上往往会呈现锯齿状开合走势，而最终会封住涨停。这种走势ST类个股出现的概率比非ST类个股要高，原因是ST类个股只有5%的涨跌幅限制，这样主力容易操作。

天地型涨停可分为转势性涨停、洗盘性涨停和出货性涨停三类，主要有以下技术要点：

（1）掌握股价所处的位置。在大幅下跌的低位，大多为转势性涨停；在涨幅不大的中段，多数是洗盘性涨停；在股价大幅上涨特别是快速上涨的高位，就是出货性涨停。

（2）观察均线的排列和趋势。在均线呈大空头发散时，观察是否属于反弹自救性涨停；在均线呈缓慢下行、平走、黏合、缓慢上行时，此时出现天地型涨停大多属于利多信号；在均线呈大多头发散时，可能是出货性涨停，谨防主力出货。

（3）分析成交量变化。无论何种性质的涨停，成交量都不要太大。涨停封盘后，成交量立即萎缩，说明筹码没有大规模出逃，后市仍有上涨潜力，可以持股观望。

（4）技术指标向好，如MACD、RSI等指标，刚刚形成金叉或已经金叉，BOLL指标穿过中轨线。如果出现高位钝化或顶背离时，谨防股价反转。

（5）如果次日延续上涨或保持强势状态，则短期仍然向好；如果次日盘面走弱或下跌，则第一天的涨停属于诱多性涨停，此时应离场。

二、天地型涨停实盘技巧

1. 转势性天地型涨停

转势性天地型涨停大多出现在长期调整的底部区域，或出现在短期超跌的阶段性低点，往往出现持续性上涨行情，能够扭转或结束前期的下跌或调整，因此具有中短线投资价值。

图5-31，特力A（000025）：该股出现阶段性高点后，出现一波快速下跌走势，累计跌幅超过50%。由于受下跌惯性影响，经历2个一字板后股价继续从跌停价开盘，然后巨量打开跌停，股价快速拉起，当天以涨停收盘，形成一根光头光脚的大阳线，成功扭转下跌势头，此后股价大幅上涨，涨幅超过4倍。这种走势的买点有两个：一是在股价巨量打开跌停封盘时介入；二是在股价即将封涨停时跟进。

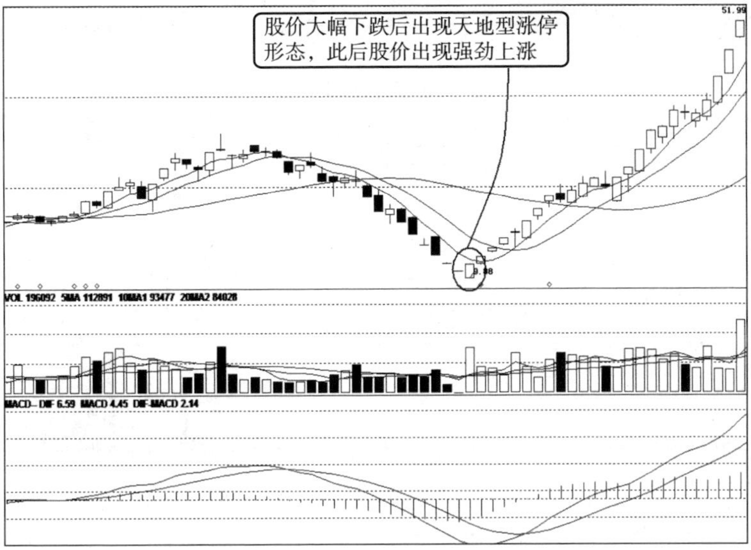

图 5-31 特力 A（000025）日 K 线图

2. 洗盘性天地型涨停

一般来说，股价从跌停拉到涨停，说明主力实力强大，是一种凶狠的洗盘方式。因为股价从跌停价开盘，首先给盘中散户造成了心理压力，起到恐吓震慑作用，然后快速拉起让散户出逃，此时散户担心股价再次下跌，而赶紧抓住机会出局，同时场外其他散户也逢低介入，这样筹码得到很好的换手，主力拉升也就轻松许多。

图 5-32，红宇新材（300345）：该股见顶后大幅下跌，累积跌幅较大，股价严重超跌，随时有报复性反弹出现。2018 年 6 月 13 日，股价突然拉起，连拉 5 个涨停。6 月 21 日，大幅高开 9.23%后，股价逐波下跌，尾盘跌停。次日，受下跌惯性影响，股价在跌停价开盘，弱势震荡一段时间后，盘中放量强势起涨，直至封于涨停，形成天地型涨停走势。主力通过这种方式，使筹码得到较好换手，此后几日股价强势上涨。这种走势的买点同样是在股价巨量打开跌停和股价即将封涨停时跟进。

另一种洗盘性“天地板”走势就是股价在盘中打压到跌停位置附近，然后主力又强势拉到涨停，这种凶恶的走势洗盘效果也非常好。

图 5-33，连云港（601008）：该股构筑底部区域后，股价缓缓向上走高，2019 年 3 月 22 日股价向上突破，形成加速上涨走势，第二天股价高开低走，在高位收出阴线。3 月 26 日，股价低开 5.34%后，股价不断向下走低，一度

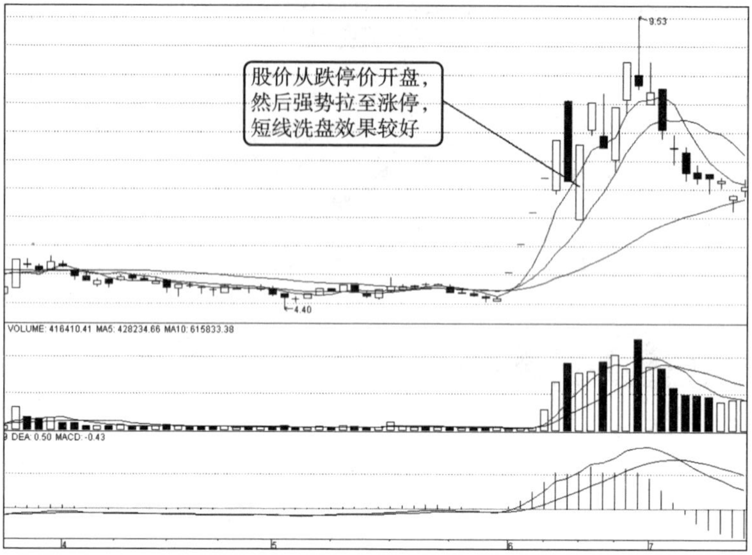

图 5-32　红宇新材（300345）日 K 线图

下探至跌停板位置。不少散户见此情形，纷纷选择离场观望，担心当日股价封于跌停，而导致次日惯性下跌的风险。可是，午后股价直线拉升，第一波股价翻红，稍做整理后，第二波直线拉涨停，形成“天地板”走势。主力洗盘手法非常凶狠，之后股价继续强势拉高。

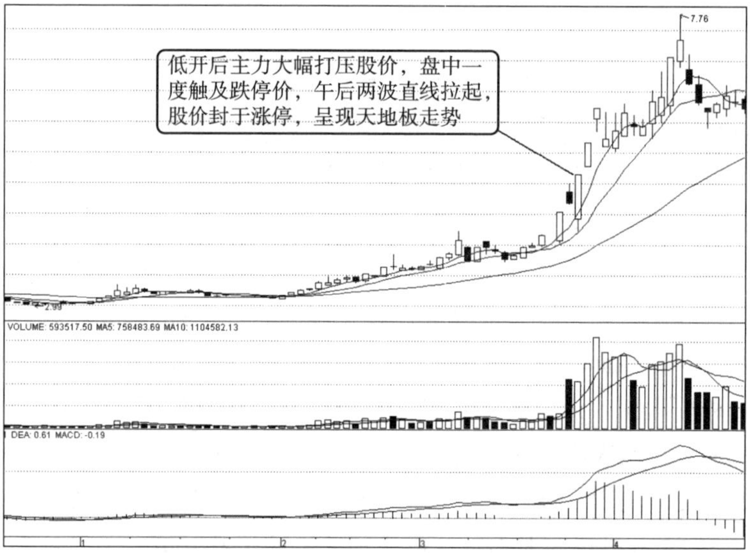

图 5-33　连云港（601008）日 K 线图

3. 出货性天地型涨停

在股价大幅上涨的高位，由于主力出货而导致盘面出现巨幅震荡，有时候股价从跌停开盘到涨停收盘，这种天地型涨停看似盘面非常强劲，实则主力暗中出货，所以投资者要认真分析。

图 5-34，长城影视（002071）：该股由于基本面不佳，主力为了达到高位出货目的，刻意大幅拉高股价，短期股价涨幅超过一倍。2020 年 6 月 9 日，股价从跌停价开盘后，盘中巨量打开封盘，然后股价逐波拉高，尾盘收于涨停，呈现天地型涨停走势，当天换手率超过 19.69%。从当日分时走势来看，盘面似乎非常强势，但次日低开 9.44%后，股价冲高回落，在日线中形成“流星线”形态，充分表露出主力出货的意图，这是明显的见顶形态。

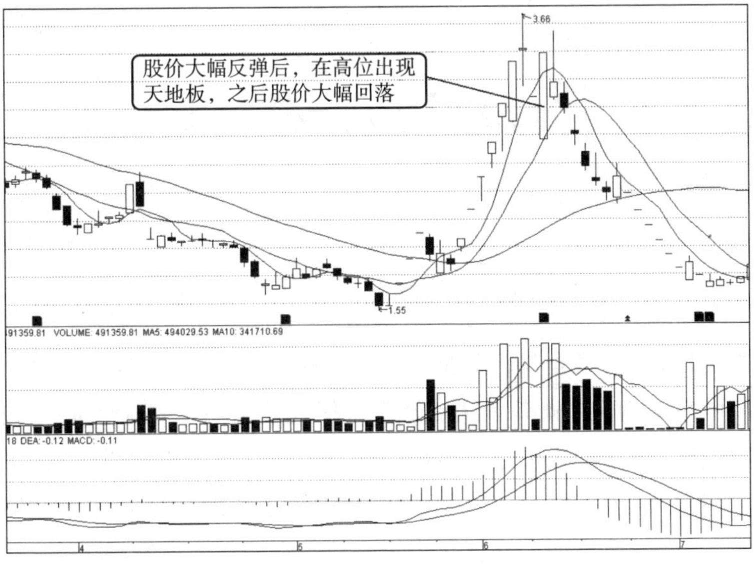

图 5-34 长城影视（002071）日 K 线图

在下跌趋势中的天地型涨停，只要放出巨量，不仅不会上涨，反而会继续下跌，后面至少还有 20%以上的下跌空间。这是因为主力为了吸引市场接盘，故意运用对倒盘造成有抄底资金进场的假象。当跟风盘蜂拥而入后，第二天往往以跌停开盘，甚至以大单封死跌停，把跟风者悉数套牢，而后通过连续的大幅下跌，渐渐摆脱套牢盘，主力再在低位寻机震荡出货。

图 5-35，赫美集团（002356）：该股大幅炒高后，主力在高位出货，然后股价快速下跌，2019 年 4 月 8 日股价从跌停价开盘后，盘中打开涨停，然

后逐波拉高，尾盘封于涨停，形成天地型涨停走势，当天成交量大幅放大。第二天又从跌停价开盘，但不会重复昨天的故事，股价冲高回落，在接近跌停板收盘，K 线形成倒“T”形态。这就使人产生对前一天涨停的怀疑，据此可以判断主力继续减仓，之后股价仍然出现大幅下跌，将追涨盘套牢。

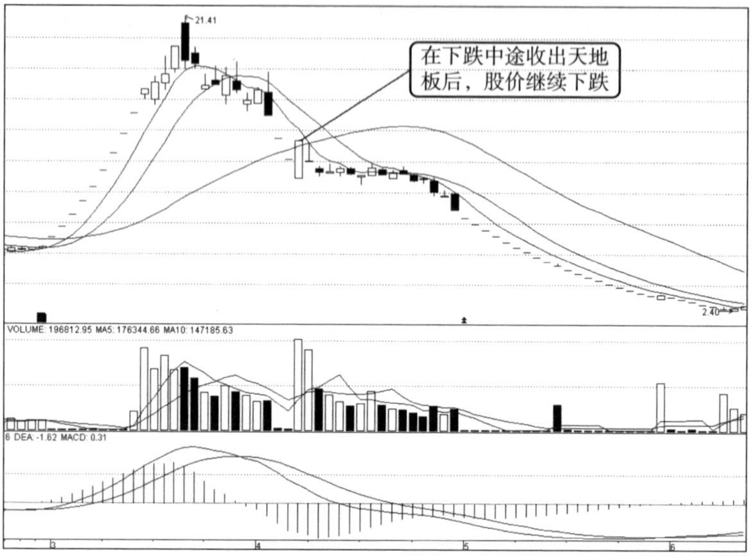

图 5-35 赫美集团（002356）日 K 线图

特殊型涨停的五种走势，各具特色，读懂了它们的盘口语言就如虎添翼，大大拓宽了狙击涨停的概率，这是全天候捕捉涨停专业高手的必备技能。随着市场的变化，涨停的手段还会层出不穷，正所谓“股市如棋，局局新”。投资者一定要保持股海无涯“变”作舟的精神，不断地研究和发现涨停的新变化，做到主力变，我亦变，在变化中求生存，在变化中谋发展。

第六章　涨停气势分析

第一节　盘面气势主要特征

股市中的气势指股价上涨的气概、势头。股票真正的上涨，一定是有气势的涨升，这是从盘面上区分股价上涨的真假、虚实以及判断主力意图的参考依据。在实盘中，股价涨停也有真涨假涨以及涨停以后是继续上涨还是很快反转下跌，这需要从气势上进行分析。所以，研判股价上涨的气势，有助于我们分清真涨和假涨、大涨和小涨以及躲避风险及时把握获利机会。

观察盘面气势需要具有一定的看盘经验和内功修炼，这可以说是看盘的最高境界。气势在于个股盘口体现出来的表现力和攻击力，一些有经验的敏感的投资者能够领悟到盘面气势的强盛以及气势的演变，这是很难用一两句话就能够表达清楚的，需要看盘时间的积累和总结，有一个升华和沉淀过程。

盘面气势的主要特征：

（1）股价上涨能持续扬升的，才具有投资价值，绝不是偶尔的异动。伴随股价上涨成交量持续放大或者温和放大，不是偶然一两天突放巨量。

（2）关键位置上涨有力度，突破时有力量，干脆利索而不拖泥带水。

（3）在日 K 线上，股价紧贴 5 日均线上行，走势坚挺，总体走势的角度大于 45°。波段形状清楚，波段内 5 日均线是直线，不是弯弯的曲线。

（4）在分时图中，呈直线式上升，中间回档幅度很小，时间很短。

（5）“阻力”和“压力”阻挡不了股价的持续上涨，主力做多意愿坚决。

如果股价上涨没有气势，那只是虚张声势而已，意味着该股可能没有主力，或者主力的实力不够，或者个股的基本面不支持该股做多，主力没有底气或胆量。没有气势的股票盘面死气沉沉，其特征是：上涨不够持续，股价偶尔突然大涨，成交量突然放大。股价走势疲软，总体走势平缓，角度小于 30°。关键位置上涨无力，阻力、压力重重，主力无做多意愿。每一个上涨波段以内，K线阴阳交错，波段形状不清晰，5日均线走平或是弯弯的曲线。个股走势明显弱于大盘，总体上涨幅度跟不上同期的大盘上涨幅度，是市场的“落伍者”。

第二节　从分时盘口分析气势强弱

盘面气势可分为“日K线气势”和“分时盘口气势”两种。“日K线强势”，是指当日或多日以来的表现属强势上升状态。“分时盘口强势”，是指当日盘中交易股价不但是上升的，而且盘面分时走势表现较强势。

一般情况下，强势股要求“日K线强势”和“分时盘口强势”两者都要同时具备，说明之前和现在都是强势表现，这样的强势股才能持续上涨，才能有向上攻击力。如日K线强势，而分时盘口表现下跌或不强，这意味着该股属于强势状态下的调整状态，不是首选目标。同样，如日K线弱势，而分时盘口表现较为强势，这说明该股属于弱势反抽状态，也不是首选目标。

一、从涨停开板分析

涨停封盘后的开板情况，可以反映涨停气势的强弱：

（1）涨停封盘后一直不开板的，盘面气势最强，次日续涨可期。

（2）涨停开板后重新快速封回涨停的，盘面气势也不错。

（3）涨停后受大盘跳水影响而开板，然后重新封盘的，也是强势盘面。大盘跳水而坚决封盘不动的更好。

（4）涨停开板次数越少越好，多次开板比偶尔开板的要弱得多。

（5）开板后未能及时封盘，持续较长时间后再封盘的，其盘面气势不怎么好。

（6）开板后不再封盘，特别是尾盘开板且不再封盘的，盘面气势最弱，次日有可能低开或下跌。

图6-1，深振业A（000006）：该股在2020年6月15日开盘后，股价放量上涨，拉至涨停，巨量封盘，抛单立即减少。由于当天大盘出现跳水，对该股封盘造成一定冲击，主力借机开板洗盘，但回落幅度不大，不到10分钟，股价重新封于涨停。这种涨停是完全真实的盘面反映，没有一点虚假因素存在，体现了主力做多的决心。这种情况是难得的短线机会，可以在重新封盘的瞬间买入。

图6-2，克劳斯（600579）：该股突破后连拉7个涨停，2020年3月5日

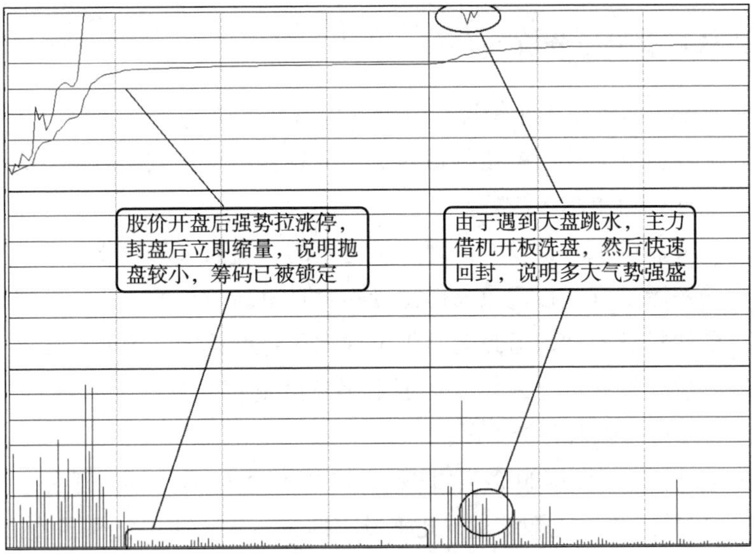

图 6-1 深物业 A（000006）分时走势图

在第 7 个涨停上，显示主力做多积极性动摇了。这天高开 6.80%后，股价快速拉板，但封盘并不坚决，开板后出现大单抛盘，午后勉强封盘，成交量处于放大状态。这种情况一方面说明上方压力较大，另一方面反映主力并没有继续做多决心。如果这种现象出现在涨幅较大的高位，就不适合于继续做多了，已经追进的散户应在次日冲高时离场观望。

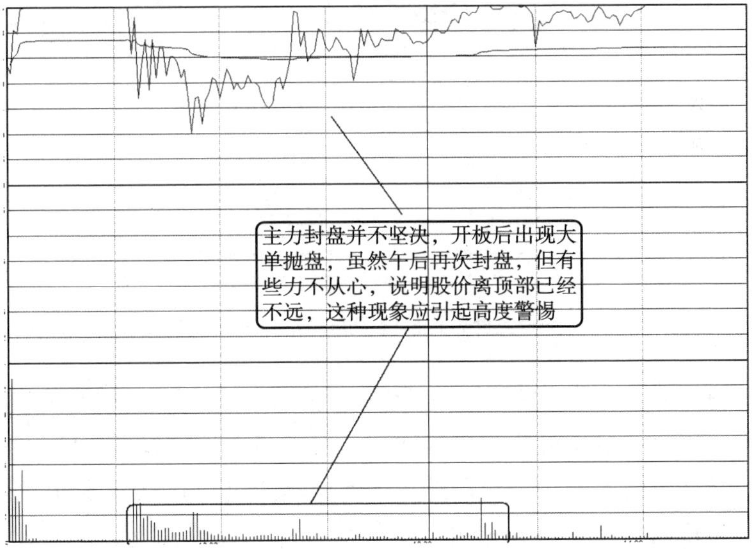

图 6-2 克劳斯（600579）分时走势图

二、从封盘抛压分析

根据涨停后的抛压大小情况，分析涨停气势的强弱。

（1）涨停后立即关门缩量的最好，说明看多意见一致，后市看高一线。

（2）涨停后封单越大越好。

（3）在大盘跳水时，没有出现大量抛单的，盘面气势强盛。

（4）涨停后虽有开板现象，但抛盘不大且重新封盘的，盘面气势也不错。

（5）虽然封盘不动，但封盘时仍出现大手笔抛单的，说明盘面抛压大。

（6）巨量开板后不再封盘，特别是尾盘巨量打开且不再封盘的，盘面气势最弱，次日有可能低开或下跌。

图 6-3，世名科技（300522）：该股 2020 年 5 月 11 日小幅高开后，股价直线拉至涨停，巨单封盘后立即缩量，几乎没有抛盘，几分钟才出现零散的小抛单，显示主力做多意愿非常坚决，后市股价看高一线，这是短线较好的介入品种。

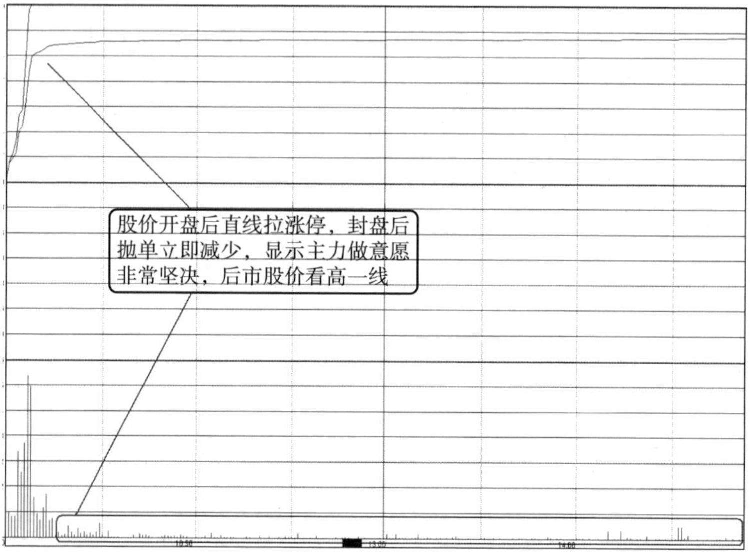

图 6-3　世名科技（300522）分时走势图

图 6-4，申通地铁（600834）：2020 年 6 月 1 日，开盘后股价逐波上涨，并推升至涨停板，盘中开板，尾盘回封。看似盘面非常稳健，感觉主力还要往上拉，从而吸引了不少散户踊跃买入。但是通过当日盘面分析，封盘后抛单很大，每次封盘都被抛单砸开，有大量的筹码向外涌出，说明外强内弱，内存忧患，多空分歧严重，是潜在的见顶信号，短线不宜追涨。第二天，低

开3.97%后，不断向下走弱，当天以跌停收盘，短期顶部形成。

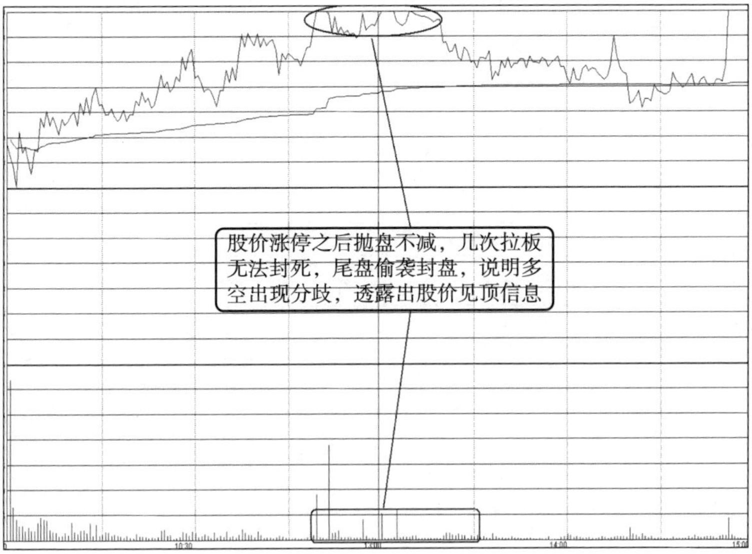

图6-4　申通地铁（600834）分时走势图

三、从封盘时间分析

涨停封盘时间的早晚不仅能够反映主力实力的大小，也能预测未来股价上涨的气势，因此要区别以下几个时间段：

（1）涨停早的比晚的好，最先涨停的比尾盘涨停的要好得多，在每天交易中第一个涨停的最好，涨停时最好出现在10：10分以前。

（2）下午在1：15分以前封涨停也是相当不错的。一般来说，通常上午出现涨停的个股是主力“早有预谋”的，而下午出现涨停的，在气势上要稍微差一点，大多是受大盘或板块上涨带动、利好消息刺激而“临时起意”。“早有预谋”涨停的个股，要比“临时起意”涨停的个股，气势强得多。

（3）其他时间段涨停的股票相对差一些。

（4）临近尾盘涨停的股票，上涨气势最弱，因为尾盘关注度在降低，拉升消耗的资本比较少，所以尾盘拉涨停的主力实力相对弱一些，是一种取巧动作，具有一定的欺骗性。

图6-5，星徽精密（300464）：2020年6月24日，该股开盘后强势拉升，不到半小时股价拉涨停，封盘后抛单立即停止，几乎没有大抛单出现，直至收盘封单不动。说明这是主力“早有预谋”的拉升计划，并不担心当天大盘

涨跌带来的影响。这类个股后市仍有上涨动力，投资者短线可以积极参与。

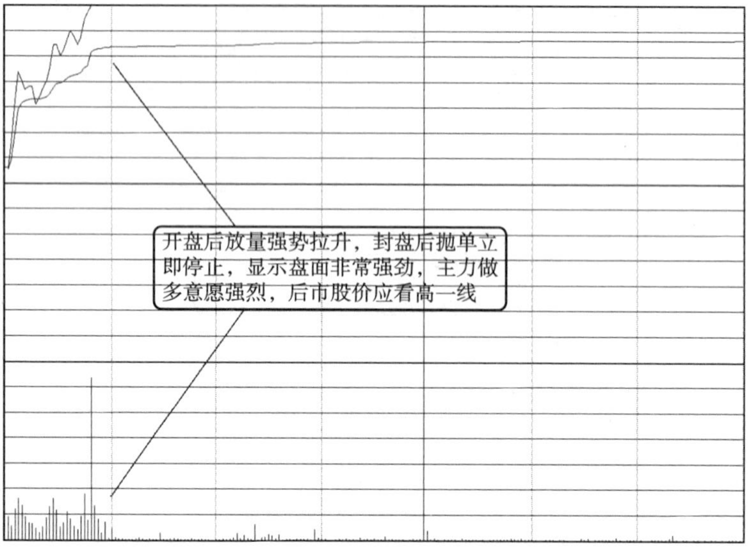

图 6-5　星徽精密（300464）分时走势图

图 6-6，省广集团（002400）：2020 年 7 月 7 日，该股开盘后处于震荡态势，10：30 左右开始震荡走高，临近收盘时放量拉至涨停。说明主力非常犹豫，对后市信心减弱。这种现象次日一般不会有良好表现，甚至直接低开弱势震荡，它的走势给人产生不安全感，对后市期望也不要太高。

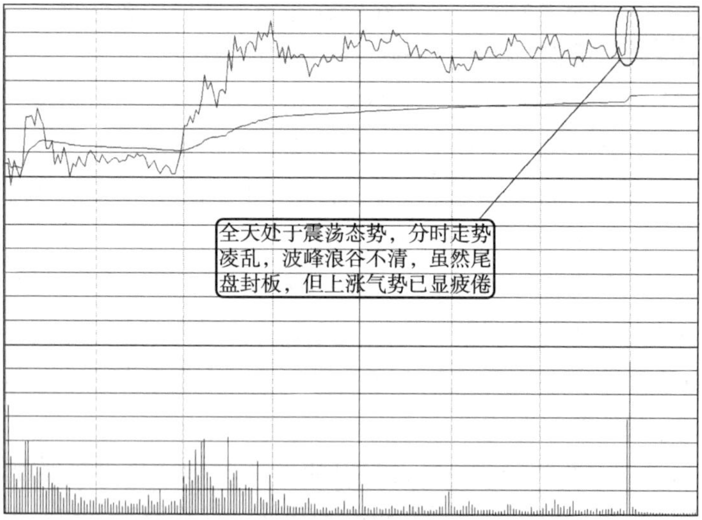

图 6-6　省广集团（002400）分时走势图

四、从拉升波形分析

就股价涨停来说，在浪形上可以观察到上涨气势的强弱。

（1）一字涨停。股价一开盘就封于涨停价位，分时图在涨停位置上成一条笔直的直线，没有浪形可言，在气势上多方占据绝对优势，不给空方任何机会，这是气势最强的一种表现形式。这类个股除新股上市连续一字涨停外，通常有两种市场因素：一是遇重大利好消息所致；二是主力做多意愿强烈所致。

在实盘操作中，对于第一种因消息影响出现一字涨停的个股，投资者很难把握，要么无法买进，一旦买进往往又是高位，还是尽量不参与为好。一般短线投资者应重点关注第二种因素引起的一字涨停个股，这类个股的主力志在高远，意气蛮横，在随后出现的回调过程中可以介入短线操作。

（2）一波涨停。开盘之后或在盘中某一时段出现直接式上升，拉升不回调，一波拉涨停。这种盘面气势仅次于一字涨停的个股，说明多方明显占优，空方弃守观望，盘面气势磅礴，势如破竹，后市升势可期，是短线介入品种。

（3）二波涨停。在分时走势图中，股价分二波拉升，经过一波拉高后开始回落洗盘蓄势，然后大幅上拉直至涨停。

这种盘面在启动点开始的上升，第一波通常涨到比较高的位置附近，一般在4%~6%（太低不行，如果第一波上升只涨到2%左右，那么回调之后再涨就要8%以上才能冲到涨停，这样操盘的难度比较大），第一波的上涨幅度不太低，就是为了将来能够经历二浪调整之后，第三浪上涨到即封于涨停。这种涨停的气势，其强度又次于“一波涨停”的个股，但上涨气势也不可阻挡，实际涨幅也不见得小于“一波涨停”个股的幅度。

（4）三波涨停。在分时走势图中，股价分三波拉升，中间出现两次回调蓄势走势，然后大幅上拉直至涨停。这种走势的盘面气势也是非常强劲的，但弱于前面三种形态。

（5）多浪涨停。多浪涨停也比较多见，分时图在拉升的过程中，低点和高点逐级而上直到冲击涨停，在涨停个股里这种盘口气势也算是最弱的了。但主升浪一旦形成，其上涨力度也非常强劲的，而且往往持续较长时间。

第三节　从时空结构分析气势强弱

一、从时间上分析

1. 拉升的时间持续

股价拉升是最激动人心的时刻，也是每一个散户孜孜以求的目标。股价上涨要有一定时间的持续性，主力的做多意愿就体现在持续的上涨之中。股票真正的上涨，一定要有持续的涨升，而不是一两天的冲高动作，这也是从盘面上区分股价上涨的真假、虚实以及判断主力意图的参考依据。在实盘中，有的股票能够持续升势，投资者有获利机会；有的股票持续性不强，涨势昙花一现，散户跟买进后即遭套牢。因此，研究股价上涨时间是否具有持续性很有必要。

拉升时间的持续应符合下列特征：

（1）股价上涨必须是连贯性的，而不是一两天的短期上冲。

（2）股价上涨速度很快，在 K 线图上以长阳短阴、大涨小回、二阳一阴等方式，股价紧贴 5 日或 10 日均线快速上扬，角度大于 45°。

（3）上涨要有一定的幅度，一般一个波段大于 20%以上。在波段内，一般没有跳空缺口，股价呈小波段逐波上行，涨跌有序，买卖点明确。

（4）股价上涨是因为有人在刻意“拉动”，是主力的故意行为，具有明确的拉升目的和意图，如果仅仅是因为大家看好哄抢而上涨，则股价很快会归于沉寂。

（5）上涨中没有派发动作，这样的上涨是推升股价的一种方法，目的是为拉升服务，主力通过盘中制造人气，吸引场外投资者介入，然后轻松推升股价。

图 6-7，蓝英装备（300293）：该股回探到前期底部盘区附近时，股价渐渐企稳回升，2020 年 5 月 15 日在底部出现涨停，5 月 20 日当股价回升到前高附近时，主力展开洗盘整理，洗盘整理结束后，股价进入强势拉升阶段。在整个上涨过程中，出现连续的拉升方式，将股价不断推高，波峰浪谷清晰，盘面涨跌有序，这样的涨势行情一般不会一两天就结束的，这是短线高手的最佳选择品种。从图中可以看出，盘面气势如虹，股价紧贴均线上行，上涨

角度大于45°，一切“压力”阻挡不了股价上涨的势头。

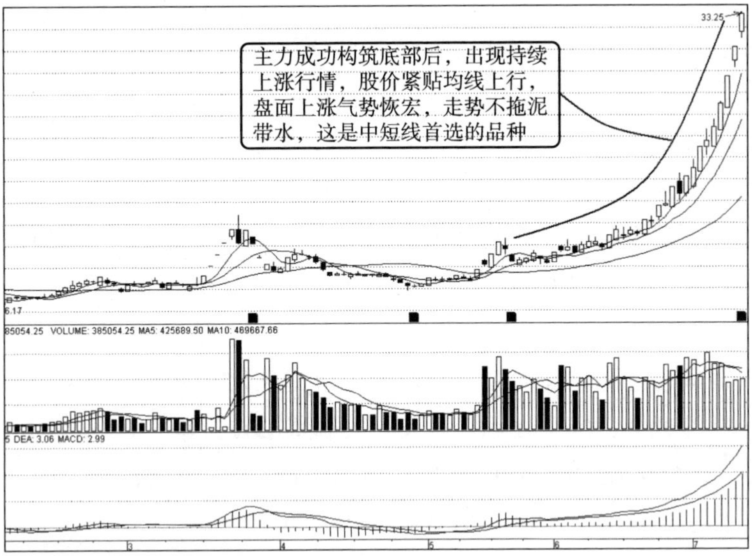

图6-7 蓝英装备（300293）日K线图

2. 拉升的时间长短

相对于建仓、整理、派发阶段来说，拉升的时间周期最短。拉升幅度的大小以及时间的长短，是体现主力实力与操盘风格所在。同时，拉高也是主力获利的关键，在主力操作中具有决定性意义。一般短线行情在1~2周，中级行情1~3个月，长庄股在6个月以上，个别大牛股的拉升时间可能超过1年以上。

通常，底部盘整结束后将股价拉升到一个台阶进行整理只需15天左右，期间没有震荡的可能在7天左右。以震荡爬升方式上行的，上升周期约1~2个月。一个波段或台阶的拉升时间在15天左右，但总的持续时间较长，需要3~6个月甚至1、2年。为出货而快速拉升的持续时间较短，中途没有震荡或震荡幅度小的，需要20天左右；中途有震荡且幅度大的，需要2个月左右。拉升时间通常与拉升性质、拉升方式、调整方式以及上涨速度、角度和上涨空间等因素有关。

拉升时间与上涨角度的关系，两者一般呈反比。上涨角度陡峭的，持续时间较短，上涨角度平坦（适中）的，持续时间较长。通常30°角上涨的持续时间最长，可维持几个月甚至一年以上；45°角上涨的持续时间适中，一般在

1~3个月；超过60°角上涨的持续时间最短，行情在几天或几周就结束。可见，角度平坦（但不低于30°角为宜）的上升速率维持时间较长，角度陡峭（特别是超过60°）的上升速率维持时间较短，因此股民遇见“井喷”式行情，不可恋战。

拉升时间与上涨速度的关系，两者一般呈反比。上涨速度较快的，持续时间较短，上涨速度稳健的，持续时间较长。另外，上涨速度与上涨角度呈正比关系，也就是说，上涨速度越快，则上涨角度就越大，持续时间也就越短，反之则反。通常“井喷”式行情的持续时间在5~10天左右，长的可持续30天左右。

拉升时间与上涨空间的关系，两者一般呈正比。上涨空间越大，持续时间较长，上涨越小，持续时间较短。一般股票的拉升幅度在50%以上，时间在5~10天，幅度较大的超过100%甚至200%以上，时间在10~30天，超级大牛市可能达到4~5倍以上，时间在3个月以上。通常，一只庄股的整体涨幅不小于1倍，流通盘较大的，在80%左右。基本面较差又无可以看好的理由的，在60%~80%。小盘股、热门股的涨幅预期较高，可能达到2~3倍，甚至4~5倍以上。主力坐庄手法不同，其拉升幅度也有别：快速拉升的幅度在80%甚至2倍以上；一个波段或台阶的拉升幅度在30%左右，但总的幅度在1倍以上，推进式或复合式的拉升幅度在股价的1倍左右。股票拉升的空间，取决于个股炒作题材、市场人气、股价定位、技术形态、股本大小、筹码分布、主力成本和主力获利目标等，其中主力的意愿是决定性的。股价拉升幅度也可以参考股价的最低价，从底部最低价起算，可以按涨幅的80%、100%、150%或者200%以上分别确定拉升可能到达的价位。

图6-8，中船科技（600072）：该股在拉升过程中呈现波浪式上涨，从图中可以看出，第一波上涨速度最慢，28%的涨幅用了8个交易日，日平均涨幅为3.5%；第二波38%的涨幅用了10个交易日，日平均涨幅为3.8%（期间为ST股）；第三波25%的涨幅用了4个交易日，日平均涨幅为6.02%；第四波上涨速度最快，22%的涨幅仅用了3个交易日，日平均涨幅为7.1%。从该股的走势可以体会到，拉升时间与速度、角度以及上涨空间密切关系。对于短线投资者来说，时间就是金钱，了解这些因素对于更好地把握出入点很有帮助，这里仅提供一种思路，点到为止，在实盘中应多加体验。

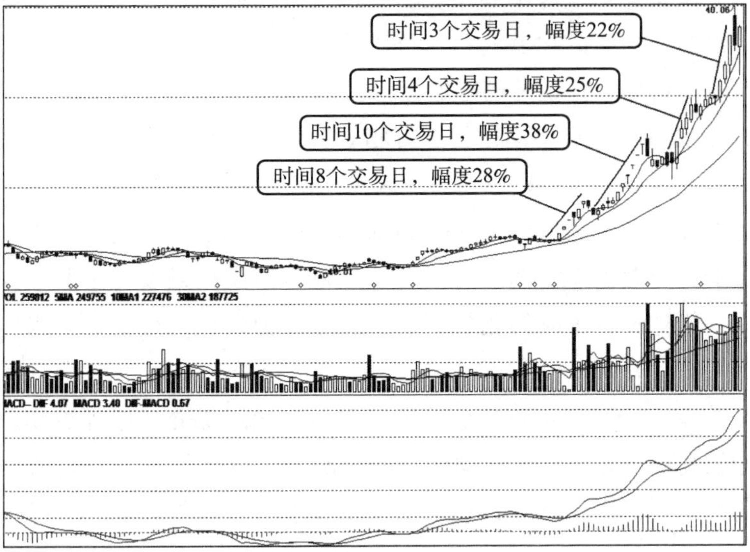

图 6-8 中船科技（600072）日 K 线图

二、从速度上分析

（1）拉升速度快，具有爆发性。个股在启动初期经常出现连续轧空的走势，同时随着行情的展开，成交量连续放大。对这类主力而言，时间比资金更重要，而且闪电式的突击本性已经根深蒂固了，连续轧空就是这种操作行为的最好写照。因此，主力的拉升一般都是十分迅速的，因为毕竟适合于拉升的良机不多，主力必须及时把握时机而快速拉高，这样才能充分达到事半功倍的效果。同时快速拉升产生的暴利效应，能够更好地起到诱惑的作用。

（2）短线主力的拉升，最关键的就是借势。借大市反弹之势、借大市上升之势、借利好消息之势、借形态突破之势，借势拉高往往是一鼓作气的。短庄的拉高手法比较简单，以快、狠为主，有时快到让想追入的投资者不得不一次又一次地撤单将价位打高。一般来说，短庄的拉高多出现在尾盘，因为如果过早地拉升，极有可能面临着抛压砸盘的风险，而在尾盘拉升，往往可以将投资者杀个措手不及，想买的买不着，想卖的又舍不得卖。个别凶狠的主力甚至将股价用大单封至涨停，让投资者只能望单兴叹。

（3）中、长线主力的拉升，由于驻庄周期比较长，往往达到高度控盘，其目标利润定得比较高，而且手中掌握的筹码比较集中，其拉升时的盘口通常独立于大势而行，走势不温不火，碎步推升，一轮拉升段往往持续时间较长。但如果遇上合适的拉升时机，可以使主力事半功倍，不必花费大量的资金就可以达到目的，且拉升幅度更大。

（4）个股行情一旦启动，其走势相对独立，上涨速度明显快于大盘或板块，而且多发生在大市比较乐观时。因为，此时大市表现出明显的多头特征，使股价的上升有很好的市场人气作为基础，可以使个股走出明显强于大盘的走势。很少选择大盘不明朗的时候发动进攻，但是如果发现个股在此时发动攻势，则一般隐藏有相应的题材或有可能是主力在拉高建仓，未来的空间极其巨大。

（5）当主力企图大幅拉抬股价的时候，将通过媒介或股评放出题材，散布种种朦胧利多，并联系大户助庄，同时制造大成交量和大手笔成交（也可制造异动，如一笔特高或特低的成交），以降低抛压和吸引买气，从而加速股价的上涨。

（6）拉升阶段中后期的典型特征是，股价上涨幅度越来越大，角度越来越陡，速度越来越快，成交量愈放愈大。但涨幅大、角度陡、速度快、成交量大的股票，持续时间较短，股民应随时做好出局的准备。若成交量呈递减状态，那么，这类股票要么在高位横盘慢慢出货，要么利用除权使股价绝对值下降，再拉高或横盘出货。

（7）对倒拉抬。一边在上方堆积筹码，一边从下方不停往上拉升股价，促使股价快速上涨。对倒与对敲不同，对倒时可能大幅拉升股价，而对敲可能不拉升股价；另外，对敲的性质是偏重股价的成交量，而对倒的性质在偏重成交量的同时偏重股价的涨势。

图 6-9，光大证券（601788）：2020 年 6 月 19 日，该股脱离盘整区域后，快速上涨，一鼓作气，中间不停顿，走出持续的上涨行情。具有涨幅大、角度陡、速度快、成交量大的特点，但持续时间往往较短，停止拉升就是行情结束的标志，短期将进入调整阶段，此时散户应尽快出局。可以想象得到，如果主力不是憋着一口气地拉升，一旦中途出现调整，那么操作风格就不会是这样。很多时候，在拉升过程中一旦停顿，可能影响士气，甚至造成满盘皆输的结果，所以主力也不好当。

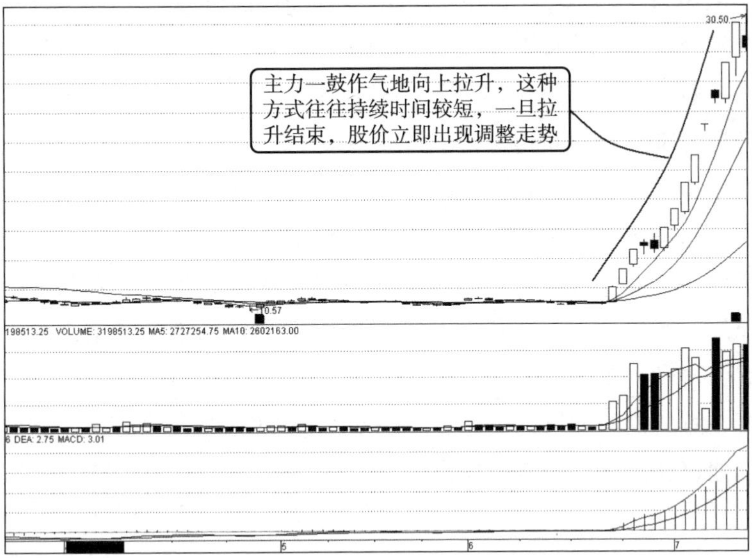

图 6-9　光大证券（601788）日 K 线图

三、从角度上分析

在股价运行中，大部分时间是在低价区进行涨升前的整理震荡，只有小部分时间用来拉升股价。因此，过早地进入正在上下震荡中的个股，是不经济的；同样，过晚地进入一个已经拉升的个股，也是不经济的。于是，着重寻找那些在底部刚刚萌动的股票。在实盘中，大多出现以下几种盘口现象：

（1）沿 30°角上升。这种走势依托均线系统上行，不受大盘升跌影响，同时又受到了均线系统的制约，一旦距离均线较远时，会有集中抛盘出现，因此就形成了 30°角上升形式。此盘口现象看起来主力力量脆弱、控盘程度较低。正因为表面上有这些感觉，迷惑了不少投资者的眼睛，但到中后期均有快速拉升的动作。其实，这是长线实力主力的一大策略，在一年半载后，当你站在高位俯视现在的股价时，大有“一览众山小”之感悟。

但如果低于 30°的走势，又落后于大盘的涨幅，表明盘势过弱，多空双方的斗争与大势的上升不能统一，应引起注意。其原因是：①继续吸筹；②资金不足；③利空隐患；④无庄入驻等。

（2）沿 45°角上升。这种走势最强劲也最理想。经过仔细观察，不少大幅攀升的个股前期都在平缓的上升通道中运行一段时间，股价阴阳相间、交错上行，角度多为45°，成交量错落有致。这种形态通常是主力控筹所为，由于主力大规模介入，必然使股价重心逐渐上移，慢慢形成一条上升通道，且初涨期升势一般很缓慢，既可以降低持筹成本，又不至于过早招人耳目。这类个股上升通道维持的时间越长，主力准备工作越充分，日后的爆发力越大。

（3）沿60°角上升。这种走势往往预示股价背后隐藏着重大题材，加之主力实力强大，坐庄手法凶悍怪异，令股价涨势如弘。这表明主力在底部长期潜伏吃货后，达到了高度控盘，加上拉升之初大势、板块、人气等诸多因素的共同作用，产生了闪电式拉升。这种走势主力短期消耗能量过大，需要换手休整后，再度上攻。

需要注意的是，如果升势超过60°以上，主力短期用力过猛，必然产生强力回抽，建议逢高减磅，波段操作。

第四节　从K线组合分析气势强弱

股价在进入主升浪阶段后，从K线组合上由强到弱可以分为三种形态：一是连续跳空式涨停；二是持续大阳式涨停；三是阴阳组合式涨停。下面就这几种类型主升浪进行分析研究：

一、连续跳空式涨停

这种拉升形态，大多以涨停的形式为主，一般出现连续5个以上的涨停走势，从而形成暴涨式主升浪行情。其中，又可以细分为三种类型：一是连续一字或T字涨停；二是先出现2~3个一字或T字涨停后，再拉出3个以上的大阳线涨停；三是连续5或6个以上大阳线涨停式。无论是哪一种类型，中间均出现连续的向上跳空缺口，且当天没有回补缺口。

1. 连续一字涨停

这种盘面形式是指连续在5个以上的交易日里，股价从涨停价位开盘，且全天封盘不动，所有的成交均是在涨停价位上，从而形成连续的一字涨停K线形态，有时候在盘中瞬间打开后又快速封盘，形成T字涨停。毫无疑问，这种涨停是所有主升浪中上涨气势最强烈的一种形态。在实盘中，这种盘面非常直观，从一字涨停开始，到一字涨停开板结束。

那么，这种盘面是怎么形成的呢？从表面看，是由巨量买盘追高造成的，在涨停价上排队的巨大买盘将卖盘全部吃光。由于涨停价上的买盘巨大，在前 3~4 个涨停时，卖盘稀少，从而导致在涨停价上成交稀少，形成无量空涨现象。但实质上，这种主升浪的真正原因：一是由个股突发性的特大利好造成，二是资金推动的强庄蛮横行为。通常形成特大利好的有重大资产重组和重大资产注入两类，但不管是哪种利好，必须是属于股市当下最热门概念的资产，或者是能够给上市公司带来巨大现实利润的资产。

图 6-10，海特生物（300683）：2020 年伊始，一场突如其来的“新型冠状病毒肺炎”在世界各国爆发，受此突发性重大疫情事件影响，抗流感概念个股纷纷走强，海特生物从 2020 年 2 月 28 日开始，股价出现一字板上涨，连拉 10 个涨停，股价从 32. 39 元涨到了 84. 28 元，多头气势强盛，盘面攻势凌厉，拉升势头猛烈。当股价打开一字板时，意味着一轮拉升行情告一段落，此时应及时逢高离场。

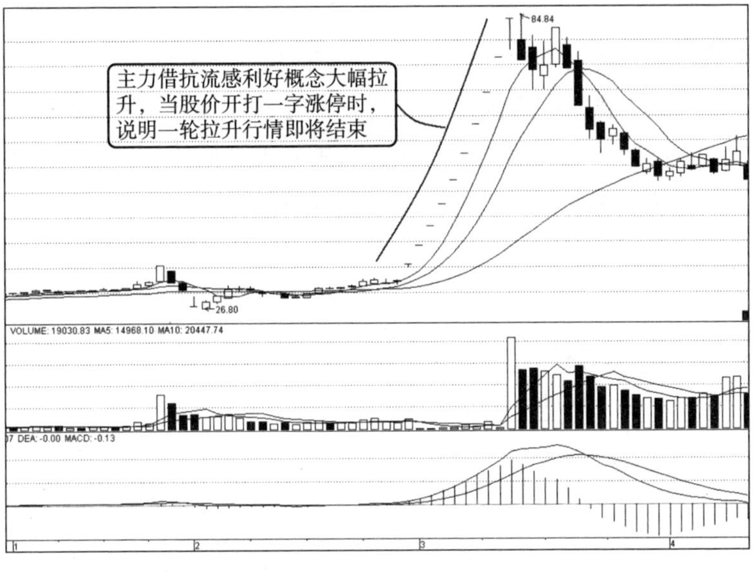

图 6-10　海特生物（300683）日 K 线图

2. 一字+大阳线涨停

这种形态是股价先拉出 2~3 个一字涨停后，再拉出 3 个以上的大阳线涨停，形成一字+大阳线涨停方式，中间可以含有 T 字涨停。其特点是：股价先启动 2~3 个一字涨停，在其后的几个交易日，股价没有继续保持一字涨停上涨，但还是能够在高开后以涨停价收盘（后面的涨停不一定要求连续出现，中间可以夹杂小阴小阳 K 线），这种拉升方式也可以走出总计 5 个以上的涨停。

这种形式的主升浪是一字涨停的变体，两者有异同之处。其相同之处有两点：一是成因相同，两者大多因突发性利好而启动的一轮主升浪；二是两者在前面的 2~3 个一字涨停的走势完全相同。

它的不同之处也有两点：一是主升浪的后期形态不同，一字涨停能够连续走出 5 个以上的涨停，而该形式的主升浪一般只能走出 2~3 个一字涨停，其后只能走出高开涨停。二是放量情况不同，一字涨停放一次量，一般是在最后一个一字涨停打开时放出巨量，甚至是天量，同时股价也见到短期的最高点，呈现较为标准的“天量天价”形态。但该形态的主升浪一般有两次放量，第一次放量通常是一字涨停开板震荡的那一天，第二次放量是在主升浪最高点的那一天。一字涨停是所有主升浪行情的最强形态，而该形态的主升浪则是次强形态。

图 6-11，四环生物（000518）：该股经过一段时间的蓄势整理后，2020 年 1 月 20 日借抗流感概念利好出现一字板上涨，股价成功向上突破，连拉 2 个一字板后，出现 1 个 T 字板，从第四天开始股价以大阳线和 T 字线的方式拉升，整个走势符合一字涨停加大阳线式涨停形态，盘面气势非常强盛。

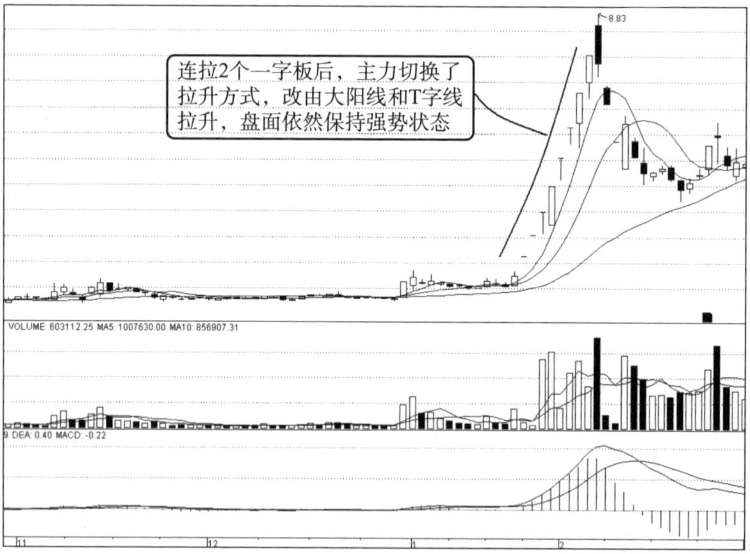

图 6-11　四环生物（000518）日 K 线图

从图中可以看出，该股从第 4 个涨停开始，股价上涨模式发生了变化，由一字涨停改变为高开涨停式上涨。主要原因是：股价短期涨幅过大，上涨速度过快，需要洗盘换手，这也意味着随后的行情中出现一定的震荡走势。

这种盘面在技术方面应注意以下四个要点：

（1）缩量回调，说明股价打开一字涨停时，释放了大量的短线浮动筹码，然后盘面很快被主力掌控，表明主力筹码没有大规模出逃。

（2）在 5 日或 10 日均线附近企稳，说明盘面强势依旧，股价仍有上攻动力，一旦击穿 5 日或 10 日均线支撑而不能很快恢复，那么多头士气必将遭到重挫，上涨势头大打折扣。

（3）再次温和放量上涨，说明有新的资金介入，盘面出现正常的上涨走势，如果出现快速的放量上涨，小心阶段性顶部形成。

（4）在放量滞涨时退出，这里包含两层意思，即放量和滞涨。一般而言，放量但不滞涨，可以继续持有；滞涨但不放量，也可以谨慎持有。当两者同时出现时，见顶的概率就大增，当然这是一般规律，具体还要视个股而定。

3. 连续跳空式涨停的条件

连续跳空式涨停是所有主升浪中上涨气势最强烈的一种走势，因此，相信很多投资者对于这种涨停方式非常感兴趣。在探讨操作方法之前，应当对连续跳空式涨停形成的必要条件作一下了解。一般而言，连续跳空式涨停的形成需要满足以下四个条件：

（1）要有重大利好。这是连续跳空式涨停形成的内因，利好越大，股价上涨空间越大。

（2）绝对价位要低。股价越低，前期调整越充分，后市股价上涨的潜在空间就越大。

（3）比价效应要大。比价效应（或叫股价差值）是指个股股价要远远低于同板块里其他股票的平均股价，为了达到或接近同板块其他股票的平均股价，个股股价就有较大的上涨空间。股价差值=同板块其他股票平均股价-该股股价。股价差值越大，表示比价效应越大，股价的潜在涨幅越大。

（4）前期涨幅不应太大。一般来说，在主升浪启动前的股价涨幅越小或者处于盘整的股票，在其利好公告后，形成多个连续跳空式涨停的概率越高；反之，则越低。

投资者掌握了这四个必要条件后，那么就可以大致估计利好公布后能走出多少个连续跳空式涨停，这对于主升浪的预测与操作有着较好的指导作用。其实，预测与操作是密不可分的，是理论与实践的统一。当预测的股价还会上涨时，那么就可以继续买入或持股，甚至会在涨停价上排队买入；相反，当预测的股价还会下跌时，那么就要及时卖出，甚至在跌停价排队卖出。由于连续跳空式涨停气势汹涌，股价往往呈现暴涨暴跌的走势，预测显得更为关键。若预测准确而买入，很可能会获得短期暴利；若预测错误而买入，则立即会被套牢，甚至会被深套。

从整体来看，以上所讲的连续跳空式涨停形成的四个条件还只是停留在战术层面，从更高的战略层面来看，连续跳空式涨停的形成其实就是由两个因素决定：估值和比价效应。其实，不只是连续跳空式涨停，其他任何类型的涨停或股价波动，从本质上都是由这两个因素所决定的。

二、连续大阳式涨停

这种盘面形态大多以大阳线涨停为主，中间夹带一些小阴小阳或十字星K线，其上涨力度比前面所讲的连续跳空式涨停要弱得多，但上涨势头仍不可低估，因此也是主升浪捕捉的重点。形成这种主升浪一般有5个因素：一是股价超跌反弹；二是有突发性利好；三是比价效应明显；四是技术面突破（各种技术意义上的突破）；五是主力资金推动行为。

无论是什么原因引发的主升浪，其盘面形式通常有三种类型：一是连续大阳线攻击形态；二是中间夹带小阴小阳或十字星形态；三是中间出现短暂停顿的调整形态。

图6-12，第一创业（002797）：该股主力成功完成建仓计划后，在2020年7月2日放量拉起，此后股价以大阳线拉升为主，连拉5个涨停，形成逼空行情。这种走势既有技术层面因素，又有主力层面因素。技术方面就是股价构筑了扎实的底部，一旦突破容易出现强势上涨；主力方面就是在底部吸纳了大量的低价筹码，需要快速拉高获利，说明主力实力强大，做盘手法蛮横，同时也反映出主力有急躁的一面。这类个股的买入点就是股价突破近期高点之时，一旦买入失误，可以在股价有效跌破30日均线时止损。

在这种拉升行情中，大阳线涨停之间夹带一些较小的K线，这些小K线并不影响股价的上涨势头，反而有利于股价的加速上涨，因为通过小K线的震荡洗盘后，更加有利于后市稳健上涨。

图6-13，华玉矿业（601020）：该股在2020年7月2日拔地而起，股价

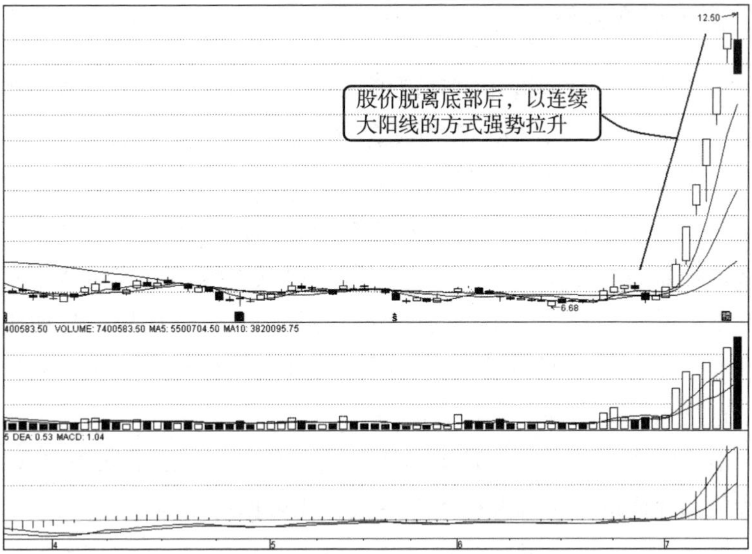

图 6-12 第一创业（002797）日 K 线图

脱离底部盘区，展开拉升行情。在拉升过程中，以大阳线涨停为主，中间夹带一些小 K 线，盘面上涨坚挺有力，拉升气势十足。主力通过这些小 K 线，让短线获利筹码选择离场，有利于主力更好地拉升。

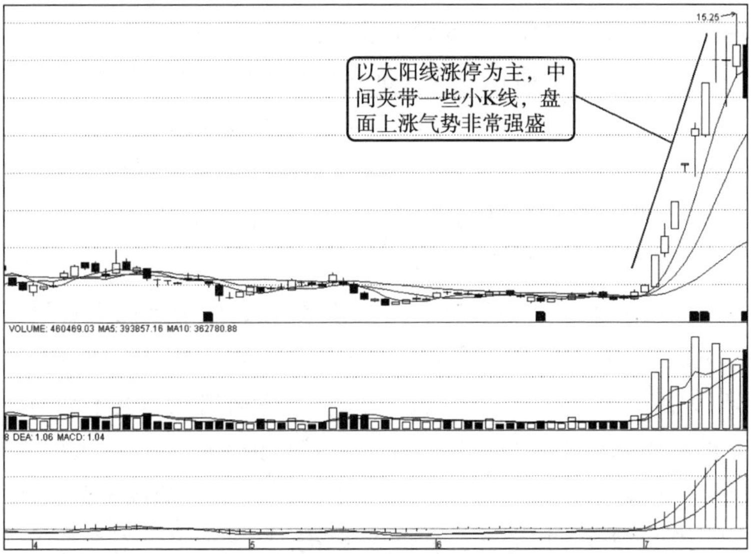

图 6-13 华玉矿业（601020）日 K 线图

三、阴阳组合式涨停

阴阳组合式主升浪是指在主升浪形态中，会出现一些小幅调整走势，股价有时会跌破 10 日均线，但不会构成有效突破，很快返回到 10 日均线之上，在实盘中以大阳小阴为主的 K 线组合形态。因此，就其攻击力和盘面气势而言，连续跳空式涨停最强，连续大阳式涨停次之，而大阳小阴组合式涨停最弱。虽然这种盘面看起来属于最弱的一种，但其上涨力度依然势不可挡，累计涨幅也不会低，有时甚至超过前面两种的涨幅，因为这种走势属于慢牛性质的主升浪，盘中浮动筹码比较少，所以持续时间往往比较长，累计涨幅也比较大，这是该种形态的一大特点。

主升浪可以分为两类：一是短期暴涨式主升浪；二是中期慢牛式主升浪。那么，股价到底回落多少以及回落多少天，才可算是“休整”呢？

就短期暴涨式主升浪而言，股价是否进入“休整”，可以用 5 日均线和 10 日均线是否构成死叉作为界定标准。若股价在上涨后，出现回落或者横盘，只要 5 日均线和 10 日均线没有出现高位死叉，其后继续上涨，那么之前的回落或横盘，就不算是“休整”，只能算是上涨的一个短暂的中继形态，可认定该轮主升浪在继续，直至出现 5 日均线和 10 日均线高位死叉为止；若股价在上涨后，出现回落或横盘，5 日均线和 10 日均线出现高位死叉，那么之前的回落或横盘就是属于“休整”，该轮主升浪就宣告结束。

就中期慢牛式主升浪而言，若股价自最高点回落不超过 20%，且股价自最高点回落后的 20 个交易日内又创出新高，则可以认为该轮主升浪还没有进入“休整”；若股价自最高点回落已经超过 20%，或者虽然股价自最高点回落没有超过 20%，但股价在自最高点回落后的 20 个交易日内不能够创出新高，则可以认为该轮主升浪已经进入“休整”。

图 6-14，美景能源（000723）：该股底部企稳后渐渐向上走高，股价成功脱离底部盘整区域，在 2019 年初产生一波主升浪行情。在主升浪发展过程中，盘面以大阳小阴为主的 K 线组合形态，在中途出现回调走势时，股价考验 10 日均线的支撑力度，再次向上拉高涨停。说明尽管短线出现回调走势，但不改股价上涨势头，仍然运行在主升浪之中。所以，遇到这种强势走势时，只要 5 日和 10 日均线保持完好，就可以坚定地持股做多，不必为中途的小调整所困扰而作出错误的判断。

图 6-15，星期六（002291）：该股经过一段时间的洗盘整理后，在 2019

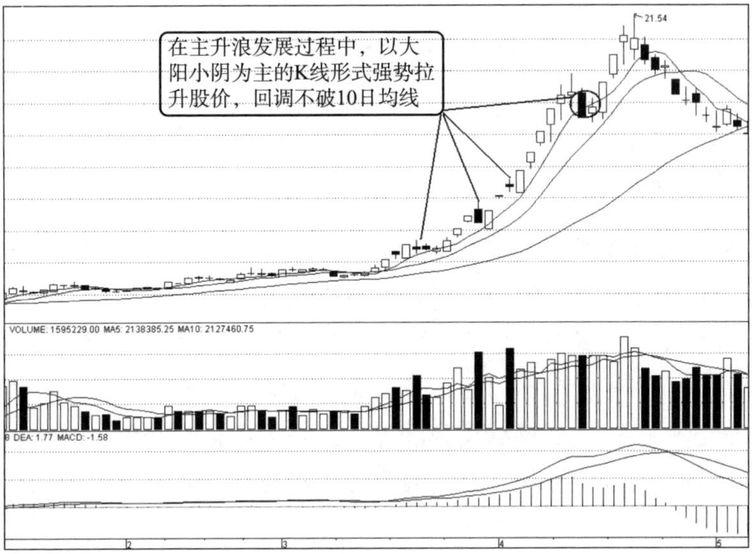

图 6-14 美景能源（000723）日 K 线图

年 12 月 13 日出现放量涨停，股价向上脱离底部盘区，次日突破前高压力，从而出现一波拉升行情。在拉升过程中，以大阳线涨停为主，中间夹带一些小阴小阳 K 线，构成阴阳组合式拉升形态，使浮动筹码及时离场，然后股价继续强劲上行，主力运作手法稳健，盘面走势坚挺有力。

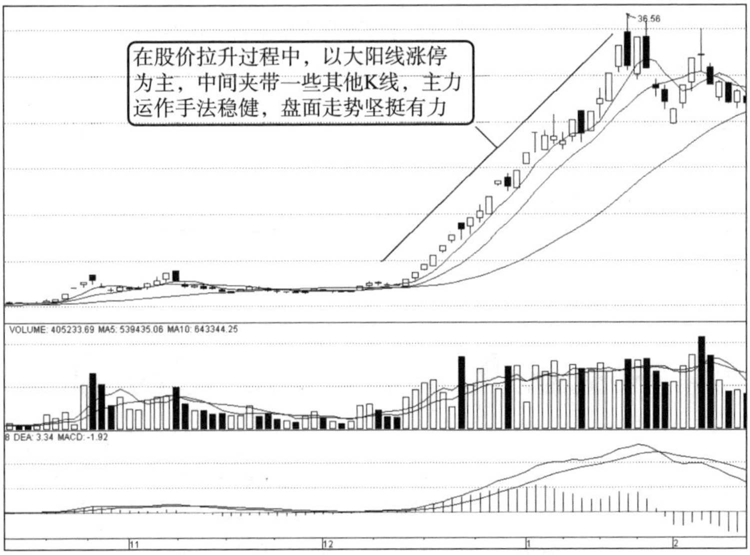

图 6-15 星期六（002291）日 K 线图

第五节 从价位高低分析气势强弱

一、低位涨停

当个股经历漫漫熊途下跌至低位，或是长期持续横盘整理后，一旦在低位出现了量价配合理想的涨停，那就值得投资者密切注意了，因为这往往是空头能量释放完毕，多头开始反攻的标志，意味着新一轮行情即将到来。

当然，低位涨停也有不同的市场含义和性质，主要有这样几种类型：一是建仓、试盘涨停；二是超跌反弹涨停；三是主力自救涨停；四是利好刺激涨停。不同类型的低位涨停，盘面表现形式和拉升气势也有明显的区别，投资者应严加区别。

图 6-16，青龙管业（002457）：该股在低位经过一段时间的盘整后，构筑了扎实的底部根基，股价渐渐企稳回升，当股价触及盘区高点时，未能有效向上突破而出现调整。2020 年 7 月 3 日，股价拔地而起，放量涨停，向上突破盘区，从此出现一轮拉升行情。从盘面分析，股价位置低，突破力度强，有一股向上蓬勃欲出的气势，投资者应积极关注。

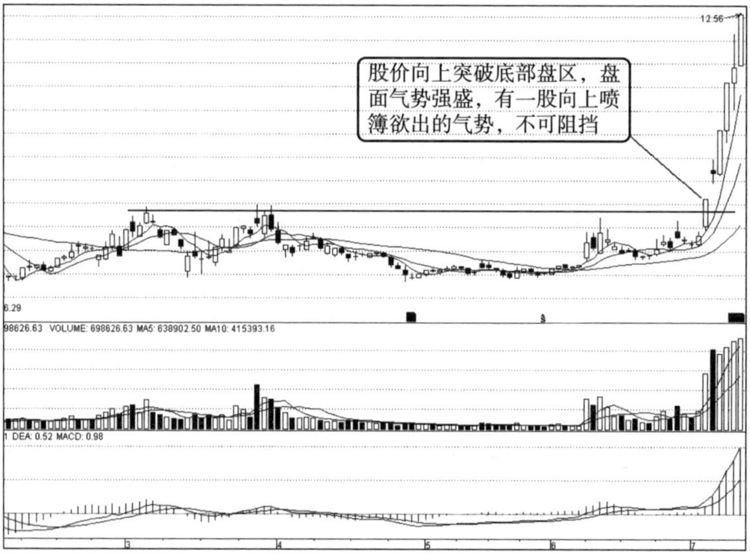

图 6-16 青龙管业（002457）日 K 线图

从本质上说，K 线形态能够反映一切。当个股底部出现第一个涨停时，极可能隐含着基本面上的重要变化，或透露出主力的坐庄意图。个股经历长期下跌并开始震荡筑底时，拉出一个涨停对主力快速聚集市场人气也有着不可低估的作用。当市场做多力量一旦迅速趋向一致时，对于盘中主力就意味着拉升时减少阻力，对于普通投资者就是巨大的获利机会。

当然，在观察低位涨停的同时更要注意个股的成交量变化，实盘中具有较高参与价值的个股在底部第一个涨停时成交量并不会很大，分时走势上呈现明显的涨停前放量，涨停后迅速缩量且封涨停时间较早的特点，这类个股通常可以迅速参与追涨，获利概率很大。

图 6-17，彤程新材（603650）：该股主力在长期的筑底过程中吸纳了大量的低价筹码后，股价开始向上攀升，均线系统多头发散。2020 年 6 月 2 日放量涨停，股价成功突破前期高点阻力，成交量大幅放大，场外资金大举入场，盘面气势磅礴，从此股价进入牛市上涨格局。

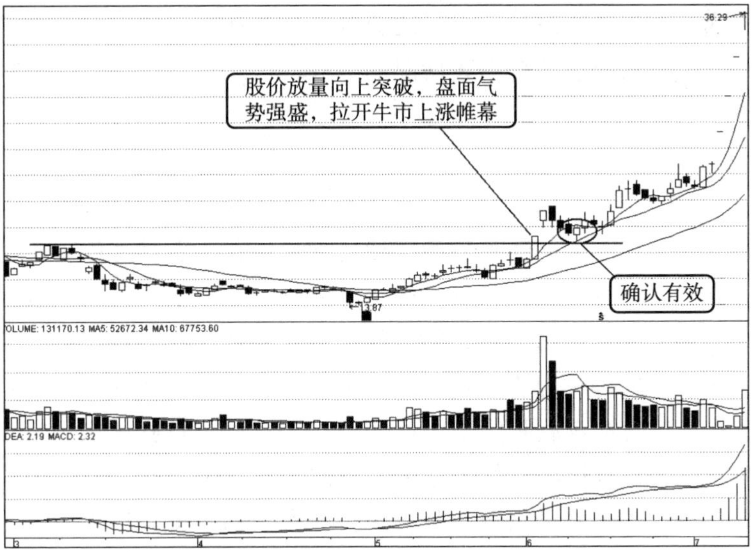

图 6-17 彤程新材（603650）日 K 线图

低位涨停其实是一个非常典型的启动信号，如果在大盘处于上涨过程中，其成功率非常高，但如果大盘处于非常恶劣的下跌状态时，追涨停时将面临更为严格的要求。所以实盘中注意以下技术要点：

（1）尽量回避大盘股，盘子越少越好（股本越小，主力越容易控盘）。

（2）超跌低价股，越低越好（股价越低，主力所耗资金越少，市场越容易跟风），最好前期跌幅超过 50%。

（3）当天最好高开 2%以上，开盘后不回调或者回调不破开盘价（如平开则开盘后应上拉不破前一天收盘价）。

（4）最近几天的下跌量能无明显放大，越缩量越好。

（5）个股具有突发性题材或者相关板块具有题材。

（6）该涨停属于连续下跌后底部第一次涨停，封盘时间越早越好，最好在 10：30 以前封死涨停，封盘后立即缩量。

（7）个股股价在上升的底部或腰部，在其第一次涨停后，主力为了清洗获利盘就会震仓，时间一般在 5 个交易日左右，震仓的幅度大多会在 5 日均线附近，即使跌破也会被迅速拉起。震仓后，又会展开新一轮上升浪，因此可以在 5 日均线附近追击，一般不出 3 天就会有厚利。

（8）涨停后的第二、三天均为高开低走的小阴线（必须缩量），在第二天收盘前半小时往往出现打压动作，均以最低价收盘，且第三天的收盘价在 5 日均线附近，此时可以追击买入。

敢于逆势涨停的股票是最强悍的股票，敢于逆势涨停的资金是最凶猛的资金。因此，一旦出现符合上述情况的个股，可以在股价即将涨停时以涨停价买入。

二、中继涨停

中继涨停是指对原上涨趋势的继续或加速运行，这种涨停不改变股价原来的运行态势，只改变股价原有运行态势的角度和方式。很多庄股经过小幅上涨后，会形成平台整理形态，其后的走势会有这样几种情况：一是数日横盘后股价下跌，这种情况很普遍；二是平台打破后，打造新的平台，继续横盘震荡；三是数日横盘后股价开始上涨，这几日横盘就构成一个中继形态。

对于第一、二种情况，都不是一个好的参与条件，同时这两种情况会占到大多数比例。而第三种情况，分析其后的参与的价值。对于横盘数日后小幅上行的形态，力度不足，随时可能转跌，这种情况不作关注，只有关注横盘数日后拉出涨停突破的个股，对其后拉出涨停的就是“中继涨停”。

在实盘中，主力用中继涨停来诱多的情况非常之多，那么是诱多性中继涨停还是成为超级强庄股而继续大幅上涨，这需要特别关注涨停之后次日的走势。

（1）次日有缺口、大幅收高，具有最强势特征，后市向上空间很大。

（2）次日高开回补缺口并大幅收高，或者小幅低开、平开后迅速上攻并大幅收高，具有次强势特征，后市上涨或者形成新的上涨中继。

（3）次日小幅低开、平开，收盘在-2%~+2%，后市形成新的中继或者调整。

（4）次日大幅低开收低，或者小幅低开、平开，当天收跌-2%以上，后市下跌可能很大。

需要注意的是，很多个股在高位横盘后会出现下跌走势，因此不要盲目地认为横盘的就会形成上涨中继，从而错误地在横盘时介入。只有“中继涨停”出现后的股票才是值得关注的强势股，其后参与条件按照上述1、2种情况进行参与，3、4种为有风险情况，不值得参与。

对于一个超级强庄股来说，在一定程度上涨后，不断构筑新的涨停中继，是清除浮筹的一个常用方法。但是超级强庄股毕竟只是少数股票，并且随着股价的大幅上涨，走势也会逐渐走弱，因此操作这种股票的时候，要时刻注意走势的演化。

图6-18，振德医疗（603301）：2020年6月1日，股价向上突破走强，连拉3个涨停后，冲高回落进行横盘整理。6月11日，股价放量涨停，上涨中继形成确立，次日强势运行，虽然以上涨为主，但仍有中继整理的可能。6月29日，出现同样性质的走势，此后股价出现加速上涨行情。

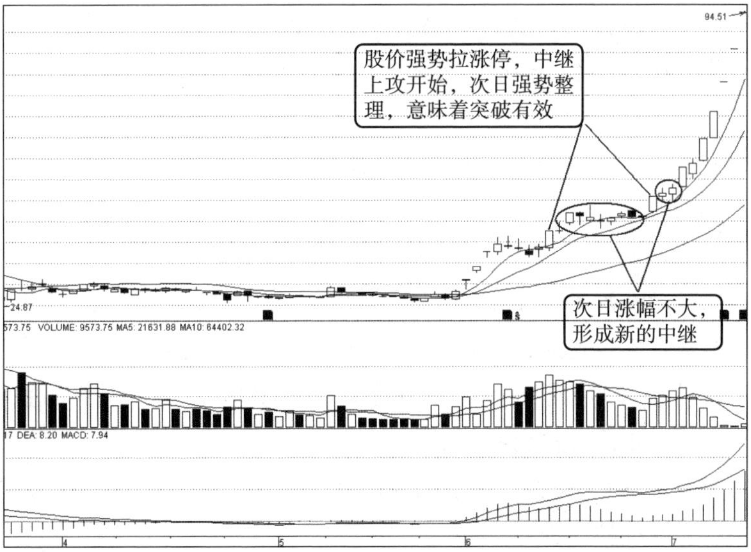

图6-18　振德医疗（603301）日K线图

图6-19，戴维医疗（300314）：该股在2020年6月24日突破底部盘区后，在高位出现强势整理，7月6日收出中继涨停，次日跳空高开强势震荡，

后市应以上涨思路对待。

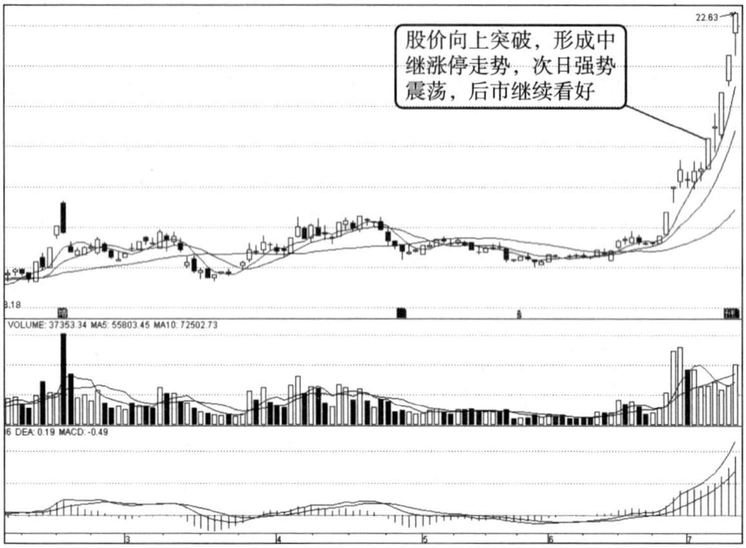

图 6-19　戴维医疗（300314）日 K 线图

图 6-20，实达集团（600734）：该股在上涨过程中，两次收出中继涨停后，次日继续跳空涨停，盘面气势非常强势，说明后市股价上涨空间较大。中间出现的一次涨停后，次日却高开低走，说明上方有一定的压力，市场跟风气氛不浓，所以再次出现中继整理走势，整理之后主力才发动新的上攻行情。

根据上述几个实例分析，中继涨停具有以下技术特点：

（1）运行在主升浪中，出现连续涨停，在涨停之后不作任何休整。

（2）稍做洗盘或整理后的涨停，这种涨停出现在前期已经拉出涨停之后，它是主力稍微清洗浮筹（洗盘时间 3~5 天），然后拉出的放量涨停。该涨停最好要拦腰穿越 5 日均线，这样以后的续升过程中，可以沿着 5 日均线上涨。

（3）强势整理后的涨停，出现在前期强势整理或涨停之后又进行了几个交易日的整理，尔后又拉出涨停。

（4）涨停后 2~3 天出现中小阳线，这几个中小阳线呈现成交量从大到小的过程，然后继续拉出涨停。

（5）当出现 5%以上的中阳线时，同时回踩 5 日均线，且收盘时站上昨日最高价，盘中冲高 7%以上且收盘价站上前一日的上影线时，特别是缩量的，将继续涨停。

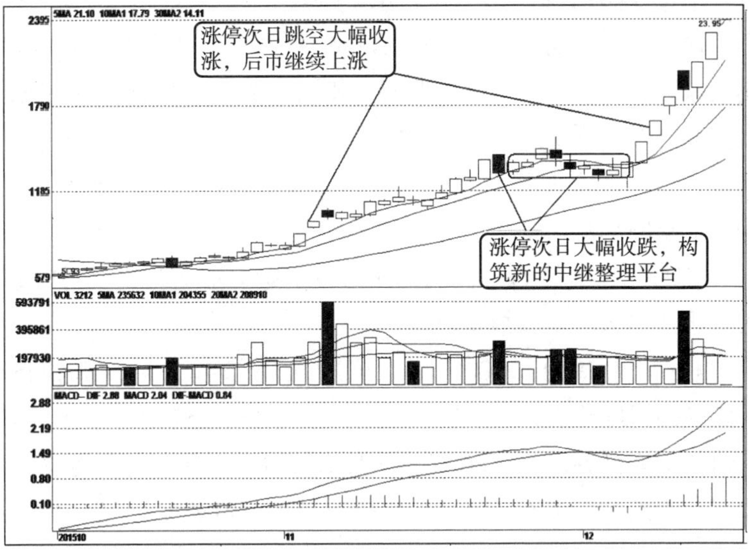

图 6-20　实达集团（600734）日 K 线图

（6）T+1 日很关键，T+1 日必须收阳。在操作时，涨停后最好是观望一天，当天要收阳线才行。

中继涨停常常伴随着主力资金的拉升，是股价主升浪的产物，对投资者而言具有中线和短线的价值。

三、高位涨停

在大幅上涨后的高位，主力为了市场的注意力，股价经常也会拉出涨停，而且盘面气势往往非常强劲，因为主力深知散户喜欢追涨杀跌，以此来吸引大量的市场跟风盘，而此价位却是主力的派发区，也是最危险的区域。那么，高位涨停个股是不是一概都不能追呢？那也不是，有的高位涨停是可以介入的，但必须短线为主，快进快出，见好就收。

高位涨停关键是第二天走势，主要参考发下几个判断条件：

（1）中长线分析价位不高，前期没有连续大涨，而短线处于高位，也就是说涨停当天基本处于最高价。

（2）在涨停之前出现缩量整理现象，涨停当天也没有出现巨幅放量。

（3）判断后市上涨还是下跌的重要标准，要观察涨停后的第二天走势：如果涨停次日股价高开高走，或者平开、略低开后迅速大幅拉高，以涨停收盘或者大涨收盘，则后市非常看好，股价上涨空间再次打开；如果次日股价未能走强，但也没有出现大幅下跌，基本维持在涨停大阳线的2/3以上位置强势震荡，说明盘面气势依然强势，后市仍可看高；如果股价大幅低开，并且不能迅速拉起，当天以较大跌幅收盘，则后市股价下跌的可能性较大。

（4）涨停后次日的走势，往往说明了主力前期是在洗盘还是在出货。如果是高位洗盘，那后市上涨空间很大，成为大牛股的可能性非常大，否则为诱多涨停，应果断离场。

（5）成交量相比涨停当天，次日缩量或平量上涨为佳，其后往往量缩多久，股价就再涨多久，直到放量见顶。

图6-21，华大基因（300676）：该股从底部起来后，涨幅已经达到100%，可以认为股价涨幅已经较大，选择高位离场是稳健的做法。但是股价经过一段时间的震荡整理后，2020年5月25日和26日在高位连拉2个涨停，股价创出了上涨新高。那么，这样的涨停是否可以追进呢？

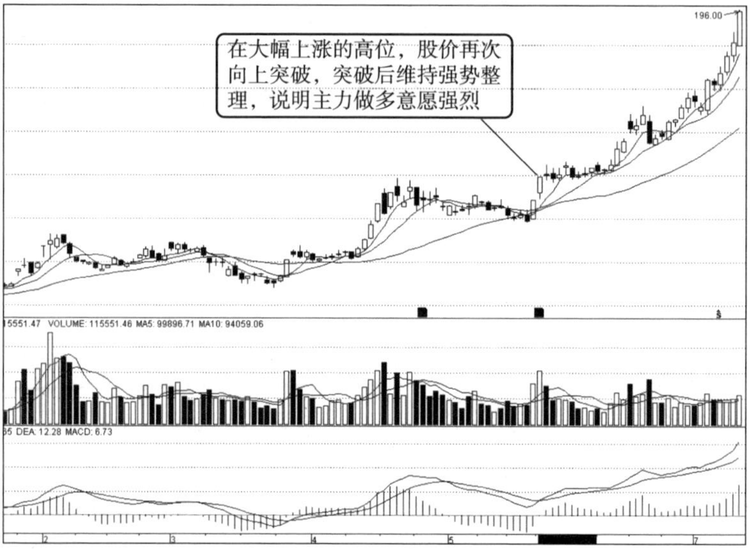

图6-21　华大基因（300676）日K线图

从盘面可以看出，在涨停之前成交量出现一段时间缩量整理，表明筹码比较稳定，在股上行时成交量明显放大，但没有出现异常巨大的天量，说明这个量是健康的量能。此时，30日均线保持强势上行，支撑股价进一步走高。盘面上涨气势强劲，属于高位突破性涨停，也反映主力仍有做多意愿。而且2个涨停后股价没有下跌，而是维持强势整理，6月11日再次上攻时，应当积极参与。

图6-22，世硕生物（688399）：该股前期处于盘升行情之中，并没有出

现象样的拉升行情，但累积涨幅已经超过 100%，股价已处于高价区域。可是，2020 年 6 月 15 日在高位再次向上突破，收出光头光脚的大阳线。那么，这样的大阳线是否是主力在诱多出货呢？

从盘面可以看出，该形态属于高位突破性质，只要在高位能够维持强势，不出现大幅回落，仍然可以继续做多。主要理由是：一是量价配合默契，未见异常放量；二是前期成交量出现缩量调整，主力筹码控制得比较好；三是均线系统完好，30 日均线保持强势上行；四是突破后股价坚挺地维持在高位强势运行，属于突破后的确认走势，不具备诱多嫌疑。之后，股价在 6 月 29 日再次上行，此时可以大胆入场。

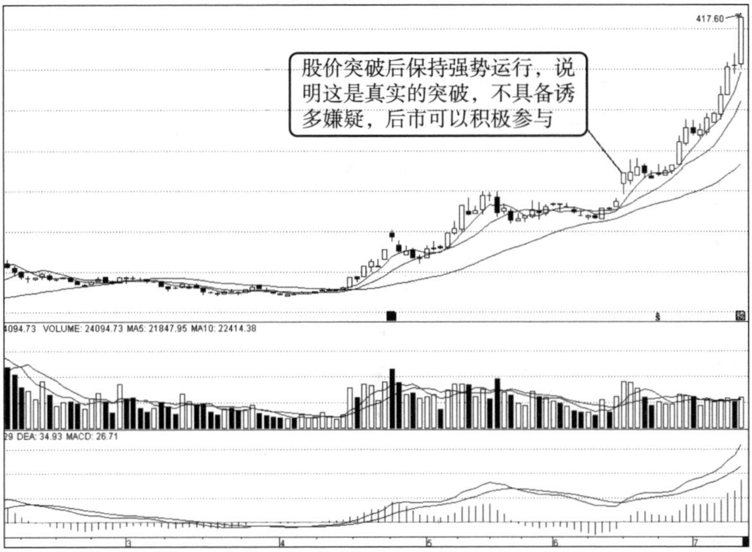

图 6-22　世硕生物（688399）日 K 线图

图 6-23，东方通信（600776）：该股主力操盘思路非常清晰，也反映出主力非常狡猾的一面，在完成第一轮涨幅超过 200%的拉升后，股价出现大幅回落，套住一批追高买入的散户。2019 年 2 月 11 日，展开新一波拉高行情，股价连拉 4 个涨停，突破前期高点，把所有的套牢盘解放出去。第五天，分时盘面非常诡异，股价在涨停价反复震荡，主力就是不封盘。那么主力到底想干什么？很明确，就是让前面的套牢走掉。2 月 18 日，股价再次强势涨停，那么这个涨停有什么意义？就是一个高位中继涨停形态，后市股价继续上涨。假如行情就此结束，那么主力解放了前面的所有套牢盘就有矛盾了，这在逻辑上不成立，所以上涨的理由非常明确。

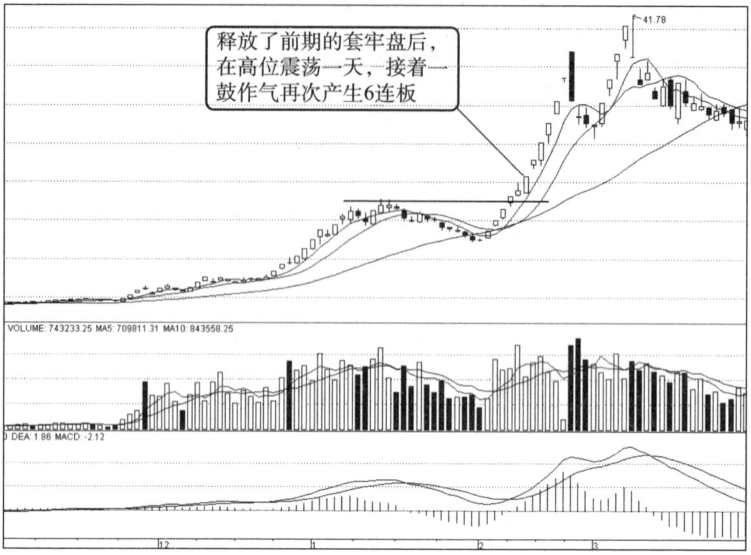

图 6-23　东方通信（600776）日 K 线图

一般来讲，能够有效突破前期历史高点，解放所有的套牢资金，那么它很可能成为一匹劲爆大涨的黑马。根据筹码理论分析，其道理很简单，既然主力能够解放所有的套牢资金，那么必然增加自身做盘成本，其盈利目标位起码是前期历史阻力点的 50%以上。该股此后出现 6 连板，经洗盘后又产生 4 连板，然后主力慢慢出货。

四、偶尔涨停

在股价运行过程中很少出现涨停，只是受某种因素（基本面、技术面、庄家面）的影响下偶尔拉出一两个涨停，这种涨停一般不会改变原来的运行趋势。通常有出现在三种情形之下：

（1）在整个上涨过程中，以大阳或中阳为主，很少出现涨停现象，只是偶尔拉出一两个涨停。这种盘面大多出现在主力高度控盘的个股之中，盘面不温不火，但股价累计涨幅依然可观。

（2）在下跌过程中，偶尔也会出现涨停，比如反弹自救式涨停，这种涨停就气势而言是所有涨停类型中最弱的一种。

（3）在震荡行情中，偶尔也会拉出涨停，在股价运行的任何阶段都有可能出现这种涨停，比如建仓涨停、洗盘涨停、出货涨停等。

图 6-24，八方股份（603489）：该股在 2020 年 4 月至 7 月的行情中一直

保持在上升通道之中，股价从 64 元附近震荡上涨到了 165 元上方，累计涨幅超过 150%。在整个行情中，仅在 4 月 15 日、4 月 30 日和 5 月 29 日出现过涨停，每次涨停之后股价也没有形成加速走势，股价依然保持原来的震荡上行态势。这种盘面的操作技巧就是在上升通道的下轨线附近介入，或者在 10 日或 30 日均线附近入场，一路持有到顶部信号出现时退出，如加速拉升、异常天量、有效击穿 30 日均线等顶部形态。

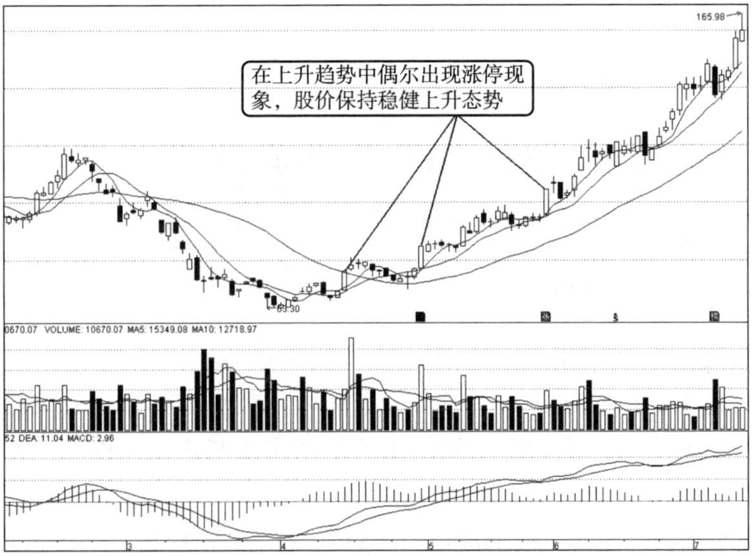

图 6-24　八方股份（603489）日 K 线图

在下跌趋势中出现的偶尔涨停，只是技术性修复走势，不会改变弱势盘面，没有任何参与价值，应坚决逢高减仓。在震荡行情中出现的偶尔涨停，在操作技巧上应当根据涨停的性质进行操作。若是建仓性涨停，应当逢低吸纳为主；若是洗盘性涨停，可以适当追涨入场；若是出货性涨停，就应坚决离场。

第七章 涨停量价分析

第一节 放量涨停

一、底部放量涨停

“放量会涨”，其实是一种市场的习惯性思维，真正吸引市场关注的因素是收盘价而不是成交量，股价的上涨才是吸引市场眼球的关键。一家公司要想引起市场注意，最主要的是基本面出现变化，而根本不是成交量的暴涨。

必须明确，既然是“底部放量”，那么形态上股价应该是从高处回落，至少从中期来说现有的筹码都是被套的，除部分长线筹码外，基本没有获利筹码，这是分析的一个前提，也是底部放量的技术意义。

一般来说，普通散户的筹码绝不会聚集在一起行动，所以对股价不会形成突发性的冲击，对股价运行不会产生大的影响。所以，只有实力强大的主力异动，才能对股价产生重大影响。而且，真正的底部是没有量的，当多数的筹码在高位套牢时，就很难想象在低位会有大量的深度套牢盘杀出，除非个股基本面出现巨变或大盘暴跌，否则放量是不可能出现的。从这方面讲，底部放量是一种非正常状态。

1. 放量涨停后的运行态势

从逻辑上讲，底部放量以后股价的态势只有三种走势：上涨、下跌和盘整。

（1）放量涨停后上涨。这是一种正常的上涨盘面表现，当股价经过连续下跌至前期低点或见历史新低后，若突然出现放量涨停，表明股价即将见底回升，这是一个底部信号。或者，当股价成功筑底后，在突破近期阻力位时，出现放量涨停，表明增量资金积极进场，这是一个启动信号。或者，当股价突破阻力位后，出现短暂的调整或回抽，此时出现放量涨停，表明洗盘或确认突破有效，股价有望加速上涨，这是一个上涨中继信号。

图 7-1，奥普光电（002338）：该股见底后渐渐向上回升，但股价短期受制于前期盘区压力，迟迟不能向上突破。2020 年 5 月 22 日股价放量涨停，一根光头光脚的大阳线突破盘区，次日股价继续放量涨停，拉开一波主升浪行情。这种盘面现象，投资者可以在涨停当天追进，或次日以开盘价介入。

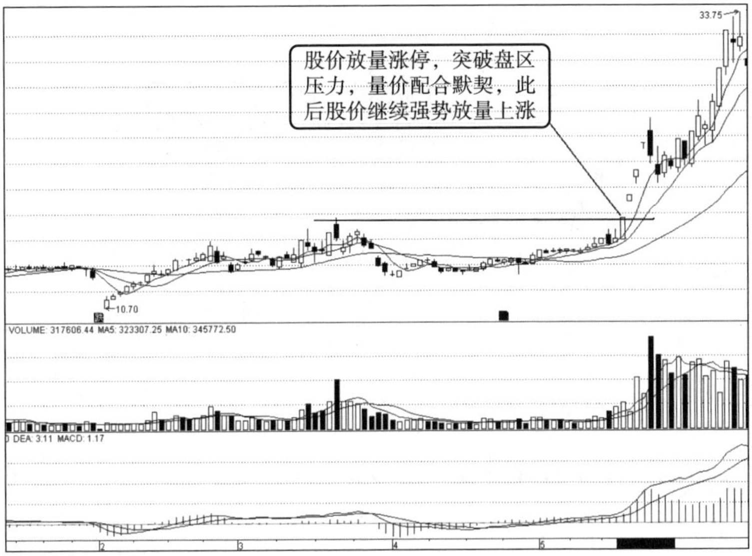

图 7-1　奥普光电（002338）日 K 线图

（2）放量涨停后下跌。股价放量涨价停是一牛好事，但放量涨停后不一定都会出现持续上涨，特别是股价遇到重要阻力或在下跌过程中出现的放量涨停往往具有一定的欺骗性，投资者仍需谨慎。

有时底部放量涨停是受到了非正常因素的干扰，其接下来的下跌是难免的，主力在底部以不惜增加成本的方式进行对倒，目的就是吸引市场的买单，达到减仓或者出逃的目的。有时为了将假戏做得更真实一些，主力还会在下跌之前向上冲一把，即所谓的“试盘”，如果市场进来的买盘比较多就向上冲一段时间，然后再进行杀跌出货；如果试盘的结果不好，就会干脆一路向下跌去。

图 7-2，爱迪尔（002740）：该股经过一波跳水走势后，股价渐渐企稳盘

整，2020年6月3日，一根放量涨停大阳线拔地而起，似乎展开强势反弹行情，因此吸引了不少散户的介入。可是，第二天股价冲高回落，接着继续向下阴跌，多头刚刚燃起的火焰又熄火。说明股价短期并不具备持续反弹动力，需要进一步构筑底部根基，此时不适合入场。

从盘面观察，该股大幅跳水后，对后市股价上涨构成较大的压力，盘中出现的放量涨停只是对跳水的回抽走势，所以股价持续性不够。遇到这种情况时，投资者不应盲目入场，可以等待下一个突破信号出现时入场。6月24日，股价放量涨停，这时才真正出现底部信号，投资者可以跟风入场，之后股价连续拉出涨停。

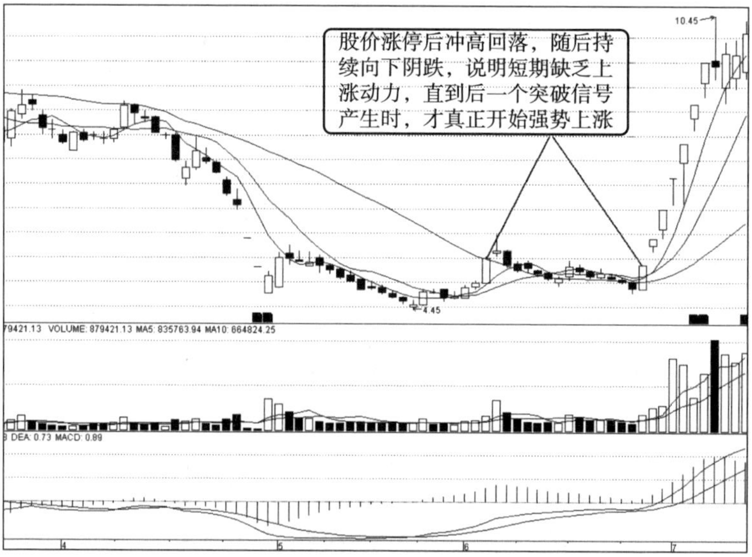

图7-2 爱迪尔（002740）日K线图

（3）放量涨停后盘整。底部放量涨停后出现盘整，一般有这样几种可能性：

第一，护盘。如果同期大盘一路下跌而个股基本上以盘整为主，那么必定有主力在其中维护股价，而且必定有更多的抛盘出来，因此这种盘整走势出现放量是正常的，它的特点是量能不会放的很大，主力护盘会增加筹码，但这与后市主力会不会拉升股价不产生必然的联系。

第二，分仓。主力为了做盘的需要可能会进行分仓处理，因此在某个区域出现放量现象，这实际上是大单交易，一旦分仓结束后股价往往还会继续盘整，其特点是：盘中多次出现大单成交且没有明确的上推或下压的意图，股价震荡的幅度也不会大。

第三，换庄。如果成交量放得非常大，那么存在换庄的可能，这是双方谈好的价格区域，其特点是盘中无明显目的的巨大单子换手经常出现，股价的震荡幅度不大，这种情况的出现预示着该股以后在主力认为适当的时机会有拉升行情，但并不表明目前就是最低价。很多新庄还会在市场上继续整理或打压震仓，换庄时股价的震荡幅度不大，一般下跌幅度应该在一个跌停价之内，否则有可能被市场接掉一部分。

图 7-3，深振业 A（000006）：该股经过长时间的底部震荡后，在 2020 年 4 月 2 日拉出放量涨停大阳线，但是股价受到盘区高点压制，没有出现持续上涨，而是进入盘整走势。这种走势说明主力在其中有所动作，拉升跃跃欲试，只是没到最佳拉升时机。因为，股价处于大幅下跌的底部，虽然涨停后股价没有持续拉升，但也没有出现大幅下跌，说明主力担心低位丢失筹码，不敢将股价再次打压下去，于是，进行横盘蓄势整理。这种情况预示股价离拉升时间已经不远。6 月 15 日，股价再次放量涨停时，那是真正开始进入上涨行情。

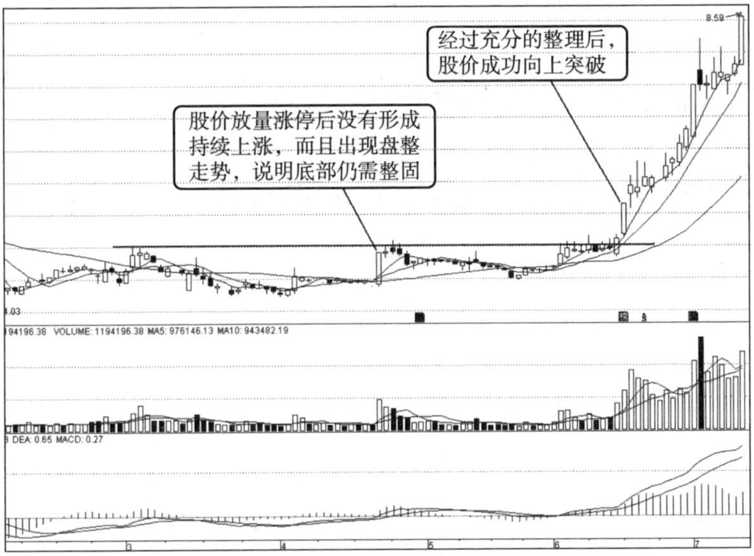

图 7-3 深振业 A（000006）日 K 线图

2. 放量涨停后的量能表现

（1）单日放量。在实盘操作中，“放量上涨”或“放量突破”已经成为不少投资者的操盘经典，而主力却反大众思维做盘。为了吸引散户参与，主力在盘中制造放大的成交量，在日K线图上形成一根天量柱状线，散户看到股价放量涨停，就经不住诱惑而纷纷入场，可是第二天就开始大幅缩量，股价渐渐向下走跌。因此，对于单日放量涨停的个股，投资者应观望为好。

图7-4，华远地产（600743）：该股经过一波持续的下跌行情后，空方能量得到有效的释放，成交量大幅萎缩，股价出现渐渐企稳迹象。不久，一根大幅放量的大阳线拔地而起，突破了30日均线的压制，当天以涨停价报收，单从这天的盘面看，强势特征十分明显。可是，从第二天开始成交量大幅萎缩下来，一根孤零零的巨量柱状线如鹤立鸡群。独木难成林，随后股价节节走低，当天在涨停价追进的投资者全线套牢。

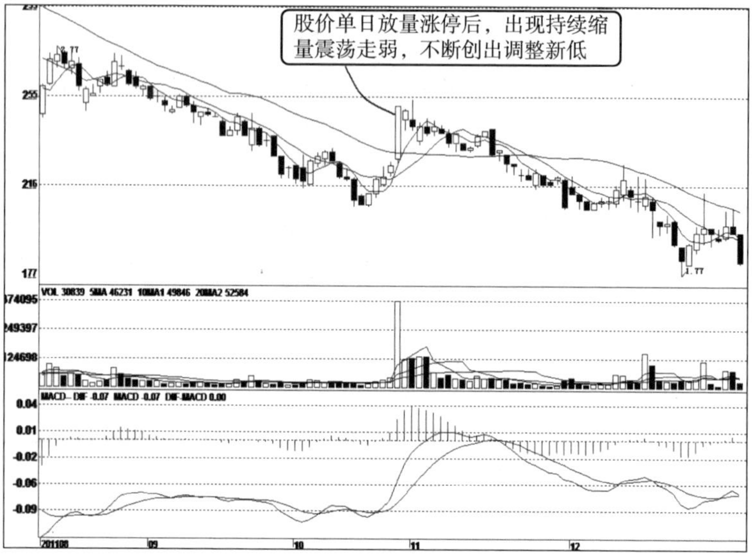

图7-4　华远地产（600743）日K线图

该股以放量大阳线的方式向上突破30日均线后，为什么股价不涨反跌呢？根本原因在于成交量方面，股价仅在突破的当天放出巨大的天量，然后快速大幅缩量，这种没有持续性的间歇性放量，表明场外资金十分谨慎，跟风意愿不强，因此股价上涨缺乏内在动力，行情很难持续下去，股价向上突破只是主力欺骗散户的一种出货行为，是主力对倒放量所致。因此，投资者在实盘操作中，遇到单日放量涨停，即使突破某一技术位置时，此后如果出现快速缩量现象，要小心突破失败。

在实盘操作中遇到单日放量涨停时，应把握以下技术要点：

一是股价突然放出巨大的天量时，要分析放量的原因，是多头介入的量，还是主力对倒的量，或是受某种消息影响所致。若是主力对倒放量，散户不宜入场；若是受消息影响放量，还要对消息作出理性的分析；若是多方放量买入，激进的投资者可以在当天跟进，稳健的投资者可以等待回调时介入。

二是界定成交量的大小，可以参考两方面的要素：一是可以与近期盘面常态情况下的成交量大小进行对比，大于30日成交均量两倍以上的就属于巨量；二是从换手率上进行分析，单日换手率大于20%就属于巨量。

三是股价突然放量后，应关注第二天或随后几天里的成交量变化情况。如果随后出现快速萎缩现象，那么这天的放量属于主力对倒的可能性较大，投资者不宜介入；如果随后出现持续放量，可能是多头入场的量，短期股价可能会有一个冲高动作，投资者可以适当参与。

四是结合股价所处的位置，如果高位出现单日放量大阳线，多为主力拉高出货，如果出现在低位，可能是主力拉高建仓或拉升前的试盘行为。

（2）连续放量。成交量出现持续的放大，股价出现同步上涨，一方面说明场外资金源源不断地流入市场，另一方面也说明有获利盘或解套盘大量抛出。如果个股进行了一定的调整，股价处于了阶段性底部，同时量能萎缩得厉害，忽然某个交易日开始其股价一路狂飙并封于涨停，量能放大数倍，这往往是在前期调整过程中，主力并没有出逃，而是借势调整完成了洗盘动作，后市有加速上涨的可能，这时若能成功介入，一般会有比较好的收益。但也要注意，也有可能是个别主力手中尚有部分筹码，用放量涨停来引诱散户跟风来完成出货计划。

连续放量也经常出现在涨势过程中，说明主力洗盘整理结束，股价有望加速上涨形成主升浪行情，投资者应积极关注。

一般而言，只有连续放量才能持续上涨，哪怕是中间的一两根阴线也要保持较大量能，若只放出一两天的量便缩量，则是一般节奏的上涨或反弹行情，所以一只个股只有连续放量或温和放量，才有可能一气呵成的快速上涨。

图7-5，光大证券（601788）：该股主力在底部长时间的震荡中完成建仓计划后，2020年6月19日开始出现持续放量上涨，股价出现连续涨停，成交量递增式放大。这种连续放量现象，很明显是主力大资金入场，大多是有实力的主力通过急拉快速脱离底部所致。既然有主力大资金入场，那么投资者就可以大胆跟着主力做一把。

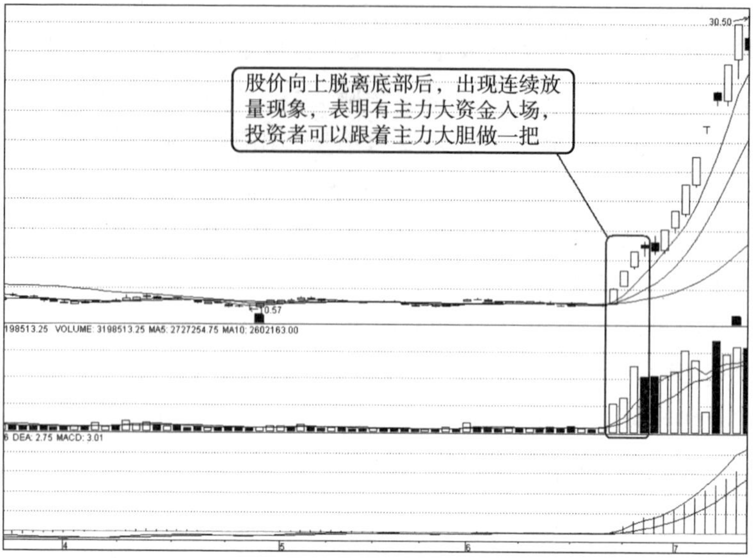

图 7-5　光大证券（601788）日 K 线图

通过这个实例分析，可以得出两个结论：第一，放量涨停一定要有主力在其中运作；第二，主力愿意让市场在目前价位跟进。第一个结论提示可以关注这只股票，第二个结论则应进一步具体分析。

主力为什么愿意而且很明显是故意做出成交量来吸引市场跟进？这有两种可能性：一是主力的仓位已经达到预期的要求，无法再增加仓位，但持有的仓位并没有达到控盘程度；二是主力已经被高高套在上面，即使再增加部分仓位也无法把成本有效地降下来。但具体到以上 2 个实例，由于股价的涨停并非属于尾盘的偷袭，主力在历史低价区和涨势中途企图拉高出逃的可能性微乎其微，所以这样的放量涨停走势，值得投资者认真分析总结。

分析成交量的变化关键在于趋势。多少算放量，多少算缩量，没有一个可以遵循的规律，很多时候只是一个“势”，即放量的趋势和缩量的趋势。这种趋势的把握来自对前期走势的整体判断，以及当时的市场变化状态，还有市场心理变化。在用成交手数作为成交量研判的主要依据时，也可辅助使用成交金额与换手率进行研判，从而更好地把握量的“势”。

黑马股的出现会在某一天爆发，但在此之前从成交量的细小变化就能看出很多迹象：有一种黑马股的成交量是从某一天起突然放大，然后每天都维持这个水平。说明主力在有计划地吸纳，这种吸纳往往引起股价上涨，但收盘时却有人故意将股价打低，形成上影线，从日 K 线图上可以看出，成交量放大时，股价小幅上涨，而在下跌时，常常形成十字星。另一种黑马股的成交量是从某一天起逐步放大，并维持一种有规律放大的趋势，这正是主力已介入的迹象。同时，股价小幅上涨，说明主力已没有耐心或时间慢慢进货。经过加速，股价必定会突然起飞。

股价连续上涨时，成交量随之放大，则上升趋势不变。成交量大幅增加，但价格并不持续上升，是反转征兆。股价持续下跌时，成交量放大，下跌趋势不变。成交量放大，而价格下跌趋缓，是反弹征兆。

二、高位放量涨停

在高位出现放量涨停说明存在多空分歧，筹码有松动迹象，放量越大，分歧越大。后市走势就看多空的后继力量谁大，如果涨停价上抛盘大于买盘，则后市下跌的可能性大；如果涨停价上买盘大于卖盘，买盘仍占据上风，则有利于后市继续看多。

1. 开板式放量涨停

股价经过连续的一字涨停后，在高位开板震荡，因其受上涨惯性影响，股价再次出现放巨量涨停，此时盘面堆积了巨大的风险，因此这种涨停一般不宜参与。

图 7-6，百联股份（600827）：该股长时间在底部震荡，主力成功吸纳低价筹码后，2020 年 5 月 27 日向上突破，股价逐波上涨，盘面越走越强，累积涨幅超过 250%。股价在高位连拉 4 个一字板后，7 月 13 日打开一字涨停，高开 6.18%后强势拉板，当天成交量大幅放大，构成开板式放量涨停形态。第二天，开盘后快速打到跌停位置，全天呈现弱势震荡，尾盘封于跌停价位，次日继续跌停，阶段性头部确立。

当然，对涨幅不是很大的个股（一般在 5 个一字涨停以内为佳），在第一次打开一字涨停时还是可以参与的，原则是短线操作，快进快出，见好就收。

图 7-7，道恩股份（002838）：该股主力在长时间的底部震荡中，吸纳了大量的低价筹码，2020 年 2 月 3 日开始向上突破，股价连拉 5 个一字涨停，在 6 板时筹码出现松动，收出 T 字线，次日再次放量涨停，之后调整 7 个交易日，成交量大幅放大，平均换手率达到 15.09%。2 月 21 日，股价再次涨停，开启新一波上涨行情，12 个交易日里拉出 10 个涨停，短线获利丰厚。

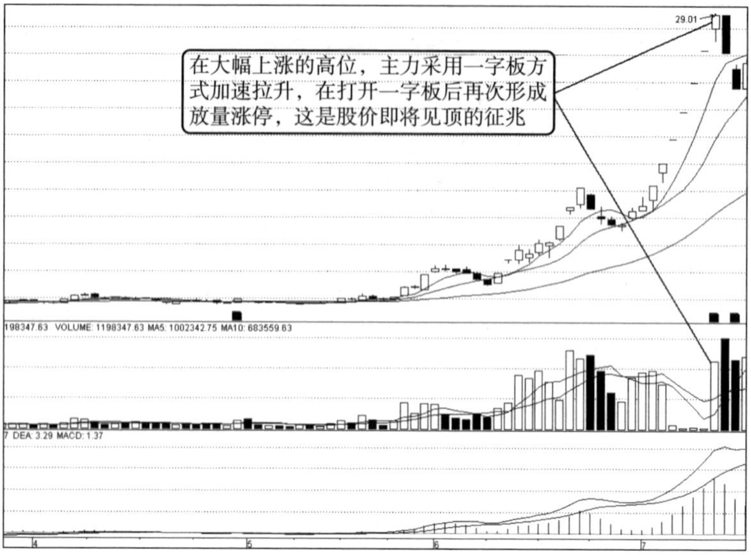

图 7-6　百联股份（600827）日 K 线图

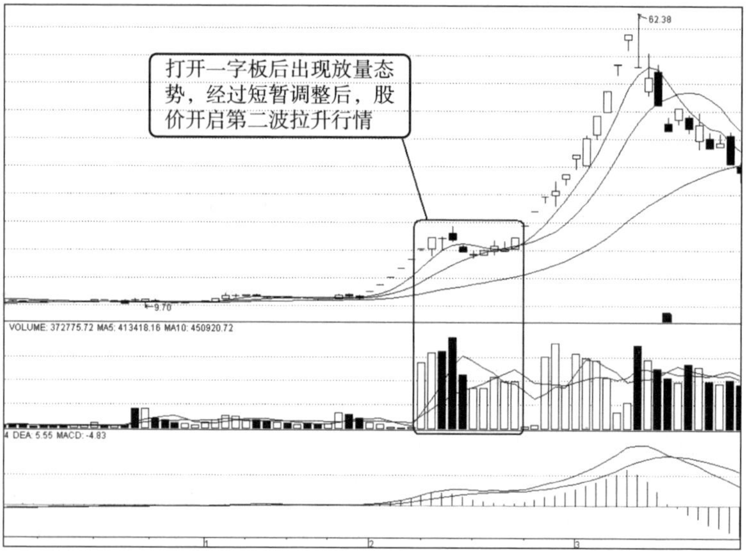

图 7-7　道恩股份（002838）日 K 线图

2. 冲高式放量涨停

冲高式放量涨停，是指在大幅上涨的高位，主力为了出货的需要，出现放量拉涨停的走势。这是主力诱多行为，以此吸引散户参与，实现自己派发目的。通常这是最后的拉高动作，投资者应逢高离场。

图 7-8，常铝股份（002160）：该股结束洗盘后，主力再次大幅拉高股价，形成 6 连板行情。2020 年 2 月 26 日，在实现第 6 个涨停时，盘中出现大幅波动，成交量大幅放大。说明多空观点产生分歧，筹码出现松动，也反映股价持续上涨难度较大，存在潜在的回调风险。次日，股价高开后冲高回落，以跌停收盘，短期头部确立。

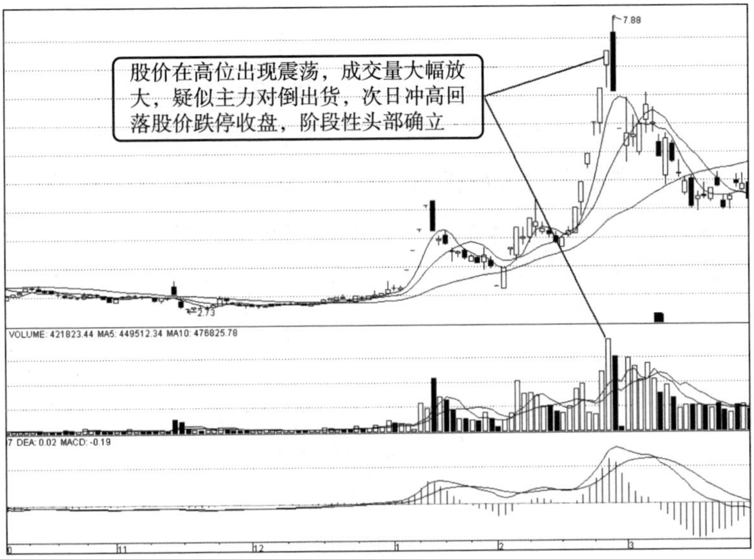

图 7-8　常铝股份（002160）日 K 线图

通常放量涨停当日能够保持封盘的为最佳，大幅收高 5%以上的为次之，长上影线小幅上涨 0%~5%的为再次之，长上影线小幅下跌 2%以内的为最次，冲高回落收盘下跌超过 2%以上的为危险走势。

放量涨停后股价继续上涨还是下跌的重要标准，关键观察涨停后的第二天走势：如果涨停第二天股价高开高走，或者平开、略低开后迅速大幅拉高，以涨停收盘或者大涨收盘，则后市非常看好，股价上涨空间再次打开；如果第二天股价大幅低开，并且不能迅速拉起，当天低收，则后市股价下跌的可能性较大。成交量相比涨停当天，次日缩量或平量上涨为佳，其后量缩多久，股价再涨多久，直到放量见顶。

三、缩量后放量涨停

有时候股价持续上涨后，成交量反而越来越少，这主要原因：是主力在高位不敢在盘中展开震荡出货，防止筹码松动而增加出货压力，因此开盘后不久很快封涨停，说明股价已经到了最后的冲刺阶段，这时投资者要密切注意盘面变化。随后可能出现放量涨停走势，但如果在放量涨停后的第二天股价出现高开回落，成交量大幅放大，就应坚决离场，顶部或阶段性顶部很快出现。

缩量上涨后再放量涨停的另一个原因是：个股突发重大利好所致，主力在利好出现时开盘涨停或快速拉涨停，并且连续数日封涨停，这样即使每日涨幅巨大，但量能仍是很小，而某一天成交量开始放大，则说明主力在大幅获利的情况下，开始慢慢派发筹码。

图 7-9，越秀金控（000987）：该股前期经过一段爬坡走势后，进入短期洗盘整理，2020 年 7 月 2 日放量突破，开启主升浪行情。在拉升过程中，成交量呈递减状态，然后股价又放量涨停，成交量比前几个交易日明显放大了许多，呈现“缩量上涨后，再放量涨停”现象，说明主力已经在高位减仓。7 月 15 日，高开后股价冲板回落，收出“纺锤线”形态，暗示股价阶段性顶部已形成，此时短线投资者应逢高离场。

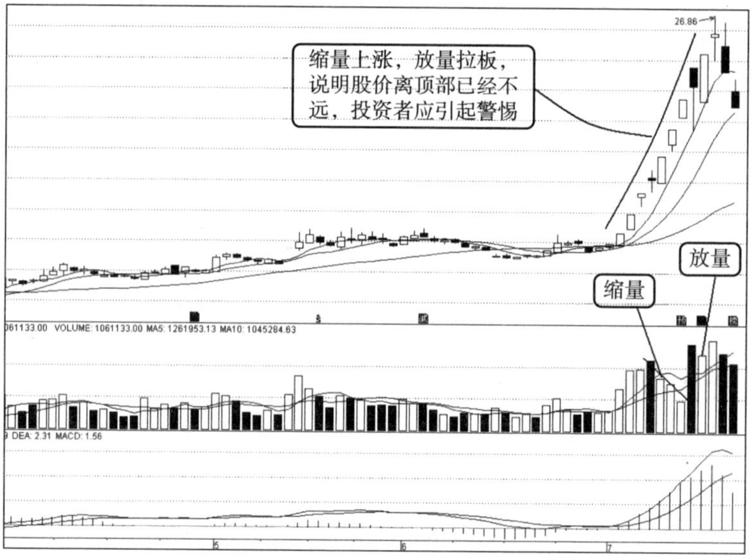

图 7-9 越秀金控（000987）日 K 线图

图 7-10，戴维医疗（300314）：该股主力完成建仓计划后，开始向上突破，形成强势上涨行情。在拉升后期股价出现缩量上涨，2020 年 7 月 10 日高开 5.40%，稍做回探后快速拉起并封于涨停，但封盘 30 多分钟后开板震荡，在涨停板附近反复震荡，尾盘勉强封盘。次日，股价出现大幅震荡，高位收

出“纺锤线”，有主力对倒出货嫌疑。所以在拉升过程中，出现缩量后的放量涨停，大多为最后冲刺行为，短线投资者应以离场为主。

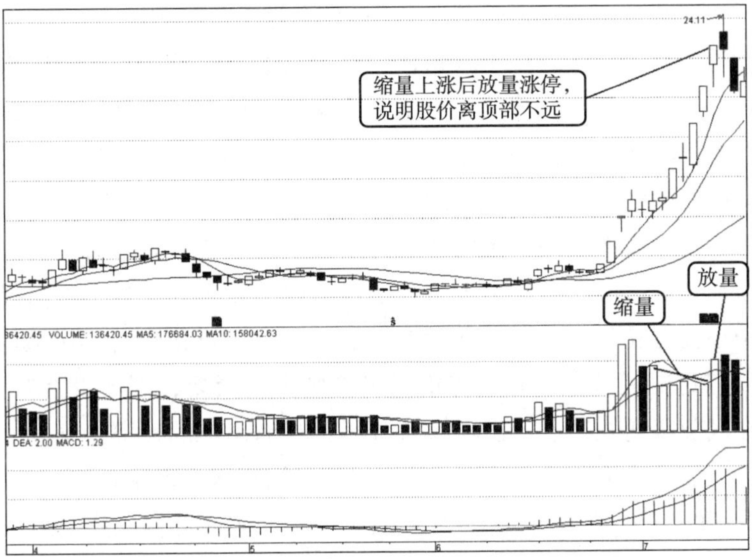

图 7-10　戴维医疗（300314）日 K 线图

第二节　缩量涨停

一、底部缩量涨停

缩量涨停是指股票在成交量很少的情况下，就达到了涨幅限制。缩量涨停经常出现在底部区域，因为在市场底部区域多数人已经被套牢，而此时场外散户也没有感觉到股价真正见底，而是处于观望之中，所以很少的量就能使股价出现涨停。

其实，真正的市场底部是没有成交量的，不能简单地通过观察是否放量来确定底部的成立，但也不能说没有量的盘整一定是底部。当股价在底部出现缩量涨停时是否意味着机会呢？首先必须明确“底部”是有相对性的。如果大盘没有大的波动而且个股方面也没有新的消息公布，而股价在底部整理一段时间后突然出现涨停，那么其中有主力在活动是必然的。常见的几种缩量涨停现象：

1. 下跌放量，底部有量，而涨停无量

股价必然是从高处跌落到底部，而在前期的下跌过程中，放出了很大的成交量，表明有主力出逃，或者是主力的资金链出了问题，

在到达底部以后又出现了放量，一般来说股价在暴跌以后会吸引大量的短线散户，如果底部出现持续放量就不能单纯地解释为短线散户所为了，应该是新主力的介入，但新主力不一定是强庄，也不一定是长庄，绝大多数是打一枪就跑的超级短庄，适合短线投机操作。

当新主力在底部拿到一定的浮动筹码以后就很快开始拉升，由于新主力的成本就在这里，所以内心十分希望能够将股价拉得高一些，更何况新主力目前手中还握有相当的资金，还没有被套，所以一旦拉升就拉出涨停，而且现在还没有到出货阶段，有没有市场买单则无关紧要，因此没有对倒放量。市场上在底部普通短线散户已经抛售筹码，其他入场的投资者又并非短线资金，股价上涨后绝不会立刻卖出，这就出现了缩量涨停现象。

图 7-11，汇金股份（300368）：该股受利好刺激冲高结束后，股价出现放量快速下跌走势，然后在底部又出现放量急跌现象，说明短线主力资金抄底介入。接着股价出现 3 个缩量涨停，之后进入短暂的盘整，当回探到前底附近时，股价得到支撑企稳回升，又形成 5 个缩量涨停，之后主力开始对敲放量减仓处理，股价重回起涨点。

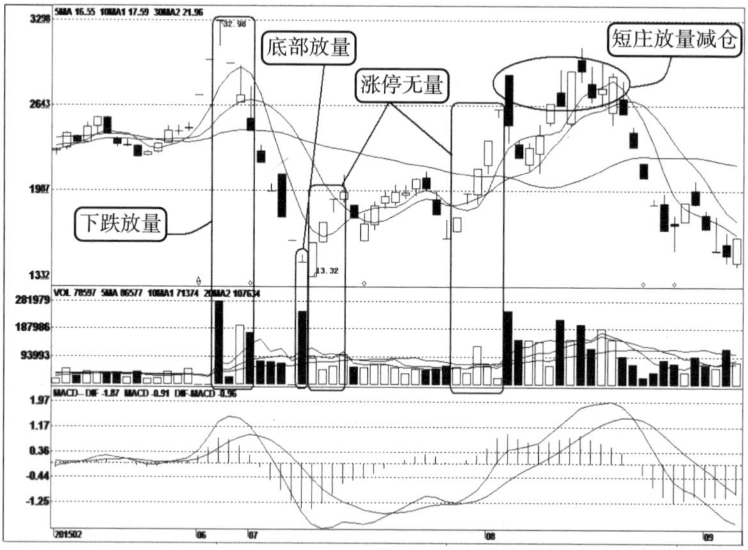

图 7-11 汇金股份（300368）日 K 线图

2. 下跌无量，底部无量，涨停也无量

这种成交量“三无”状况经常会出现，它的特点是无声无息。既然下跌无量底部也无量，那么在这两个阶段都没有主力明显参与，但无法断定是否有主力隐藏其中，接下来出现了无量涨停，这说明有主力参与，既然涨停没有量就表明主力没有减仓意愿，而且愿意再增加仓位，说明即使是老主力也还有一定的实力。

从逻辑上说，因为没有看到建仓过程，所以即使是新主力也应该没有完成建仓。从主力建仓的途径来说，有被动式的逢低吸纳，也有主动性的拉高建仓，更有震荡式的加仓。但从“三无”成交量的情况看，这三个过程都没有出现，所以可以先将它看成是盘中老主力所为，在涨停以后可以进一步观察是否会出现这三种建仓的状况。

图 7-12，大同煤业（601001）：该股见顶后一路缩量向下阴跌，在底部形成缩量震荡，该股似乎被市场所遗忘。经过一段时间的震荡筑底后，股价突然拔地而起，拉出缩量涨停。从第二天开始出现放量拉高走势，这就是平常所说的“补量”，说明主力有急于拉高之意，后市存在一定的短线机会。

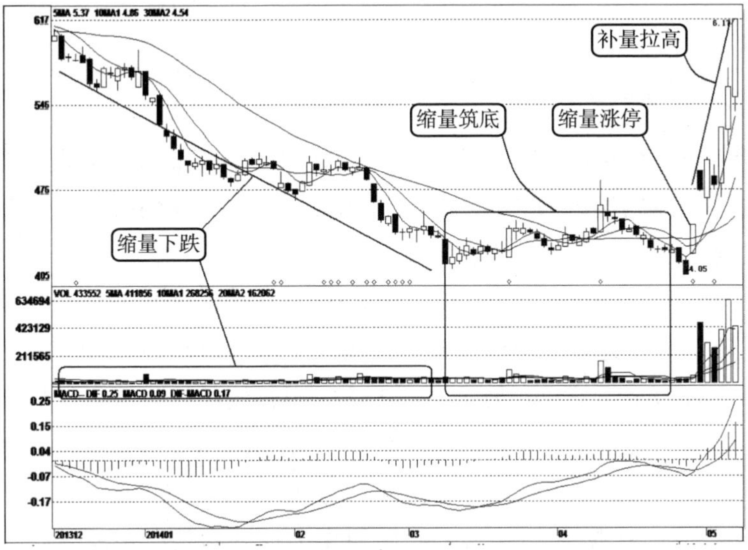

图 7-12 大同煤业（601001）日 K 线图

图 7-13，鹿港文化（601599）：该股见顶后出现快速下跌走势，但成交量并未见放大，说明主力的大资金没有出逃，底部也没有成交量，反映不坚定的散户在下跌中已经离场，低位没有出现恐慌盘杀出，盘中筹码稳固。企

稳后股价连拉2个一字板，然后开板放量洗盘，接着再次形成连续的缩量涨停形态。这种盘面在放量洗盘时，就是一个较好的买入机会。

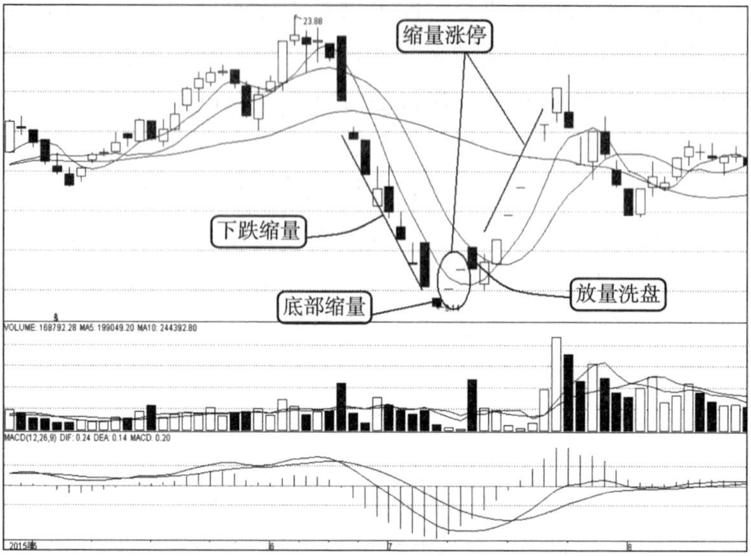

图7-13　鹿港文化（601599）日K线图

二、持续缩量涨停

一般而言，缩量涨停说明市场筹码锁定性好，后市还有可能继续涨停；而放量涨停是筹码松动的表现，量放得越大，后市下跌的概率就越大。所以遇到缩量涨停的个股，可以放心持有。

图7-14，星徽精密（300464）：该股在2020年6月24日放量突破后，出现缩量上涨，股价连拉5个涨停后，在第6个涨停时出现开板震荡，成交量大幅放大。经过短暂的洗盘换手后，再次出现持续的缩量涨停，此时投资者可以大胆持有，等待放量时卖出。7月9日，在高位收出放量涨停，这是潜在的出货信号，次日出现放量的“纺锤线”，这时投资者应逢高离场。

图7-15，和胜股份（002824）：该股主力成功构筑空头陷阱后，开始渐渐企稳回升，2020年2月19日放量涨停，接着出现持续缩量涨停走势，2月28日在高位出现开板放量震荡，这本身是一个潜在的见顶信号，但由于当天股价强势收涨，仍然可以继续持股观望。但是，此后几个交易日股价在高位出现放量滞涨现象，此时应增强风险意识，一旦走弱应及时离场观望。

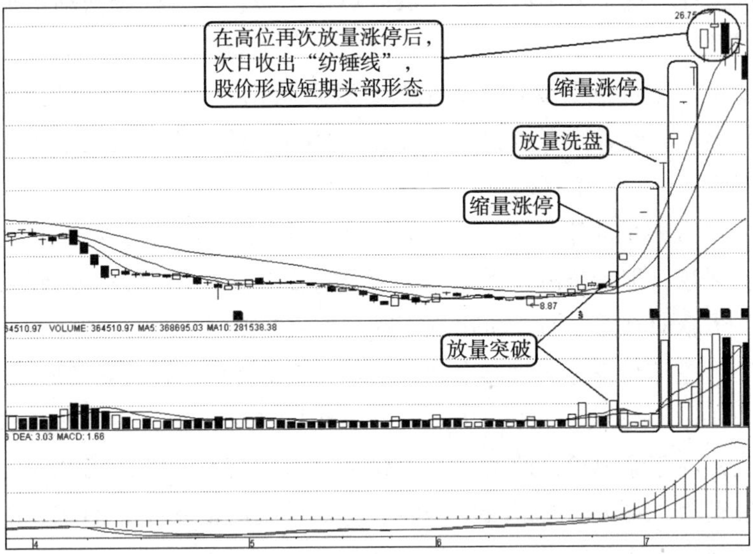

图 7-14　星徽精密（300464）日 K 线图

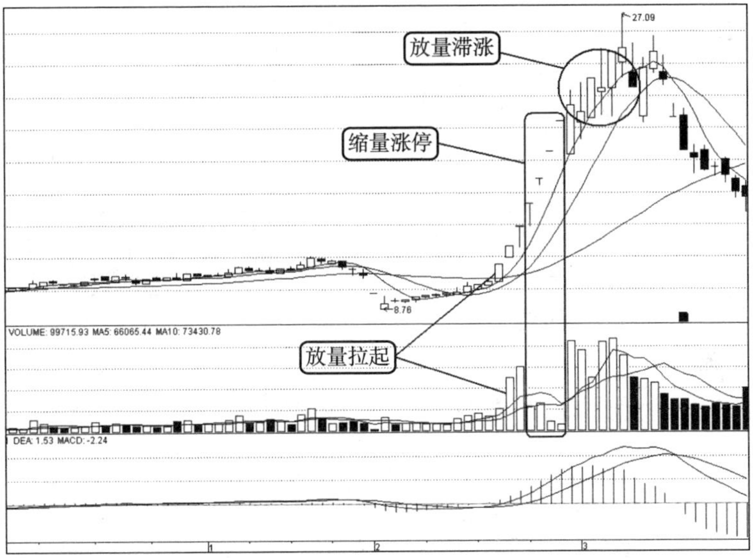

图 7-15　和胜股份（002824）日 K 线图

三、高位缩量涨停

连续大幅上涨后的缩量涨停，往往是潜在的见顶警示信号，预示着股价很快即将见顶。实盘中很多时候股价持续涨停后，成交量反而越来越少，这主要是因为在高位主力不敢在盘中展开震荡出货，防止筹码松动增加出货压力，所以开盘后不久很快封涨停，这就出现了缩量涨停走势。对于这种走势投资者要密切注意盘面变化，如果第二天股价高开回落，成交量大幅放大，就应坚决离场；或者当天直接下跌收出大阴线，此时不管成交量大小，短线都应离场观望。实盘主要操作技巧：

（1）高位缩量涨停，是一个顶部警示信号，提示股价离顶部不远。

（2）若次日股价继续上涨，成交量大幅放出，密切留意见顶回落。

（3）若次日或第三日股价出现下跌，应果断出局。

（4）注意缩量涨停放量结束和缩量涨停缩量结束两种盘面情形。

图 7-16，博腾股份（300363）：该股在拉升过程中，股价连续涨停，在高位出现缩量涨停现象，此时提示股价离顶部已经很近了。第二天，股价高开后大幅震荡，成交量大幅放出，形成“缩量后放量涨停”形态，市场再次发出见顶信号。接着，股价低开低走跌停收盘，顶部信号确立，这时投资者应果断离场。

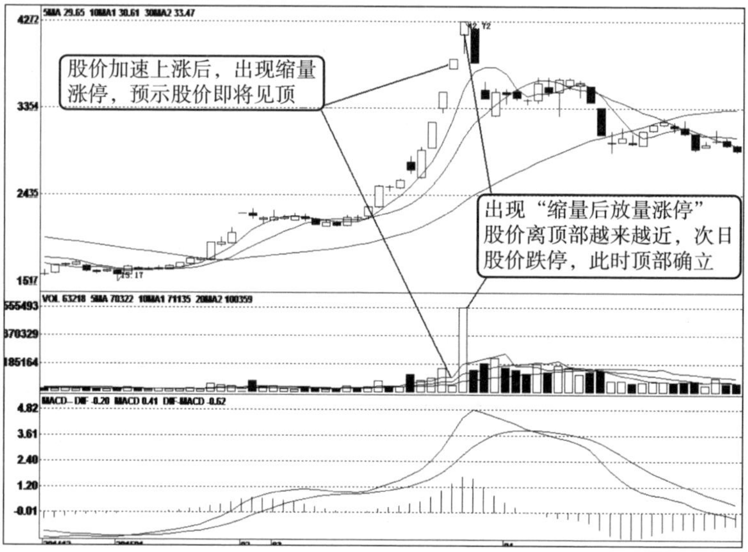

图 7-16　博腾股份（300363）日 K 线图

图 7-17，秀强股份（300160）：该股在涨势末期连续 2 个交易日出现缩量涨停，说明股价即将见顶，第三天股价从涨停价开盘后震荡低走收阴，形成顶部“倒锤头”K 线形态，顶部信号非常明确，这时投资者在收盘前应坚决卖出。

在近几年的市场中，这种放量涨停继续上涨、缩量涨停就会下跌的个股越来越多，这是私募基金创造出的一种崭新的操作手法，即滚动式操作法。它由几家私募基金联合运作一只股票，在筹码总量不变的前提下，通过筹码交换在若干私募基金之间进行“滚动”，股价在滚动中上升，无论大盘怎样变换，股价都按既定计划运行，成交量始终稳定在一个不变的区间（换手率大多在 5%~10%），直到该股走完一波行情为止。所以，一旦成交量萎缩下来，股价就要开始下跌了，这是因为私募机构已经铩羽而归，股价无人关照所致，当后面出现放量时就是主力大举出货的表现。

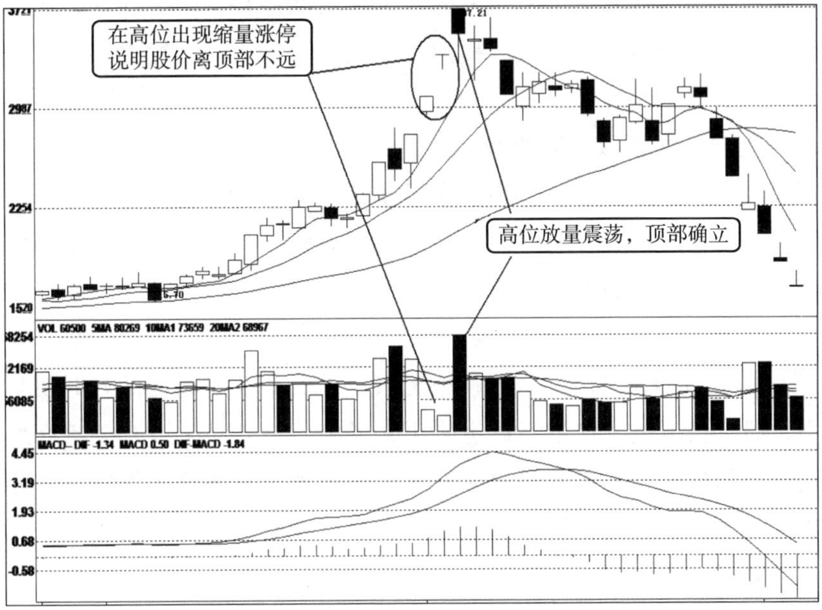

图 7-17　秀强股份（300160）日 K 线图

四、缩量涨停意义

1. 什么情况下出现缩量涨停

一般情况下，缩量拉升是好现象，缩量涨停可以放心持股，这种现象当属前途“无量”。大多数“缩量涨停”的个股其涨势仍将得到延续，只有少数“缩量涨停”的品种不具备持续性。具体有以下几种情况，仅供大家参考。

（1）大势向好，惜售筹码迹象明显。当市场欣欣向荣、欢歌笑语时，大多数投资者认为市场仍将进一步向好，未来上涨空间还很大。那么这时候投资者对于手中的筹码认为未来具备极大的增值潜力，因此具有很明显的惜售心理，即使出现小幅的上涨也不会轻易抛出，于是就出现了缩量涨停情况，这时的缩量涨停之后大多还会上涨。

（2）主力控盘，连续上涨无须放量。在主力已经控盘的情况下，因外围筹码相对有限，主力向上拉升是轻而易举的事，这是缩量涨停出现频率最高的情况，现在市场中很多庄股基本上都是属于这种情况。

（3）突发性利多，导致连续无量上涨。这种情况在市场中比较多见，特别是近期市场中因重大重组所引发的连续无量涨停显得十分明显，而这类品种往往由于事发突然，主力难以提前收集到足够筹码，后续大多存在较大的上涨空间。

（4）新股、次新股，套牢盘少无量上涨。炒新是我国股市的一大特点，由于新股、次新股上方套牢盘少、盘子小，想象空间大，加之发行体制的转变，容易出现连续的无量涨停。比如，在 2015 年上半年上市的这批新股，恰逢大盘火爆，出现 10 个、20 个以上的一字无量涨停已经不是什么稀奇之事。

（5）暴跌后的无量反弹。这种情况只是投资者及时离场的好时机。一般情况下，股价在下跌过程中不放量是正常现象，一方面是没有接盘而抛不出去；另一方面是惜售情形较高没人肯割肉，出现无量阴跌天天跌的现象，只有在出现恐慌性抛盘之后，再次放量才会有所企稳。其实，放量下跌说明抛盘大的同时接盘也大，反而是好事，尤其是在下跌的末期，显示出有人开始抢反弹。由于弱势反弹主要靠市场的惜售心理所支撑的，止跌反弹的初期往往会出现在恐惧中单针见底，因此需要放量，但之后的上攻反而会呈现缩量反弹天天涨的现象，这时不必理会是否放量，因为弱势反弹中一旦再度放量，就说明筹码已松动了，预示着新一轮下跌的开始。

2. 缩量涨停对于大盘的意义

若在相对低位，说明投资者观望气氛浓厚。空头经过前期的打压，能量也消耗不少，多空对决，多方略胜一筹，接下来，量能温和放大，上涨的持续性值得期待。

若在相对高位，随着股指的上涨，投资者变得谨慎起来，追高意愿不强。一旦后续能量不能随着股指的上涨有所放大，见顶回落的可能性较大。

3. 缩量涨停对于个股的意义

（1）开盘即涨停，持续至收盘，说明该股可能有重大利好，被主力提早得知，在集合竞价时即进入，而持股者惜售，这样的涨停自然是缩量的。

（2）股价经历连续大跌，斩仓盘基本出局，剩下来的基本是意志坚定者，因此抛压不大，买入推高股价轻而易举，少量资金即可，于是出现缩量涨停。

（3）行情低迷，做多做空意愿都不强，大家都在观望，此时也是缩量，有可能上升也有可能下跌，但幅度一般不大。对于量价关系来说，这只是一般规律，价格还是由买卖关系决定，因此量价关系只能作为参考。

（4）持续的缩量涨停意味着多空方向一致，主力控盘程度高。在股价拉升时，“价涨量缩”比“价涨量增”的风险要小得多，这时往往是主力控盘比例极高造成的。

（5）上升途中缩量上攻天天涨，下跌途中缩量阴跌天天跌。市场上有这样一种认识，认为股价的上涨必须要有量能的配合，如果是价涨量增，则表示上涨动能充足，预示股价将继续上涨；反之，如果缩量上涨，则视为无量空涨，量价配合不理想，预示股价不会有较大的上升空间或难以持续上行。实际情况其实不然，典型的现象是上涨初期需要价量配合，上涨一段后则不同了，主力控盘的个股往往越是上涨成交量反而萎缩了，直到再次放量上涨或高位放量滞涨时反而预示着要出货了。

（6）如果价位偏高，说明多方做多意愿不足，回落的可能性较大，尤其是在放量大幅上涨之后再缩量上涨，说明行情可能反转向下，短线就可以出货。

第三节　完美量价结构

一、量价结构含义

什么才是健康的量能走势呢？这个问题很值得关注。如果涨停个股在分时走势中呈现出完美的量价结构，说明主力是投入真实的资金在做盘，这时就可以积极介入做多；如果分时盘口呈现出散乱的、不健康的量价结构，那大多是主力利用涨停出货。所谓完美的量价结构，就是股价拉升时放量、回调时缩量这种分时运行状态。

图 7-18，深南电 A（000037）：该股在 2020 年 7 月 9 日的分时走势中，呈现上涨时放量、下跌时缩量状态，封涨停后立即缩量，其量价配合非常完美。在日 K 线上，股价放量突破底部盘区，上涨空间被有效打开。这种情况说明主力有真实资金介入，不存在对敲出货行为，投资者应当积极参与。

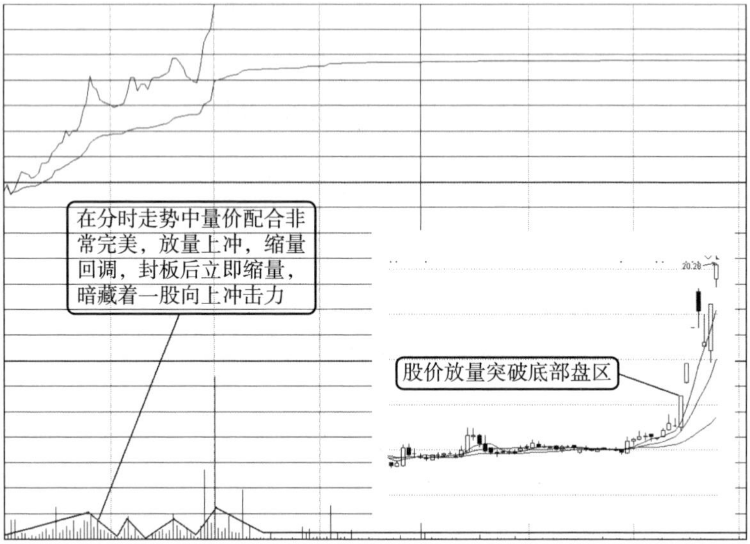

图 7-18　深南电 A（000037）日 K 线和分时走势图

仅仅知道完美的量价结构是不行的，那不完美的量价结构又是怎样的呢？下面通过实例一起进行分析。

图 7-19，广博股份（002103）：从该股的分时走势中可以看出，尽管股价最终收于涨停，但全天的分时走势呈现的是调整放量、上涨缩量的状态，而且上涨时攻击量峰结构单薄，明显是主力通过单笔或几笔大单拉升从而在涨停价位出货所致，且封盘后仍有大手笔抛单出现，这预示短期调整即将到来。如果大盘好，横盘整理后后市有可能向上拉一拉；如果碰上大盘不好就不是特别乐观了，但主力想出货完毕还需要横盘震荡几日。对于这种情况，要控制风险，着实手痒想参与也只建议小资金玩玩就好。

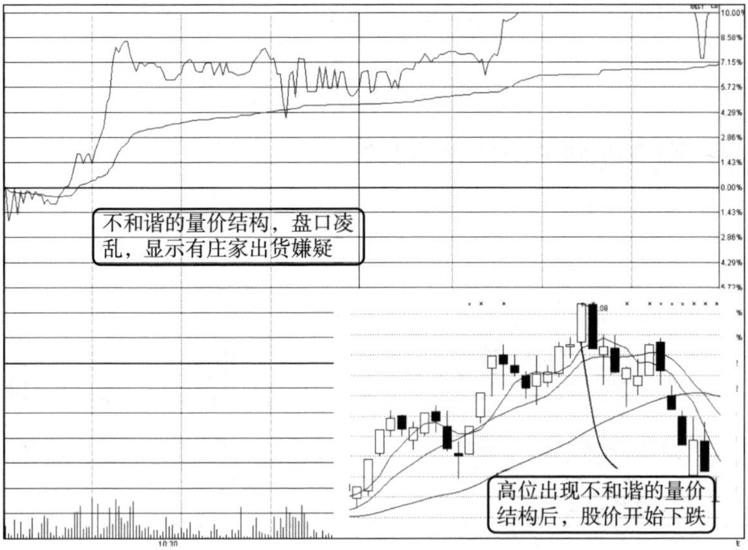

图 7-19　广博股份（002103）日 K 线和分时走势图

二、主要操作策略

（1）在盘中一旦发现完美的量价结构，如果股价处于波段低位要敢于重仓参与，首仓投入资金可以在 60%，留下 40%资金以防不测。

（2）如果股价处于拉升阶段出现完美的量价结构，要敢于参与，首仓可以投入 40%的资金参与，剩余 60%资金以供滚动操盘使用。

（3）如果股价波段涨幅在 30%以上出现完美的量价结构，这有可能是疯牛股，临盘时可以用 30%资金参与，注意短线以 5 日或 10 日均线为止损位，不贪不惧即可。

图 7-20，华阳国际（002949）：该股 2020 年 7 月 3 日的分时走势中，呈现出上涨放量、回调缩量状态，盘中虽有开板情况出现，但成交量明显萎缩，这种情况一般可以适当参与，第二天高开的可能性较大，短线有套利机会，趋势看还有向上空间。在日 K 线中，主力对前期小高点发起有力的挑战，成功攻克的压力的可能性极大。

图 7-21，诚迈科技（300598）：该股 2020 年 1 月 9 日的分时走势中，呈现出完美的量价结构，而股价从底部启动之后，已经有了比较大的涨幅。这类个股大多是实力强大的主力入驻其中，志在高远，操作周期较长。投资者在设好止损的前提下，用少量资金参与，并以中线思路对待。

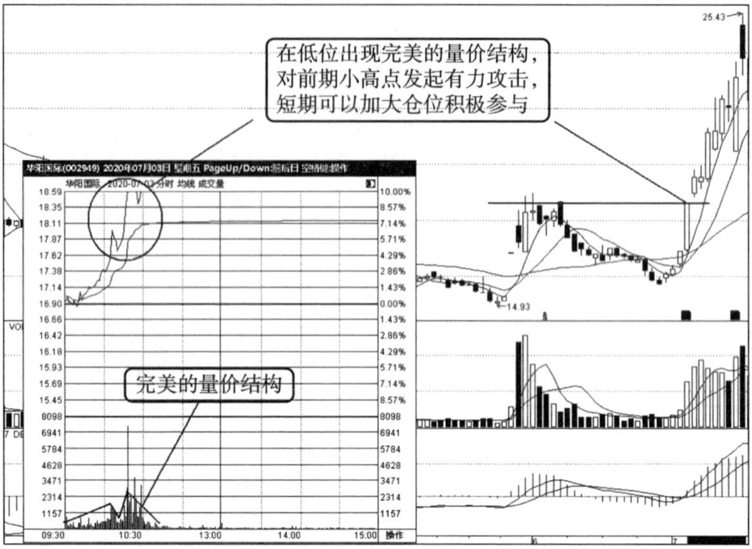

图 7-20　华阳国际（002949）日 K 线和分时走势图

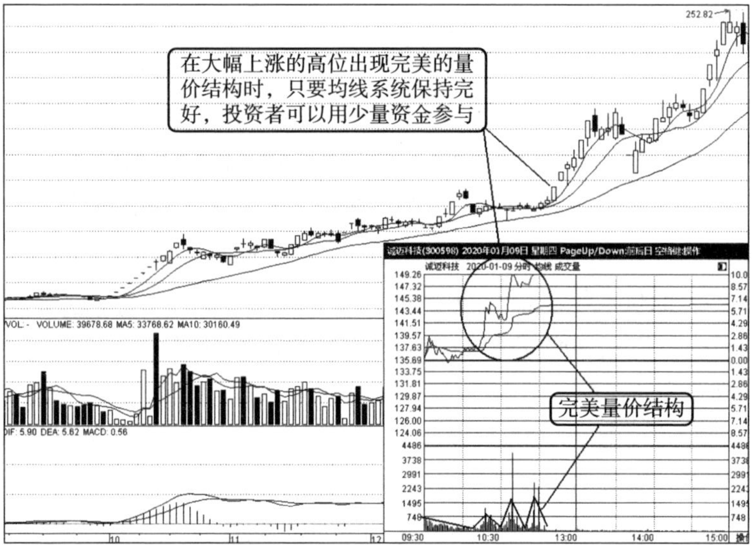

图 7-21　诚迈科技（300598）日 K 线和分时走势图

第四节　成交量的陷阱

近年来，对于成交量的研判已成为业界人士用以进行技术分析的重要指标之一。但必须引起投资者重视的是成交量也有陷阱。

一般认为，成交量是不会骗人的。但事实并非如此，在实盘中成交量不仅会骗人，而且是主力设置陷阱的最佳手法。那么，主力是如何在成交量方面设置陷阱，散户投资者应该怎样防备呢？

一、久盘后突然放量突破

这里说的久盘，有时是股价大幅上涨后的高位盘整，有时是炒高后再除权除息后的盘整，还有时是中报、年报公告前不久的盘整。所谓盘整是指在一个时期内（如 2 个月、3 个月、甚至半年等）股票在一个相对窄小的价格区间进行波动，上行无力，下跌无量，交投极不活跃，缺乏市场关注。这种股票有时候会在某一天的开盘后发现挂有大量的买单或卖单，摆出一副向上拉升的架势。开盘后半小时到一小时内，大量的买单挂在买档价位上，同样，卖档价位上也有大量的卖单。成交量急剧上升，推动股价上涨。投资者会立即发现它的成交量异常变化，不少人甚至会试探性地买入。但是由于买单已经塞得满满的，要想确保成交，只能直接按市场卖出价买进。正是因为这种市场买入的人增多，尽管抛单沉重，股价还是会不断上升，更进一步增强了买入的信心，并产生该股将突破盘局带量上升，展开新一轮升势的联想。很快，股价劲升至 8%左右，有的甚至以大量买单短时间封涨停。但不久后又被大量卖单打开涨停，回调到涨幅 7%~8%盘整。盘整时买二、买三的挂单很多，买一的挂单相对少一些。但卖一至卖三价位的卖单并不多，然而成交量却不少，显然是有卖盘按市价在买一的价位抛出。直到当天收盘时，大部分股票都在 7%~8%的涨幅一带成交。第二天，该股可能略为低开，然后快速推高，上涨至 5%~7%一带。也有的干脆高开高走，大有形成突破缺口的架势。当许多人看到该股突破盘局而追涨时，该股在涨到 5%~7%会突然掉头下跌，大量的抛单抛向那些早上挂单追涨而未能成交又没有撤单的散户。虽然随后还会反复拉升，但向上的主动买单减少，而向下的抛单却不断，股价逐渐走低，到收盘前半小时甚至跌到前一天的收盘价以下。随后的日子，该股成交量萎缩，股价很快跌破前一次的起涨点，并一路阴跌不止。如果投资者不及时止损，股价还会加速下跌，跌到难以相信的程度，使投资者深度套牢。

仔细分析一下，为什么个股会在突然放量向上突破时又调头向下，甚至加速下跌呢？这就是主力利用成交量设置的陷阱。通常情况是，主力在久盘以后知道强行上攻难以见效，如果长期盘整下去又找不到做多题材，甚至还有潜在的利空消息已经被主力知道，为了赶快脱身，主力在久盘后就会采取对倒的方式，造成成交量放大的假象，引起短线散户关注，诱使散户盲目跟进。这时，主力只是在启动时出现对倒动作，在推高的过程中，许多追涨的人接下了主力的大量卖单。那些在追涨时没有买到股票，就将买单挂在那里的人更加强了买盘的力量，并为主力出货提供了机会。主力就是这样利用量增价升这一普遍被人认可的原则，制造了假象，达到出货的目的。

图 7-22，安泰科技（000969）：该股经过一轮盘升行情后在高位出现盘整走势，2019 年 6 月 13 日开盘后股价逐波走高，成交量明显放大，当天股价以涨停收盘，貌似向上突破打开新的上涨空间。可是，第二天低开 1.24%后，股价不断向下走低，最终以跌停板收盘，收回了前一天的全部涨幅。很显然，前一天的涨停是主力诱多行为，是一次主力拉高出货动作，对于这种技术骗线不容易识破。但值得特别提醒的是，当股价不能延续涨停的攻势上涨时，应逢高离场，或股价跌破放量上攻这一天的开盘价时，立即止损出场，以防吃大亏。

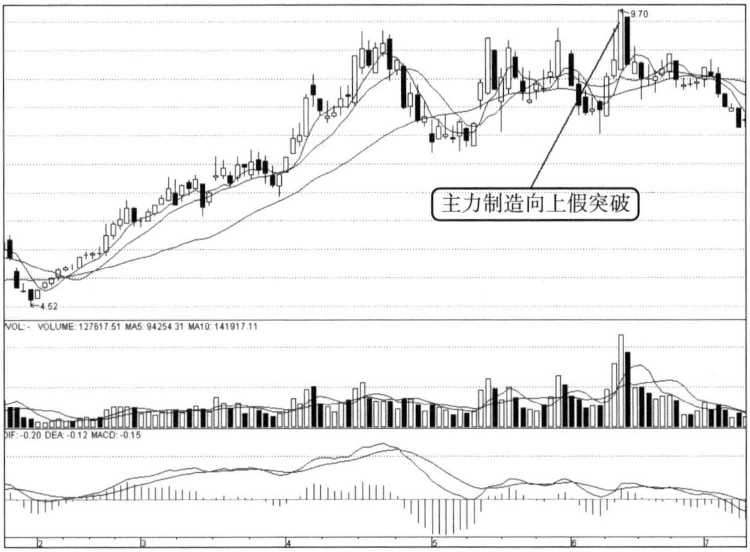

图 7-22　安泰科技（000969）日 K 线图

二、业绩公告前突然放量

中报或年报公布前，许多企业的业绩已经做出来了。公司董事会、会计师、会计师事务所以及发表业绩的新闻媒体都会领先一步知道消息，所以股价在业绩公布前会因消息的泄漏而出现异常波动。业绩好的公司，其经营状况早就在主力的调研之中，经营业绩也早有可能被预测出来，一般主力早就入驻其中，将股价做到了很高的位置盘整，等待利好公布出货。但也有一些上市公司信息披露保密工作做得好，直到消息公布前几天才在有关环节泄露出来。这时，主力要在低价位收集筹码已经来不及了，可是亮丽的业绩又确实是做短线的机会。因此，一些资金会迅速进入这些股票，能买多少买多少，股价也不急不火地上升，成交量温和放大。待消息公布时，投资者一致认同该股值得买入时，该股会在涨停价位高开。然后，先期获得消息的人会将股票全部抛出，做一个漂亮的短线投机。

图 7-23，金益科技（002869）：2020 年 7 月 9 日，该股发布 2020 年上半年业绩预增公告，由于良好的业绩预期，吸引了大量的散户跟风，主力借机强势放量拉高，将股价拉至涨停。可是第二天股价高开低走，原先已经介入的散户这一天倾囊而出，随后该股一蹶不振，向下震荡走低。显然没有长线炒家，只是前期一些短线资金介入，借利好兑现获利筹码。类似这种股票，千万不要在消息公布那天追高买入，应冷静地观察一下，看看有无主力出货的现象。

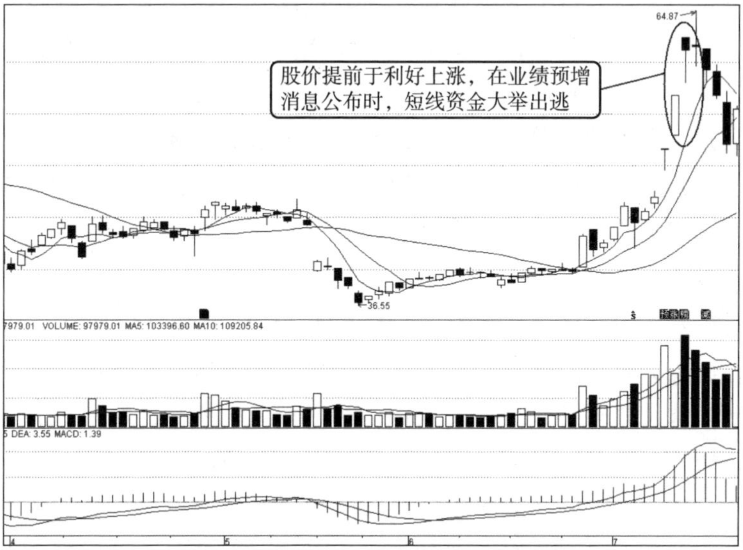

图 7-23 金益科技（002869）日 K 线图

报表公布前，还有一种情况是，某只股票本来一直阴跌不止，形成下降通道。但报表公布前的某一天，股价突然压低开盘，或在盘中狠狠地打压，造成股价异常波动，以吸引市场人士关注。随后，会有大量的买单或者卖单同时出现，成交量猛增，股价也在不断推高。这时，大散户认为该股报表一定会有重大改善，于是想搏一下该股的报表，作一次短线炒作，在当天大胆跟进。岂料第二天，该股放量不涨，有的甚至缩量盘跌，随后更是一路加速下降。待公布业绩时，该股业绩大滑坡，股价无量下跌，有的甚至连连跌停，使投资者深度套牢。

中报或年报公布前股票走势行情，可以归纳为以下三种：

（1）股价一直长期在上升通道中运行，大幅涨升后有的甚至翻番，个股一般业绩优秀，此时一定有长庄入驻。待优良的业绩公布后，通常伴有高送配消息。复牌后，会放出巨大的成交量，主力借利好出货。

（2）股价在报表公布前，一直作窄幅盘整，但是于某一天温和放量，股价稳步推高。个股通常业绩不错，但无长线主力炒作。业绩公布后复牌，成交量放大为短线资金出货。

（3）报表公布前，股价一直在下降通道中，业绩报表在所有报表截至日前几天还迟迟不露面，但股价却于某一天突然放量。这通常是被套主力反多为空，制造成交量放大的陷阱。这种陷阱是最值得防范的。

通常，主力在开盘不久和收盘之前进行拉升。开盘不久，许多人不知道股价会涨，很少挂出卖单，所以主力只要很少的资金就能将挂在卖盘上的筹码吃进，并同时吃进自己挂出的筹码。一旦市场上有人跟进，主力只要在买档价位上挂出大量的买单，造成有人想大量买入的假象，就会使一些追涨的人以市价的方式买入挂在卖盘上的筹码。而主力自己真正买入的筹码非常的少。主力不仅买入少，还会将自己的筹码抛给那些挂单买入的人，谁要就给谁，一旦没有人挂单，主力又挂买单推高，使股价再上一个台阶，又诱使别人跟进。虽然主力在推高过程中买入不少自己挂出的筹码，但抛出去的更多。同样，在离当天收盘前十分钟左右，有的主力会突然以对倒的方式将股价拉升，有的甚至拉到涨停位置收盘，造成价升量增的假想。第二天开盘，该股通常还会快速拉升，见有买单跟进，主力便毫不犹豫地出货。

主力利用成交量制造陷阱也要选择时机，通常这个时机是短线投资者期望的时期。久盘之后的突破，业绩报表公布前，都是极容易制造假象，使投资者产生幻觉。

三、高送配后成交量放大

在大比例送配消息公布前，庄股通常都已炒得很高了。这时候，一般稍有经验的散户不会在高位买进，而股价大幅上升后，主力拉抬也没有什么意义。所以股价要在高位企稳一段时间，等待高送配的消息。一旦消息公布，炒高了的股票大幅除权，使价位降到很低，10 元的股票，10 送 10 就只有 5 元了。这时候，主力利用散户追涨心理，在除权除息日大幅拉抬股价，造成巨大的成交量。当散户幻想填权行情到来时，主力却乘机大肆出货，通常这种行情只有两三天。

图 7-24，全通教育（300359）：该股一年之内从 35 元下方炒到 467 元以上，涨幅超过 13 倍。在实施 10 派 0.67 元转 12 时，当天开盘后主力出现明显的对倒行为，成交量迅速放大，股价拉至涨停。散户见此情形纷纷跟进，使主力获得绝好的出货机会。从第二天开始该股渐渐走弱，随后一路向下阴跌，而成交量保持放大状态，使得不少散户一路补仓，一路被套。

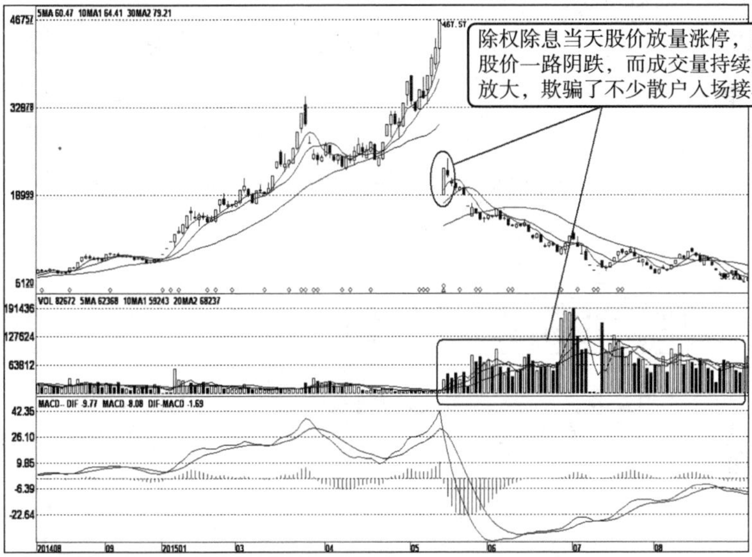

图 7-24　全通教育（300359）日 K 线图

许多股票大幅除权后，的确会有填权行情，但要具体对待。一般来说，除权前股价翻了一番或几番的股票很难立即填权。此外，除权后股本大幅扩大，这也增加了填权的难度。只有那些在除权前主力吸纳很久，正准备大幅拉升的股票在除权后才有可能填权。

值得指出的是，主力利用除权后的成交量放大制造陷阱，有可能在除权当天进行，也可能要过几天，这要根据当时的大局而定。有的一次出货不尽，就在除权后多次震荡，设置各种看似筑底成功的假象，在放量上攻途中出货。所以，对于大幅除权后的股票，投资者不仅要仔细研究其股本扩张速度是否能和业绩增长保持同步，还要考察除权后流通股数量的大小及有无后续炒作题材，切不可见放量就跟，见价涨就追。

四、逆大势下跌而放量上攻

有些股票可能长期在一个平台或一个箱形内盘整。但是，有一天在大势放量下跌，个股纷纷翻绿，市场一片哀叹之时，该股却逆势飘红，放量上攻，成了“万绿丛中一点红”的市场效果。这时候，许多人会认为，该股敢于逆势而为，一定是有潜在的利好等待公布，或者有大量新资金入驻其中，于是大胆跟进。谁料，股价往往只有一两天的行情，之后反而加速下跌，使许多在放量上攻那天跟进的散户套牢。

图 7-25，中信银行（601998）：在“股灾”期间，大盘急速下挫，短短的 17 个交易日上证指数从 5178 点下跌到 3421 点，而该股却逆势创新高，成交量也较大。由于该股的逆势上涨，吸引了不少短线散户的热情追涨，可是当大盘真正企稳的时候，该股却缩量下跌，而且一波比一波跌得狠，盘面跌得惨不忍睹，使许多追涨的人深度套牢。

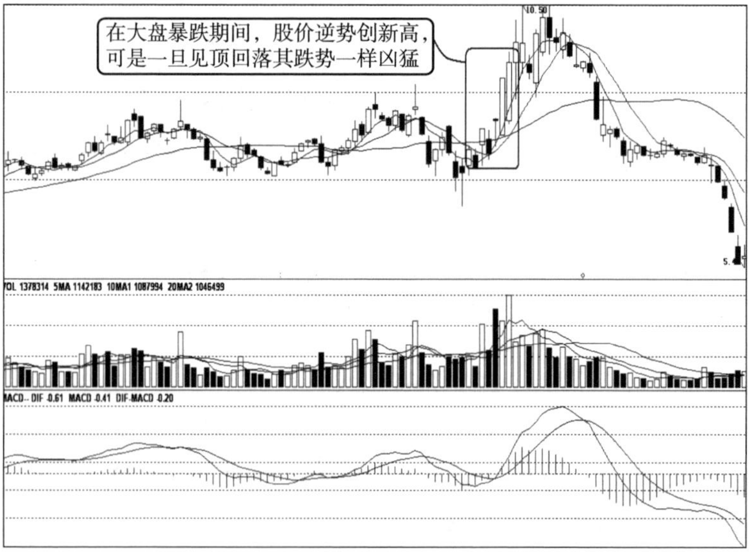

图 7-25　中信银行（601998）日 K 线图

显然，该股的主力利用了人们反向操作的心理，在大势下跌时逆势而为，吸引市场广泛的关注，然后在拉抬之中达到出货的目的。在这种情况下，主力常常是孤注一掷，拼死一搏，设下多头陷阱，而许多短线散户正好也想孤注一掷，舍命追高，正好符合了主力的心愿。其实这种陷阱很容易使那些颇有短线实盘经验的散户上当受骗。

主力在吸筹的时候，成交量不要多大，只要有耐心，在底部多盘整一段时间就行。主力要出货的时候，由于手中筹码太多，总得想方设法设置成交量的陷阱。因此，在分析量价关系时，应全面考察一只股票长时间（半年或一年以上）的运行轨迹，了解它所处的价位和业绩之间的关系，摸清主力的活动迹象及其规律，以避免在主力放量出货时盲目跟进。

第八章　涨停战法分析

第一节　飞鹰式追涨停

一、向上倾斜式

在底部经过一段时间的盘整后，某一天放量涨停，股价向上脱离底部或上方压力位，在突破之后的几个交易日里，股价既没有出现持续上涨，也没有出现明显回落，而是出现强势向上推高走势，这就是“飞鹰开路”形态，盘面越走越强，股价出现加速上行。遇到这种盘面走势时，可以追涨买入，操盘时重点把握介入点、设置止损位和止盈线，既可控制风险，又可锁住利润。

技术技巧方面，在涨停后的强势震荡时，只要收盘价站于涨停价之上即可，下影线可以不予考虑。另外，涨停之后的整理时间不等，可以一日整理也可以多日整理。

图 8-1，卓胜微（300782）：该股经过一段时间的蓄势整理后，2020 年 2 月 13 日股价放量涨停，在此后的 2 个交易日内股价强势运行，重心上移。在走势中，涨停后的 2 个交易日内主力对前期高点压力进行了很好的消化，让部分散户在这个位置解套或微利离场。当筹码得到成功换手后，2 月 18 日股价出现向上拉升，构成短线较好的买点，之后形成加速上涨走势，2 月 27 日向下跌破止盈线时卖出。

图 8-2，雅化集团（002497）：该股在底部出现长时间的震荡整理，主力成功吸纳了大量的低位筹码，2019 年 12 月 24 日股价放量上涨，收出一根涨停大阳线，向上突破底部盘区，均线系统多头发散。在后面的几个交易日里，

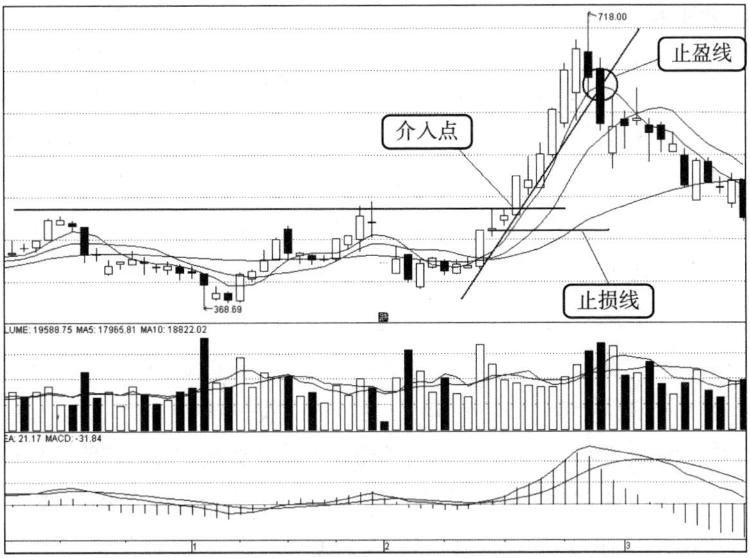

图 8-1 卓胜微（300782）日 K 线图

股价在涨停价位之上继续强势向上推升，12 月 31 日跳空上行，形成较好的买点。之后股价出现加速上涨，2020 年 1 月 21 日股价向下击穿止盈线，产生短线卖点。

图 8-2 雅化集团（002497）日 K 线图

二、水平横向式

在底部经过一段时间的盘整后，某一天放量涨停，股价向上突破盘区，突破之后股价基本维持在涨停价附近作横向震荡整理，并没有出现明显的涨跌，之后股价强势向上拉升，从而形成买点。

技术技巧方面，在涨停后的强势震荡时，股价基本在涨停价位附近作强势震荡，下影线最好不要低于涨停大阳线的 1/2 位置。另外，涨停之后的整理时间可以一日整理，也可以多日整理。

图 8-3，金辰股份（603396）：该股主力在长时间的底部震荡过程中，成功吸纳了大量的低位筹码。2019 年 12 月 13 日股价拔地而起，收出一根放量涨停大阳线，向上突破底部盘区。在后面的 7 个交易日里，股价没有出现明显的回落，而是在涨停价上方维持强势走势，表明主力控盘程度较高。12 月 25 日，股价在尾盘快速拉至涨停，这一天成为较好的买点。之后股价继续强势上涨，短线利润丰厚。

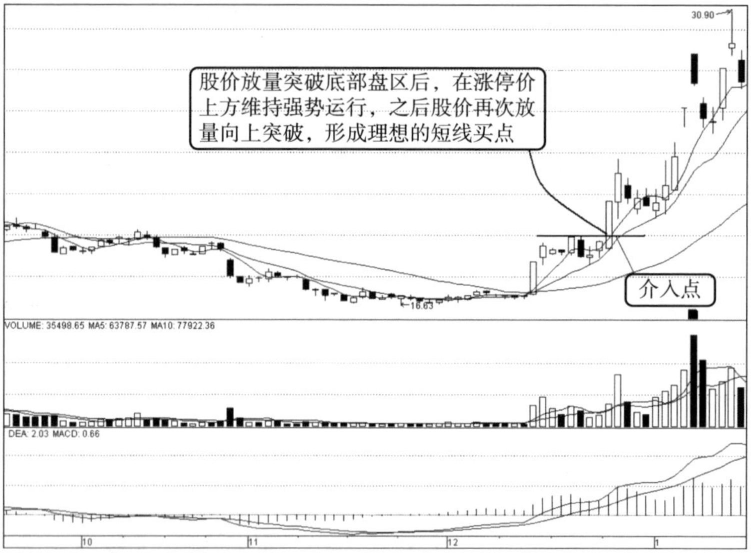

图 8-3　金辰股份（603396）日 K 线图

图 8-4，京威股份（002662）：该股主力在低位连续向下打压，成功制造了一个空头陷阱。2020 年 2 月 5 日，股价企稳回升拉至涨停，在之后的几个交易日里，基本在涨停价位附近作强势震荡走势，股价涨跌幅度均不大。经过短暂的蓄势整理后，2 月 18 日股价开始上攻，形态上产生较好的买点，接

着，股价出现强势上涨，在 7 个交易日中拉出 5 个涨停。

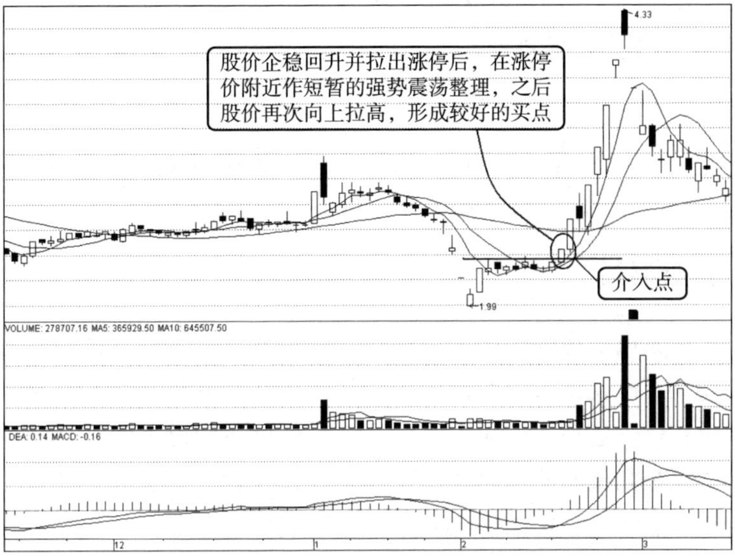

图 8-4　就威股份（002662）日 K 线图

图 8-5，智慧松德（300173）：该股见顶后逐波回落，在底部出现长时间的缩量整理走势，主力在此期间成功吸纳了大量的低位筹码。2019 年 12 月 11 日，

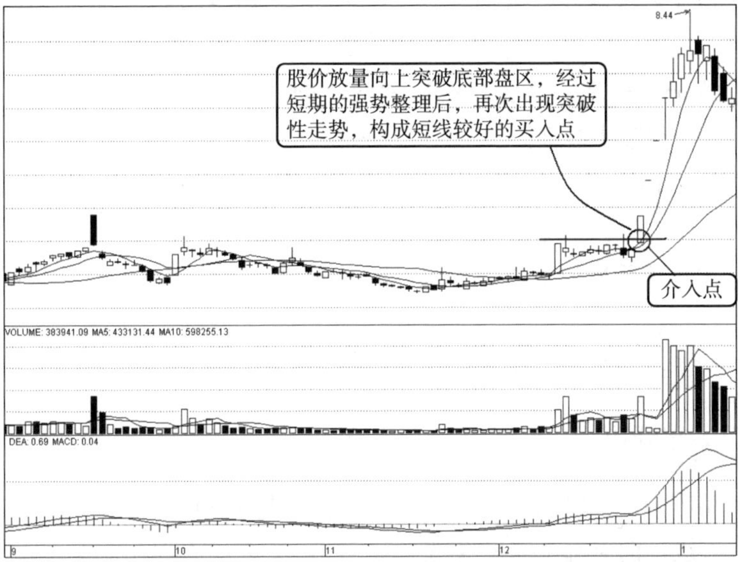

图 8-5　智慧松德（300173）日 K 线图

股价向上拉起，收出一根放量涨停大阳线，向上突破底部盘区。在之后的 9 个交易日里，股价稍有回落，但盘面依然处于强势状态。12 月 25 日，股价开盘后快速拉涨停，产生较好的买点。之后股价连拉 4 个涨停，短线获利丰厚。

第二节　前呼后应战法

一、操盘要领

大家知道股市中连续大阳线大幅拉升的个股只是少数，更多的还是大阳线后会接连几天出现调整，在操作中往往不敢在其调整时贸然下手。股市中谨慎永远没有错，这种态度无可厚非，因为谁也不知道这到底是调整还是主力在出货，但是如果调整后再次出现大阳线，这就反证了前几日是洗盘而非出货，后市必然看涨，这样临盘时就可以大胆介入。

前呼后应战法的操盘要领：

（1）股价运行在 30 日或 60 日均线上方为最优形态。

（2）位于两根涨停（大阳线）K 线之间的小 K 线的实体处于前一根涨停 K 线范围之内的为最优形态。

（3）位于两根涨停（大阳线）K 线之间的小 K 线越多，股价后市爆发力越强。

（4）位于两根涨停（大阳线）K 线之间的小 K 线实体越小、量能越萎缩，后市股价爆发力越强。

（4）第二根涨停（大阳线）K 线封板时间越早，爆发力越强，可能走出连续大幅拉升走势。

（6）出现前呼后应形态的个股，同时属于市场热点、市场领涨板块的优先考虑。

（7）大盘处于牛市、震荡市时，为最佳操作环境。

二、实盘分析

实盘操作中，可以把“前呼后应”形态依据其强度分为以下三个等级：

第一等级，前后都是涨停 K 线。

图 8-6，南大光电（300346）：该股经过充分的整理后，2019 年 12 月 16 日放量拉涨停，在前期盘区附近进行短暂的洗盘换手。12 月 24 日股价再次拉

涨停，前后两个涨停板之间起到前呼后应、承前启后的作用，反映主力做多意图强烈，此后股价出现中期上涨行情。

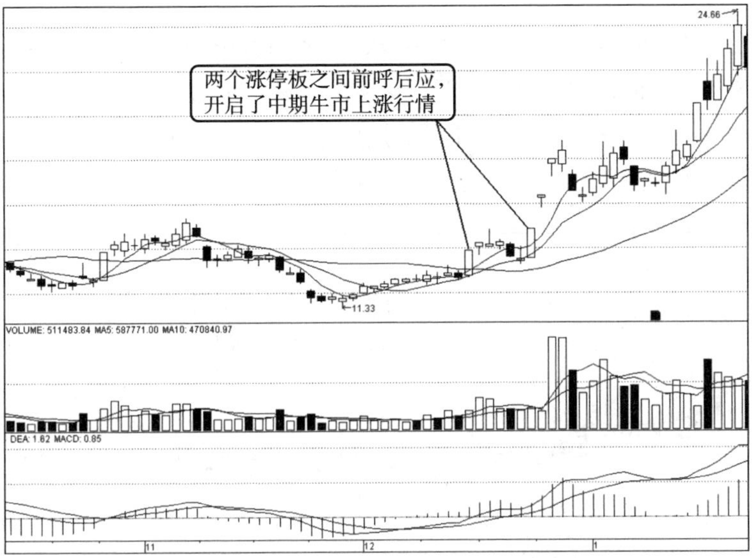

图 8-6　南大光电（300346）日 K 线图

图 8-7，科森科技（603626）：2019 年 12 月 6 日，一根涨停大阳线拔

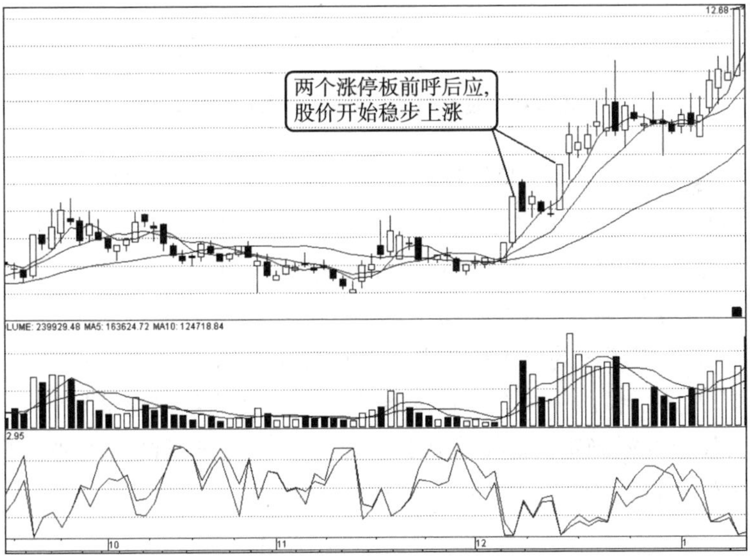

图 8-7　科森科技（603626）日 K 线图

地而起，以挑战前期高点压力。经过短暂的 4 个交易日整理后，12 月 13 日再次拉出涨停大阳线，前后两个涨停板前呼后应，成功开启了一轮震荡盘升行情。

第二等级，前涨停 K 线+后大阳线，或者前大阳线+后涨停 K 线。

图 8-8，长信科技（300088）：该股在震荡整理过程中，2019 年 11 月 14 日，收出一根涨停 K 线。此后经过短期的整理，在 11 月 26 日、27 日拉出两根大阳线，说明底部构筑进入尾声，此后股价进入盘升行情。

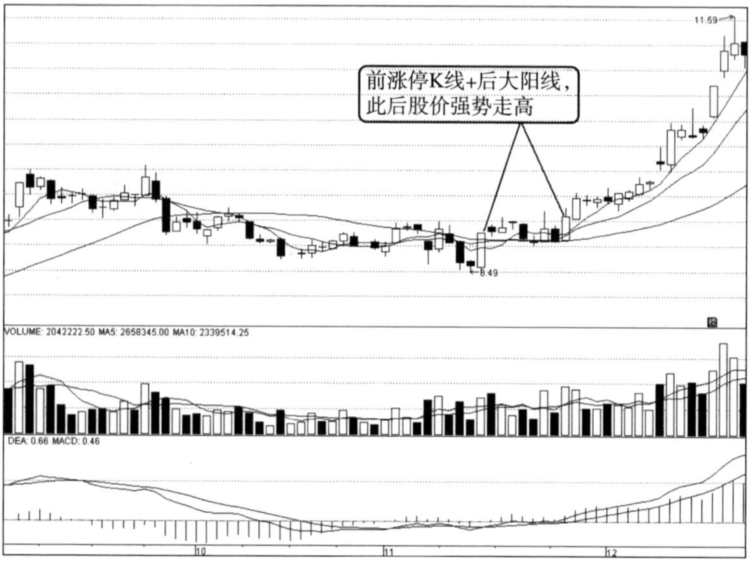

图 8-8　长信科技（300088）日 K 线图

图 8-9，浙江永强（002489）：该股洗盘结束后，在 2020 年 2 月 18 日收出一根上涨大阳线。此后在前期盘区下方作短暂的整理，3 月 2 日拉出涨停 K 线，说明主力洗盘整理结束，接着股价出现快速拉升。

第三等，前大阳线+后大阳线。

图 8-10，博济医药（300404）：该股快速下跌后，短线主力入场吸货，2019 年 12 月 5 日拉出一根企稳性底部大阳线，然后经过继续整理，12 月 24 日、25 日拉出两根确定性底部大阳线。之后，主力进行洗盘走势，2020 年 1 月 7 日再次收出大阳线，从此股价进入盘升行情。

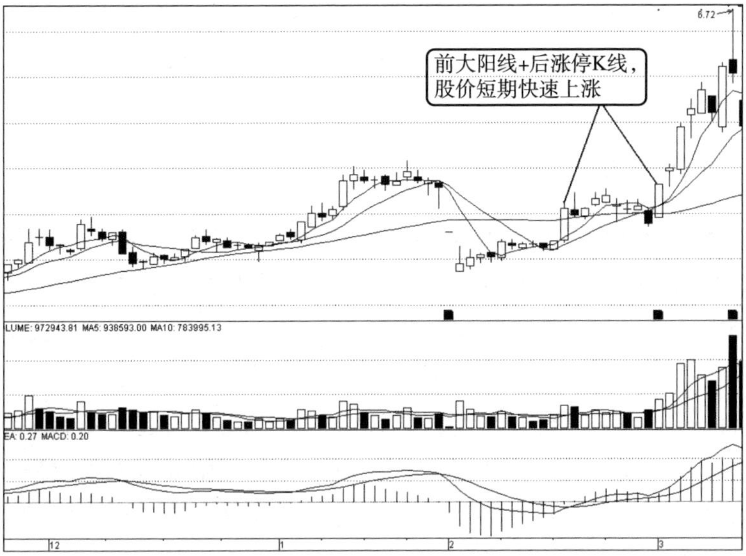

图 8-9　浙江永强（002489）日 K 线图

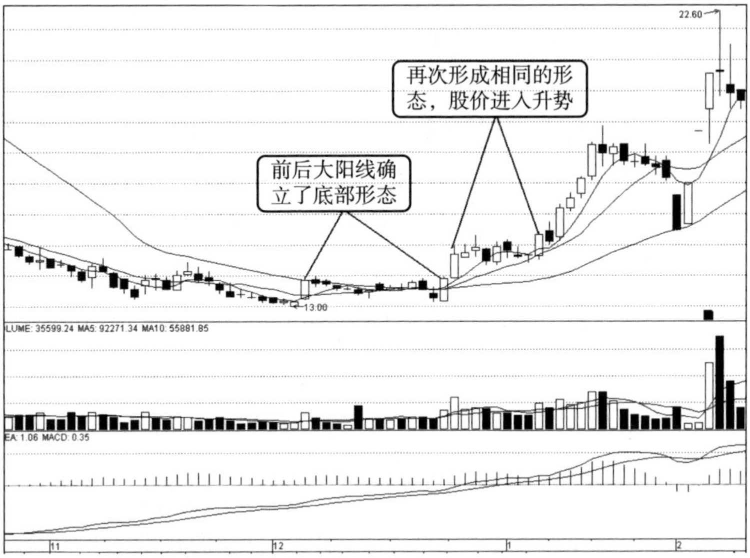

图 8-10　博济医药（300404）日 K 线图

第三节 回调支撑战法

一、操作技巧

这是“前呼后应”的延伸战法，股价在某一重要支撑位出现涨停攻击，经过一段时间反弹之后，股价再次回到前一次涨停攻击的起点，这时往往会再次遇到支撑，在相同的价格位置附近出现涨停，这种盘面走势就叫“回调支撑”形态。

股价回落遇到支撑时，放量强势拉涨停，短线仍有进一步上攻动力。盘面特征是：在底部经过一段时间的盘整后，股价开始放量向上突破盘区，但突破之后股价并没有维持强势运行，而是回落到涨停价起涨点附近，遇到支撑后股价再次向上拉起，此时构成较好的买点。

技术原理及操作技巧：既然在某一价位能出现涨停，说明有主力在这个价格附近已经参与，至少其短线成本就在该涨停价位附近，经过一段时间的整理之后再次回到该价格附近时，这势必再次引起该主力资金的重点关注。即使在出货阶段，主力很多时候不可能把筹码一次就出货彻底，再次回到该价格时已经和主力的底仓成本接近，如果不在此进行第二次攻击，则主力很可能前功尽弃，股价将重回弱势整理，所以主力往往会继续拉高股价。这种形态短线介入一般会有20%左右的利润空间。

技术技巧方面，在股价回落时尽量不要收于涨停板的起涨点之下，理想的走势是下影线触及涨停起涨点时快速拉起，在涨停大阳线实体内的任何位置都不能作为买点，只有放量突破涨停大阳线的高点时，才可以认为是有效突破。

二、实盘分析

图 8-11，八方股份（603489）：该股见顶后大幅回落，当股价调整到上市首日收盘价附近时止跌企稳。2020 年 4 月 15 日，股价向上拉涨停，但涨停后股价并没出现持续上涨，小幅冲高后出现向下整理。4 月 28 日，股价向下打压，一度吞没了涨停板的全部涨幅，然后止跌快速回升，当日收出带长下影线的 K 线。4 月 30 日，股价再次拉涨停，形成突破走势，构成较好的买点。

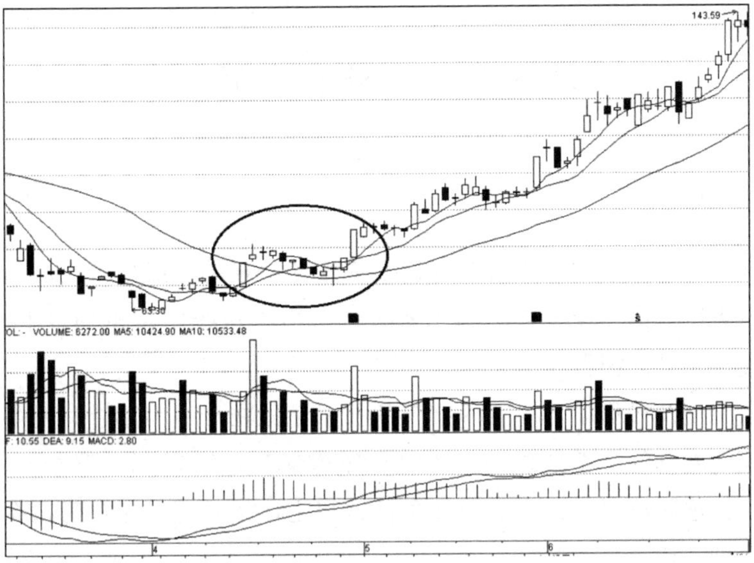

图 8-11　八方股份（603489）日 K 线图

图 8-12，雅本化学（300261）：该股经过大幅调整后，股价渐渐止跌企稳。2020 年 5 月 18 日，股价向上放量拉涨停，但股价没有出现持续上涨，而是向下回落调整，吞没了涨停板的全部涨幅。5 月 27 日，在前一个涨停板的起涨点附近得到有力支撑，股价再次放量拉涨停，形成短线较好的买点。

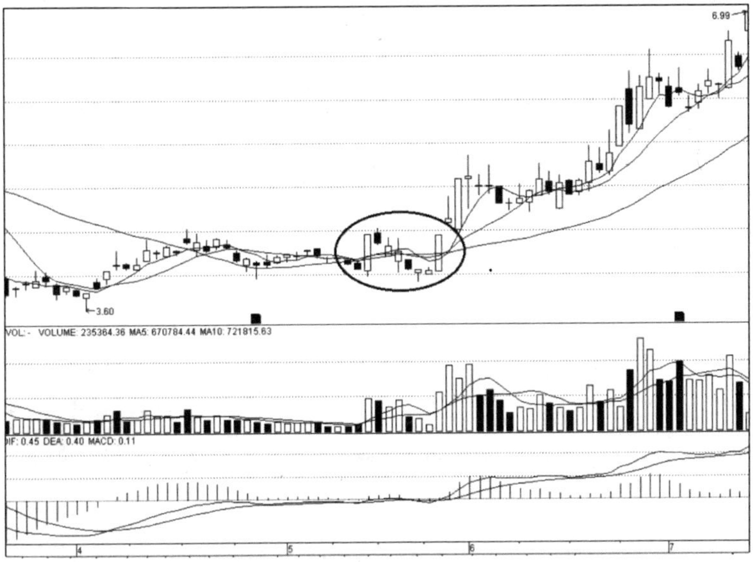

图 8-12　雅本化学（300261）日 K 线图

第四节　三外有三战法

一、操作技巧

一轮中级以上行情，通常会有连续 3 个涨停板的个股出现，成为市场龙头，投资者可在第 3 个涨停附近追涨买入，后市短线还有 30%以上的升幅，是短线高手必胜的招数。

技术原理及操作技巧：三外有三的技术精髓在于主力建仓时间短、拉升快，是短线获利的必杀技之一。其技术含义在于主力属于拉高建仓，通过连续拉升，快速脱离成本，引起市场关注，奠定市场基础，为日后拉高股价吸引跟风盘埋下伏笔。

二、实盘分析

图 8-13，新五丰（600975）：该股从 2019 年 2 月 14 日开始连拉 3 个涨停，然后在此之上进行强势整理，当股价回落到第 3 个涨停板附近时，得到支撑而再次拉起，展开第二波拉升行情，累积涨幅超过 60%，投资者可在第 3 个涨停板附近入场做多。

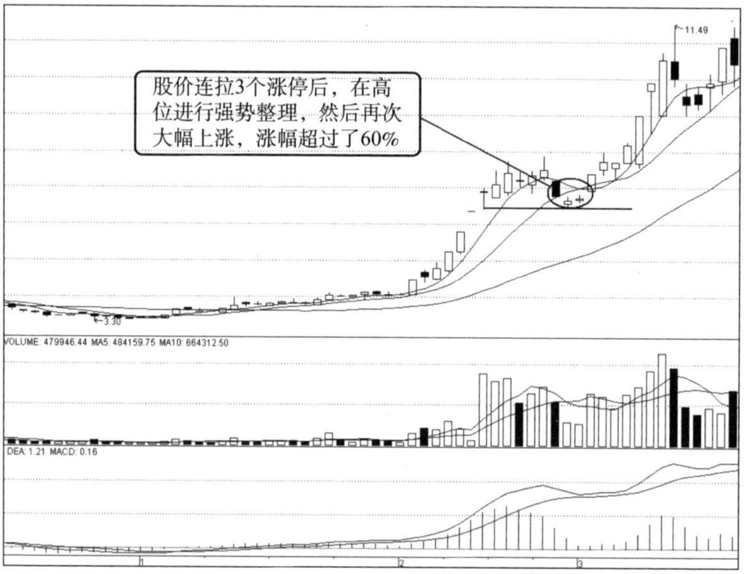

图 8-13　新五丰（600975）日 K 线图

一般情况下，短线主力的平均持仓成本在第 2 个涨停板附近，主力在第 3 个涨停位置一般停留 5~15 天做短线浮动筹码的清理，随后将继续展开强势上攻行情。该战法运用得当，短线将有 30%的获利空间。

图 8-14，东方通信（600776）：该股洗盘整理结束后，2018 年 11 月 26 日开始股价连拉 3 个涨停，成功突破底部盘区压力，然后股价出现震荡走势。当股价回落到第 2 个涨停板附近时，受到主力成本的支撑，调整为 6 个交易日，股价再次强势拉起。此后，在 12 月中旬出现类似的走势，得到市场游资的积极参与，股价大幅走高。

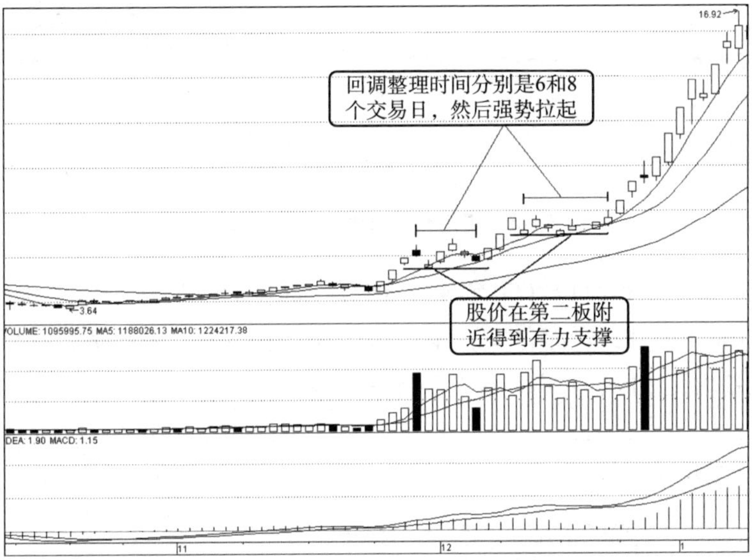

图 8-14　东方通信（600776）日 K 线图

图 8-15，华东科技（000727）：该股 2019 年 2 月 21 日向上突破，股价连拉 3 个涨停，然后回调到第 2 个涨停附近时，再次企稳回升，展开第二波拉升行情，股价连拉四板。

实盘运用技巧，在高位调整 5 天左右，如果股价不出现深幅回落，则可以判断该股主力并不急于离场，此时散户坚决介入半仓，如果随后有涨停则可以在涨停上加仓，跌破第 2 个涨停板一半的价格时需要止损。

有的三外有三之后会连续涨停，根本不出现横盘震荡走势，遇到这种情况时可以在第 3 个涨停附近介入，并一路持有，直到不能连续涨停或者跌破 5 日均线时卖出。

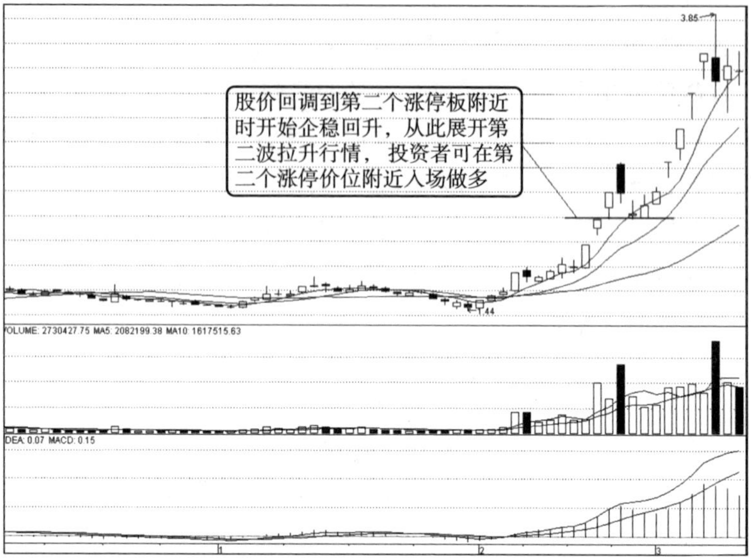

图 8-15　华东科技（000727）日 K 线图

图 8-16，胜和股份（002824）：该股在低位向下制造一个空头陷阱后，股价渐渐企稳回升，盘面碎步上行。2020 年 2 月 19 日，股价放量涨停，向上突破 30 日均线压制，开启连续 7 个涨停走势。

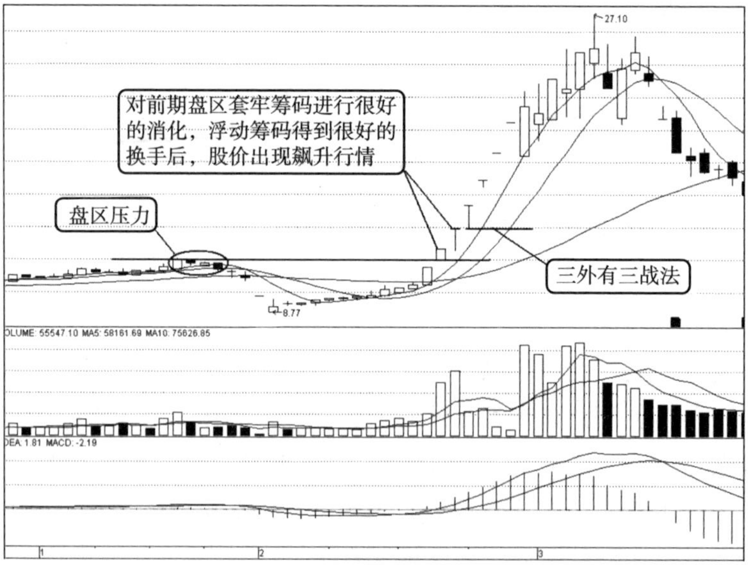

图 8-16　胜和股份（002824）日 K 线图

在实盘中，出现连续涨停的个股很多，但该股盘面走势有其特殊性。第二板位置突破了前期 1 月中旬盘区高点压力，第三板出现长长的下影线，对前期盘区中的套牢筹码进行了很好的释放，说明主力做多意愿非常强烈。所以，投资者可以在第三板收盘价附近介入，后市将有不错的利润空间。

第五节　蛟龙出海战法

一、主要含义

蛟龙出海形态是一个成功概率非常高的股价见底信号，一旦走出这种形态，股价很可能转跌为涨。因为股价在底部区域出现放量大阳线甚至是涨停板，肯定是主力所为，而一根 k 线突破多根均线的压制，则充分显示了主力的控盘程度，以及拉抬股价的意愿。所以，这种走势出现之后，股价很容易出现大涨行情。

蛟龙出海，蛟龙说明后市犹如龙腾，出海是从技术上讲的。主要含义：

（1）此战法中提到的出海是指股价一直处于横盘整理，并且一直围绕均线上下波动，这时均线一定是多次揉搓。

（2）蛟龙出海启动特征：一直处于均线下方的股价突然有一天以一根大阳线穿越 3 条短、中期均线，此现象就为蛟龙出海。

（3）出现此形态后股价继续上攻将是大概率事件，而且是横盘时间越长，后市爆发力度越强。

二、盘面特征

蛟龙出海的盘面 K 线特征：以 5 日、10 日、30 日均线组合为佳。

（1）出现在下跌趋势后期或者是盘整阶段后期。

（2）一根大阳线向上穿过三条平均线。

（3）收盘价站于这三条平均线上方。

图 8-17，金辰股份（603396）：该股主力在长期的底部震荡过程中，成功吸纳了大量的低位筹码。2019 年 12 月 13 日股价拔地而起，收出一根放量涨停大阳线，向上突破底部盘区。从盘面可以发现，这根大阳线出现在底部盘整阶段的后期，向上有效穿过 5 日、10 日、30 日三条均线的压制，并大幅

收高于均线之上，形成“站立式”突破走势，这就是“蛟龙出海”形态。此后，盘面出现“水平式飞鹰”形态，12 月 25 日股价再次向上突破，均构成中、短线较好的买点。

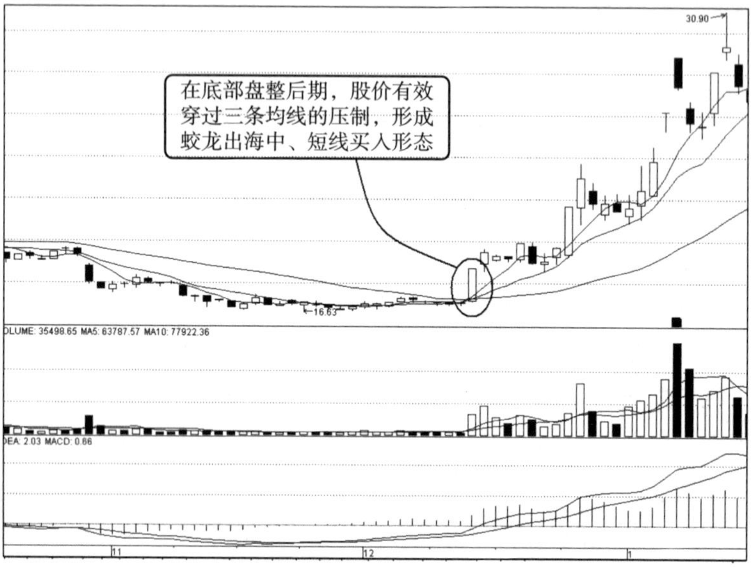

图 8-17　金辰股份（603396）日 K 线图

三、技术要求

（1）形态出现在下跌阶段后期或者盘整阶段后期。

（2）大阳线实体越长，多头信号越可靠。

（3）大阳线需要有成交量的配合。如果成交量没有有效放大，则需要谨慎。

（4）形态可以由 1~3 根阳线组成。

图 8-18，神驰机电（603109）：该股在长达 2 个多月的底部整理过程中，主力吸纳了大量的低价筹码。2020 年 4 月 14 日，股价承接前一天涨幅 7.78%的光头大阳线的基础之上，放量拉出涨停大阳线，2 根上涨阳线，实体较长，量能充足，多头气势强盛，形成“蛟龙出海”多头形态。

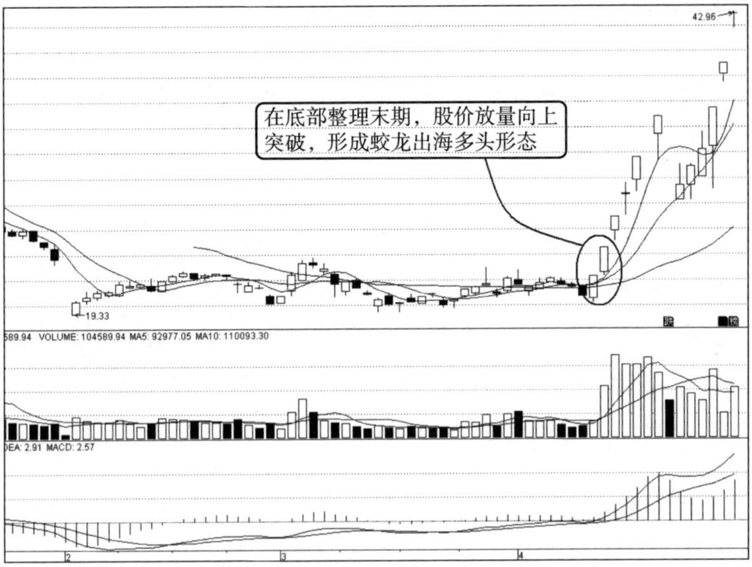

图 8-18　神驰机电（603109）日 K 线图

四、操作要点

(1) 股价处在缓慢上升趋势途中。

(2) 均线组合处在上升趋势当中。

(3) 起涨前缩量回调到均线组合附近。

(4) 回调幅度 15%左右，回调时间 5~8 天。

(5) 启动前趋势缓慢上升，趋势保持 2~3 个月。

(6) 缓慢上升途中，至少有两次调整。

(7) 一定是涨停板启动，第二天放量跟进。

(8) 最好是行业龙头股，或板块式启动。

(9) 大盘不要处在下降趋势中。

第六节　天衣无缝战法

一、操作技巧

股价在低位出现直接横线涨停（一字板），形成反转形态，次日在 3%以内构成短线买点。这种无量一字板，一方面，说明主力已经提前逢低完成了建仓计划；另一方面，直接涨停可以解决短线抛盘过大的压力，市场看到直接涨停往往都不会在当天抛出筹码，主力用最少的资金达到最佳和效果，这有利于主力把资金留到第二天打硬板。这种直接一字板看上去天衣无缝，故得此名。

技术原理及操作技巧：一字涨停时必须是缩量的，如果放量过大，则说明筹码稳定性不强，第二天会面临更大的抛压，投资者不宜介入。符合缩量条件介入之后，必须以一字涨停的收盘价做保护，如果股价有效跌破（收盘价跌幅超过 3%，盘中一度跌破可以忽略）此价位，则意味着这个无量一字涨停存在诱多嫌疑，可短线止损出局。

二、实盘分析

图 8-19，世运电路（603920）：该股主力成功构筑底部后，2019 年 12 月 28 日出现缩量一字涨停，股价向上突破底部盘区和前高压力，但主力手中筹码并不多，此后 3 个交易日在一字板上方强势震荡，有效释放了低位获利盘和前期套解盘，主力也主动完成了加仓计划。在整理过程中股价始终不破一字板的收盘价，表明盘面十分强势。2020 年 1 月 2 日，股价强势拉涨停，形成“天衣无缝”形态，接着产生 4 连板行情。

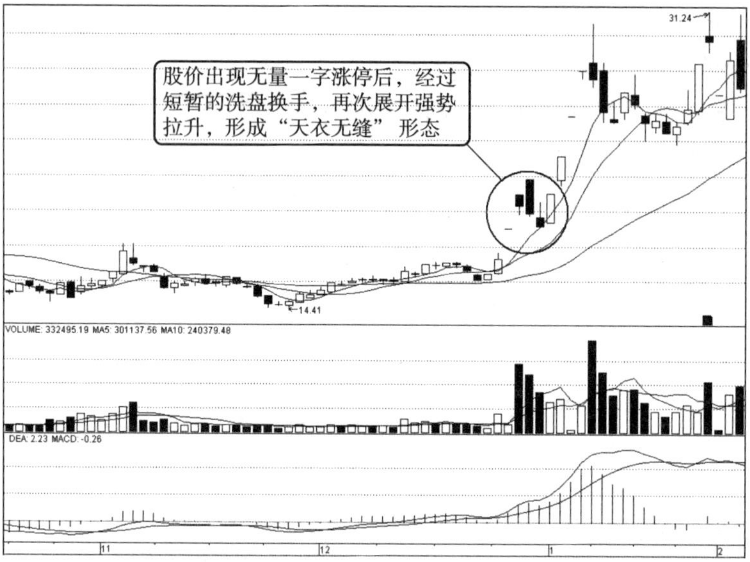

图 8-19 世运电路（603920）日 K 线图

图 8-20，新诺威（300765）：该股上市后不久就一路走低，主力在底部吸纳了大量的低价筹码。2020 年 3 月 23 日，出现缩量一字涨停，股价向上突破前高压力，此后出现 3 个交易日的震荡整理，对低位获利盘和前期套牢盘进行了很好的消化。在震荡整理过程中，虽然股价向下跌破了一字板的收盘价，但并没有达到有效跌破的技术条件（收盘价低于一字板涨停 3%以上）。3 月 27 日，股价再次强势上拉，表明一字涨停仍然具有强势特征，同样是一个有效的“天衣无缝”看涨形态，此后股价强势拉高，6 个交易日中拉出 3 个涨停，短线获利非常丰厚。

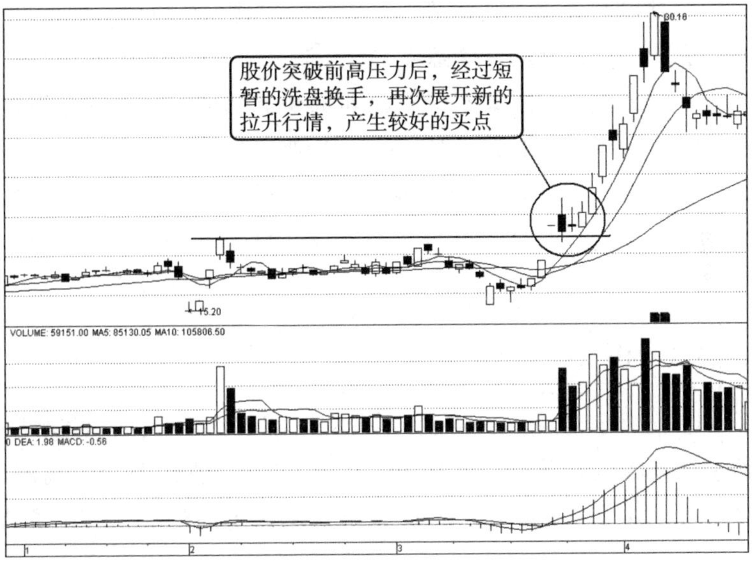

图 8-20 新诺威（300765）日 K 线图

这个模式如果细心去观察，短线是非常暴利的，目前这种模式使用的人并不多，大家可以去多关注每天一字板的个股，最好是 1 个一字板之后开始走连板，而且如果连续 3 个交易日不跌破一字板的收盘价，就可以持续加仓买入。

在量能方面有规律地呈现放大缩小，这通常是主力临时建仓或洗盘所导致的，主力用一字涨停去建仓，表明一种强势的态度，所以碰见这样的个股投资者可以及时跟进。另外，做好止盈和止损，止盈可以放长一点，毕竟这种模式属于中、短线模式，在跌破 30 日均线再分批出掉，或者自己算准目标价，到了就走，而止损位就是股价跌破一字涨停的收盘价时离场。

第七节　彩虹腾飞战法

一、技术要点

股价脱离底部区域后，主力并没有马以快速拉升，而是出现短期的蓄势整理，放量一举向上突破，出现彩虹腾飞形态，也叫“彩虹桥”形态。该形态是短线必杀技，其技术要点：

（1）个股建仓呈震荡走高趋势，主力在震荡建仓中洗盘，量价配合理想，这是典型的价增量升、价跌量减态势。

（2）在主力建仓平台整理末端，逐步放量激活股价，突破上升趋势阻力线，并在趋势阻力线上方形成“彩虹桥”走势。

（3）当股价运行至临近“彩虹桥”末端之时，再度放量，突破在即。

（4）此时，主力凶悍地将股价拉至涨停，打开上升空间，主升浪行情就此展开。

二、实盘分析

图 8-21，万通智控（300643）：该股在底部长达 6 个多月的整理过程中，主力吸纳了大量的低价筹码。2019 年 11 月 11 日，股价向上脱离底部盘区，但突破之后主力并没有急于拉升，而是出现震荡走高趋势，股价维持在均线系统上方。经过短暂的整理后，主力完成了洗盘换手，巩固了突破成果，出现经典的“彩虹桥”形态。11 月 29 日，该股在“彩虹桥”整理末端，主力将股价急速拉升，放量涨停，向上突破，短线拉升行情从此开始。在之后的 14 个交易日内拉出 9 个涨停，股价涨幅超过 150%。

图 8-22，联环药业（600513）：该股在底部近 8 个多月的整理过程中，主力顺利地完成低位建仓计划。2019 年 12 月 31 日，股价放量涨停，向上脱离底部盘区。突破之后主力展开洗盘整理，股价出现小幅回落，但始终维持在 30 日均线之上运行，形成“彩虹桥”形态。经过 8 个交易日的缩量整理后，在 2020 年 1 月 17 日再次放量突破，呈现彩虹腾飞形态，此后股价连拉 10 个涨停。

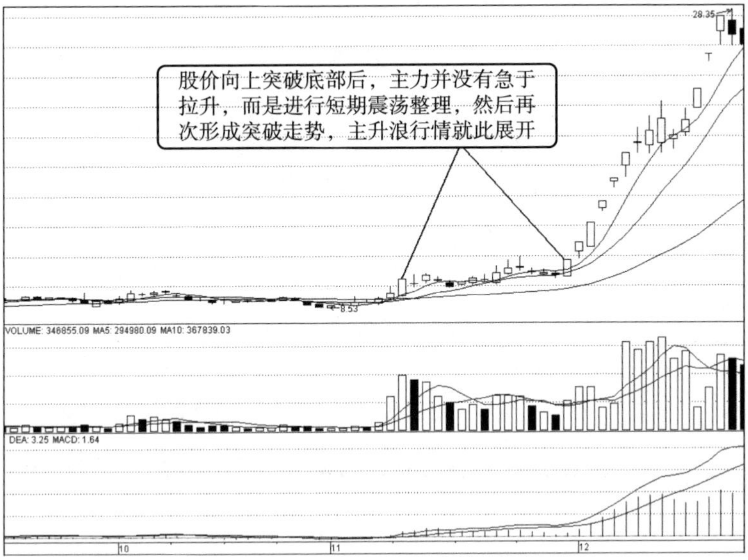

图 8-21　万通智控（300643）日 K 线图

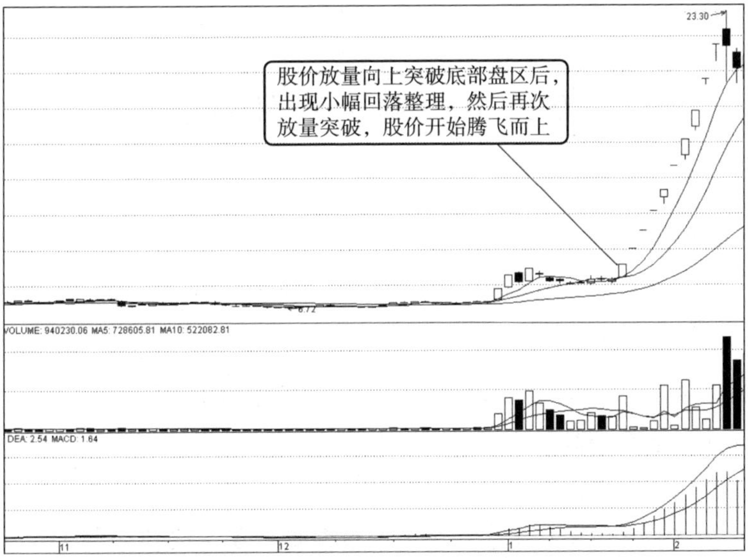

图 8-22　联环药业（600513）日 K 线图

图 8-23，深康佳 A（000016）：该股主力完成低位建仓计划后，渐渐向上推高股价，展开蓄势整理。2020 年 1 月 23 日股价放量涨停，形成彩虹腾飞形态。为了日后更好地拉升股价，次日主力故意将股价打回到跌停板位置，

操作手法极为彪悍，股价重新拉起，进而展开更为猛烈的拉升行情。

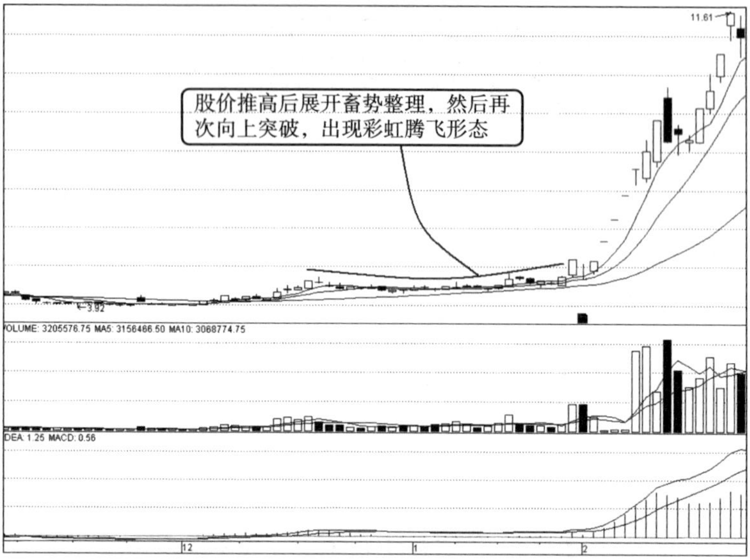

图 8-23 新康佳（000016）日 K 线图

第八节 空头陷阱战法

一、技术要点

在底部整理末期，主力基本完成建仓计划后，刻意向下打压力股价，造成技术破位之势，当最后一批浮动筹码清理完毕后，主力开始发力向上拉起，形成空头陷阱走势，也叫“散户坑”形态。该战法的技术要点：

（1）个股建仓拉高后进行长时间的平台整理，量能配合恰当，呈典型价增量升、价跌量减趋势。

（2）在这个平台整理末端，主力通过缩量洗盘，使其 K 线形态出现空头形态，也叫“散户坑”形态。

（3）当空头陷阱坑骗了无数散户之后，主力再度激活股价，放量走高，形成价增量升之势。

（4）当股价运行到空头陷阱左边的平台临界点附近时，主力以剽悍手法，将股价一拔冲天，放量涨停，突破前期平台，短线主升浪开始。

二、实盘分析

图 8-24，中广天泽（603721）：该股在底部进行了长达 5 个多月的震荡整理，形成一个整理盘区，量价配合理想，价增量升、价跌量减，并未出现主力减仓迹象。从 2019 年 11 月 25 日开始，主力向下缩量打压，制造空头陷阱，直到 12 月 18 日形成“散户坑”。12 月 19 日，主力盘中大单启动，强势拉涨停，开启短线主升浪行情。

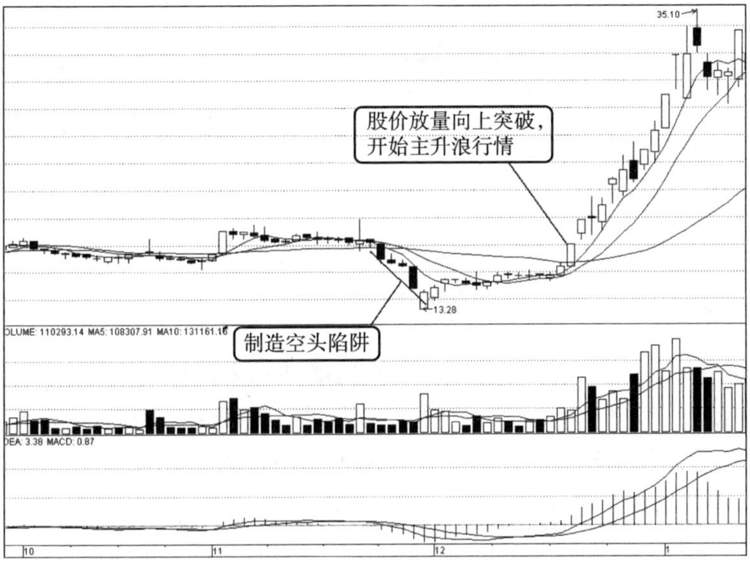

图 8-24　中广天泽（603721）日 K 线图

图 8-25，通光线缆（300265）：该股在底部出现长期的震荡整理，2020 年 1 月 23 日开始股价向下破位，盘面趋向空头形态，渐渐企稳回升。2 月 24 日，当股价回升到前期盘区附近时，出现短暂的平台整理，从而形成“散户坑”，说明主力利用前期盘区压力进行洗盘换手。3 月 5 日，股价一举拉涨停，开启一波短线拉升行情。

一只大牛股的诞生，不只是单一的技术形态，而常常是由多种形态组成的复合形态。“散户坑+彩虹桥”就是一种比较常见的大牛股复合形态，可以催生短线大黑马。当这种复合形态出现时，投资者应高度重视，把握启动时机，及时跟进，往往会有丰厚的回报。

图 8-26，荃银高科（300087）：该股小幅推升股价后，在 2019 年 11 月初向下回落进行弱势整理，成交量大幅萎缩，构筑长达 1 个多月的“散户坑”形态。12 月 16 日，股价放量拉高，形成圆弧底形态，此刻“散户坑”大致

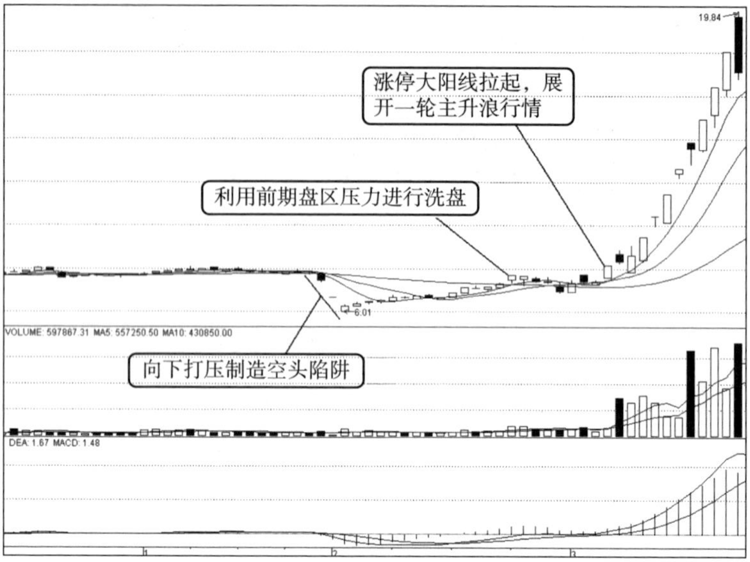

图 8-25　通光电缆（300265）日 K 线图

完成。随后几日股价震荡走高，股价抵达前期高点附近时，形成“彩虹桥”走势。2019 年 12 月 30 日，一根放量大阳线拔地而起，突破前期高点压力，“彩虹桥”形态的构筑完毕，接着经过两个交易日的强势整理后，股价连拉 5 个涨停。该股盘面走势就是典型的“散户坑+彩虹桥”形态。

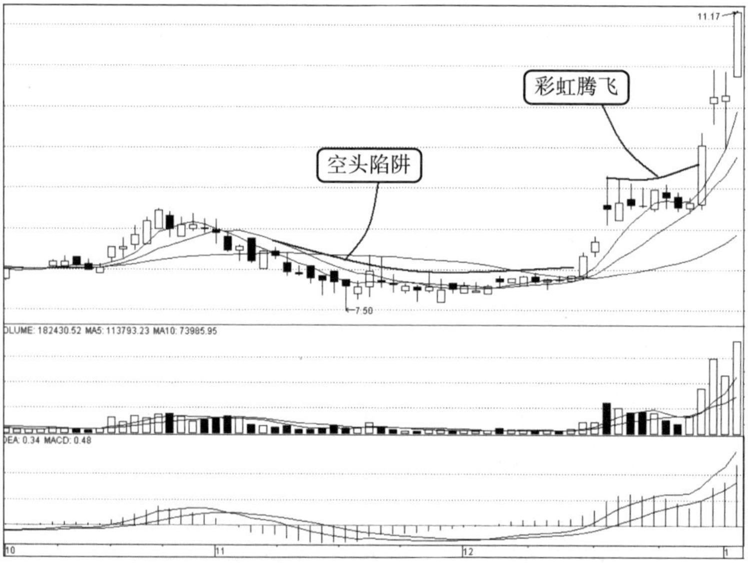

图 8-26　荃银高科（300087）日 K 线图

第九节　倒锤子线战法

一、技术要点

股价刚刚脱离底部，或者即将进入拉升时，出现冲高回落走势，留下长上影线 K 线，形成倒锤子线形态，次日或随后几日股价强势拉涨停，该战法也是短线涨停必杀技。形态技术要点：

（1）股价初步形成上攻势头，但主力故意不将上涨行情延续维持下去，最终股价回落幅度较大，以接近开盘价价位收盘，收出带有长长的上影线、短短的下影线、实体很短小的倒锤子线形态。

（2）这种形态的出现，既有试探拉升含义，也有洗盘目的。次日重新拉起，意味着洗盘整理结束。在多年的实盘中发现，主力为了不给刚刚出局者回补的机会，次日一般常以涨停的方式快速拉升，这是介入的极佳机会。

（3）买入点位可以选择在股价突破上影线或股价即将拉涨停时，如有其他因素确定盘面强势时，不必等到股价出现涨停或吞掉上影线即可提前介入，享受即将出现的涨停板带来的快乐。

二、实盘分析

图 8-27，金健米业（600127）：该股主力底部建仓完毕之后，股价开始向上盘高，在上升通道内缓慢推进，当获利盘堆积到一定程度时，主力需要对这部分筹码进行清洗，所以股价出现小幅回落洗盘，股价打压到 30 日均线之下，然后快速止跌企稳。2020 年 2 月 23 日，股价放量拉涨停，次日股价冲高到前期盘区附近时，出现回落整理走势，收出一根倒锤子线。3 月 25 日，主力又拉一个涨停，顺利突破前高压力，接着连续拉升，完成了一波漂亮的主升浪行情。

图 8-28，星辉娱乐（300043）：该股主力完成低位建仓后，股价慢慢向上推高，渐渐接近前高压力位。2019 年 3 月 4 日，股价跳空高开 5.84%后，一度冲高到 8 个多点，疑似向上突破并有拉涨停迹象。可是，股价冲高后缓缓下行，接近盘中最低点收盘，当日微涨 3.41%，形成倒垂头线形态。次日，股价并没有延续弱势调整，而是出现逐波上涨走势，午后强势封板，不给散

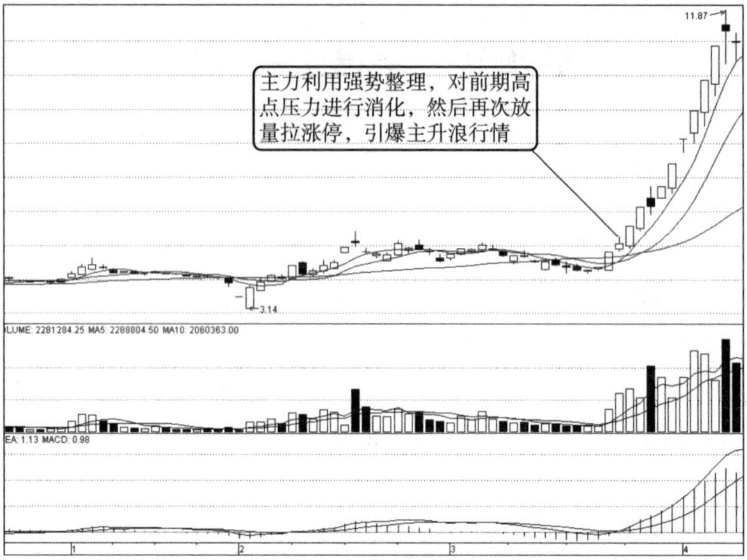

图 8-27　金健米业（600127）日 K 线图

户逢低入场的机会，快速展开短线拉升行情。可见，该股主力在压力位附近收出这根倒垂头线，目的是对前高压力进行消化，起到试盘和洗盘双重作用。

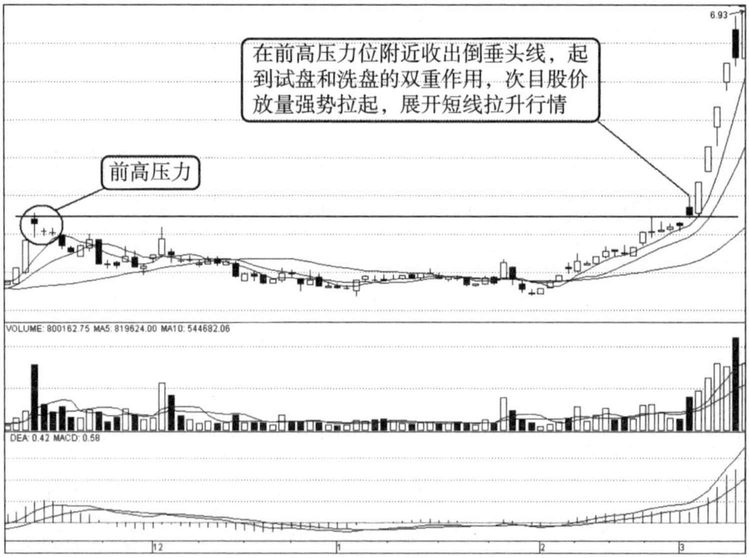

图 8-28　星辉娱乐（300043）日 K 线图

图 8-29，安居宝（300155）：该股主力完成底部建仓计划后，向下打压股价制造空头陷阱，渐渐企稳并缓缓向上推升。2020 年 2 月 10 日，股价放量拉高，盘中一度封涨停，主力为了清理前高压力位的筹码，股价开板回落，当天仅涨 3.77%，形成长长的上影线。次日，股价放量强势上涨，三波拉涨停，形成 6 连板行情。

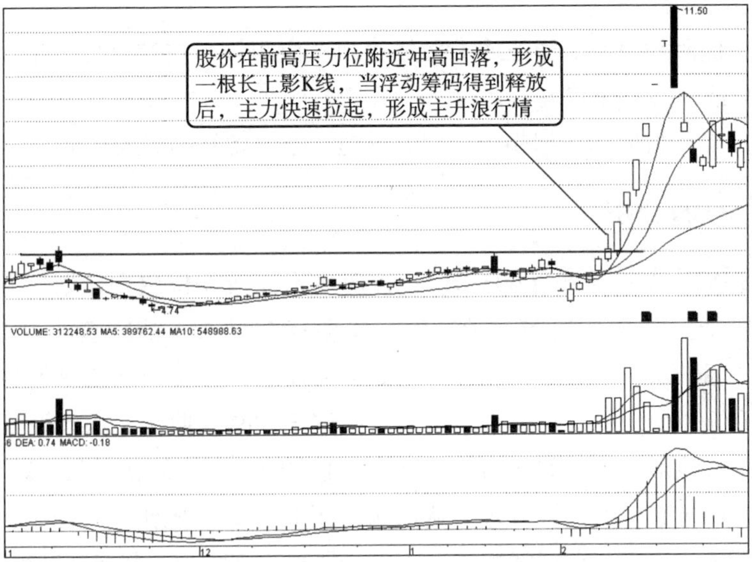

图 8-29　安居宝（300155）日 K 线图

这种经典的操盘手法，既消化了上方的压力，又不给散户低吸的机会。主力试盘和洗盘意图非常明显，操作手法也非常成功。盘中明显有走出倒锤子线的趋势，敏锐地嗅到了主力将要展开拉升的意图，投资者在实盘中可以积极关注这类个股。次日，股价强势冲击涨停，根本不给被吓出的筹码再度回补的机会，被清洗出去的筹码要想再度入场只有追高买入，从而进一步推动股价上涨，协助主力完成一轮流畅的波段行情。

第十节　摘绿帽子战法

一、技术要点

在上升的过程中，主力可能采取涨停的方式上涨，第二天大概率是高开，但高开之后却出现低走，留下一根假阴线，实际股价依然是上涨的，在 K 线出现一个“绿帽子”形态。随后股价往往以涨停方式上攻，收复了这根假阴线，形成强势上涨势头，所以将这种现象称之为摘绿帽子。该形态技术要点：

（1）在底部整理末期，出现向上放量突破走势，收出一根（或多根）涨停阳线或大阳线。

（2）次日，出现高开低走阴线，但当天股价仍然是上涨的，是一根假阴线，形似“绿帽子”。

（3）假阴线没有上影线或上影线很短，假阴线不应该出现天量现象，理想的成交量是持平或相关不大。

（4）当主力摘掉“绿帽子”时，就是一个非常好的买入时机。

二、实盘分析

图 8-30，振德医疗（603301）：该股主力完成低位建仓计划后，不断向上推升股价，成交量温和放大，然后小幅回落整理，清理盘中浮动筹码。2020 年 1 月 20 日和 21 日，股价连拉 2 个涨停后，23 日受上涨惯性影响，从涨停板价位开盘，尾盘开板回落，当日收涨 3.05%，收出一根高开低走的假阴线。在 K 线形态上，如同扣在两个涨停上方的一顶“绿帽子”，这个形态吓退了不少短线散户的持股心理，从而选择了获利离场操作。可是，次日大幅高开 7.12%，直接开在“绿帽子”上方，股价出现秒板，强势特征极为明显，接着，连板上攻，气势强盛，涨幅较大。

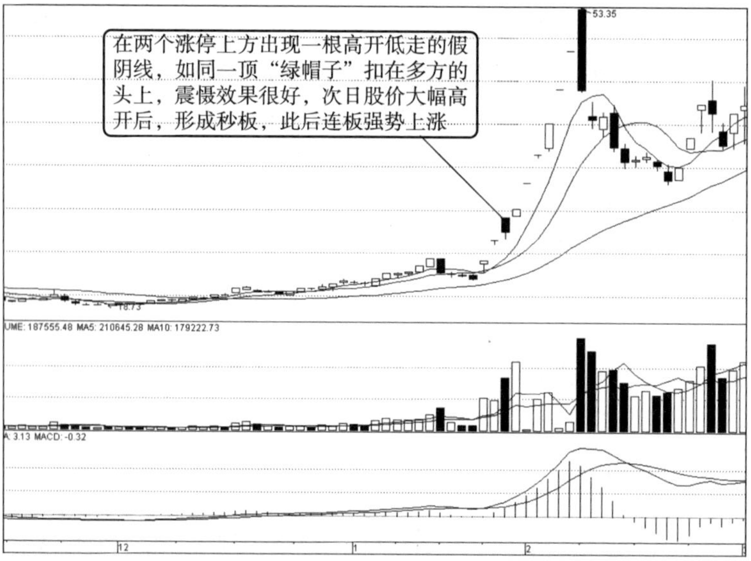

图 8-30 振德医疗（603301）日 K 线图

在实盘中，“绿帽子”形态可以灵活变通应用，不一定要求都是假阴线，也就是说，股价可以是实际下跌的阴线，只要形同“绿帽子”即可。

图 8-31，航天长峰（600855）：该股主力在建仓末期向下打压力制造空头陷阱，当股价企稳回升至前期盘区附近时遇阻回落。2020 年 3 月 20 日股价拔地而起，疑似构筑 W 底形态。连拉 2 个涨停后，3 月 24 日跳空高开 4.19%，开盘后股价快速回落做弱势整理，当日收跌 2.37%，形成“绿帽子”形态，不少散户见此形态相继离场。次日，高开 2.91%后快速拉板，主力成功摘掉“绿帽子”，从而开启一轮拉升行情。

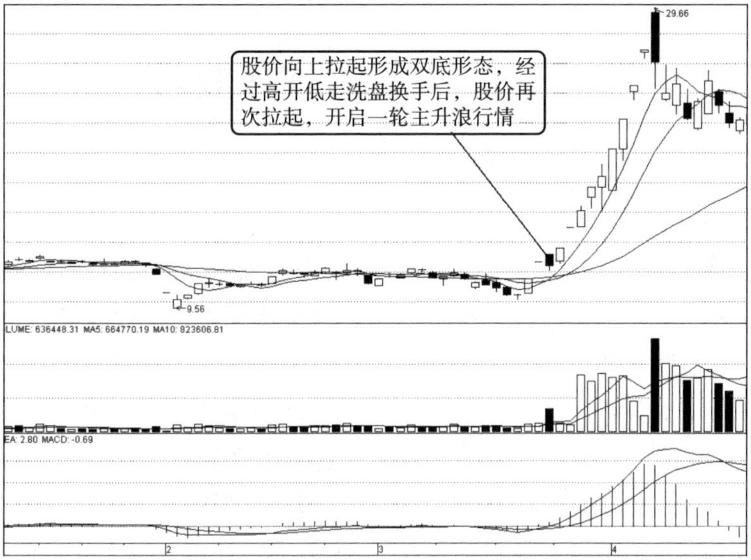

图 8-31　航天长峰（600855）日 K 线图

主力建仓之后，既想快速拉升，又想把底部获利盘震荡出局，同时又需要吸引新的短线跟风盘参与，这根假阴线反映了主力和投资者都处于十分矛盾的心理。若连续涨停就无法把获利盘震荡出局，若回落洗盘又容易丢失低价筹码，所以主力就采取这种洗盘方式，毕竟多数投资者在获利颇丰的情况下愿意落袋为安。

对于短线跟风盘而言，看到这样的形态，洞察主力想继续加速抬升的真实目的之后，就会快速跟进。对主力而言，让市场经过充分的换手之后，抬高了短线筹码的成本，有利于日后进一步快速拉升。

第九章 涨停实盘技巧

第一节 涨停股买入技巧

一、追涨停股方法

在当前市场中，不少投资者或私募机构专挑涨停个股进行短期快速套利，俨然形成一支庞大的追涨停的操作队伍。多数情况下，个股涨停后，下一个交易日具有惯性冲高动力，这是深入人心的大众意识。利用下一个交易日的惯性冲高时卖出获利，是广大追涨停和参与封涨停资金操作的直接原因。另外，市场不乏一些具有特别好的个股出现连续多个涨停而产生暴利效应，这也是诱惑资金追涨停的另一个原因。追涨停股应掌握以下方法：

（1）快速拉升阶段，最好是开盘后 30 分钟内涨停。在大盘走势不佳时，可以延长至 45 分钟。

（2）在大盘一般的情况下，若开盘 30 分钟内涨停的个股，可按以下方法选股（符合以下条件的，要尽量选择最先涨停的个股）：

①连续涨停的让位于初次涨停的。

②盘子大的让位于盘子小的。

③绩优的让位于绩差的（短期行为）。

④股价高的让位于股价低的。

⑤无题材、无传闻的让位于有题材、有传闻的。

⑥弱庄的让位于强庄、恶庄的。

⑦无量涨停的让位于放量涨停的（一字涨停除外）。比较忌讳的是那种突然放量很大、一下又迅速缩小，那说明主力心态不好，也会引起追涨盘的

怀疑。

（3）以涨停价开盘的股票，可以积极地追进。此类股票通常有三种走势：

①直接涨停开盘，直至收盘封单不动，这类个股即使报单，也很难买上，因为在集合竞价时，主力已在涨停价上堆积了大量的买单，所以抛出的筹码都被主力接走。

②开盘后即使被打开，下跌至7%~8%时又迅速上升至涨停。此种股票符合第一条的情况可以考虑买入，由于主力手法非常凶悍，要注意有一定的风险性。

③开盘即被打开并一路下跌不止，此种股票坚决不碰。

（4）股价放量突破一个重要阻力位的，如均线、趋势线、颈线等。

（5）股价脱离一个重要区域的，如成交密集区、平台整理区、底部盘整区等。

（6）洗盘结束或突破后回抽确认成功的。

（7）已经是第二天再次涨停的股票不买，股评人士推荐的个股，一般不要买入。

（8）无缘无故涨停的或者大起大落涨停的个股不要买。

二、涨停买入时机

对于很多人来说，看到股价涨了6、7个点的涨幅后就不敢去追，原因就是觉得今天上涨幅度太大了，追涨有点害怕，其实并非所有追涨都有风险。俗话说，“强者恒强”。越是强势的股票，后期越是涨得凶猛。只要短线操盘技术过硬，就要敢于追涨停，敢于当“涨停敢死队”一员。

事实上，不少刚进入主升浪的股票，开始启动时就是拉出一根涨停大阳线。主力拉出涨停大阳线的目的很明确，就是引起市场的关注，引诱散户入场一起“抬轿子”，这样主力拉升的压力就大大减轻。追涨停股的买入时机可以参考以下几点：

（1）开盘立即挂单买入已经封于涨停的个股。为什么要买开盘即涨停的个股？通常有三个原因：一是出现个股重大利好，主力在前一日收盘后得到确切信息，今日开盘后立即以涨停价抢盘。二是个股主力经过吸纳、试盘、震仓后进入急速抬拉阶段。由于主力操盘手法特别凶悍，直接以涨停价开盘，以免散户抢到廉价筹码。三是有些主力希望自己控盘的个股充当大盘或板块“领头羊”，会以某个涨停价开始连续拉抬几个涨停，创造赚钱效应，吸引散户入市跟庄。

不管是什么原因，开盘后即涨停的个股大多在开盘时立即买入才有可能买到，此时必须争分夺秒，因为机会是以秒来计算的。

（2）开盘 30 分钟内有可能出现涨停的个股。每日 9：26 分左右，在大盘开盘时，立即翻看有没有开盘即封涨停的个股。若有此类个股，立即查看买一位置上是否有大量买单。然后快速切换到日 K 线图中，查看有没有上涨的基础，是否为近期第一个涨停。如果确认值得参与，应立即以涨停价挂单买入。

图 9-1，南京公用（000421）：2020 年 7 月 15 日，高开 7.91%后，短线获利盘涌出，股价快速回落，然后主力快速拉起直奔涨停，说明主力做多意愿强烈，不管当天大盘走势是否有利于封盘。在日 K 线中，前一天股价放量涨停成功脱离底部区域，在此基础之上继续涨停，上涨气势进一步加强。这类个股投资者应列入追涨目标，不惜在涨停位置排单买入。

在分时走势中，10：15 主力打开涨停洗盘，所挂买单此时全部成交，经短暂的“开闸放水”后，又快速封住涨停，直到收盘时，仍保持 5 位数的封单。在这种情况下，如果没有意外的利空消息发布，那么后市股价拉高获利基本无悬念。

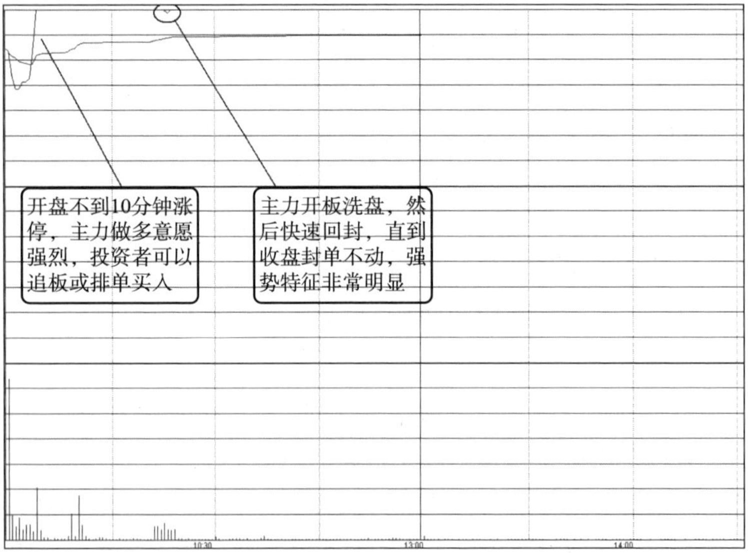

图 9-1　南京公用（000421）分时走势图

（3）开盘30分钟内涨停的个股，一般都是高开5%以上，然后很快冲至涨停。刚涨停时成交量巨大，封盘数量也越来越大，随后成交量萎缩。有些个股上午有一次打开涨停的机会，下午成交量少得可怜。至尾盘时，几分钟才有几手、几十手的成交出现。

（4）上午开盘半小时后到午市收盘前涨停的个股，短线盈利机会小于前者。由于当日成交量已经很大，封盘较少，后市打开涨停的次数一般来说相对较多。有些个股打开封盘后就再也不封涨停了，因此这段时间内涨停的个股追买风险较大。对于这类涨停个股，短线也不是绝对不可以追，只是买入的仓位要严格限制。

（5）午后乃至尾盘才涨停的个股，一般均为跟风上涨的主力行为。由于主力封盘不坚决，封盘数量很少，所以这类涨停股追买风险较大，建议尽量不要追买。不在尾盘追涨停的理由是：这类个股多数在次日还有比现价低2%~3%的价位出现，若形态较佳，可以在次日股价下探时买入，这样买入的成本会更低一些。

（6）开盘30分钟内涨停并符合上述条件的，出现第一个涨停的个股可以大胆追进。据统计，此类个股盈利的可能性达80%，短期盈利的可能性达60%。

（7）开板买入。涨停个股在什么时候买入最合适呢？在开板后再次拉封停、剩下小单被消灭的一刹那买入。为什么要等开板后的再次封停买入呢？

第一，开板是最后一次清洗不坚定筹码的机会，一旦开板，当天获利的不坚定筹码就会担心煮熟的鸭子飞了，会争先恐后地夺路而逃，这样次日的拉升就不会有阻力了，毕竟换进的新多头成本要高得多，次日没有立即卖出的冲动，只要次日继续拉高就会安抚这批新多头，继续持股为主力坚守在高位。

第二，再次封盘表明主力确实是洗掉不坚定筹码，也反映主力做多决心。从日K线上看，这是强势攻击后快速下跌末端的涨停，可以追击入场。

（8）如果没有及时发现并追入涨停个股，盘中可重点关注接下来最先涨停的前3只个股。最好使用软件的报警装置，如钱龙、胜龙软件，将选择的涨停个股选入自选股中，以各自涨停价低一分钱的价位设置低位报警。然后可以去关注其他的个股，当大盘出现急速下调时，关注的涨停个股有可能打开涨停，此时系统报警，可以查看并决定是否买入。涨停被打开之后，大多会下调1.5%~2%，个别的能下调3%左右，可以此为参考价买入。绝大多数这类个股下探后，会迅速拉起，重新封至涨停。

三、快速抓涨停股

如何快速抓涨停股？什么样的股票容易出现涨停？这是每一个投资者所关注的事。短线投资者在追击涨停时，应该按照“不封不追”的原则，只有到达涨停价位才追。介入点一定要在待涨停个股最后一个价位上的筹码快被消化殆尽（只剩少量卖单）时，一般都有希望成交，而且这个点位最安全，或者在刚刚封涨停的瞬间快速挂单排队。

千万别在还没摸涨停的时候提早买入，特别是在股价只差2~3个价位涨停时就急不可待地追进，结果往往当天被套，损伤惨重。有的主力很狡猾，将股价直接拉到8、9个点或瞬间触及涨停价位，在吸引跟风盘后掉头向下，这是典型的诱多行为，切勿跟进。

还有一点必须提醒的是，行情数据传送到电脑终端的时候，往往比实际交易时间要晚几秒钟，因此，刚封涨停的几秒钟内就要考虑排在大量买单的前面还是后面。如果没买到，还有一种就是封得比较死的涨停被突然的大单逐渐打破，开板后只有小幅下跌，在几分钟内又迅速封停的股票。

当然，并不是说一定要在涨停价才买，如果看盘经验丰富，在感到当天涨停有可能封死，可以提前买进，好处是可以避免排队，买入成本也较低，获利空间较大。如果看盘经验不足，那么最好是在大盘处于波段强势的时候，按照上面介绍的方法买入。这样操作虽然买入的机会会减少，但是比较可靠。

快速抓涨停股票时，需要注意以下几点：

（1）观察市场的强弱。在大盘强势市场中，尤其是每日都有5只以上个股涨停的情况下，可以大胆追涨停。在大盘弱势市场中，切不可盲目追涨停。

（2）选择攻击性强的个股。这一点可以从主力资金性质上进行判断，实盘中注意寻找攻击性极强的主力。主力的操盘手法一定要狠毒，且控盘能力突出。尽量不要选择那些公募基金控盘的个股，应选择由私募基金或非常具有实力的民间资金控盘的个股，这些庄股的风格、资金实力，以及盘中交易双方的力量对比能力，会很清晰地体现在盘面走势之中。

（3）盘面总体走势良好。这种良好态势可以是一种稳健的多头走势，也可能是一些严重超跌之后的反弹走势。如果近期成交量以及日线级别的K线显示该股明显走弱，并且有头部特征，此时突然出现的放量大涨，则不属于良好状态，更大的可能是诱多出货。这样的股票即使出现涨停，多半会在涨停的当天出现巨量，第二天低开下跌，甚至在当天尾盘就打开涨停。

（4）从介入的时机看。个股涨停时间离开盘越早，则次日走势越佳。如果某只股票在收盘前涨停，其次日走势均不理想。大部分个股涨停后，在盘中总是有打开涨停的现象，最佳介入时间应为再次封涨停的瞬间。

每日早盘第一只冲涨停的股票，在次日继续冲高的概率最大，而且第一只涨停股票，也会将股价全天封死在涨停价上。

（5）涨停前的形态较佳。如选择股价长期在底部盘整，未出现大幅上涨的底部股；或是整理结束而涨停的强势股；或是上市数日小幅整理、某一日忽然跳空高开并涨停的次新股。

（6）盘中及时搜索涨幅排行榜，对接近涨停的股票，翻看其当前价格、前期走势及盘子大小，以确定是否可以作为介入对象进行追踪。当涨幅达 9%以上时应做好买进准备，以防大单封涨停而买不进去。

（7）有一种股票涨停前可以放心地追，那就是高开 3%以上，开盘后迅速直线拉升至涨停的个股。这类个股开盘时可以允许略有回调，但一旦开始拉升，主力拉涨停的决心绝无动摇。

四、抓强势涨停股

追涨停是一项高风险高收益的投机活动，选择介入点非常重要。参与涨停股，应以短线强势股为主，而且应选择低价、盘小的个股。这些个股一旦强势涨停，往往出现持续的上涨行情。在当前市场中，流通盘在 5 个亿以下的个股最适宜主力炒作。大盘股涨停之后，再继续拉升难度较大。

这里需要说明一下，当前市场是全流通时代，乍一看好像个股的盘子都很大，实际上流通盘应减去第一大股东的筹码。考虑到维持控股权，部分大股东是不会出售股份的。即便大股东在二级市场上出售股份，也不会超过5%，所以在计算流通盘时，应减去大股东的筹码。例如，工商银行（601398）的流通盘是 2696 亿，去掉中央汇金公司和财政部等大股东持有的筹码，流通盘就只有 260 多亿股，占流通盘的 1/10，其他中盘股大致也是如此。

如果一只股票在盘中一度涨停，但是始终无法牢牢封住涨停，而是封住又打开，打开又封住，从盘面上看总是出现大量抛盘，短线散户可能会担心主力在涨停价上出货，于是选择观望或者卖出股票。主力往往会利用散户的这种心态反过来，借助涨停打开的机会进行洗盘，目的是抬高散户的平均持股成本，准备后期继续拉升股价。

一只股票涨停后，如果涨停又多次打开的，投资者也不必惊慌，只要股价不跌破均价线，就可以继续持有。如果股价跌破均价线，则应该卖出部分筹码以回避风险。

图 9-2，中航沈飞（600760）：2020 年 7 月 6 日，该股开盘后强势走高，股价很快封于涨停。虽然之后涨停被多次打开，但股价回落幅度不大，始终没有跌破均价线（黄线）。这时已经入场的投资者不必惊恐，可以稳定持股。没有介入的短线投资者，可以在股价再次封涨停前追涨买入。经过短暂的“开闸放水”后，股价重新封于涨停，之后股价出现了较大幅度的上涨 。

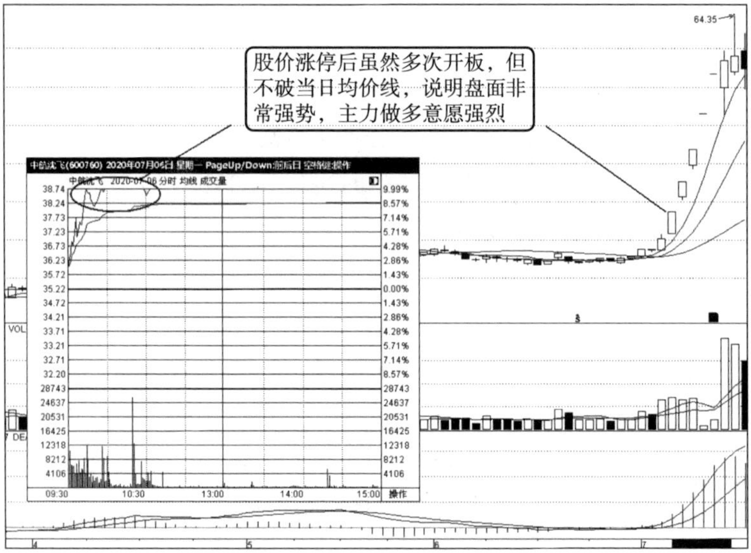

图 9-2　中航沈飞（600760）日 K 线和分时走势图

五、抓龙头涨停股

当某个板块受到市场热炒时，第一个涨停的股票往往就是该板块的龙头品种。短线投资者如果炒作龙头股，就要密切注意板块中所有个股的分时走势。对于第一个冲击涨停的个股，投资者要尽量在第一时间追击。

龙头股有号召力，能够带领并启动整个板块上涨，因此要敢于追买率先涨停的“领头羊”，在大牛市中更是如此。行情低迷时期，市场中很少能见到涨停个股。一旦强烈反弹或反转，要追买第一个涨停的个股，后市该股极可能就是“领头羊”。即使市场只是出现了一次反弹，领涨龙头股的上涨空间也较其他个股大很多。

图 9-3，光大证券（601788）：该股 2020 年 6 月 22 日开盘后第一波就拉高到 7 个多点，然后维持在 6 个点左右作强势整理，从 9：43 开始直线拉板，一口气将盘面封死。

该股涨停后，立即带动券商板块纷纷走强，当日该板块有多只股票涨停，从而该股成为强势龙头股，引领大盘强势上涨。此时，如果投资者没能及时买入该股，完全可以考虑买入同板块其他个股。在之后几个交易日内，券商板块走势十分强势，明显强于其他板块。

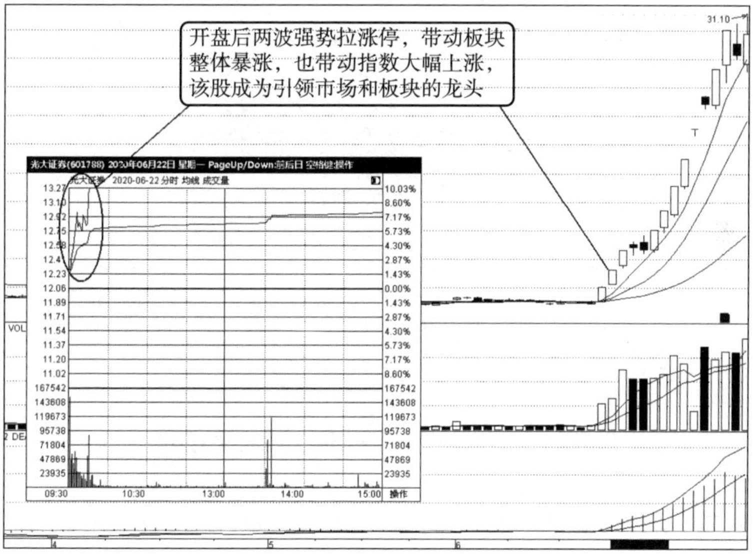

图 9-3　光大证券（601788）日 K 线和分时走势图

六、抓放量涨停股

股价涨停要有成交量的配合，盘中若发现有三位数以上的成交量向涨停价推进的，可以立即追进。但也要注意一点，盘中买盘挂单是否会马上撤掉，或者说在急速拉升时，有没有筹码在买一价格护盘，这些都是投资者需要注意的。有的个股在冲击涨停过程中，经常出现护盘或撤单现象，这样的涨停就显得很可疑。

1. 量价关系有韵律

在成交量方面，没有出现拉升动作的时候，成交量会显得很温和，尤其在横盘过程中，成交量呈现阶梯型的缩量，变化有序。对比下面两幅图，就可以知道其中的区别。

图 9-4，星徽精密（300464）：这是该股 2020 年 7 月 24 日的走势图。在分时走势中，上攻时成交量持续放大，回调时成交量有序萎缩，量价变化有序，配合得当。封盘后抛单立即减少，显示主力对盘面把控得非常好。

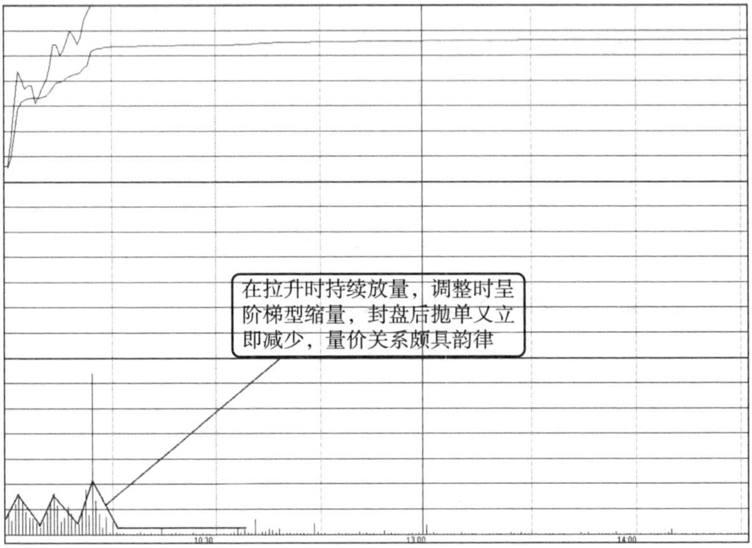

图 9-4　星徽精密（300464）分时走势图

图 9-5，高伟达（300465）：这是该股 2020 年 4 月 16 日的走势图。在拉高过程中，股价和成交量没有节奏，上攻形态不明显，量价失衡，盘面凌乱，涨停显得十分勉强。涨停后封盘不彻底，抛压较大，虽然尾盘封住涨停，但上攻力量不强大，这种走势疑似主力在拉高减仓。

2. 巨量涨停当谨慎

在个股涨停后，当日成交量不应太大，尤其是巨量涨停的个股，应谨慎参与。成交量多少，可以在当日开盘半小时之后简单算出。是否属于巨量，应与该股一段时间以来的放量情况进行对比。

个股出现巨量涨停，通常有两种情况：一种是在大幅上涨的高位，另一种是下跌过程中反弹行情。这两种走势都属于主力对敲出货行为，不宜追高操作。

图 9-6，新农开发（600359）：2020 年 5 月 12 日，该股在高位出现放大

图 9-5　高伟达（300465）分时走势图

量涨停，当天换手率接近 36.17%，这与前期的低换手率形成了鲜明的对比，明显属于异动放量。5 月 20 日，再次在高位出现暴量涨停，换手率达到 32.74%。从成交量上不难看出，有主力对倒出货嫌疑，这类涨停股还是不追为好。

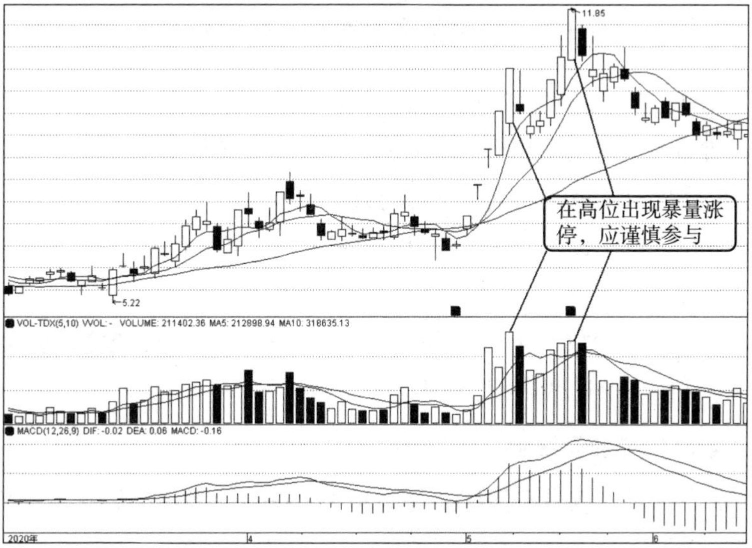

图 9-6　新农开发（600359）日 K 线图

图 9-7，鲁抗医药（600789）：这是出现在反弹过程中的暴量涨停现象。该股见顶后回落，盘面逐步走弱，2020 年 2 月 25 日开盘后强势拉涨停，成交量非常大，换手率达到 26.81%，次日股价高开低走，之后继续走低。3 月 9 日再次出现涨停，这次的成交量虽然没有前一次大，但也明显大于近几个交易日的成交量，次日股价收阴。这两次放量涨停疑似主力在对倒出货，短线不应追涨，反而是离场的良机。

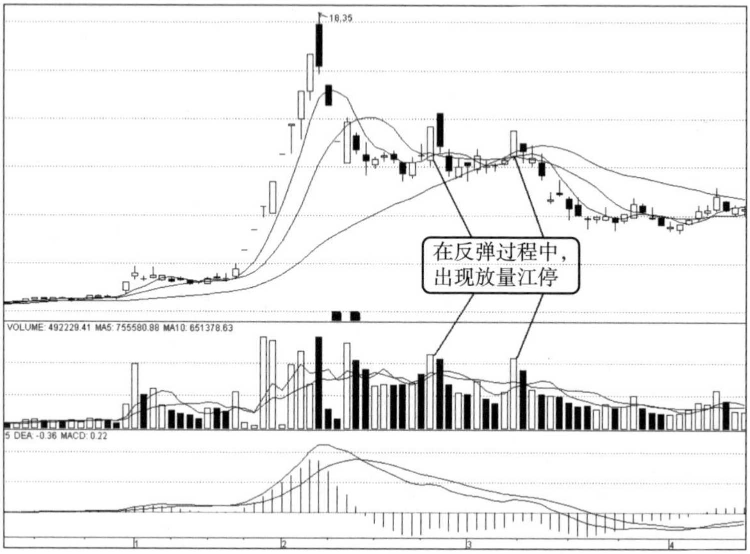

图 9-7　鲁抗医药（600789）日 K 线图

在实盘中，对于巨量涨停现象，有三种情况可以例外：

（1）前面连续多个一字涨停，在打开涨停后出现的巨量涨停，后面可能还会震荡上涨，当然短线还是不追涨为好。

（2）股价大幅下跌或暴跌后，由于主力资金介入而出现的巨量涨停，后市仍有一定的上涨潜力。

（3）刚刚送配除权的个股（如 10 送 10、10 送 20 的个股），也会出现巨量现象，但性质与上述两种情况不同。

3. 缩量涨停与放量涨停

在实盘中，对于放量涨停好还是缩量涨停好，要具体问题具体分析。

缩量涨停，有时说明市场抛压较轻，或者主力已经高度控盘，拉抬比较轻松。有时也有股民看好后市而惜售的成分，因而往往容易形成连续涨停。

关于涨停当天的成交量，实盘中关键要看以下三点：

（1）涨停前量与涨停后量大于 3∶1，涨停后量越小越好。

（2）封单越大越好，最好大于 5 位数（根据股本大小有所不同）。

（3）涨停出现在早市，并且没有被打开过。

如果是被爆炒过的大牛股，一旦进入下降通道，上方远离套牢密集区，下方远离主力成本密集区，这时缩量涨停多为出货的中继形态，第二天大多低开低走。

放量涨停，尤其在前期小头部处的放量涨停，一方面说明主力做多意愿坚决，并且不惜解放所有的套牢盘，显示其志在高远；另一方面也显示了主力强大的资金实力。只要放量涨停未远离主力成本密集区放量涨停，之后往往会形成一波大幅上涨行情。

无论是缩量涨停还是放量涨停，在其涨停后不出现大抛单就是好品种。

突破成交密集区和前期头部回抽（洗盘兼测试支撑强度）确认时形成涨停走势，一定要求成交量萎缩。尤其是创新高后缩量，说明满盘获利无抛压，主力已经高度控盘。

七、抓突破涨停股

在上涨途中形成的整理平台，一旦被成功突破，具有强烈的看涨意义。股价见底企稳并出现小幅回升后，由于主力开始洗盘整理，在走势图中形成一个整理小平台，整理时间一般在 10~20 个交易日。然后放量向上突破这个小平台，股价以涨停价报收。投资者可以在涨停价位追进，激进者可以提前到股价突破小平台立即跟进，基本上当天可以获利。

图 9-8，德尔未来（002631）：该股冲过前期顶部，刚刚做好形态，但又含而不露，即将突破时又停下来了。经过 12 个交易日的强势整理，股价开始放量拉高，30 分钟就放出巨量并达到前一天的成交量。对于该股的异动，实际上开盘后只要几分钟时间就可以发现，迅速在 A 点切入。“开盘—放量—快速切入”，这个动作一定要做得熟练。如果未能在 A 点买入，还可以在 B 点、C 点追进。虽然这时买入，股价已经有了不少的涨幅，但这并不要紧，因为该股毕竟是在一个整理平台上发起攻击，不用担心它会跌下来。即使回落调整，股价也会在这个平台得到支撑，短线机会大于风险。

整理平台向上突破的最大优点就是跌下来也跌不深，而且也不太可能跌下来。像这只股票，开盘后放出巨大的成交量，买入后如果运气好，当天就

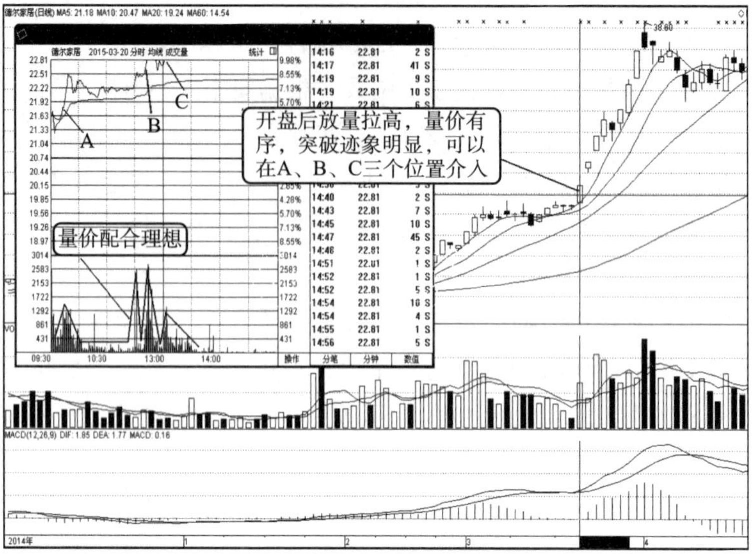

图 9-8　德尔未来（002631）日 K 线和分时走势图

可以涨停，因为它向上攻击的空间是很大的，而向下回档的空间则很小。

快速买进当天涨停技术的诀窍就是：巨量跳空过平台，回档不补缺口，再度放量拉起超过前量、越过前高就可以买进。简单地说就是，“放量跳空，回档买进”。

更多的突破涨停技巧，参阅“涨停性质分析”相关章节内容，此不赘述。

第二节　涨停股后市研判

一、涨停次日操作原则

通过对近几年市场出现涨停的个股进行分析，涨停次日最高点平均涨幅为 5.92%，按次日收盘价计算平均收益为 2.86%。短线介入涨停个股，次日平均收益大大高于其他个股的收益率。所以研究涨停个股的次日走势尤为必要。

（1）涨停次日如果该股开盘继续涨停，则不必急于抛售，但要死盯着上面的买盘数量。一旦买盘迅速减少，则有打开涨停的可能，此时须立即抛售，获利了结。如果一直涨停至收盘，则不必须抛，继续观察第三天的走势。

（2）涨停次日高开高走，要密切盯住盘面变化。一旦出现涨势疲软现象，比如股价回调下跌 1 个点，则立即报单卖出。

（3）涨停次日平开高走，要盯紧盘面。一旦出现涨势疲软，则立即报单卖出。

（4）涨停次日高开低走（涨幅在 3%以上），则要立即抛售，并以低于买盘的价格报单，因为按照优先原则（委卖价低的申报优先于委卖价高的申报成交），可以迅速成交，并且成交价一般都会高于自己的申报价。如果在第一天涨停的过程中，出现一笔大单迅速使股价上涨 3%以上的手法，则要以低于价位 1%以上的价格报单卖出。这样做既能保证成交，又能保证最大利润。

（5）涨停次日低开高走，要盯紧盘面。一旦出现涨势无力，则立即报单卖出。

（6）涨停次日平开后迅速下跌，则趁反弹时择高点卖出。

（7）涨停次日低开低走，要择反弹高点立即卖出。

（8）涨停后的第二天，开盘 5 分钟内见昨收盘价，无论盈亏都要出局。参照分时 K 线系统，15 分钟或 30 分钟的 MACD 一旦出现小红柱，则立即出局。

（9）涨停第二天大盘走势不佳时，先行退出观望。

（10）涨停第二天成交量大幅放大，而股价小涨或不涨，说明量价失衡，应逢高出局。

二、涨停次日强弱分析

在涨停第二天看盘时，要盯紧分时图、成交量、买卖五档的变化，尤其要仔细观察分笔成交图。对于买盘上挂出的大买单要特别小心，此多为主力出货的征兆。出现经典的拉高诱多形态时，应果断出局，不能留恋。当然，还要结合大盘走势和个股 K 线及均线形态来进行判断，这样才能更有效地降低操作风险。

涨停当日走势达到以下标准的，可以认定为强势股，第二天有望获利 5%以上。

（1）涨停价位未被打开过。

（2）早盘跳空开盘，小幅回档后直接快速封涨停。

（3）涨停后未出现过四位数以上的抛盘。

（4）股价低位放量涨停，封单为五位数以上。

（5）股价处于主力拉升初期或中期。

（6）股价刚创新高，且还没有远离低位成交密集区。

（7）个股属于资金流向中的主流板块品种。

三、涨停次日力度研判

（1）涨停个股第二天上冲能力大小和卖出点的选择，主要看日成交量和封盘量，在此仅提供一个参考值：

①封盘量是日成交量的 80%以上，次日高开 6%以上，能上摸涨停价，也很有可能涨停并封死第 2 个涨停。

②封盘量是日成交量的 50%~80%，次日高开 5%以上，能上摸 8%~10%的涨幅，也有可能涨停并封住第 2 个涨停。

③封盘量是日成交量的 30%~50%，次日高开 3%以上，能上摸 6%左右的涨幅。

④封盘量是日成交量的 10%以下，次日能达到 2%~3%的涨幅，则计算好大概价位，次日集合竞价卖出，不赔先走人。

给出的封盘量和上涨概率只是一个参考值，重要的是在盘中观察个股在封盘过程中的表现。如个股上午 10：00 以前封停，全日无打开涨停的现象，本来封盘量较高，但收盘时减少至 10%~30%。这个现象表示该股今日惜售特征已经很明显，收盘前主力已无大量封盘的必要，而排队等待成交的人，大部分撤掉买单去做别的股票了，那么这只股票次日开盘不久仍将会封停。又如，一只股票昨日封盘量很大，今日封盘量并不大，明日能否继续涨停？这时要看今日成交量是不是比昨日明显减少，也许昨日成交 100000 手，今日成交 20000 手，表明主力已经控盘，明日开盘不久即会涨停。

（2）涨停个股的次日开盘情况，也是研判盘面强势的重要参考依据。

①平开。次日平开说明主力有可能借昨日股价涨停压低出货，当股价下破昨日涨幅一半时，可借反弹出货。

②低开。若次日出现低开，但并没有出现单边下跌，反而快速被拉起或再一次涨停，应视为洗盘。若低开后不能快速拉起，可视为出货。一般来说，今天封涨停，第二天低开，大多是主力出货，因为今天进去的，明日低开没获利，不情愿出，主力要出在你前头，而今天没追进的，第二天以为捡了便宜，跟风盘较多。不仅是涨停，有些尾盘打高的，也是为第二天低开便于出货。

③高开。高开后一般会上冲，若两波不能涨停时，可以短线卖出。一旦形成长上影K线，收盘前也应了结。若高开后立即回调，可能是主力出逃或洗盘，关键要看下调后能否在半小时之内再一次把股价拉回开盘点之上，否则应出局观望。

（3）涨停次日走势与价位高低、股本大小、大盘强弱等因素有很大的关系。

①涨停股次日走势与其股价高低之间有着密切关系。可以发现，10元以下涨停股的次日收盘平均涨幅在4%以上，远高于整体平均收益率。介入10~20元之间的涨停股收益率也相对较高。低价涨停股的收益比高价涨停股的收益要高。

②涨停股次日走势与其流通盘大小之间的关系。在涨停个股中，股本在5亿股以下的个股，次日走势一般都较好，其平均涨幅远高于平均值。

③涨停股次日高点与大盘强弱的关系。如果大盘巨量长阳强势上攻，次日就有安全的高点；如果大盘处于弱势之中，则对涨停股次日高点就不要期望太高。而且，个股如果追捧不热烈、尾盘有大量筹码出逃，一般情况下次日不会出现5%以上的高点。

第三节　涨停后卖出技巧

一、涨停股卖出原则

股价大涨之后往往也会大跌。参与涨停股操作，是追逐高收益高风险。抛出股票时，一定要选择在上涨时，千万不要等到下跌了才想到抛售。一般来说，一只股票连拉三根中阳线后，就要考虑短线抛出了。那么，涨停股票怎么抛呢？

（1）“涨停不出货，出货不涨停”，这是追涨停的最高指导原则。这句话的意思是说，只要第二天还能封住涨停，就不要急于出货，直到封不住了，再根据具体情况采取应对措施。

（2）如果第二天开盘30分钟左右又拉至涨停，则可以大胆持有。如果第二天不能涨停，可以在上升一段时间后，在股价平台调整数日时抛出，也可以在第二天冲高时抛出。

（3）涨停封得很死，这时候要看涨停后的成交量变化情况。涨停后成交量萎缩很快，有时连续几分钟没有成交，这种情况就更好了。另外，还要看收盘前几分钟封单大小，当然封单量越大越好。如果昨天的涨停封得很死，今天就可以看得高一些。可以根据昨天的封盘情况，估计今天开盘的大概位置。如果大大低于估计的开盘位置，应做好退出的准备。

（4）已经出现 3 个涨停，短线可以考虑出局。如果量能未有效放大，可以继续持股。

（5）虽然股价涨停，但封盘显得有些勉强，盘中涨停多次被打开。遇到这种情况，建议还是早出为妙，亏损 3%是可以接受的最大的损失额。

（6）股价高位放量涨停，次日开盘冲高卖出。股价低位放量涨停，可以继续持股。无量涨停，也可以继续持股。

（7）如果昨天追了涨停，但尾盘没有封住涨停，那么当天开盘后要马上出掉。特别是当股价上冲到昨日涨停价附近时，应坚决抛出，不要盼望有更高的点位出现。

（8）盘中涨停被打开多次且量能放大，尾盘涨停无力，股价位于高位，则应果断出局。股价位于低位，可能是主力吸筹，视后期走势择机出局。

（9）对于弱势品种，即涨停后被打开过的和涨停后放大量的，可以采取“三点一赚”的原则，即有 3%左右的涨幅，就可以见好就收，保持利润为主。

在买进之后，什么时候可以看高一点？什么时候要保守一些？这里说一下特别情况：

一是消息影响。不利的消息出来以后，一般先看开盘价。如果开盘价比预期低很多，说明在消息打击下，主力和追涨盘信心不足，应该立即出掉。

二是股价比预期高开很多。这时候不妨稍微等一下，可能会有更好的获利。但是一旦出现下跌走势，接近预期价格时，要立刻出掉，锁定利润。当然如果比较保守，高开后也可以立即出掉。

三是如果股票昨天涨停的换手率低于 3%，则今天开盘价格比预期低，但是开盘成交非常小。估计以现在的成交量持续下去，全天成交量比昨天涨停还小时，可以持股等待；待股价开始放量上冲，全天成交量估计比昨天涨停放大许多时，可以择高卖出。

需要提醒的是，在追涨停时，及时出局锁定利润是非常必要的。出局之后，即使后面涨得再多，也不要后悔，否则会因过于贪婪而丧失及时出局的机会，导致最终被套和亏损。

二、涨停股卖出技巧

1. 涨停次日收流星线

在涨停后的第二个交易日内，如果股价跳空高开或大幅冲高，同时成交量急剧放大，这时投资者一定不要追高。特别是经过一段时间的波动后，如果K线形态变成十字星或长上影线的流星线，表明上升动力严重不足，上方抛盘十分强大。此前的涨停很可能就是最后的冲高动作，或者是主力的诱多行为，这时投资者应该尽快卖出。

这种形态出现后，第二天大多收出下跌阴线。将前后三根K线组合在一起，就构成一个完整的“黄昏之星”看跌形态。如果前一天收流星线时，散户还心存疑虑，或者没有来得及出局的话，那么这时就不要再犹豫了，果断卖出才是上策。

图9-9，九鼎新村（002201）：该股从底部启动后逐波上涨，累计涨幅超过3倍，主力获利丰厚。2019年8月23日继续高位拉涨停，创出上涨新高。可是，第二天放量快速冲高，当股价触及涨停位置后，开始逐波向下回落，当天股价小幅收涨，在顶部形成一个放量的十字流星线，之后两天同样出现冲高回落走势。这个形态说明上方的抛盘压力十分巨大，股价上涨的动力并不充足，高位涨停很可能是主力的诱多出货。这种情况下，投资者应该尽快卖出。

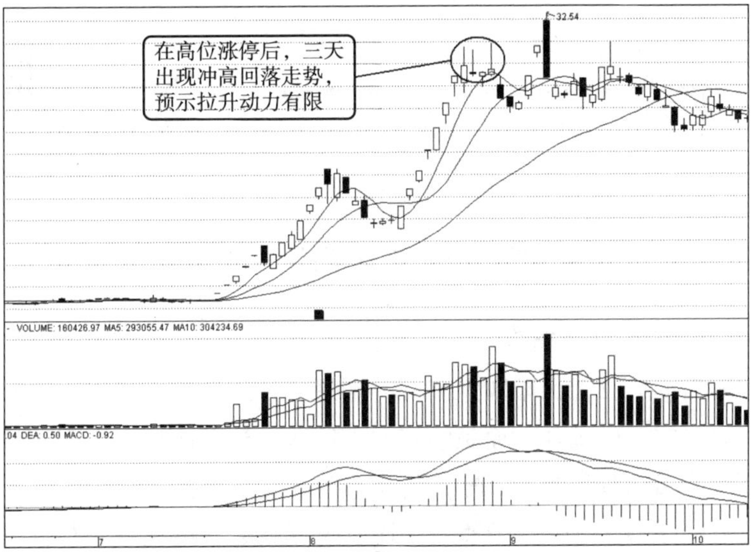

图9-9 九鼎新材（002201）日K线图

2. 次日大幅低开收阴

涨停是最强势的盘面表现形式。如果第二天出乎意料地大幅低开，无论次日是涨是跌，都反映主力做多意愿开始动摇，或突现利空消息。尤其是次日股价以跌停收盘，更是一种强烈的反转信号。所以，遇到次日大幅低开的个股，投资者应尽快卖出观望。

图 9-10，第一创业（002797）：该股 2020 年 7 月 2 日放量突破后，出现一轮飙升行情，股价连拉 5 个涨停，上涨势头十分猛烈。可是，7 月 10 日股价低开 1.16%，略做冲高后逐波走低，以最低点收盘，当天下跌 6.77%，形成“倾盆大雨”看跌 K 线形态。如此强势的盘面，却收出这么一根带长上影线的阴线，这不是一般的回调洗盘行为，应当是一个转势信号。实盘中遇到这种形态时，投资者应坚决卖出。

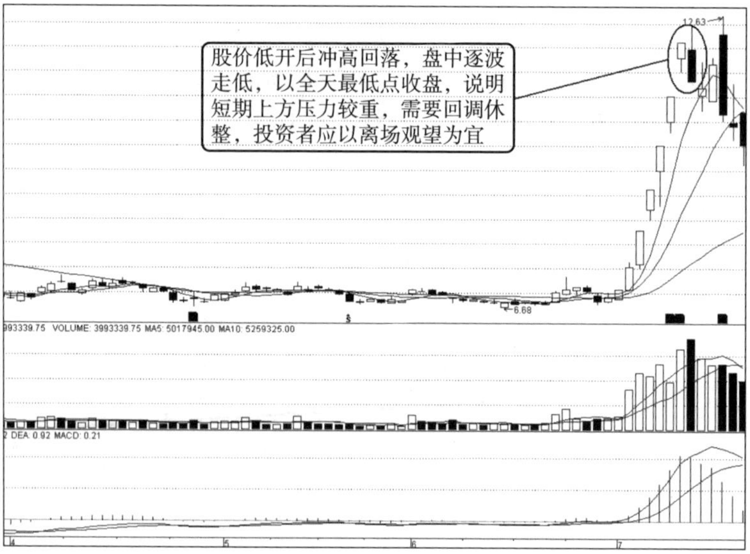

图 9-10 第一创业（002797）日 K 线图

3. 次日大幅高开后走低

在涨停后的第二天大幅跳空高开，本是一种强势盘面的体现。如果大幅高开后，未能在高位挺住，而是缓缓向下回落，当天收出一根大阴线，在 K 线上呈现“乌云盖顶”或“阴包容”形态，这是一个明显的见顶信号。

图 9-11，奥美医疗（002950）：该股脱离底部后出现飙升行情，股价连续收出 8 个涨停。2020 年 2 月 10 日受上涨惯性影响，股价跳高 8.64% 开盘。

盘中快速冲板，但封盘不到 10 分钟就开板震荡，继而出现大幅跳水，最终下跌 7.79%收盘，高位留下一根长达 16.43%大阴线，形成一个“乌云盖顶”看跌 K 线组合形态，从此股价出现快速下跌走势。之后，股价多次反弹到这根大阴线的收盘价附近时均遇阻回落，成为中短期的重要压力区。投资者遇到这种形态时，应及时退出观望。

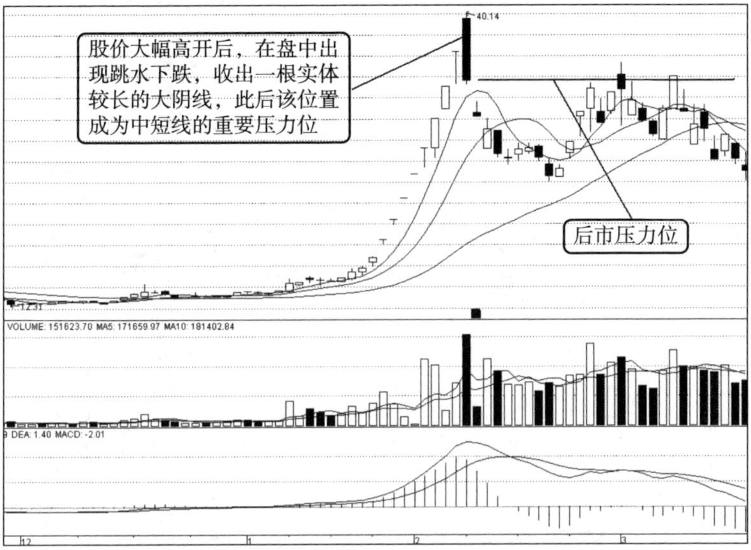

图 9-11　奥美医疗（002950）日 K 线图

第四节　涨停板上的陷阱

一、常见涨停陷阱

涨停敢死队的操盘模式，为不少机构和个人所模仿。不少主力在出货时，会展开有计划的刻意拉涨停，或者制造出符合“涨停敢死队”所喜欢的走势图，引诱这些资金入场接货封涨停。其实，每一种市场所熟悉的方法，都有可能被主力反向利用，涨停也是如此。所以，追涨停的操作风险比其他一般操作方法要大得多。大资金去追涨停，很多时会遭遇场内主力的猎杀。

下面通过几个实例，剖析一下主力拉涨停引诱猎杀跟风盘的例子：

图 9－12，柳工（000528）：2015 年 8 月 5 日股价涨停后，主力挂出

174560 手巨大封单，这本是一件好事，但封盘后连续的大抛单密集出现就不是一件好事。健康的涨停封盘后，一般抛单很快会减少，通常只是几手或几十手间断性的抛单，不会出现高密度的大抛单。随后盘面变化观察证明，这是主力为了吸引投资者跟进而挂出的虚假单子，目的是吸引场外散户进场挂单买入，同时稳定盘中散户抛压意愿，主力则可以利用涨停手法大量减仓，所以涨停是为了派发。那么该股后市走势如何呢？请看下一走势图。

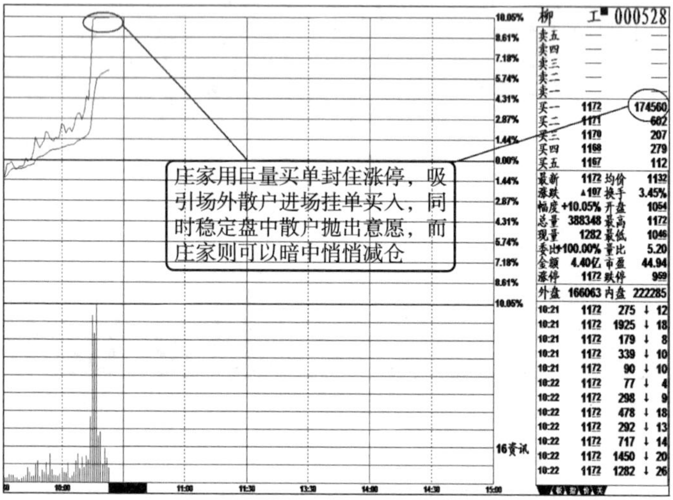

图 9-12 柳工（000528）分时走势图

图 9-13，柳工（000528）：从后市走势中可以看出，该股封盘后仍有几百手甚至上千手的大抛单。打开涨停后，股价围绕均价线上下震荡，全天出现大量的对敲盘，直到收盘未能重新封住涨停，显示主力减仓意图明显。遇到这类个股时，投资者应当在收盘前几分钟清仓离场。

一般来说，涨停封单越来越多越好，这也是投资者的共识。部分有实力的主力就投其所好，在股价推高到涨停后，迅速挂出巨大的买单封涨停，以此吸引市场眼球。一只股票，如果主力拉涨停是为了出货，那么涨停后挂出的巨大封单，就是为了吸引投资者的挂单跟进。

当投资者的挂单达到一定的数量后，主力就撤销自己率先封涨停的买单，把挂在前面的买单逐笔撤下，然后再在最后重新挂出来。如此操作，就会导致其他买家的买单慢慢往前靠。在封单数量不变的情况下，主力实现由排在最前面的买单变为排在最后面的买单，而其他买家的买单则排在最前面的位置。

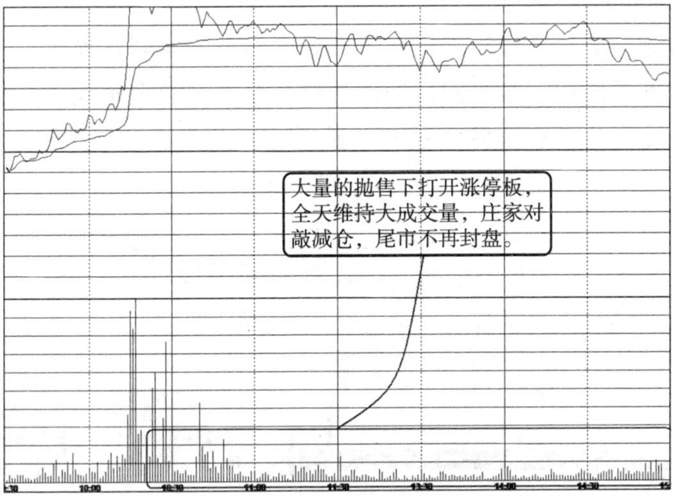

图 9-13　柳工（000528）分时走势图

主力封单、撤单、挂单，完成一系列的操作后，此时主力就开始出货，按照同价时间优先成交的原则，将其他买家的买单吃掉。主力出货的手法一般是先用小卖单不断派发，最后每笔几千或上万手集中抛出，主力抛出的筹码全都被其他买家的资金接走。当其他买家的挂单被砸完后，主力也会撤去自己的所有封单，此时涨停就会打开。主力把属于自己的所有封单撤去后，有时还会砸盘出货。

图 9-14，铜峰电子（600237）：该股前期主力反复进行短线套利操作，这天开盘后不久，股价以接近 90°直线拉涨停。涨停之后，买盘封单最大时超过 40 万手。看盘时，盘口细节非常重要，有时主力一个小动作，就能暴露出其操盘目的。该股早盘拉高过程中，买盘瞬间曾经挂出一笔 48000 多手的买单。这从表面上看，主力实力强大，封盘态度坚决。实际是否真实呢？当市场盘面挂单达到一定数量后，主力快速撤下自己的封单，然后大力出货。撤单与大量出货砸掉涨停价位其他买家的挂单，这个动作仅在一两分钟内就完成了。动作慢了，就会引发场内其他筹码的涌出。打开涨停后，股价全天震荡走低，说明主力出货坚决。

这种盘面走势，在分时图走势中叫“打压出货”。主力实施打压出货手法时，一个价位一个价位地向下卖出。在这个过程中，股价是不会有什么明显反弹的，投资者根本没有反弹卖出的机会，只会是越等越低。主力引诱其他资金在涨停价上挂买单，这不是一件容易的事，所以主力不会创造反弹机会让散户退出。

由此可见，早盘拉高和巨量挂单都是做给投资者和其他机构看的，目的是吸引资金进场接货。如此控盘操作的结果是，涨停大阳线变成长上影线 K 线。下一个交易日，股价跳空低开杀跌应在预料之中。从这里也可以看出，短线资金套利拉出的涨停很危险，一般人“伤不起”。

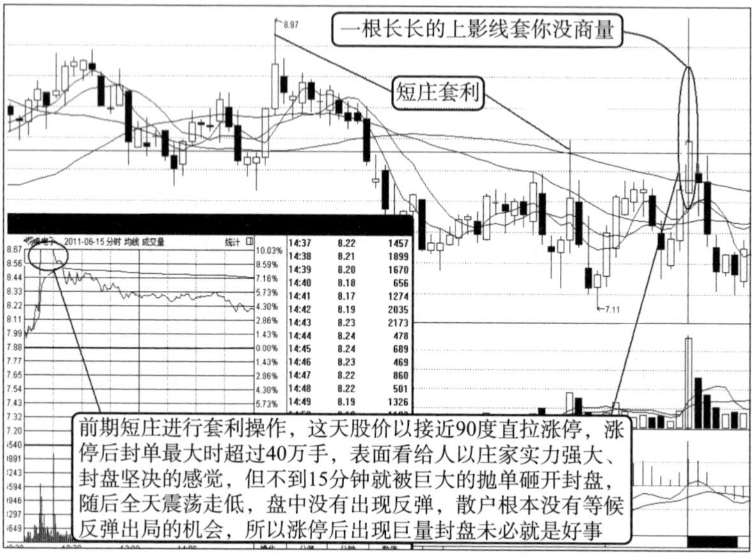

图 9-14　铜锋电子（600237）日 K 线和分时走势图

主力猎杀跟风盘的手法很多，有的是将股价拉到涨停价位后，仅仅封单几秒钟，然后打开涨停快速回落，使股价步步走低；有的则快速拉高股价，在离涨停价位差一两分钱时迅速回落走低，此后渐渐走弱。这些手法都是主力猎杀跟风盘设置的圈套，目的是将追涨买入的散户套在其中，由此可见主力的狡猾和险恶。

图 9-15，宁波动力（002164）：2020 年 3 月 11 日，开盘后股价快速拉涨停，成交量也同步放大，量价齐升，很是吸引散户眼球。不少散户判断尾盘封板不动是没有悬念的，谁知这是主力设下的猎杀跟风者的一个圈套，股价在尾盘迅速巨量打开涨停，此时有的散户以为收盘前会回封，就利用开板时机介入。可是，股价没有回封，当天以微涨 3.63% 收盘，一根长长的上影线给市场带来几多忧伤。

对于短庄操作的股票，主力充分利用市场追涨队伍的操作喜好，设置技术陷阱对其进行猎杀。所以，喜欢追涨停的投资者一定要注意短庄反向利用涨停这个陷阱。这些短庄设下圈套的个股，一般在涨停前几日就已经有资金悄悄介入的痕迹，技术上表现为日 K 线出现温和上涨，有两三根放量小阳线。

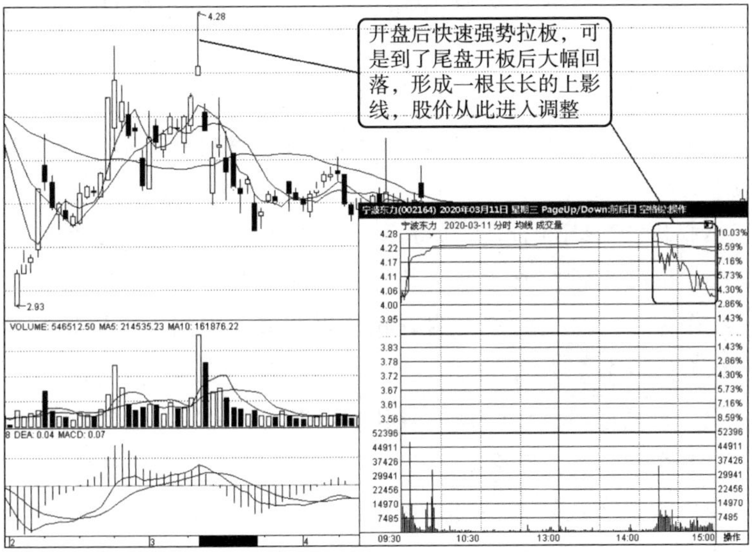

图 9-15　宁波动力（002164）日 K 线和分时走势图

二、避免涨停陷阱

涨停是最极端的操盘方式，也是短期快速获利的机会。每一只股票涨停都有其内在因素，包括主力资金、技术形态、盈利能力和宏观利好等。这些内在因素构成了股价持续涨停甚至翻倍的基础条件，因此大多数个股在低位出现的涨停时，是很值得短线参与的。虽然股价涨停叫人神往，但当一只股票处于高位时，涨停就不再是铺满鲜花的金光大道，而是诱人入局的美丽陷阱。那么如何避免掉入主力设置的涨停陷阱呢？以下方法可供参考。

（1）从全局的高度和整体的角度审视股价所处的位置，看看它是处于高位、中位还是低位。处于高位的涨停是很危险的，需要特别小心。即使要参与，也要控制好仓位，千万不要重仓介入。空间位置的高低可以用量度涨幅来计算，也可以用黄金分割比率来计算。

（2）凡是股价已经处于高位或者相对高位，出现低开高走拉出巨量大阳线的涨停，都可以理解为诱多行为。如果当天换手率巨大，更说明主力积极诱多出货。这样的涨停大阳线往往就是美丽的陷阱。

（3）要看形态位置是否相对安全。有些个股前期涨幅已经相当可观，若再受利好因素刺激而上冲涨停，这时尽量不要追涨。即使启动位置较低，但若连续涨停过多，如5个涨停以上，也暂时不考虑买入。形态不好（包括其他因素均不支持）的个股，勉强拉涨停但又不能封死，在高位反复打开涨停的，也要谨慎对待。

（4）从盘中分时图走势来看，如果股价已经处于高位，分时图上出现典型的涨停反复多次打开，放量很大，这就不再是诱空和洗盘，而是典型的涨停出货动作。

（5）从收盘的方式来看，当股价处于高位或者相对高位，出现明显的尾盘拉抬动作，拉高收盘；或者最后几分钟对敲做高股价，拉至涨停。这是最典型的尾盘作秀，目的是蒙骗不明真相的投资者，为随后的出货制造机会和空间，实际上是一个多头陷阱。

（6）要看推动股价涨停的题材或利好是否足够大。比如，新题材出现后，即使第一个涨停没追上，那么第二个、第三个也可以考虑买进。

（7）要看资金介入是否坚决。在涨停之前数日，若无明显的资金介入迹象，涨停当日最好有大幅放量行为，且量比要达到10倍甚至更高为好。

（8）看委托盘。真正要涨停的个股，一般显示出来的买盘并不会比卖盘大，因为真正的买盘是即时成交的，在显示屏上是看不见的。那种用很大的买盘托着股价慢慢上升的个股，如果多留一个心眼，则不难发现其实是主力在出货。

（9）怎样来判断主力出货还是建仓？首先要对比股票前期底部与现在涨停后放量时的距离，若前期底部与涨停放量处有30%以上，就必须注意主力有出货的可能。其次看放量前股价的走势，如果是较强上升至涨停位置放量，一般主力很难出货或者很难全身而退，这类个股还会有第二次放量的机会。

在放量的个股中，当天的走势和未来几日的走势也能大体判断主力动向。若放量当天仍以涨停报收，那么未来仍有一定上升空间；若当天放量拉出带有上影线的阴线，那么短期调整不可避免；若当天放量拉出阴线，后期几日不破10日均线，并且放量再次攻破前期放量高点，未来仍有上升空间。

（10）自身操作经验是否丰富。追涨停对技术要求比较高，最好先以少量资金尝试，并随时总结经验，积累盘感，然后再加重仓位。另外，非常重要的一点是，一旦失手，要及时止损。因此，投资者先要问一问自己，这种相对刺激、技术要求较高的操作方法究竟适合不适合自己。若真要当“敢死队”，就要掌握一套过硬的本领，否则恐怕就凶多吉少了。

三、追涨停注意事项

追涨停不可碰运气，而是要训练有素，操作有方，这样才能提高成功的概率。在追涨停时，应注意以下几个方面：

（1）不要多处出击，重点关注最先涨停的股票，观察量价是否配合。开盘30分钟就涨停的个股，要算一算当日的成交量会达到多少，一般不超过10%换手率，短线都是比较安全的个股。

（2）买入前看看它前期是否有止跌企稳迹象，成交量是否出现萎缩。

（3）图形好的才能买入，30日均线向上的个股，买入比较安全。在本身技术形态不好的情况下，勉强拉涨停，又封不死，即使收盘以涨停报收，第二天也走不了多高。

（4）不是说晚涨停的股票就绝对不能追买，只不过它们第二天继续涨停的概率比较小。

（5）看清大盘势道再确定是否追入。大盘走势如果不强，个股封住涨停也会被抛盘打开，买入之后就会被套。

（6）判断个股是否有强庄入驻的理由。最近几个月内，是否有过涨停，是判断强庄入驻的一个重要条件。另外，关键技术位和价位都应在低位或次低位。如果换手率达5%以上，这类涨停个股就更加可靠。如果主力连一个涨停都不敢拉，只能证明主力资金虚弱，胆识不够。追涨这类个股，风险常常是比较大的。

（7）不要为了涨停而追涨停。涨停只是测量一个主力的多头能量的温度计。至于那些在图形上莫名其妙突然间涨停的股票，还是不碰的好。

（8）在极强的市场中，尤其是每日都有5只以上个股涨停的情况下，要大胆追涨停。极弱市场中切不可追涨停，因为获利概率相对偏小一些。

（9）一定要等涨停再挂单，未达到涨停时（差一分也不行）不要追买。一旦发现主力有三位数以上的成交量向涨停进攻时，应该立即追进，动作要快。

（10）坚持自己的操作风格，不可见异思迁，以免当市场无涨停时手痒，盲目介入其他个股被套而失去出击涨停的机会。

后 记

股市变化莫测，涨停个股千姿百态，很难一概全貌，加之受主力行为影响，有些盘面现象不会也不可能事先被发现，只有在市场运行过程中，才逐渐地被人们发觉和认识。需要指出的是，股价涨停有一定的规律，但没有固定的模式，而且同样的市场环境，因不同的市况、不同的个股、不同的主力以及不同人的心理因素，其分析结果也各不相同，甚至有天壤之别。

所以，希望投资者将本书中的原理和方法在即时行情中进行活学妙用，切不可用固定的模式去生搬硬套。在实盘操作中，投资者应不断积累经验，探索规律，感悟股性，逐步形成一套适合自己的捕捉涨停的技法，只有这样才能在瞬息万变的市场里，用敏捷的思维能力对市场作出弹性的分析和处理，达到融会贯通，应变自如，在瞬息万变的股市中立于不败之地。

笔者深知要感谢太多给予帮助的人，有太多的人可以分享这本书出版的荣誉。没有广大读者朋友的普遍认可，就没有本书的生存市场，更不会使这些技术得以推广，所以第一个要感谢的就是读者朋友。在此要感谢中国经济出版社的大力支持，更要感谢本书责任编辑叶亲忠先生，他对本书的构思、策划、撰写等方面提出了许多具有真知灼见的专业意见，让我深为感激，在此付梓之际，致以最衷心的谢意！

在成书过程中，也得到了不少专家、学者的精心指导，使之有一个恰当的定位，能够更加满足投资者的愿望，也更加贴近盘面实际。书中内容虽然表达了我个人的观点和见解，但也包括了他人的一些研究成果、实盘经验、专业知识等，这些材料在理论和实践中都具有很高的创造性，是十分珍贵的，所以要十分感谢他们。如果没有他们与大家共同分享其专业知识和投资理念，也就无法达到现在的研究水平。在此对这些专业人士致以最衷心的感谢，感谢他们如此慷慨地与大家分享专业知识。

由于股市变幻多端，且牵涉的内容也非常广。笔者尽管竭尽全力，努力减少书中的错误，但百密一疏，书中难免疏忽之处。敬请广大读者不吝斧正，并多提出宝贵意见，以便在今后再版时进一步改进和提高。愿本书为广大投资者在实盘操作中带来一点启示、创造一份财富。如是，我将深感欣慰。

麻道明

2020 年 10 月　于中国·楠溪江畔